AF416230

Academia de Ciencias Políticas y Sociales

MARÍA AMPARO GRAU

LA INCONSTITUCIONAL ACTIVIDAD EMPRESARIAL DEL ESTADO EN VENEZUELA

EDITORIAL JURÍDICA VENEZOLANA INTERNATIONAL
CARACAS, VENEZUELA
2019

G75
Grau, María Amparo
     La inconstitucional actividad empresarial del Estado en Venezuela /María Amparo Grau;
prólogo José Luis Piñar Mañas. -- Caracas: Academia de Ciencias Políticas y Sociales, 2019.
     352 p.

     ISBN: 978-980-18-0522-9
     Depósito Legal: MI2019000207

     1. DERECHO ADMINISTRATIVO 2. ESTADO EMPRESARIO
     3. CONSTITUCIÓN ECONÓMICA I. Título II. Piñar Mañas, José Luis

Depósito legal: MI2019000207
ISBN: 978-980-18-0522-9

ACADEMIA DE CIENCIAS POLÍTICAS Y SOCIALES
Avenida Universidad, Bolsa a San Francisco,
Palacio de las Academias
Caracas 1121-A
Teléfonos: (0212) 482.88.45 - 482.86.34
Fax: (0212) 483.26.74
Página Web: www.acienpol.org.ve
✉ academiadecienciaspoliticas@gmail.com
🐦 @acienpol
📷 @acienpol

Biblioteca "Andrés Aguilar Mawdsley"
Telefax: (0212) 481.60.35
e-mail: acienpol@cantv.net
Servicio on line:
Sistema de Cooperación Jurídica: www.scjuridica.org.ve
Centro de Investigaciones Jurídicas
Teléfono: (0212) 377.33.58
Servicio on line:
Proyecto Ulpiano: www.ulpiano.org.ve

Diseño de portada: Evelyn Barboza V.
Diagramación: Oralia Hernández

Dedico esta obra a mi esposo, Rafael Badell Madrid,
el pensador positivo que siempre me inspira,
porque como dijera Churchill:
"Ve lo invisible, siente lo intangible y alcanza lo imposible".

LA INCONSTITUCIONAL ACTIVIDAD
EMPRESARIAL DEL ESTADO EN VENEZUELA

CONTENIDO

PRÓLOGO

Que la participación pública en la Economía es una opción constitucionalmente legítima en la inmensa mayoría de los modelos comparados está fuera de duda. Pero hay casos de flagrante subversión del orden constitucional que de un plumazo deslegitiman la intervención pública y la despojan de cualquier justificación. Como ya desde la Introducción de este magnífico libro señala María Amparo Grau, la orientación política de un movimiento autodenominado "Revolución bolivariana" ha llevado ya a 20 años de imposición de un sistema económico distinto al constitucional de mercado, de modo que en Venezuela se ha instalado, desde entonces, la inconstitucional acción empresarial del Estado.

Esta afirmación, que como digo encontramos en el principio mismo del libro, es extraordinariamente grave: la acción empresarial del Estado en Venezuela es inconstitucional. Puede reaccionarse contra esta situación de muy diversas maneras. Cabe la denuncia, la protesta indignada; es posible llamar la atención acerca de las nefastas consecuencias que de ello puede derivar; advertir que paradójicamente un país con enormes recursos naturales y de otro tipo atraviesa una situación económica indescriptible. Pero también cabe enfrentarse con rigor y enorme seriedad a un profundo análisis del entramado jurídico que ha dado lugar a la tergiversación del modelo de iniciativa pública en la economía tal como ha acontecido en Venezuela. Análisis nada fácil pues lo más cómodo sería optar por una crítica superficial y no documentada que pusiese de manifiesto lo insostenible de la situación.

María Amparo Grau ha elegido, sin embargo, el camino más arduo, el camino de quien, como ella, es una magnífica jurista que conoce de primera mano la situación política, social y económica de Venezuela, pero también el régimen jurídico que ahora impera. Y por conocerlo puede desmenuzarlo y criticarlo, denunciando el uso abusivo de vías jurídicas que han llevado a una situación de falta de seguridad jurídica, de incertidumbre, de violación de los más claros principios del estado de derecho y de respeto a la Constitución. Quien busque en este libro una crítica comprensible pero poco fundamentada no la va a encontrar. Por el contrario encontrará una sólida crítica basada en un estudio minucioso del marco normativo venezolano, pero con un alcance conceptual que va mucho más allá de ese escenario geográfico y temporal, pues el libro contiene un esmerado estudio, en Venezuela pero también en España y la Unión Europea, de las bases constitucionales de la actividad económica del sector público.

Hace tiempo que tuve ocasión de ocuparme de la iniciativa pública en la economía. Mi ejercicio de acceso a la Cátedra de Derecho Administrativo en la Universidad de Castilla La Mancha, que pude exponer allá por 1992 ante un Tribunal presidido por el Profesor García de Enterría, maestro de maestros, versó sobre *Privatización y Estado Social. Especial referencia a la empresa pública*. La iniciativa pública en la economía es perfectamente válida. Cierto que ha de ser vista con algún recelo dada la naturaleza de quien lleva a cabo tal iniciativa. Ya en el siglo XIX Thorold Rogers advertía que si el Estado pretendía llevar a cabo actividades económicas "debía justificarse". Pero en cualquier caso ni el derecho europeo ni el español ponen pegas a esa iniciativa. La Constitución española reconoce ya desde su artículo 1º que España es un estado social y democrático de derecho. El artículo 38 reconoce "la libertad de empresa en el marco de la economía de mercado" y el 128.2 hace lo propio con "la iniciativa pública en la actividad económica". El derecho de la Unión Europea tampoco impide que el sector público opere en la actividad económica. Lo que en ningún caso es admisible es que se rompan las reglas del juego con ocasión de la especial posición y las prerrogativas de las entidades públicas. La libre competencia y la interdicción de cualquier privilegio han de ser las reglas del juego a las que el sector público ha de someterse. De otro modo esa iniciativa sería, sencillamente, intolerable.

Pues bien, María Amparo Grau demuestra en este libro que esas reglas del juego se han roto con descaro en Venezuela. Analiza el origen y evolución de la actividad empresarial del Estado, el Régimen Constitucional socio-económico y el Estado empresario, el sistema de mercado y las garantías constitucionales, el régimen de la empresa pública y las figuras organizativas para la realización de actividades económicas por parte del Estado, así como la participación directa del Estado venezolano en la actividad económica. Por otra parte, se ocupa de la contratación administrativa como elemento importante de la incidencia del Estado en la actividad económica. Y todo ello teniendo presente, con un notable control –de primera mano- de las fuentes y los problemas, no sólo del derecho venezolano, sino, como ya antes decía, del español y del de la Unión Europea.

El resultado es, como ya adelanté antes, un estudio de enorme rigor, pero con conclusiones desoladoras: el entero modelo venezolano de participación pública en la economía es inconstitucional. La autora parte de la base de que la Constitución Económica en Venezuela, al igual que en España, opta por un sistema de economía social de mercado, basado en la libertad de empresa y en la iniciativa pública en la economía. Ésta queda en cualquier caso supeditada a la satisfacción de un interés general, el principio de racionalización del gasto, y el respeto a las garantías jurídicas de la iniciativa privada: libre competencia y derecho de propiedad privada. Algo que también cabe predicar en el derecho de la Unión Europea, que gira en torno a un concepto funcional de empresa pública y al respeto al principio de la libre competencia. Pero tras analizar estas importantes premisas, María Amparo Grau denuncia que "en Venezuela la iniciativa pública y la actuación del Estado se ha conducido de forma que permite evidenciar la pretensión de sustituir el régimen constitucional de economía de mercado, por uno denominado de economía socialista, en el cual se afecta la libertad de empresa, y la iniciativa pública se realiza sin estar limitada por los principios constitucionales derivados del modelo económico de mercado". Una agobiante y en no pocas ocasiones inconstitucional intervención del poder público impide la libertad de empresa, falsea la libre competencia, limita la propiedad privada y lleva a cabo un uso arbitrario del instituto de la expropiación forzosa.

En efecto, como advierte la autora, en lo que a la libertad de empresa se refiere, casi 300 actos con rango y fuerza de Ley dictados por el Presidente venezolano han incidido en numerosos ámbitos de la actividad económica con incidencia en la actividad empresarial privada (banca, seguro, libre competencia y el monopolio, precios justos, sector inmobiliario, marítimo, aeronáutico, hidrocarburos, sector eléctrico, turismo, tributos, desarrollo agrario, y un largo etc.). Por otra parte, mediante la denominada Ley de Precios Justos y los Programas de planificación económica presentados por el Presidente a la Asamblea Nacional se pretende imponer un sistema de economía socialista, en el que el Estado controla de forma absoluta los precios, costos y ganancias de la empresa privada.

La libre competencia ha dado paso al principio de "competencia económica justa", que está sujeta a una regulación que privilegia claramente a la empresa pública y falsea la competencia en base a la inexistencia de límites en lo que a las ayudas públicas se refiere, con efectos nefastos incluso para la población: como advierte la autora, la intervención directa del Estado en los sistemas de compra, venta, producción y distribución de alimentos y bienes de uso y consumo, a través de una red de mercados populares en todo el territorio nacional,[1] unido a los rigurosos controles que se han impuesto a las empresas privadas, han llevado a un grave estado de desabastecimiento. Todo ello lleva a concluir, como se pone de manifiesto en este libro, que la libre competencia es hoy inexistente en Venezuela.

Del mismo modo se está tergiversando el contenido mismo del derecho a la propiedad privada. Pese al marco teórico constitucional, lo cierto es que en Venezuela, mediante el uso arbitrario de la expropiación, la entera propiedad privada, especialmente de empresas y empresarios, está en el aire. No otra puede ser la conclusión cuando vemos, como se analiza en el presente libro, que mediante un decreto ley presidencial se declara la utilidad pública, a efectos de su expropiación, de todos los bienes y servicios requeridos para desarrollar las actividades de producción, fabricación, importación, acopio, transporte, distribución y comercialización de bienes y prestación de servicios de carácter comercial. O cuando se llevan a cabo expropiaciones (más bien confiscaciones, diría yo) de empresas privadas sin procedimiento y sin pago de indemnización. O cuando la expropiación se utiliza como instrumento sancionador, permitiendo que el poder público sustituya al particular en la gestión de las empresas.

---

[1] María Amparo Grau expone con rigor la participación pública en múltiples sectores de la actividad económica, bien con carácter reservado y exclusivo (sector eléctrico), con carácter reservado en régimen de concurrencia con los particulares (televisión) con carácter no reservado (banca), con carácter reservado (actividad minera, hidrocarburos o gas), en actividades económicas de comercio industrial no reservadas (mercados populares, industria del papel, o incluso fabricación de válvulas para el sector petrolero).

En suma, sin perjuicio de otras valoraciones políticas, sociológicas o económicas, el análisis de la situación en Venezuela requería de un estudio jurídico, que desentrañase los abusos del poder, los fraudes constitucionales, el uso torticero de las normas y el incumplimiento de la Constitución. Que desvelase, en base a la propia Constitución, la precaria situación del poder público en un país que nos es tan cercano, que tan notorio papel jugó al acoger a algunos de los más prestigiosos juristas españoles del siglo XX y con quien, a través de los maestros y amigos iuspublicistas, tan estrechos lazos tenemos en el ámbito del Derecho administrativo.

La lucha contra las inmunidades del poder, que en un momento tan oportuno y comprometido reivindicó García de Enterría, debe darse allá donde sea necesario. Para los juristas el Estado de Derecho, la lucha por las libertades y la reivindicación de la Constitución son las únicas y más preciadas armas para conseguir el respeto a la ley y a los derechos. De otro modo, como denunció hace más de siglo y medio Ferdinand Lasalle en su famosa conferencia de 1862, estaríamos ante una Constitución que no sería más que una hoja de papel y que de nada serviría.[2]

María Amparo Grau, en suma, nos ofrece en este libro una reflexión sobre la iniciativa pública en la economía en Venezuela, basada en sólidos fundamentos conceptuales pero aterrizando en los casos concretos siempre que es necesario, y con una conclusión clara: estamos ante un modelo claramente contrario a la propia Constitución venezolana. Estudio, como decía al principio, de un altísimo rigor y precisión teóricos que dan fe de la gran solvencia de la autora, que es ya jurista reconocida y de muy larga trayectoria. Algo que se deja ver, sin duda, en esta magnífica obra, que con tanta satisfacción acogimos en su día en la Universidad CEU-San Pablo de Madrid.

Dr. José Luis Piñar Mañas
Catedrático de Derecho Administrativo.
Universidad CEU-San Pablo de Madrid.

---

[2] ¿Qué es una Constitución?, Ariel, Madrid. 1ª ed. 1931. Traducción y estudio inicial de Wenceslao Roces.

I. INTRODUCCIÓN

El tema de la empresa pública que se concreta a través de la gestión económica como parte de la actividad administrativa ha tenido una gran relevancia en Venezuela, pues el Estado se ha ocupado de la prestación de los principales servicios de contenido económico (v.g. electricidad, telecomunicaciones, transporte aéreo), pero además ha abarcado de forma muy amplia la gestión directa de actividades de producción y distribución de bienes, es decir, la actividad comercio industrial, aquella en la que el Estado se convierte en un verdadero empresario.[1]

En el caso venezolano esta actividad empresarial del Estado se ha visto reforzada por la explotación y comercialización de valiosos recursos naturales que éste se ha apropiado de distintas maneras jurídicas (v.g. constitución, leyes, expropiación), desplazando de ese modo al particular y reservándose así la actividad comercio-industrial en variados ámbitos de la economía (v.g. aluminio, bauxita, cal, hierro, oro e hidrocarburos).

Desde 1928, con la creación del Banco Obrero y del Banco Agrícola y Pecuario, hasta la década de los 90 (del Estado liberal al Estado social de derecho) hubo un crecimiento del sector estatal empresarial, importante pero no desmesurado. A partir de esta última fecha, Venezuela se inscribió en el proceso de privatizaciones y reducción del sector público empresarial latinoamericano (neoliberalismo). No obstante, el problema de la justa distribución de la riqueza[2] y la cláusula social del Estado de Derecho, contenida tanto en la Constitución de 1961 como en la actual del año 1999, nunca permitieron que el proceso liberalizador se cumpliera a cabalidad y por el contrario, paradójicamente,

---

[1] Sobre la evolución histórica de la empresa pública en Venezuela, véase: BREWER CARÍAS, ALLAN. *"Tratado de Derecho Administrativo. Derecho Público en Iberoamérica"*, Volumen V, editorial Civitas, Thomson Reuters, Fundación de Derecho Público, Editorial Jurídica Venezolana, Madrid, 2013, págs. 796 y sigs.

[2] Gaspar Ariño ha calificado el problema de la justa distribución como causa justificadora de la empresa pública en los países en vías de desarrollo. ARIÑO ORTÍZ, GASPAR. *"La iniciativa pública en la Constitución. Delimitación del sector público y control de su expansión"* en: Revista de la Administración Pública No. 88, Madrid, 1979, pág. 60.

estas causas, así como la orientación política de un movimiento auto-denominado "Revolución bolivariana" que se hizo del poder por la vía electoral en 1998, luego de un golpe militar fallido, ha llevado ya a 20 años de imposición de un sistema económico distinto al constitucional de mercado. Se ha instalado, desde entonces, la inconstitucional acción empresarial del Estado, inconstitucional también por la abrumadora violación de derechos constitucionales que su ejecutoria ha acarreado.

Esta inconstitucional acción empresarial del Estado en nada responde a lo que se reconocía como un signo de nuestro tiempo –García Pelayo– en el sentido de que el Estado podía intervenir en la economía no sólo mediante la actividad legislativa o administrativa, sino a través de la acción estrictamente económica, pues ello se admitía siempre bajo el orden constitucional vigente y sin menoscabo de la iniciativa privada y los derechos de los particulares.

Es ciertamente un principio reconocido en el orden constitucional del Estado social de Derecho el que no es necesaria la regulación constitucional para que tenga lugar la actividad económica del Estado, la cual, en todo caso, halla fundamento en *"la definición misma del Estado como Estado social"*, pues ello *"significa añadir a las funciones estatales las destinadas a crear las condiciones vitales que ni el individuo ni los grupos pueden asegurar por sí mismos, lo que implica ciertas intervenciones del Estado en el orden y proceso económicos"*.[3]

En este mismo sentido, el destacado autor español Piñar Mañas[4] afirma que la calificación constitucional de la Administración Pública como servidora objetiva de los intereses generales en un Estado Social de Derecho puede justificar la empresa pública (artículo 103.1 de la Constitución española)[5]. Muchas son las normas constitucionales, tanto en España como en Venezuela, en las que el Estado Social se manifiesta en causas de interés general que podrían servir de fundamento

---

[3] GARCÍA PELAYO, MANUEL. *"Consideraciones sobre las cláusulas económicas de la Constitución"*, en: Obras Completas, Volumen III. Centro de Estudios Constitucionales, Madrid, 1991, pág. 2869.

[4] PIÑAR MAÑAS, JOSÉ LUIS. *"Privatización de Empresas Públicas y Derecho Comunitario"* en: Revista de Administración Pública, No. 133, enero-abril, Madrid, 1994, págs. 18 y 19.

[5] El artículo 103.1 dispone: *"La Administración Pública sirve con objetividad los intereses generales y actúa de acuerdo con los principios de eficacia, jerarquía, descentralización, desconcentración y coordinación, con sometimiento pleno a la ley y al Derecho."*

a la actividad empresarial del Estado. Así, la Constitución española[6] se refiere, entre otros, al deseo de la Nación Española de *"promover el bien de cuantos la integran"* (Preámbulo); *"promover el progreso de la economía para asegurar a todos una digna calidad de vida"* (Preámbulo); promover *"condiciones favorables para el progreso social y económico"* y la redistribución de la renta en el *"marco de un política de estabilidad económica"* (artículo 40.1); la función pública de la riqueza (artículo 128.1); *"la modernización de todos los sectores económicos"* *"a fin de equiparar el nivel de vida de todos los españoles"* (artículo 130.1); la planificación *"de la actividad económica para atender a las necesidades colectivas, equilibrar y armonizar el desarrollo regional y sectorial y estimular el crecimiento de la renta y de la riqueza y su más justa distribución"* (artículo 131.1).

La Constitución venezolana también contiene este tipo de postulados que justifican la acción empresarial del Estado. La promoción del *"bien común"* como valor fundamental (Preámbulo); *"la promoción de la prosperidad y bienestar del pueblo"* como fin esencial del Estado (artículo 3); la propiedad de la República sobre *"Los yacimientos mineros y de hidrocarburos"* (artículo 12); los derechos sociales y de las familias que impone al Estado garantizar los servicios que permitan un disfrute efectivo de los mismos (Capítulo V); La participación del Estado en la actividad económica *"a los fines de asegurar el desarrollo humano integral y una existencia digna y provechosa para la colectividad"* y promover *"conjuntamente con la iniciativa privada"* *"el desarrollo armónico de la economía nacional"* (artículo 299); *"la creación de entidades funcionalmente descentralizadas para la realización de actividades empresariales"* (artículo 300); la reserva de *"la actividad petrolera y otras industrias, explotaciones, servicios y bienes de interés público y de carácter estratégico"* y el manejo de la industria petrolera por un ente de absoluta propiedad estatal (artículos 302 y 303).

Sin embargo, si bien es cierto que la intervención del Estado en la economía como empresario puede derivar de las causas de interés general, consecuencia de la cláusula del Estado Social, debe destacarse que en Venezuela, al igual que en España, la iniciativa pública en la economía tiene una base constitucional directa, pues en la Constitución

---

6   Publicada en el Boletín Oficial del Estado No 311, de 29 de diciembre de 1978.

española así lo dispone el artículo 128, 2[7] y el texto constitucional venezolano lo prevé cuando establece que la promoción de la economía corresponde al Estado conjuntamente con la iniciativa privada (artículo 299),[8] y contempla la creación de entidades funcionalmente descentralizadas para la realización de su actividad empresarial (artículo 300).[9]

Sobre la validez de la actividad empresarial del Estado en atención a su base constitucional se pronunció el Tribunal Supremo español, en sentencia de 10 de octubre de 1989, en la cual afirmó que *"el artículo 38 de la Constitución reconoce la libertad de empresa en el marco de la economía de mercado de la que es eje básico la iniciativa privada; pero el artículo 128.2 de la misma Constitución también reconoce la iniciativa pública en la actividad económica; (...) con lo que se proclama en nuestro sistema constitucional la coexistencia de los dos sectores económicos de producción, el privado y el público, que constituyen lo que se ha dado en llamar un sistema de economía mixta; apartándose así nuestra Constitución del orden público anterior en el que primaba el principio de la subsidiariedad de la empresa pública respecto de la privada, habiendo alcanzado ahora ambas el mismo rango constitucional."*

No obstante, la iniciativa pública en un Estado social debe siempre vincularse a sus causas de interés general, desde que ellas la condicionan, tanto más cuanto que como toda actividad estatal, la actividad

---

[7] El artículo 128 de la Constitución española establece: *"1. Toda la riqueza del país en sus distintas formas y sea cual fuere su titularidad está subordinada al interés general. 2. Se reconoce la iniciativa pública en la actividad económica. Mediante ley se podrá reservar al sector público recursos o servicios esenciales, especialmente en caso de monopolio, y asimismo acordar la intervención de empresas cuando así lo exigiere el interés general."*

[8] El artículo 299 de la Constitución venezolana dispone: *"El régimen socioeconómico de la República Bolivariana de Venezuela se fundamenta en los principios de justicia social, democratización, eficiencia, libre competencia, protección del ambiente, productividad y solidaridad, a los fines de asegurar el desarrollo humano integral y una existencia digna y provechosa para la colectividad. El Estado conjuntamente con la iniciativa privada promoverá el desarrollo armónico de la economía nacional con el fin de generar fuentes de trabajo, alto valor agregado nacional, elevar el nivel de vida de la población y fortalecer la soberanía económica del país, garantizando la seguridad jurídica, solidez, dinamismo, sustentabilidad, permanencia y equidad del crecimiento de la economía, para garantizar una justa distribución de la riqueza mediante una planificación estratégica democrática participativa y de consulta abierta."*

[9] El artículo 300 de la Constitución venezolana dispone: *"La ley nacional establecerá las condiciones para la creación de entidades funcionalmente descentralizadas para la realización de actividades sociales o empresariales, con el objeto de asegurar la razonable productividad económica y social de los recursos públicos que en ellas se inviertan."*

empresarial del Estado estará supeditada al interés público. La misma sentencia del Tribunal Supremo español de 10 de octubre de 1989 así expresamente lo indicó al señalar que en las actuaciones empresariales, al igual que con los actos de autoridad, debe concurrir el interés público (artículo 103.1 de la Constitución), y agregó que en tal actuación se exige además "...*una equitativa asignación de los recursos públicos y que su programación responda a criterios de eficacia y economía, lo cual no es compatible con actuaciones empresariales públicas carentes de justificación*" (artículo 31.2 de la Constitución española).[10]

Pero además del límite que el interés general justificante impone a la actividad empresarial del Estado, surgen también como elementos limitantes el sistema económico de mercado, las garantías jurídicas a la libertad de empresa, la libre competencia y el derecho de propiedad. Así, el artículo 38 de la Constitución española reconoce la libre empresa en el marco de la economía de mercado y la Constitución venezolana lo hace en los artículos 112 y 299.

No se recoge en estas Constituciones el principio de subsidiaridad, conforme al cual la intervención estatal en la economía debe restringirse exclusivamente a aquellos campos en los que la iniciativa privada sea insuficiente o, a lo sumo, para complementarla.[11] Sin embargo, la iniciativa pública no podría llevarse a cabo en detrimento del derecho de los particulares a ejercer la actividad empresarial que les es propia, en un régimen de mercado y con un sistema de libre competencia. Bien lo señala García Pelayo cuando ha concluido que "*Cualquiera sea la concreción económica de la Constitución ha de mantener una economía de mercado y de libre iniciativa empresarial tanto privada como pública y compatible, por supuesto, con distintas formas de propiedad y de gestión empresariales*".[12]

---

[10] Artículo 31.2: "*El gasto público realizará una asignación equitativa de los recursos públicos, y su programación y ejecución responderán a los criterios de eficiencia y economía.*"

[11] Al respecto señala Cassagne: "*En una línea que guarda semejanza con la nuestra, la Constitución española, sin bien no ha asignado rango positivo al principio de subsidiariedad que figuraba anteriormente en el ordenamiento español, ha prescrito que las empresas públicas creadas por el Estado para gestionar servicios públicos deben actuar con arreglo al principio de economía de mercado establecido en el artículo 32, el que opera de este modo como un límite a la acción interventora del Estado*". CASSAGNE, JUAN CARLOS. "*El Contrato Administrativo.*" Editorial Abeledo-Perrot, Buenos Aires, 1999, pág. 112.

[12] GARCÍA PELAYO, MANUEL, ob. cit. (3), pág. 2874.

Es importante señalar que a diferencia de Venezuela, el caso español se halla comprendido en el marco normativo comunitario, conforme al cual éste se inserta con primacía y automáticamente en los ordenamientos internos de los países miembros. Y en este sentido es fundamental la circunstancia de que éste se asienta en el objetivo primordial de crear un mercado común, mediante la unión económica y monetaria, y que para el derecho comunitario el énfasis no está en la personificación del sujeto que desarrolle la actividad económica sino en su sujeción a la libre competencia.[13] El artículo 106 (puntos 1 y 2)[14] del Tratado de Funcionamiento de la Unión Europea prevé en efecto que las empresas públicas, así como aquellas a las que se concedan derechos especiales o exclusivos, están sujetas a las normas sobre competencia, en la medida en que ello no impida el cumplimiento de la misión específica que le haya sido encomendada. Conforme a Vaquer Caballería, este derecho comunitario *"aporta un criterio general de discernimiento, según el cual los servicios de interés general que los poderes públicos pueden reservarse incluso en régimen de monopolio (actividad de servicio público en sentido orgánico tradicional en el Derecho español) son sólo, en principio, los "no económicos", mientras que en los "económicos" debe generalmente tenderse a la competencia o libre empresa, sin perjuicio de que: (...) con su iniciativa económica, el Estado opera como un "propietario" y la organización prestadora del servicio es también una empresa, para el Derecho comunitario europeo, sometida en consecuencia a la competencia (artículo 86.1 TCE) –En el caso específico de los servicios de interés económico general, las imposiciones de ciertas cargas prestacionales (llámeseles servicio universal) que eventualmente podrán verse compensadas con restricciones a la competencia (mecanismos singulares de financiación, y derechos exclusivos o especiales...".*[15]

---

[13] La sentencia del Tribunal de Justicia de la Comunidad Europea de fecha 23 de abril de 1991 afirma: *"...el concepto de empresa comprende cualquier entidad que ejerza una actividad económica con independencia del estatuto jurídico de dicha entidad y su modo de financiación."* (Caso Hofner y Elser).

[14] Antes artículos 86.1y 86.2 del Tratado de la Comunidad Europea.

[15] VAQUER CABALLERÍA, MARCOS. *"El Servicio Público y las Actividades de Interés General"* en: *'VI Jornadas Internacional de Derecho Administrativo Allan Randolph Brewer Carías'. El Nuevo servicio público, actividades reservadas y regulación de actividades de interés general (electricidad, gas, telecomunicaciones y radiodifusión)".* Fundación de Estudios de Derecho Administrativo, Caracas 2002, págs. 85 y 85.

Señala el citado autor que el derecho comunitario europeo y el reforzamiento de la noción de libre competencia condujo a importantes mutaciones en el derecho administrativo español, específicamente la que denomina se da entre la lógica del Estado y la lógica del mercado, la primera con su visión del Estado en su doble dimensión de poder y ordenamiento, sujeto y objeto, con énfasis en la definición del derecho público en base a consideraciones subjetivas; la segunda, con énfasis en el mercado, y por tanto en las consideraciones de carácter funcional, respecto de las cuales lo orgánico tiene carácter meramente instrumental.[16]

En Venezuela, el tema de la empresa pública ha dado un vuelco total, no sólo por la intervención directa del Estado en la economía en su rol de empresario, con base a la reserva de actividades económicas y la cláusula social, es decir, no sólo por un mero giro de una tendencia liberalizadora a otra estatista, como ocurre en otros sitios de la región (Argentina, Bolivia, Ecuador), sino que se presenta un fenómeno particular asociado al tema político y es que se ha pretendido pasar de un sistema de libre mercado a uno denominado de economía socialista, pero como conceptos antagónicos, pues se pretende que el segundo que elimine el primero. Esta aclaratoria la hacemos porque hay que tener presente que hoy se admite la economía socialista de mercado, con interacción entre la planificación central macroeconómica y el mercado como elementos reguladores que se complementan.[17]

El respeto a las dos formas de propiedad, pública y privada, así como ambos tipos de actividad empresarial, por mayor que sea el énfasis que se ponga en la planificación, no llevará a un sistema distinto al del mercado, pero el desconocimiento de estos postulados sí, por el contrario, implicaría la existencia de un modelo económico diferente del que permite la infraestructura constitucional vigente dentro de la cual éste debe funcionar.

Que la imposición de un sistema de economía socialista en Venezuela apunta más a una situación de incompatibilidad con el modelo

---

[16] Ibídem, pág. 79.

[17] Este análisis en extenso lo realiza GARCÍA PELAYO en ob. cit. (3), con base a los trabajos de Galbraith J.K. *"Economics and the public purpose"*, Boston, 1973 y Lindblom, Ch. E. *"Politics and Markets"*, Nueva York, 1977, págs. 93 y sigs.

constitucional de libre mercado consagrado se constata con la circunstancia de que su instauración pretendió lograrse mediante una fallida reforma del texto fundamental. En 2007, la iniciativa presidencial, rechazada por el pueblo en referéndum, tenía el expreso propósito de insertar *"el socialismo en lo político y en lo económico"*. En tal propuesta se contemplaba, entre otros, la modificación de los artículos 299 (régimen socio-económico de la nación), 112 (libertad de empresa) y 115 (propiedad privada). Las reformas eliminaban el principio de la libre competencia, así como, la libertad de empresa y preveían la propiedad privada relegada en importancia por la pública y la social y colectiva, así como limitada la privada a bienes de uso, consumo y medios de producción.

Los principios de libre competencia e iniciativa privada, base del régimen socioeconómico en el texto vigente, se pretendieron sustituir en la reforma por principios "socialistas y anti-imperialistas", previéndose la iniciativa pública no al lado de la privada, sino unida a una de carácter comunitario, social y personal y en función de la preponderancia de los intereses comunes sobre los individuales. Respecto de la propiedad, frente a la pública se contraponía la propiedad social, la que pertenece al pueblo en su conjunto, y la colectiva, quedando mencionada la propiedad privada limitada y como categoría de la propiedad mixta. A pesar del rechazo a la reforma constitucional, el Estado venezolano impuso por medio de leyes esa economía de modelo socialista, así declarado y reconocido también en un documento de planificación presentado por el Presidente de la República ante la Asamblea Nacional (2007) en el cual se lee como objetivo expreso la imposición de un *"Modelo productivo socialista"*, este documento fue renovado mediante el segundo Plan de la Patria (2013-2019), en el cual se indica como objetivo *"Continuar construyendo el socialismo bolivariano del siglo XXI, en Venezuela, como alternativa al sistema destructivo y salvaje del capitalismo"*.[18]

El Estado empresario es una realidad de todo sistema de mercado,[19] pero su desarrollo tiene los límites que el ordenamiento constitucional

---

[18] Este Plan del gobierno fue adicionalmente aprobado por la Asamblea Nacional, según Acuerdo publicado en Gaceta Oficial No 6.118, extraordinario, de fecha 4 de diciembre de 2013.

[19] Así lo indica Lindblom, citado por GARCÍA PELAYO, MANUEL, en ob. cit. (3), pág. 2867.

económico le imponen: la libertad de empresa, la libre competencia, la propiedad privada y el interés general. El Estado empresario en un modelo de economía socialista, en el sentido antes descrito de sustituirse por el de mercado, no encuentra los límites mencionados, antes bien tiende a eliminarlos.

El tema de la empresa pública en Venezuela tiene límites constitucionales y también aquellos propios de la naturaleza pública del ente que la desarrolla, los principios de la organización administrativa y en particular el tema de la empresa pública y otras figuras organizativa que en semejanza al derecho español se han utilizado en Venezuela. También, la contratación administrativa es relevante para el tema del Estado empresario, pues, de nuevo, el interés público plantea la necesidad de someterla a procedimientos de selección de sus contratistas que pueden resultar ajenos a la agilidad con la que se debe desenvolver el empresario para el éxito de la explotación económica que realiza.

1. Origen y evolución de la actividad empresarial del Estado

Señala Juan Helguera Quijada que el antecedente más remoto de la empresa pública en España, entendida ésta como concepto vinculado al tema de la economía del Estado, aparece con el nombre de Real Fábrica en el siglo XVIII y se equipara a otras industrias públicas promovidas por el Estado en otros países de Europa. Las Reales Fábricas, como antecedente de la empresa pública, se refieren a aquellas industrias que se caracterizaban por tres rasgos principales. En primer lugar, el ser empresas públicas creadas por iniciativa del Estado, financiadas y gestionadas por éste.[20] En segundo término, el ser empresas concentradas, *"con un alto grado de integración vertical, puesto que las fases principales del proceso productivo se llevaban a cabo en grandes edificios aislados, construidos o adaptados expresamente para tal fin, donde*

---

[20] Sobre esta característica precisa Helguera Quijada *"…era en esta Reales Fábricas donde se daba un mayor grado de intervención estatal, lo que las diferenciaba claramente de las empresas privadas y de las empresas mixtas que tenían esa misma denominación."* HELGUERA QUIJADA, JUAN. *"Las Reales Fábricas"*, en *"La Historia de la Empresa Pública en España"* (COMÍN, FRANCISCO y MARTÍN ACEÑA, PABLO, directores). Biblioteca de Economía, serie de estudios. Edit. Espasa-Calpe, S.A., Madrid, 1991, pág. 65.

trabajaban reunidos grandes contingentes de artesanos que, a veces, también vivían en ellos, formando importantes colonias industriales. En tercer lugar eran básicamente manufacturas con predominio de la mano de obra de tipo artesanal, sin desarrollo del principio de división del trabajo bajo el imperio de las jerarquías gremiales".[21]

Sobre las Reales Fábricas como origen de la empresa pública en España, Ramón Parada afirma que son, en efecto, *"...antecedente de los que hoy son establecimientos públicos industriales o empresas públicas, aparecen en el siglo XVIII como una manifestación de la política de fomento de la industria de la Administración real (fábricas de tapices, de porcelanas, de armas, de tejidos, etc.)".*[22]

El tema de la empresa pública en España puede analizarse por etapas. Así lo plantea Francisco Comín[23] cuando se refiere a tres fases: 1) Con la predominancia de las ideas mercantilistas y frente a la abulia de la iniciativa privada, la empresa pública como instrumento de reindustrialización, (1740-1808); 2) La ideología de la economía liberal, manteniéndose unas pocas empresas de servicios y dando lugar a la privatización (1808-1872); 3) En un liberalismo más intervencionista se da el resurgimiento de la empresa pública en servicios y como instrumento de la política económica (1872-1935). Se precisa, sin embargo, que el desarrollo de la empresa pública en el siglo XX fue moderado y restringido al cumplimiento de funciones no cubiertas por el mercado o de deficiente gestión desde la organización del presupuesto, así como las empresas municipales para proporcionar nuevos servicios, los monopolios fiscales y la industria militar. Se reconoce que la idea de la incapacidad empresarial del Estado impidió un crecimiento del sector público empresarial, por lo que la concesión, el arrendamiento y el organismo autónomo fueron las figuras utilizadas para la intervención del Estado en la actividad de gestión económica.[24]

---

[21]   Ibídem, págs. 65 y 66.

[22]   PARADA, RAMÓN. *"Derecho Administrativo. II. Organización y empleo público."* Vigésima edición. Marcial Pons, Madrid, 2008, pág. 228.

[23]   COMÍN, FRANCISCO. *"La Empresa en la historia de España"* en *"La Historia de la Empresa Pública en España"* (COMÍN, FRANCISCO y MARTÍN ACEÑA, PABLO, directores), Biblioteca de Economía, serie de estudios. Editorial Espasa-Calpe, S.A., Madrid, 1991, págs. 20 y sigs.

[24]   Ibídem, pág. 24.

Garrido Falla explica la empresa pública como instrumento de intervencionismo estatal también en tres etapas, la primera, la de la Administración prestadora de servicios asistenciales (beneficencia, sanidad y educación), la segunda, mediante los servicios de carácter económico, en los que se impuso, habida cuenta de la posibilidad de explotación económica, la fórmula de la concesión para facilitar la titularidad pública pero la explotación en manos de los privados, la tercera, la que se plantea con la Administración como gestora de empresas económicas, es la admisión de que la Administración tiene competencia administrativa para gestionar directamente los servicios económicos y que da lugar a la sustitución de la expresión "servicio público" por la de "empresa pública".[25] En el mismo sentido, Parada ha indicado: *"Por ello, al margen de esas actividades económicas que sirven de objeto a la actividad de servicio público, puede hablarse de una simple actividad económica, no esencial, que la Administración ejerce con arreglo a un régimen jurídico privado como si de un empresario particular se tratase".[26]*

En Venezuela el tema de la empresa pública se verifica en sus orígenes (1928) también en relación con la actividad de fomento[27] a trabajadores y agricultores, mediante la creación del Banco Obrero y Banco Agrícola y Pecuario, *"...el primero como entidad financiera, de construcción y de administración de viviendas; y el segundo como entidad financiera y de fomento de la agricultura, la cría y la pesquería con funciones posteriores en el campo de la comercialización de productos agrícolas."* Más adelante, *"...en la década de los 30, y particularmente, con posterioridad a la muerte de Gómez, en 1935, el gobierno de transición iniciado en 1936 dio un gran impulso a la creación de entidades descentralizadas, iniciándose así una política de intervención estatal en la vida económica y social, lo cual, como se dijo, marca el inicio de*

---

[25] GARRIDO FALLA, FERNANDO. *"La empresa pública en el derecho español. La empresa pública."*, Tomo I, Publicaciones del Real Colegio de España en Bolonia, Bolonia, 1970, págs. 857 y 858.

[26] PARADA, RAMÓN. *"Derecho Administrativo I. Parte General"*. Decimoséptima edición, Marcial Pons, Madrid, 2008, pág. 426.

[27] Recuérdese que en España el origen de las Reales Fábricas, antecedente de la empresa pública en España, se verificó por virtud de la actividad de fomento a la industria por parte de la Administración real. Al respecto, PARADA, RAMÓN, ob. cit. (22).

la transformación del estado Liberal tradicional en el Estado Social de derecho de las últimas décadas".[28]

A estos primeros servicios se unen aquellos creados en esta década de los 30 (transporte aéreo nacional, banca, higiene y atención al niño, seguridad social, obras sanitarias, acueducto, universidad, etc.). Posteriormente se añadieron progresivamente servicios de la más variada índole y actividades vinculadas con la explotación de las riquezas naturales. El monopolio del Estado en la explotación económica de las riquezas naturales ha sido constante en la historia venezolana, admitiendo sin embargo el vaivén entre la explotación directa y el uso de la concesión.[29]

A partir de 1945, el Estado intervino en las actividades de ferrocarriles, nutrición, fomento, educación, construcción y modernización de la ciudad de Caracas, diques y astilleros. En los 50 pueden mencionarse las actividades deportivas, agrarias, banca, seguridad social de trabajadores de las fuerzas armadas y maestros, canalizaciones, minería y carbón, transporte marítimo, investigaciones científicas, telefonía, hotelería, navegación, petroquímica, servicio eléctrico, centrales azucareros, café y cacao. En los años 60, cultura y artes, transporte aéreo internacional, siderúrgica, generación eléctrica, nitrógeno y salinas. Entre los 70 y 80, la industria naviera, reforestación, hierro y, como consecuencia de la nacionalización del petróleo, en el año 1975 se constituye Petróleos de Venezuela (PDVSA) y un gran número de empresa filiales (Maraven, Lagoven, LLanoven, Corpoven, Intevep y Pequiven).

Para la década de los 80 se consolidaba la consecuencia de 50 años de multiplicación de entidades administrativas de naturaleza pública o

---

28 BREWER CARÍAS, ALLAN, ob. cit. (1), pág. 795.

29 Cabe traer a colación las palabras de Juan Vicente Gómez al ser juramentado Presidente de la República para el período 1910-1914, las cuales –según indica el historiador Simón Alberto Consalvi– constituyen *"principios que vale la pena registrar porque los oiremos a lo largo del siglo."* En tal oportunidad el General informa al Congreso que *"...ha entregado a 'personas particulares' la explotación de cuatro empresas nacionales, el ferrocarril de Santa Bárbara a El Vigía, el de la Vela de Coro, el de Guanta a Barcelona, el de la mina de asfalto Inciarte en Maracaibo"* y alega, *"Es evidente que estas Empresas administradas directamente por el Gobierno no proporcionan sino gastos al Tesoro Público, mientras que entregadas a la iniciativa y a la inteligencia privadas, habrán de ser factores eficientes del progreso regional y, por consiguiente, de la prosperidad de la Nación."* CONSALVI, SIMÓN ALBERTO. *"Juan Vicente Gómez"*. Biblioteca Bibliográfica Venezolana. Vol. 59, El Nacional, Caracas, 2007, pág. 91.

privada, destinadas a la realización o prestación de servicios públicos esenciales, actividad de fomento y control de sectores de la economía, sin embargo el principio de libertad económica de los particulares no había resultado confrontado en esa política de crecimiento de la actividad empresarial del Estado.

En la década de los 90, como antes se indicó, comenzó el proceso de privatización y reducción del sector público empresarial, no obstante, pronto se dio marcha atrás con la imposición de nuevas políticas públicas orientadas, ahora sí, a desmantelar la actividad económica de los particulares sustituyéndola por la del Estado, a pesar del marco constitucional que no difiere en lo sustancial del que protege, en un sistema de libre mercado, la iniciativa privada y la libre competencia.

Hay que tener en cuenta que las fases de la actividad empresarial de la Administración hay que relacionarlas con la ordenación del sistema económico y las políticas económicas de cada país y en cada momento, lo cual permite distinguir las situaciones actuales de España y Venezuela, en la primera,[30] en la que privatización y liberalización son las características,[31] frente a la situación de la segunda, en la que la estatización y regulación es la tendencia y que, se insiste se presenta hoy incluso sin límite, al punto de afectar el núcleo esencial del derecho a la libre iniciativa privada. El estudio que planteamos incluye el análisis de la actividad empresarial del Estado y la determinación de los ámbitos en los que la misma se desarrolla.

2. La gestión económica como parte de la actividad administrativa

Ante el surgimiento del Estado de derecho, la concepción tradicional de la Administración como organización de una de las ramas del Poder Público, aquélla a la que se asigna la función administrativa y que

---

[30] En este sentido es importante señalar que en el caso español la ordenación del sistema económico se ve influenciado por el derecho comunitario europeo en el cual la tendencia es al acento en la competencia y la interpretación excepcional de la empresa pública como instrumento de política económica. (Al respecto, sentencia del Tribunal de Justicia de la Unión Europea de 19 de marzo de 1992).

[31] MARTIN-RETORTILLO BAQUER, SEBASTIÁN. *"La ordenación jurídico-administrativa del sistema económico en los últimos cincuenta años"*, en: Revista de Administración Pública, No. 150, Madrid, 1999, pág. 274.

por ende se instaura para el cumplimiento de competencias establecidas de manera previa en un instrumento legal, que se concreta en actos administrativos, no se corresponde con la idea de una Administración realizando actividad económica. En efecto, el estudio de los contenidos de la actividad de la Administración en los orígenes del Derecho Administrativo se hallaba delimitado por la noción de policía administrativa, entendida como la actividad de ejecución de la ley encaminada al mantenimiento del orden público. La noción de orden público permitía a su vez, sin embargo, la ampliación o restricción de los contenidos de la actividad de la Administración.

En todo caso, el rango sublegal de la actividad imponía el límite teleológico de la propia norma: el interés público. Ese mismo interés público pronto impuso otras necesidades de actuación administrativa que excedían el mero mantenimiento del orden. Se requería además una actividad de la Administración enderezada a satisfacer las necesidades básicas y fundamentales de los administrados, aquellas que no podían hacerse depender de la iniciativa privada en la que la finalidad lucrativa es el objetivo natural. Pero además implicaba la implantación de un sistema de seguridad social que protegiera a los individuos de causas de empobrecimiento que no eran de su responsabilidad o de las que en todo caso éste no podría salir por sí mismo.[32]

La concepción del Estado como una organización de bienestar y no sólo de ordenamiento de las relaciones de los individuos que lo conforman acentúa la intervención de la Administración en el ámbito económico propio de la actividad particular, y así el Estado participa, primero, en la prestación de ciertos servicios, lo cual se concreta, no ya en actividad meramente jurídica, sino fundamentalmente en actividad material, pero aún en este caso, insistimos, supeditada a la misma finalidad de la norma, el interés público, y ajena a un objetivo lucrativo.

El servicio público se traduce en una de las actividades administrativas más importantes a cargo del Estado y, fundamentalmente, del Estado de Bienestar, el cual responde a la idea de que no basta que se garantice el respeto de los derechos particulares por parte de los órganos

---

[32] RITTER, GERHARD A. *"El Estado Social, su origen y desarrollo en una comparación internacional. Ministerio del Trabajo y Seguridad Social"*, Ministerio del Trabajo y Seguridad Social, Madrid, 1991, pág. 108.

que detentan el poder público, sino que se presupuesta como su obligación procurar el disfrute real de los mismos. Mediante la actividad de prestación, la Administración puede asumir de forma directa la realización de actividades que tienen como objetivo primordial la satisfacción inmediata de una necesidad de interés público.

A partir de la revolución industrial comienzan a surgir los primeros servicios públicos de carácter económico, tales como, el ferrocarril, el gas, la electricidad, el teléfono, el transporte por carretera, etc., lo cual conlleva a parte de la Europa continental al desarrollo de una actividad económica a cargo del sector público. Tal actividad pronto se plantea con atribución de la titularidad o monopolio de su realización, creándose así áreas en las que el particular sólo interviene como auxiliar de la Administración o en forma directa, previa habilitación, bajo las reglas de la concesión. Surge así en el campo del derecho administrativo la noción de servicio público como parte de la actividad administrativa y se crea una figura jurídica con características propias, y sujeta a un régimen de derecho público.

La concepción del servicio público como la asunción por parte del Estado, a través de su organización administrativa, de estas actividades de prestación, en el entendido de que ellas se contraponen al ámbito de lo privado, lleva a considerar la noción de la *"publicatio"* como elemento fundamental en la construcción del concepto de servicio público, es decir, que se exige bajo esta perspectiva y como premisa la calificación como tal por una Ley, lo cual va a producir una reserva de las actividades para el Estado, excluyéndolas así totalmente de la esfera de los privados.

La noción del servicio público presenta entonces dos notas esenciales; en primer lugar, el objetivo que se persigue con la actividad y con la organización que se cree a estos efectos no debe ser otro que la satisfacción inmediata de una necesidad de interés público; y, en segundo término, el carácter reservado de la actividad y, como tal, excluida de la libre iniciativa privada, desde que carecerían los particulares del derecho a realizarla, y a la cual sólo podrían acceder como auxiliares de la Administración, bajo un régimen de concesión. La nota característica en lo sustancial de esta actividad es que la finalidad lucrativa no está presente, pues en el caso de que se establezca una contraprestación, ésta sólo habría de ser la mínima necesaria para garantizar la realización eficiente del servicio, actividad que se construye, fundamentalmente, sobre la noción de accesibilidad de todo aquél que lo requiera.

Esta misma concepción se asumió en Venezuela bajo el régimen de la Constitución de 1961 que estuvo vigente por más de 40 años, en cuyo texto se preveía la posibilidad de reserva de la actividad de servicio público,[33] la cual se concretó posteriormente en una legislación que así lo hacía respecto de los principales servicios públicos económicos (vg.: telecomunicaciones y transporte aéreo), así como respecto de la obra pública.

El ordenamiento jurídico administrativo venezolano se caracterizó entonces por la intervención del Estado en la economía como un agente económico, con la finalidad de promover y garantizar el desarrollo socio-económico del país y concretar los cometidos del modelo Constitucional del Estado Social del Derecho. Sin embargo, el fracaso de esta actividad estatal, la ineficiencia e incapacidad para desarrollarla de acuerdo a las necesidades que la modernidad iba imponiendo, así como el inmenso endeudamiento público y la generalizada situación de déficit de la empresa pública, obligó también a Venezuela, como se ha señalado precedentemente, en la década de los 90, a participar de la tendencia, en palabras del Gaspar Ariño, de la liberalización de los servicios públicos que pretendía llevar esta categoría, como parte de la actividad de la Administración, a su mínima expresión.[34]

Es cierto entonces que en los años 90 la privatización surgió como mecanismo de transferencia de la empresa pública al campo de lo privado, mediante la venta de ciertas empresas del Estado a particulares o mediante la cesación de la reserva al Estado de la actividad, generándose así la posibilidad de que el sector privado la desarrollase directamente. Gaspar Ariño afirma que en la década de los 90 las economías

---

[33] El artículo 97 establecía: "*No se permitirán monopolios. Sólo podrán otorgarse, en conformidad con la ley, concesiones con carácter de exclusividad, y por tiempo limitado, para el establecimiento y la explotación de obras y servicios de interés público. El Estado podrá reservarse determinadas industrias, explotaciones o servicios de interés público por razones de conveniencia nacional, y propenderá a la creación y desarrollo de una industria básica pesada bajo su control. La ley determinará lo concerniente a las industrias promovidas y dirigidas por el Estado.*"

[34] ARIÑO ORTÍZ, GASPAR. "*Principios de Derecho Público Económico. Modelo de Estado, Gestión Pública, Regulación Económica.*" Editorial Comares, Granada, 1999, pág. 493.

latinoamericanas pasaron, o al menos se propusieron pasar, de un modelo de preponderancia de la empresa pública y subsidio de la privada, a un modelo de iniciativa privada y mercado libre, situación impulsada además por la globalización y la patente necesidad de apertura a la inversión internacional.[35]

Este fenómeno pronto se revirtió, en la Argentina, por ejemplo, donde se habla de un *"proceso de reestatización como un final anunciado"*: (…) *"A partir de 2003 es posible advertir claramente la decisión del Estado de reasumir actividades económicas…"*, teniendo en cuenta que *"…en muchos casos el Estado justificó el proceso de estatización de los servicios y las empresas en la retracción actual de la inversión privada en el sector financiero, junto a la necesidad de evitar efectos negativos que el incumplimiento tendría sobre las plazas en las que actúan y en el resto de la economía nacional, sin perjuicio de que debe procederse, según los textos normativos, a su privatización en el menor tiempo posible"*.[36]

En Venezuela, la privatización de ciertos servicios se vio acompañada, en un principio, por el abandono también de algunas actividades de gestión comercio-industrial. Así, como se pasó al ámbito de lo privado el sector telecomunicaciones y eléctrico, también se privatizaron empresas públicas de gestión económica en actividades no reservadas y de índole industrial deficitarias (v.g. centrales azucareros, industrialización y comercialización del hierro), todo lo cual se revirtió posteriormente.

Hay que tener en cuenta que si bien es cierto que en la década de los 90 se produjo una cierta liberalización de los servicios, no es menos verdad que luego de ese proceso se podía seguir constatando una muy relevante actividad económica del sector público (v.g. servicios

---

[35]   Gaspar Ariño afirma: *"Después de más de medio siglo de expansión del Estado, éste ha empezado a retirarse de la actividad económica, para concentrarse en lo que son sus funciones soberanas. Este cambio de modelo, que se inicia a finales de los ochenta en el Reino Unido, no es propio de un país o de un gobierno concreto. Es universal, es un proceso de biología histórica que está teniendo importantes manifestaciones tanto en Europa como en Iberoamérica, e implica esencialmente un cambio de tareas –de roles– entre el Estado y la Sociedad."* CASSAGNE, JUAN CARLOS Y ARIÑO ORTÍZ, GASPAR. *"Servicios Públicos, Regulación y Renegociación."* Abeledo-Perrot, Buenos Aires, 2005, pág. 9.

[36]   BALBÍN, CARLOS F. *"Curso de Derecho Administrativo"*, editorial La Ley, Buenos Aires, 2008, pág. 949.

públicos esenciales, actividad petrolera y energética). Lo cierto es que el régimen constitucional vigente permitía justificar tales privatizaciones y a la vez esas actividades económicas en el ámbito del sector público. El modelo económico constitucional de justicia social (artículo 95) y la posibilidad de reserva al Estado de ciertas industrias o servicios de interés público por razones de conveniencia nacional (artículo 97), aunado al reconocimiento a la iniciativa privada y libertad de empresa (artículo 96), permitían tanto la gestión privada como pública de los servicios y actividades económicas en general.

Como bien lo señala Piñar Mañas refiriéndose a la norma constitucional española similar a la regulación constitucional venezolana del año 1961: *"En cualquier caso, la permanencia de la cláusula del estado social (cláusula no retórica) ha de ser punto de referencia obligado en todo estudio que se lleve a cabo en relación con la privatización en general y de la empresa pública en particular. Pretender reducir, como ahora se intenta, el ámbito de la participación del Estado en la actividad económica hasta límites irrisorios no sólo carece de apoyo real sino de justificación social y económica. No sólo cuando esa participación se desarrolla en cuanto poder público, sino igualmente cuando se opera con la veste de empresario. En este segundo caso, la solución no estriba en abogar por la desaparición de la empresa pública, sino por su redefinición en el marco de su integración en el mercado. Sin perjuicio, por supuesto, de la exigencia constitucional del servicio objetivo de los intereses generales"*.[37]

La tendencia liberalizadora produjo sin embargo como efecto que la noción de "servicio público" se confinara a aquellas áreas de la actividad económica que el Estado se reservase, mediante ley, excluyendo la iniciativa privada. No bastaba la mera calificación legal de la actividad como de servicio público, práctica legislativa común que tuvo que ser corregida por la jurisprudencia al precisar que el efecto restrictivo de la participación privada requeriría de una reserva legal expresa al Estado, para que la actividad quedase fuera del ámbito particular.

El Estado podría en estos casos recurrir a formas organizativas de naturaleza empresarial y pedir incluso el auxilio particular, quien siempre se hallaría en condición de precariedad, pues actuaría bajo la

---

[37] PIÑAR MAÑAS, JOSÉ LUIS, ob. cit. (4), pág. 31.

fórmula de la concesión, o en todo caso como contratista del Estado, pero no como titular del derecho a la realización de esa actividad económica. El interés público a satisfacer actuaría como elemento ponderador para lograr la ecuación económico-financiera de la concesión. La ejecución de los contratos de concesión en general obliga a salvaguardar tanto los derechos del concesionario como los de la Administración, *"dentro del principio del equilibrio financiero"*.[38]

Esta noción restringida del servicio público como actividad reservada al Estado, implicaba la posibilidad de que en el ámbito de actividades de servicio público coexistiesen aquellas en las que se realizaba la reserva estatal, con las que se dejaban a la libre iniciativa privada, pero en las que el Estado podía, eventualmente, y por razones de políticas públicas, concurrir en su prestación.

En estos casos, debido al interés público involucrado se imponía el sometimiento de la actividad privada a un estricto régimen de policía administrativa, manifestado en la necesidad de autorizaciones o permisos y en la sujeción a normas de regulación de la actividad, la cual estaría sometida a un sistema de control y sanción a cargo de órganos administrativos especializados.

Ahora bien, en caso de tratarse de una actividad económica empresarial, la economía de mercado, sistema económico adoptado en la Constitución venezolana de 1961 (e igualmente contemplado en la Constitución de 1999), se imponía el criterio de que la realización concurrente de tal actividad por parte del Estado y de particulares o de varios particulares en condición de concesionarios, debía llevarse a cabo en régimen de competencia.[39] Por ello, la sujeción al régimen

---

[38] Al respecto, véase MORENO MOLINA, JOSÉ ANTONIO y PLEITE GUADAMILLAS, FRANCISCO. *"Texto Refundido de la Ley de Contratos del Sector Público, Estudio Sistemático."* Primera Edición, editorial La Ley, Grupo Wolters Kluwer, Madrid, 2012.

[39] El régimen de competencia ha sido establecido como elemento necesario incluso para aquellos casos en los que en el ámbito de una actividad reservada, de naturaleza empresarial, existen varios concesionarios. En este sentido se pronunció la Corte Suprema de Justicia, en Sala Político Administrativa, al señalar: *"...no resultan excluyentes entre sí, lo que sucede es que, cuando existe una "reserva" en los términos señalados se afecta uno de los atributos de la libertad económica como lo es la posibilidad de libre concurrencia, es decir, de acceder al ejercicio de la actividad. (...)*
Una vez levantada dicha limitación en virtud del otorgamiento de una concesión, nada autoriza a deducir que la libertad económica del sujeto así habilitado, haya sido destruida, y vaciada de contenido en forma general. Ciertamente, no puede negarse que el ejercicio

de policía administrativa debía operar de forma idéntica tanto para el sector público como privado, en cuanto que ella debía ser sujeto del ordenamiento regulatorio que a la propia Administración tocaba aplicar, debiendo evitarse situaciones en las que se ejecutase la posibilidad real de la utilización de tales medios como mecanismo de distorsión de las reglas de libre competencia. Debía producirse en estos casos lo que Piñar Mañas denomina la *garantía de la libre competencia no falseada,* [40] aquella que supone que la empresa pública actúa en el libre mercado y en condiciones de igualdad. [41]

Téngase en cuenta que *"también pueden en efecto producir distorsiones a la competencia el Estado no actuando como operador económico sino como poder público",* [42] *"tanto más cuanto en estos casos no está sometido a las normas de defensa de la competencia pues se supone que actúa en el ejercicio de la mera ejecución de prerrogativas públicas".* [43]

La noción de competencia permite conciliar los principios liberales de la economía de mercado con la consideración social del Estado y la iniciativa pública o la titularidad pública empresarial. [44] La Constitución

---

de una actividad reservada al Estado por parte de un concesionario normalmente viene asociada a un conjunto de regulaciones sobre la materia a los cuales debe ajustarse dicho ejercicio, pero, de las misma forma no puede desconocerse que tales limitaciones no son absolutas. En efecto, en cuanto constituye una limitación a derechos constitucionales, es necesario deducir que la reserva solo afecta a los aspectos por ella regulados. Esta circunstancia de coexistencia o vigencia de la libertad económica aun en el contexto de actividades reservadas no es extraña en nuestro ordenamiento jurídico, en el cual se da, por ejemplo, el caso de concesiones en materia de "telefonía celular" y "la explotación de la industria del fósforo (SIC) en las que se verifican la presencia de más de una empresa, capaces de competir entre sí, en base a las reglas que rigen el mercado en la medida en que no sean contrarias al régimen de reservas". Sentencia de fecha 9 de junio de 1998, caso Aerovías Venezolanas, S.A. (Avensa) contra Ministerio de Transporte y Comunicaciones).

[40] PIÑAR MAÑAS, JOSÉ LUIS, ob. cit. (4), pág. 32.

[41] Ibídem, pág. 35.

[42] NAVARRO, EDURNE y RAMBAL, MARCOS. *"La aplicación de las normas de defensa de la competencia a las Administraciones públicas que no actúan como operadores económicos en el mercado",* en: Gaceta Jurídica de la Unión Europea y de la Competencia No 31, 2013, pág. 23 y sigs.

[43] VICIANO PASTOR, JAVIER. *"Intervención pública en la economía y libre competencia",* en: Tratado de Derecho a la competencia y la publicidad. Editorial Tirant lo Blanch, Valencia, 2014, pág. 658.

[44] Piñar Mañas considera que la garantía de la competencia es la clave para el mercado único comunitario, de manera que es posible un trato indiferente a la titularidad pública o privada

venezolana del año 1999 replantea el rol de la empresa pública como instrumento de la Administración para el cumplimiento de los objetivos del Estado Social de Derecho, en cuanto a la satisfacción de los intereses generales.

Este texto fundamental contempla la libertad de empresa,[45] pero también proclama el Estado de Bienestar[46] y consagra un régimen de economía mixta, con participación conjunta del sector privado y público. Así, el artículo 299 dispone: *"El régimen socioeconómico de la República Bolivariana de Venezuela se fundamenta en los principios de justicia social, democratización, eficiencia, libre competencia, protección del ambiente, productividad y solidaridad, a los fines de asegurar el desarrollo humano integral y una existencia digna y provechosa para la colectividad. El Estado conjuntamente con la iniciativa privada promoverá el desarrollo armónico de la economía nacional con el fin de generar fuentes de trabajo, alto valor agregado nacional, elevar el nivel de vida de la población y fortalecer la soberanía económica del país, garantizando la seguridad jurídica, solidez, dinamismo,*

---

de la empresa para lograr un modelo económico de libre mercado, siempre que se garantice una libre competencia no falseada. Estos conceptos que el mencionado autor analiza para sustentar la indiferencia comunitaria frente a la titularidad pública de la empresa en la consecución de los objetivos comunitarios pueden aplicarse en nuestro ámbito interno para entender que la consagración constitucional de la empresa pública y la consideración social del Estado no es óbice para el funcionamiento del libre mercado, siempre que se respete la regla de la libre competencia. PIÑAR MAÑAS, JOSÉ LUIS, ob. cit. (4), pág. 35.

45 El artículo 112 establece: *"Todas las personas pueden dedicarse libremente a la actividad económica de su preferencia, sin más limitaciones que las previstas en esta Constitución y las que establezcan las leyes, por razones de desarrollo humano, seguridad, sanidad, protección del ambiente u otras de interés social. El Estado promoverá la iniciativa privada, garantizando la creación y justa distribución de la riqueza, así como la producción de bienes y servicios que satisfagan las necesidades de la población, la libertad de trabajo, empresa, comercio, industria, sin perjuicio de su facultad para dictar medidas para planificar, racionalizar y regular la economía e impulsar el desarrollo integral del país."*

46 Así se contempla en el artículo 3 de la Constitución conforme al cual: *"El Estado tiene como fines esenciales la defensa y el desarrollo de la persona y el respeto a su dignidad, el ejercicio democrático de la voluntad popular, la construcción de una sociedad justa y amante de la paz, la promoción de la prosperidad y bienestar del pueblo y la garantía del cumplimiento de los principios, derechos y deberes consagrados en esta Constitución. La educación y el trabajo son los procesos fundamentales para alcanzar dichos fines."* Por otra parte, el artículo 83 que se refiere a la salud como derecho fundamental, dispone que *"El Estado promoverá y desarrollará políticas orientadas a elevar la calidad de vida, el bienestar colectivo y el acceso a los servicios."*

Sustentabilidad (sic), *permanencia y equidad del crecimiento de la economía, para garantizar una justa distribución de la riqueza mediante una planificación estratégica democrática, participativa y de consulta abierta.*

El Tribunal Supremo de Justicia, en su Sala Constitucional, mediante sentencia Nº 117 del 6 de febrero de 2001, justifica la actividad empresarial del Estado señalando que ésta se deriva del régimen de economía mixto que contempla el referido artículo 299 de la Constitución. Así ha señalado al referirse a dicha norma lo siguiente: *"A la luz de todos los principios de ordenación económica contenidos en la Constitución de la República Bolivariana de Venezuela, se patentiza el carácter mixto de la economía venezolana, esto es, un sistema socioeconómico intermedio entre la economía de libre mercado (en el que el Estado funge como simple programador de la economía, dependiendo ésta de la oferta y la demanda de bienes y servicios) y la economía interventora (en la que el Estado interviene activamente como el "empresario mayor").*

Efectivamente, la anterior afirmación se desprende del propio texto de la Constitución, promoviendo, expresamente, la actividad económica conjunta del Estado y de la iniciativa privada en la persecución y concreción de los valores supremos consagrados en la Constitución".

Es el Estado venezolano constitucionalmente un Estado comprometido con la verificación de las condiciones necesarias para el desarrollo humano integral y de elevación del nivel de vida de la población. Y en este sentido es un Estado al que constitucionalmente se habilita para acometer actividad productiva, siempre que ella se justifique por el interés general.[47] En esta categoría debe incluirse la actividad del

---

[47] Gaspar Ariño Ortíz también ha señalado que la causa justificadora de la empresa pública se encuentra en el moderno Estado de bienestar en *"la necesaria intervención de aquél en los alegados "fracasos del mercado", bien en la producción de los bienes públicos, bien en la distribución de los productos obtenidos de acuerdo con criterios de justicia social".* Además agrega que *"...el análisis económico paretiano no es además el único approach posible, y de hecho, en las cuestiones de publificación de un sector o de una empresa no suele ser el más importante. Junto a él se imponen consideraciones de tipo ideológico (por ejemplo, en materia de educación) o de tipo estrictamente político-social (actividades esenciales para la colectividad, por ejemplo en materia de energía, industrias para la defensa, transporte o comunicaciones, que no se quieren dejar en manos privadas, y ello al margen de problemas de coste).* ARIÑO ORTÍZ, GASPAR. ob. cit. (2), págs. 59 y 60.

Estado en materia de servicios, reservada o no, y la actividad productiva del Estado en la comercialización de bienes, por razones de políticas públicas.[48]

La empresa pública se establece constitucionalmente para el desarrollo de actividades sociales y empresariales,[49] acentuándose esta última con la reforma constitucional que reserva de forma integral al Estado el sector petróleo[50] y las consecuentes modificaciones legales en materia de hidrocarburos y de minería. Así en efecto, la actividad empresarial del Estado por virtud del carácter público de los recursos naturales, energéticos y mineros se prevé en el texto constitucional.[51] Pero salvo en el caso del petróleo, en el que la reserva es Constitucional, sólo mediante la reserva legal por razones estratégicas se admite la posibilidad de la explotación estatal exclusiva de ciertos bienes y servicios.

De manera que conforme a esta norma constitucional que establece la empresa pública, y salvo en el caso de la explotación del petróleo, la misma debe interpretarse como una habilitación a la iniciativa pública en la medida en que lo exija el interés general, exigencia que se deriva

---

[48] En este sentido, el artículo 113 de la Constitución dispone: (…) *"Cuando se trate de explotación de recursos naturales propiedad de la Nación o de la prestación de servicios de naturaleza pública con exclusividad o sin ella, el Estado podrá otorgar concesiones por tiempo determinado, asegurando siempre la existencia de contraprestaciones o contrapartidas adecuadas al interés público."*

[49] Artículo 300. *"La ley nacional establecerá las condiciones para la creación de entidades funcionalmente descentralizadas para la realización de actividades sociales o empresariales, con el objeto de asegurar la razonable productividad económica y social de los recursos públicos que en ellas se inviertan."*

[50] Artículo 302. *"El Estado se reserva, mediante la ley orgánica respectiva, y por razones de conveniencia nacional, la actividad petrolera y otras industrias, explotaciones, servicios y bienes de interés público y de carácter estratégico. El Estado promoverá la manufactura nacional de materias primas provenientes de la explotación de los recursos naturales no renovables, con el fin de asimilar, crear e innovar tecnologías, generar empleo y crecimiento económico, y crear riqueza y bienestar para el pueblo."*

[51] Los artículos 12 y 304 disponen: Artículo 12. *"Los yacimientos mineros y de hidrocarburos, cualesquiera que sea su naturaleza, existentes en el territorio nacional, bajo el lecho de mar territorial, en la zona económica exclusiva y en la plataforma continental, pertenecen a la República, son bienes del dominio público y, por tanto, inalienables e imprescriptibles. Las costas marinas son bienes del dominio público."* Artículo 304. *"Todas las aguas son bienes de dominio público de la Nación, insustituibles para la vida y el desarrollo. La ley establecerá las disposiciones necesarias a fin de garantizar su protección, aprovechamiento y recuperación, respetando las fases del ciclo hidrológico y los criterios de ordenación del territorio."*

en el caso de la norma venezolana de esos principios de ordenación económica allí contemplados.[52]

3. La gestión económica del Estado en sustitución de la actividad económica de los particulares

El análisis del Estado empresario plantea no sólo la cantidad de actividades que asume el Estado sino el cómo y el para qué. Sabias las palabras del maestro español Lorenzo Martín-Retortillo, quien al reflexionar sobre la crisis económica y las transformaciones administrativas ha afirmado: *"Hoy preocupa sensiblemente el "quantum" de Estado, pero nos importa, no menos, el "cómo". De ahí, el cuidado por defender lo necesario, pero a su vez la diligencia para recortar o contener lo disfuncional que no tenga justificación. Lo que supone que a veces resulte positivo clamar por menos Estado y más espacio a las respuestas sociales, mientras que en otras ocasiones habrá que reclamar más espacio, en una situación de equilibrio, que exige sus esfuerzos y el saber hacer, de acuerdo con las exigencias, medios y disponibilidades que van marcando los tiempos. Pero insisto que junto a la mayor o menor presencia va a interesar especialmente el "cómo", es decir, si se han adoptado las precauciones para que tan compleja organización tenga garantizado el funcionar correctamente".*[53]

El papel del Estado ha tomado en Venezuela todo el espacio. A pesar de que el marco constitucional contempla el modelo económico de mercado, y conjuntamente con la iniciativa pública, la libertad de empresa de los particulares, se observa en efecto en Venezuela una tendencia no sólo a redefinir el tema de la liberalización, en base a motivaciones políticas y no económicas, sino también a la modificación del modelo

---

[52] Estos son la *justicia social, democratización, eficiencia, libre competencia, protección del ambiente, productividad, solidaridad, desarrollo humano integral, existencia digna y provechosa para la colectividad, desarrollo armónico de la economía nacional, generación de fuentes de trabajo, promoción del alto valor agregado nacional, elevación del nivel de vida de la población y fortalecimiento de la soberanía económica del país, así como la justa distribución de la riqueza.*

[53] MARTÍN RETORTILLO-BAQUER, LORENZO. *"Crisis económica y transformaciones administrativas"*, en Revista de Estudios de la Administración Local, No 153, enero-marzo 2012, Instituto Nacional de Administración Pública, Madrid, 2012, pág. 89.

económico mismo.[54] No se trata entonces tan sólo de las razones económicas que justifican la creación de empresas públicas que se basan en los denominados "fallos del mercado", esto es, situaciones en las cuales el mercado es ineficiente para lograr una asignación óptima de los recursos. Los "fallos del mercado" se producen como consecuencia de la existencia de: 1) monopolios naturales, 2) bienes públicos, 3) la aparición de efectos externos, y 4) la presencia de estructuras de mercado no competitivas. Además, la intervención pública se justifica también por la necesidad de alcanzar determinados objetivos macroeconómicos (fomento de la industrialización, mantenimiento de la estabilidad), así como por motivos redistributivos".[55]

---

[54] El anteproyecto de Ley Orgánica de Servicios Públicos actualmente en consideración de la Asamblea Nacional, en su exposición de motivos se refiere, para luego desecharla, a la teoría de liberación de los servicios públicos, la cual se indica "...*es impulsada por los órganos rectores del sistema capitalista mundial, como es el caso de la Organización Mundial del Comercio (O.M.C.)., que refleja un sistema abierto, presidido por la libertad de empresa bajo ciertas regulaciones pero con la libertad de precios, modalidades y competencias, en una relación en donde el concepto del usuario o beneficiario del servicio se reduce a la simple figura de un cliente más. (...) el Estado no debe hacer más que; maximizar la parte económica y liberar el servicio de tal forma, que el incremento de la riqueza favorezca a las partes que entablan una relación de carácter comercial. Esta riqueza viene dada en función a como se exploten los recursos económicos, (...) Ahora bien, la producción para otros bienes de propiedad común, no pueden tener ningún valor moral social sin que se cumpla este fin último nombrado, el cual estará representado por la riqueza de una de las partes, lo cual traerá siempre como consecuencia la pauperación* (sic) *y exclusión de aquellos sectores sociales que se encuentran fuera de los círculos de producción económica, es decir, continúan desmejorados aquellos que siempre han estado excluidos: el pueblo.*
Es esta la situación que se ha venido generando en América Latina a partir de la década de los setenta, en donde el sistema de privatización de los servicios públicos a (sic) *conducido a los pueblos a grandes problemáticas de carácter social y lucha de clases, producto de la acción especulativa de parte de las empresas privadas prestadoras de servicios, por un lado, y de la ineficiencia e ineficacia de la acción reguladora de los Estados. Ante esta situación, el Estado Venezolano, antepone al derecho de la libertad de empresa o la concesión de bienes y servicios, el derecho de los ciudadanos y ciudadanas al bienestar común como miembros de la República.*"
Se propugna por ende, en contraposición a la tesis liberalizadora "*... la tesis de la titularidad pública de la prestación del servicio con posibilidades del otorgamiento de concesiones, bajo sistemas descentralizados, privados, mixtos, obligación en la prestación de servicio, precios administrativamente establecidos con las posibilidades de que sean revisados periódicamente por las partes, reversión y regulación detallada de la actividad, considerado como servicio público.*"
[55] MARTÍN ACEÑA, PABLO. "*Los Orígenes de la Banca Pública*" en: La Historia de la Empresa Pública en España (COMÍN, FRANCISCO Y MARTÍN ACEÑA, PABLO, directores), Biblioteca de Economía, serie de estudios. Editorial Espasa-Calpe, S.A., Madrid, 1991, págs. 333 y 334.

No es el tema de una intervención para garantizar la cláusula social del Estado de bienestar. Son las motivaciones políticas del momento las que han impuesto un modelo de empresa pública entendida como instrumento de la realización de una revolución que proclama un sistema de economía socialista, en el que el Estado es protagonista principal y que lleva a la disminución, y casi desaparición, de las iniciativas privadas.

Por ello en Venezuela, en las últimas dos décadas ha operado todo lo contrario al movimiento liberalizador del que hablaba Gaspar Ariño, pues no puede concluirse que se haya pasado de un modelo de preponderancia de la empresa pública a uno de libre iniciativa privada, pero tampoco a uno en el que la intervención pública esté motivada sólo en necesidades de interés público o razones económicas. La intervención pública en Venezuela responde a claras motivaciones políticas y de dominación, por lo que el sector público tiene hoy una actividad productiva exarcebada e irracional.[56]

No es asunto de eficacia en la asignación de los recursos, ni de incapacidad del mecanismo del mercado para producirlos o hacerlo en la cantidad deseada, ni tampoco es a causa de la corrección de externalidades negativas, se trata de una política enderezada a sacar al sector privado de estas actividades que normalmente le corresponden y que se consideran necesarias o estratégicas para la implementación de un nuevo modelo político,[57] a costa de la experiencia propia sobre la

---

[56] Es interesante destacar –BUXTON– que la razón ideológica ha estado presente en la definición del rol del Estado en la economía en las dos épocas que marcaron los cambios políticos fundamentales del Estado Venezolano del presente siglo y del pasado. En el pasado, en efecto, para la instauración en los años 60, de un régimen democrático de partidos, a fin de consolidar la incipiente democracia, el Estado desempeñó un altísimo rol intervencionista, asumiendo la responsabilidad de concretar las normas constitucionales de bienestar contenidas en dicha Constitución. Adicionalmente se afirma –HELLINGER– que la orientación estatista de los gobiernos democráticos durante los años 60 y 70 se basaba en razones políticas, pues habría obedecido a la dependencia de los partidos políticos en el clientelismo, el cual se concreta con el control estatal de la renta petrolera y explica la acción hostil de los gobiernos a la empresa privada nacional en esa materia (BUXTON, JULIA. *"The Failure of political reform in Venezuela"*. The political Economy of Latin America series. Ashgate, U.K., 2001, pág. 12).

[57] El Profesor del Instituto de Estudios Superiores de La Administración Pública, Antonio Francés se refirió a esta situación en los siguientes términos: *"El Estado venezolano es el*

ineficiencia de la empresa pública para atender estos sectores de la actividad económica y de la experiencia ajena en cuanto al fracaso de estos modelos de economías estatizadas.[58]

---

actor dominante en la economía, y no ha hecho sino incrementar su poder a lo largo del tiempo con la creación de empresas públicas, las políticas de fomento de la empresa privada, regulaciones de todo tipo y la nacionalización de las industrias del hierro y el petróleo. Para prosperar, la empresa privada ha debido prestar tanta o más atención al Estado que a sus clientes, proveedores y competidores. En medio de tales avatares, las empresas han sobrevivido, aunque muchas se hayan quedado en el camino. Las más afectadas por esta montaña rusa han sido, sin duda, las manufactureras. En sus primeros años, entre 1999 y 2001, el actual Gobierno mantuvo la política económica del Gobierno anterior. Sin embargo, su actividad ante la empresa privada fue más dura. Por ejemplo, realizó importaciones sin pago de aranceles e impuestos, en desmedro de la producción nacional. (…) A partir de 2005 el Gobierno bolivariano se declara socialista, lo cual vino a modificar de nuevo el entorno de la empresa nacional. El nuevo modelo promueve la formación de cooperativas para suplir bienes y servicios al Estado y las comunidades. También impulsa la cogestión. (…) En la actualidad la empresa privada venezolana se debate entre las opciones de aprovechar al máximo las oportunidades resultantes del auge económico, asimilar las intervenciones del gobierno y minimizar su exposición a nuevas y más drásticas formas de intervención. Para ello, se ha reinventado una vez más, tratando de adaptarse a las reglas de juego que impone un Estado poderoso, buscando su supervivencia colectiva, aun cuando muchas perezcan en el intento." Artículo póstumo publicado en el diario El Universal de fecha 29 de enero de 2008, adaptación de original publicado en Debates, IESA comunicacionesiesa@iesa.edu.ve. Cabe igualmente destacar que esta tendencia del Estado a ser *"el actor dominante en la economía"* y minimizar la actividad del sector privado se deriva asimismo de la propuesta de reforma constitucional realizada por el Presidente de la República y rechazada por el pueblo en referéndum celebrado el 2 de diciembre de 2007. En la referida reforma, entre otras modificaciones, se pretendía la eliminación del derecho a la iniciativa privada que consagra el artículo 112 de la Constitución del 1999 el cual dispone que: *"Todas las personas pueden dedicarse a la actividad económica de su preferencia"*, sustituyendo este texto por un artículo en el cual se pretendía establecer: *"El Estado promoverá el desarrollo de un modelo económico productivo, intermedio, diversificado e independiente, fundado en los valores humanísticos de la cooperación y la preponderancia de los intereses comunes sobre los individuales, que garantice la satisfacción de las necesidades sociales y materiales del pueblo, la mayor suma de estabilidad política y social y la mayor suma de felicidad posible. Asimismo, fomentará y desarrollará distintas formas de empresas y unidades económicas de producción o distribución social, pudiendo ser éstas de propiedad mixta entre el Estado, el sector privado y el poder comunal, creando las mejores condiciones para la construcción colectiva y cooperativa de una economía socialista."*

[58] Gaspar Ariño Ortíz ha señalado como causas justificadoras de la empresa pública se encuentra en el moderno Estado de bienestar en *"la necesaria intervención de aquél en los alegados "fracasos del mercado", bien en la producción de los bienes públicos, bien en la distribución de los productos obtenidos de acuerdo con criterios de justicia social".* Además agrega que *"…el análisis económico paretiano no es además el único approach posible, y de hecho, en las cuestiones de publificación de un sector o de una empresa no suele ser el más importante. Junto a él se imponen consideraciones de tipo ideológico (por ejemplo, en materia de educación) o de tipo estrictamente político-social (actividades*

Y es así como ahora se han concretado nacionalizaciones que se presentan como una redefinición del tema de la liberalización de los servicios y el carácter público de la actividad. Se observa por ende una nueva puesta en escena de la empresa pública para el logro de los objetivos de un proyecto político que cuestiona los principios de la economía de mercado, que impone una reducción de la iniciativa privada en aquellas áreas de servicios públicos masificados y en la explotación de recursos públicos, pero también en ámbitos propios de la actividad particular, como es, por ejemplo, el suministro de bienes y servicios de carácter comercial.

Se retomó la figura de las nacionalizaciones en Venezuela, concretada en la compra en el año 2007 de dos de las empresas privadas más relevantes en la prestación de servicios, como es el caso de la Compañía Anónima Teléfonos de Venezuela y la Electricidad de Caracas, en las áreas de telecomunicaciones y servicio eléctrico, respectivamente. También en el sector del hierro, en el cual la expropiación, e incluso las vías de hecho, sirvieron de instrumento para desposeer a la empresa privada de su actividad empresarial en esa materia.

El que la Constitución de 1999 imponga el concepto de empresa pública como medio de la Administración para cumplir la función constitucional que la instituye como *"servidora de los intereses generales en un Estado Social de Derecho"*,[59] hace que este tipo de motivaciones políticas ideológicas concordantes con un sistema económico distinto al adoptado por la Constitución vigente no sean causa justificante válida para su instrumentación.

De particular importancia resulta en el caso concreto de Venezuela, la redefinición del rol de la empresa pública en la actividad económica petrolera. El tema de la industria petrolera es ejemplo de los vaivenes de la participación pública y privada en un área de la actividad económica en Venezuela, aun cuando desde sus inicios el sector privado careció de la titularidad. El período de las concesiones petroleras comenzó bajo el gobierno de Cipriano Castro (1899-1908), quien otorgó las concesiones

---

a particulares nacionales. Esto, según lo expone el historiador Simón Alberto Consalvi, "...*procedió a darle luz verde al proceso que se prolongará durante la era de Gómez hasta 1956, cuando otra dictadura militar, bajo el régimen del General Marcos Pérez Jiménez, otorgará las últimas concesiones petroleras que dominarán el siglo, (...) Las concesiones entregadas no tenían otro propósito que el de ser negociadas con inversionistas extranjeros, y fue lo que sucedió.*[60]

En el año 1976 entró en vigencia la Ley que reservó al Estado la Industria y Comercio de los Hidrocarburos, dando fin al sistema de concesiones y nacionalizando las empresas y activos de las concesionarias, los cuales pasaron a propiedad del sector público. El proceso de privatizaciones de los años 90 también incidió en la industria petrolera, pues mediante un sistema de convenios operativos y de asociación estratégica se permitió nuevamente la participación privada en el negocio de la explotación y comercialización del petróleo. Bajo la Constitución de 1999 se ha puesto fin a estos convenios y se ha instaurado un nuevo sistema de explotación de la actividad económica petrolera con absoluto dominio del sector estatal y permitiendo la intervención privada sólo en ciertas actividades, y mediante un sistema de empresa mixta con minoría accionaria particular, pero al final lo cierto es que mediante la asignación de los campos por bloques en la faja petrolífera, por ejemplo, y aún bajo un supuesto sistema de empresa mixta es la inversión extranjera la que maneja la explotación primaria del recurso petrolero, cuestión que la necesidad tecnológica termina imponiendo por más declaratorias de ley que la excluya o limite.

El análisis de la actividad económica del Estado venezolano puede realizarse distinguiendo las siguientes categorías: la que éste desarrolla con carácter reservado, de aquella que realiza en régimen de concurrencia, a las cuales denominaremos actividad de gestión económica del Estado.[61]

---

[60] "*Los títulos podían ser negociados sin la consulta o el conocimiento del Presidente de la República, pero no con gobiernos extranjeros. Así apareció en Venezuela el capital, la internacional Colon Development Company, la Venezuela Oil Concessions, La North Venezuela Petroleum Company, la British Controlled Oilfield, todas subsidiarias de la Shell. Cuando llegaron los años 20 pronto los norteamericanos tomaron el primer lugar.*" CONSALVI, SIMÓN ALBERTO, ob. cit. (29), págs. 73 y 74.

[61] Garrido Falla distingue sin embargo, como actividad de servicio público a la actividad de prestación que "...*incluye tanto prestaciones que proponen el montaje de una empresa*

Esta actividad de gestión económica abarca, por tanto, la prestación de servicios e igualmente la gestión directa de actividades de producción y distribución de bienes, es decir, la actividad comercio-industrial, incluyendo aquella en la que el Estado se comporta verdaderamente como empresario,[62] en la cual situamos la que deriva de la propiedad pública de los recursos naturales que ciertamente puede favorecer la existencia de un Estado empresario. Pero nada de esto justifica la violación de los límites a la actividad empresarial del Estado que se encuentran determinados en el diseño constitucional y que aplican a las distintas manifestaciones de la empresa pública, tanto en el área de los servicios, con carácter reservado o no, como en la actividad comercio industrial, y en todas ellas, tanto en el caso de que el Estado desarrolle actividad económica justificada en razones económicas o de políticas públicas, como cuando lo hace asumiendo un mero rol empresarial.

4. La organización de la empresa pública

Desde el punto de vista de la organización administrativa el tema de la empresa pública tiene también un particular interés, desde que si bien ha sido entendida como parte de la Administración, ésta se ha desarrollado con base a la noción jurídica de empresa del derecho privado, con una muy escasa regulación específica, debiendo doctrina y jurisprudencia realizar las adaptaciones necesarias que el carácter público imponían, luego, últimamente, la legislación se ha ocupado de crear normas para la concepción de un empresa pública más allá de lo que plantea la

---

económica (por ejemplo, explotación de ferrocarriles por el Estado), como prestaciones de tipo gratuito asistencial (Beneficencia); tanto actividad monopolística como actividad en concurrencia con la de los particulares; tanto actividad sometida a reglas del público como prestaciones que se producen según un régimen jurídico privado. En resumen aquí incluimos la teoría del servicio público, las prestaciones de la Administración a los Administrados y lo que una parte de la doctrina denomina actividad de 'gestión económica'''. GARRIDO FALLA, FERNANDO. *"Tratado de Derecho Administrativo".* Volumen II. Parte General: Conclusión. Undécima Edición, Editorial Tecnos, Madrid, 2002, pág. 154. La denominación *"gestión económica"* no sólo abarca la actividad de prestación, sino toda aquella que de tal naturaleza realiza el Estado, incluida la de índole empresarial. Es decir, que la actividad de servicio público quedaría como una categoría de la de gestión económica.

[62] Entendiendo el término empresarial en la acepción de *"Unidad de organización dedicada a actividades industriales, mercantiles o de prestación de servicios con fines lucrativos."* Diccionario de la Real Academia de la Lengua Española. Vigésima Segunda Edición, 2001.

aplicación del derecho privado. Téngase en consideración que aún en el uso de las formas jurídicas del derecho privado, legislación y jurisprudencia han tendido a establecer regulaciones de derecho público o a interpretar la aplicación de éstas a las empresas del Estado. Si se tiene en cuenta, como indica Piñar Mañas, que la razón última de la empresa pública es que ella es la vía o instrumento para la concreción de uno de los aspectos de la función constitucional de la Administración Pública, como servidora objetiva de los intereses generales en un Estado Social de Derecho, su organización y funcionamiento ha de diferenciarse del que corresponde a la empresa privada, lo cual ha impuesto una legislación que proporcione medidas instrumentales, *"que escapando de los moldes del Derecho Privado, ofreciesen a la Administración un marco idóneo de actuación"*.[63]

La empresa pública equivale a la actividad empresarial de la administración. *"La empresa pública es un instrumento y no un principio"*,[64] por ello se afirma que para su participación en las actividades productivas de riqueza los poderes públicos pueden escoger *"las formas organizativas propias del derecho público; sin embargo, se trata de un fenómeno que queda circunscrito al ordenamiento interno del ente; por lo que concierne, en cambio, a la actividad de empresa realizada por el ente, las normas de derecho público, o mejor aún de derecho singular, deben ceder el puesto a las normas de derecho común, al derecho común de la empresa.*

Lo expuesto concierne al ente público empresario, pero puede referirse al propio tiempo al ente público propietario o al ente público contratante; cuando el poder público –se ha escrito– se convierte en propietario, empresario, trabajador (p. ej., concesiones de servicios), pierde poco a poco su significación de poder público para entrar en el ámbito del derecho común; y mientras –se ha insistido– la propiedad pública sea todavía propiedad, la empresa pública sea todavía empresa, el contrato de derecho público sea todavía contrato, continuaremos estando todavía en el ámbito del derecho civil".[65]

---

[63] PIÑAR MAÑAS, JOSÉ LUIS. ob. cit. (4), págs. 18 y 19.

[64] NAHARRO, JOSÉ MARÍA. *"Consideraciones en torno a la planificación económica y la empresa pública."*. Publicaciones del Real Colegio de España en Bolonia, Bolonia, 1970, pág. 171.

[65] PARADA, RAMÓN. ob. cit. (22), pág. 259.

La actividad productiva del Estado se cumple de manera generalizada mediante la creación de organizaciones con personalidad jurídica propia, que se diferencian de la Administración Pública central. Esta posibilidad la prevé en Venezuela también una norma constitucional, el artículo 300 que al efecto contempla la creación de entidades funcionalmente descentralizadas para la realización de actividades sociales o empresariales.

El tema de la empresa pública, desde el punto de vista de la organización, atañe a toda entidad que se cree para la realización de actividades productivas. Habida cuenta de que en Venezuela el ordenamiento jurídico sólo preveía la figura institucional de índole fundacional: el instituto autónomo, que requiere de una ley para su creación, regido por normas de derecho público, y teniendo en cuenta la naturaleza privada de este tipo de actividades, se acudía a las personas jurídicas de derecho privado. En este sentido, la mayoría de las veces, aun cuando los fines no fueren propiamente empresariales, por no tener carácter lucrativo, se optó por la creación de empresas del Estado. Interesa en este sentido destacar cómo las formas jurídicas del derecho privado han sido utilizadas a estos efectos, en muchos casos a costa de su desnaturalización, pues de la esencia de la empresa mercantil es el ánimo de lucro.[66]

Ello dio lugar a una regulación muy reciente de la "empresa pública" con carácter general y con carácter particular de determinados entes de organización similar a la persona jurídico privada asociativa, pero con regulaciones que la distinguen de aquélla. La empresa estatal se constituye en una solución intermedia entre el instituto autónomo, ente descentralizado íntegramente público, y la sociedad mercantil, persona jurídica del derecho privado. La empresa del Estado, al igual que el instituto autónomo está dotada de personalidad jurídica propia, sin embargo, a diferencia de este último, la empresa del Estado puede ser creada de acuerdo con normas de derecho privado y sujeta a su regulación. En efecto, se las somete a las normas de derecho privado que regulan esta

---

[66] El artículo 200 del Código de Comercio dispone: *"Las compañías o sociedades de comercio son aquellas que tienen por objeto uno o más actos de comercio.*
Sin perjuicio de lo dispuesto por leyes especiales, las sociedades anónimas y las de responsabilidad limitada tendrán siempre carácter mercantil, cualquiera que sea su objeto, salvo cuando se dediquen exclusivamente a la explotación agrícola o pecuaria."

figura, pero además se las sujeta a normas especiales de derecho público, dado el carácter estatal de la entidad así creada, quedando por tanto sometidas a un régimen jurídico complejo.

De manera que el análisis de la actividad económica del Estado en Venezuela puede realizarse no sólo desde el punto de vista material, es decir, de sus contenidos, sino también desde la perspectiva de la organización administrativa.

5. La contratación administrativa

El carácter público de la empresa no sólo impone la adaptación de los instrumentos para su concreción desde el punto de vista de la organización, también exige una regulación desde la perspectiva de la actividad, y, concretamente, de la contratación administrativa.

En la medida en que el Estado tenga un mayor papel interventor en la economía y actúe como gestor económico requerirá necesariamente de la celebración de acuerdos o contratos con otras administraciones públicas o con los particulares, para desarrollar y ejecutar tales objetivos. Muchos de ellos llegan hasta ser considerados de interés público, por lo que han precisado una regulación constitucional.[67]

Se denomina contractual a esa actuación bilateral de la Administración, pues implica la creación de verdaderas convenciones entre la Administración y otro ente que puede ser un particular. De manera que aun cuando esas convenciones o pactos difieran sustancialmente de los

---

[67] En el Título correspondiente al Poder Público y sus disposiciones fundamentales, la Sección Cuarta se refiere a los Contratos de Interés Público, en dos artículos, los cuales disponen los siguiente: Artículo 150. *"La celebración de los contratos de interés público nacional requerirá la aprobación de la Asamblea Nacional en los casos que determine la ley.*
No podrá celebrarse contrato alguno de interés público municipal, estadal o nacional, o con Estados o entidades oficiales extranjeras o con sociedades no domiciliadas en Venezuela, ni traspasarse a ellos sin la aprobación de la Asamblea Nacional.
La ley podrá exigir en los contratos de interés público determinadas condiciones de nacionalidad, domicilio o de otro orden, o requerir especiales garantías."
Artículo 151. *"En los contratos de interés público, si no fuere improcedente de acuerdo con la naturaleza de los mismos, se considerará incorporada, aun cuando no estuviere expresa, una cláusula según la cual las dudas y controversias que puedan suscitarse sobre dichos contratos y que no llegaren a ser resueltas amigablemente por las partes contratantes, serán decididas por los tribunales competentes de la República, de conformidad con sus leyes, sin que por ningún motivo ni causa puedan dar origen a reclamaciones extranjeras".*

contratos de naturaleza civil, en lo que respecta a su suscripción y ejecución, no dejan de ser arreglos consensuales y bilaterales de la Administración y, por ende, contratos.

No pretendemos adentrarnos en la distinción entre los contratos administrativos y los contratos de derecho privado suscritos por una Administración, ni desde la perspectiva de la creación de la primera de las categorías mencionadas con el objeto de sujetarlos a un régimen preponderante de derecho público, no sólo al aspecto sustantivo sino también al ámbito adjetivo o procesal, pues la materia de los contratos administrativos nace de la mano del origen mismo del contencioso administrativo.[68]

Se trata de analizar la contratación administrativa en cuanto al sometimiento de la actividad contractual de la empresa pública a normas que limitan la voluntad de las partes y aquellas que lo sujetan a procedimientos de selección del contratista, lo cual, si bien abona a la transparencia y pulcritud de la contratación de la Administración, incide en la eficiencia de la gestión empresarial, por las trabas que ellas imponen a la realización de esta actividad.

Señala Rivero Ysern que el proceso de formación de la voluntad de la Administración en los contratos de las administraciones públicas está, como parte de la actividad administrativa que es, sometida al principio de legalidad y sujeto al procedimiento. Indica que este principio que tiene rango constitucional en España[69] se recoge en los ordenamientos europeos y latinoamericanos, en los cuales existen normas de procedimiento que regulan la celebración de los contratos de la Administración.[70]

La sujeción de la contratación administrativa al procedimiento regulado en la ley es también manifestación de ese interés general al que

---

[68] La unificación de esos contratos en una determinada categoría jurídica fue, y es, en opinión de Parada, consecuencia directa del sometimiento de los litigios que ocasionaba su incumplimiento, al conocimiento de la jurisdicción administrativa (Consejo de Estado y Consejos de Prefectura). Más aún, la creación de la jurisdicción administrativa tuvo como razón fundamental la de impedir que los tribunales civiles se inmiscuyeran en el conocimiento de las controversias suscitadas con ocasión a los contratos de la Administración. PARADA, RAMÓN, ob. cit. (26), pág. 250.

[69] El artículo 105 (c) de la Constitución española en efecto dispone que el procedimiento administrativo es el medio por el cual han de producirse los actos administrativos.

[70] RIVERO YSERN, ENRIQUE. *"El proceso de formación de la voluntad de la Administración en los contratos de las administraciones públicas"* en *"La Contratación pública"*. CASSAGNE, JUAN CARLOS y RIVERO YSERN, ENRIQUE (Dirección), Tomo 2. 1ª ed. Editorial Hammurabi, Buenos Aires, 2006, pág. 629.

ella siempre ha de servir, y es manifestación de que la actividad empresarial no le es natural, se le impone cuando un interés general lo exige.

6. Recapitulación

El tema de esta acción empresarial del Estado en Venezuela que desborda los límites constitucionales del Estado de Derecho y el modelo económico constitucional implica, en primer lugar, precisar el marco normativo del texto fundamental que permite la iniciativa pública siempre sujeta a la satisfacción del interés general, el sistema económico de mercado y las garantías jurídicas de la iniciativa privada, la libre competencia y el respeto a la propiedad privada, así como las ejecutorias dirigidas a minimizarlas. En segundo término, las distintas manifestaciones de la actividad empresarial pública, desde la perspectiva de la noción del servicio público hasta la consideración de la actividad de gestión económica de carácter comercio industrial. Los conceptos del derecho comparado que permiten identificar los ámbitos de actuación de la empresa pública en Venezuela con el análisis de algunas de las más importantes empresas públicas y su estado actual. La organización administrativa funcionalmente descentralizada con referencia a su desarrollo en el derecho español y también desde la perspectiva del derecho comparado, los aspectos, principios, y figuras de la organización administrativa empresarial en Venezuela. Finalmente, el tema de la contratación administrativa, pues el carácter público de la iniciativa empresarial determina la sujeción de su actividad contractual al principio de legalidad y al procedimiento administrativo para la formación de la voluntad de la Administración contratante.

Estos límites a la actividad empresarial pública, que derivan precisamente de la contradicción entre la naturaleza privada de la actividad y el carácter público de quien la ejecuta, conducen a su consideración sino subsidiaria sí excepcional, y por ello supeditada a un interés general concreto justificante, y con respeto al sistema económico de mercado, la garantía de la libre empresa privada y la libre competencia. En Venezuela contrariamente al ordenamiento jurídico constitucional que propugna todos estos principios, la empresa pública se ha expandido de forma tal que limita e incluso, excluye la libre iniciativa privada.

II. EL RÉGIMEN CONSTITUCIONAL SOCIO-ECONÓMICO Y EL ESTADO EMPRESARIO

1. La Constitución económica

El concepto de Constitución Económica como *"decisión total sobre el orden de la vida económica de una comunidad"*[71] se manifiesta desde la básica consagración de derechos y libertades vinculadas al desenvolvimiento del individuo en la economía (constituciones liberales) hasta la determinación precisa de un sistema económico dirigido y planificado (constituciones socialistas del modelo soviético). Entre ambos extremos se ubican las constituciones económicas de los Estados sociales de Derecho, en los que el reconocimiento de los derechos individuales y los principios de la justicia social se acompañan con la regulación de los principios básicos del orden económico (regulación del mercado, sistema financiero, actividades reservadas, etc.), y en el cual la realidad económica permite al legislador libertad para hacer las adaptaciones necesarias.

Todo sistema económico tiene hoy una formulación jurídica, su organización y funcionamiento depende de las normas. El fundamento del régimen económico del Estado debe hallarse en el sistema jurídico; y en el moderno Estado de Derecho, la Constitución es la base normativa del régimen económico.[72] Signo característico del constitucionalismo contemporáneo es, sin duda, la consagración constitucional de los principios reguladores de la economía. Además del contenido político, las normas constitucionales ordenan la totalidad de la actividad económica, tanto la que corresponde desarrollar al sector público, como la que debe ser realizada por los particulares. Como lo ha afirmado Brewer Carías, las Constituciones contemporáneas *"...cada vez con más frecuencia*

---

[71] EUCKEN, W. *"Cuestiones fundamentales de la Economía política"*, Revista de Occidente, Madrid, 1947, pág. 79, citado por GARCÍA PELAYO, MANUEL, ob. cit. (3), pág. 2857.

[72] BADELL MADRID, RAFAEL. *"Consideraciones acerca de las normas constitucionales en materia económica"*, en: *"El Nuevo Derecho Constitucional Venezolano. Ponencias IV Congreso de Derecho Constitucional, en Homenaje al Dr. Humberto J. La Roche"*. Universidad Católica Andrés Bello. Caracas, 2000, pág. 151.

contienen normas que regulan la economía nacional globalmente considerada, es decir, el marco jurídico conforme al cual se debe *desarrollar*".[73]

La Constitución no sólo regula la "*forma de organización y funcionamiento de las instituciones públicas desde un punto de vista funcional y territorial, y el contenido de los derechos y libertades políticas e individuales*",[74] sino que contempla "*el manejo económico del país.*"[75] Es así como la expresión "Constitución Económica", formulada originalmente como un concepto económico por los alemanes en el Siglo XIX, pasa al ámbito jurídico cuando en la Constitución de Weimar se "*...incluyó, además de los derechos políticos de los ciudadanos, el reconocimiento de los denominados derechos sociales y económicos. En consecuencia, la referida Carta Magna reguló –aunque incipientemente– la ordenación jurídica de la actividad económica. Esto condujo a la distinción entre Constitución Política y Constitución Económica, ambas integrantes del mismo texto constitucional y con un eminente contenido jurídico*".[76]

De manera que actualmente los aspectos orgánicos y dogmáticos de las Constituciones contemporáneas no sólo regulan sus contenidos clásicos, sino también los de carácter económico. La Constitución se convierte en el marco jurídico primario conforme al cual ha de desarrollarse la actividad económica del país. Corresponde a la Constitución establecer las directrices bajo las cuales habrá de regularse y desenvolverse el régimen económico, consagrar los derechos económicos de los ciudadanos –entre ellos la libertad económica– y además delimitar el ámbito de participación del Estado en la vida económica. La Constitución sirve de marco normativo fundamental de las relaciones entre los

---

[73] BREWER CARÍAS, ALLAN. "*Reflexiones sobre la Constitución Económica*", en: Revista de Derecho Público N° 43, Editorial Jurídica Venezolana, Caracas, 1990, págs. 5 y sigs.

[74] CIRIANO VELA, CÉSAR D. "*Principios de Legalidad e intervención económica*". Atelier Administrativo, Barcelona, 2000, pág. 37.

[75] SANTAELLA QUINTERO, HÉCTOR. "*El Modelo Económico en la Constitución de 1991*". Revista de Jurisprudencia Administrativa. No. 2, mayo, 2002, Departamento de Derecho Administrativo, Universidad Externado de Colombia, Bogotá, 2002, pág. 81.

[76] DE STEFANO PÉREZ, ALFREDO. "*La Constitución Económica y la Intervención del Estado en la Economía*", en: "El Estado Constitucional y El Derecho Administrativo en Venezuela Libro Homenaje a Tomás Polanco Alcántara." Estudios del Instituto de Derecho Público de la Universidad Central de Venezuela. Caracas, 2005, pág. 258.

ciudadanos y el Estado, entre ellas, las relaciones económicas,[77] y en un régimen de libertad económica, las regulaciones deben convertirse en un estímulo para el desarrollo económico y no en un obstáculo, esa es la premisa que debe guiar cualquier forma de intervención del Estado en la economía.[78]

Así, al conjunto de normas constitucionales que regulan los aspectos económicos de la vida nacional se les ha denominado Constitución Económica, la cual es, en efecto, como ha sido definida por García Pelayo *"el conjunto de las normas básicas destinadas a proporcionar el marco jurídico fundamental para la estructura y funcionamiento de la actividad económica o, dicho de otro modo, para el orden y proceso económico"*.[79] La Sala Constitucional del Tribunal Supremo venezolano, en sentencia del 6 de febrero de 2001, acogió esta definición al señalar que la Constitución Económica es el *"conjunto de normas constitucionales destinadas a proporcionar el marco jurídico fundamental para la estructura y funcionamiento de la actividad económica"*.[80]

La Constitución Económica es por ende el texto normativo fundamental para el establecimiento del orden regulatorio de la actividad

---

[77] Alfredo De Stefano señala que *"la Constitución como norma fundamental de un Estado, como marco jurídico regulador de las relaciones entre éste y los ciudadanos, consagra los valores y principios que ordenan a la sociedad, por tanto representando la realidad económica de un área de ostensible relevancia para la comunidad se impone la necesaria participación del Estado en su normación, lo que justifica la prescripción de las líneas rectoras de la vida económica de la Nación en su texto fundamental. Por consiguiente, hallaremos en la Constitución la regulación de los aspectos fundamentales del régimen económico, de la participación del Estado en la vida económica, de las relaciones Estado-ciudadanos —en su ámbito económico-, y preceptuará los derechos económicos de los ciudadanos."* Ibídem, pág. 257. Gómez Barahona indica que *"...las relaciones económicas necesitan de un marco definido y estable para desenvolverse con espontaneidad y seguridad, con todo lo que ello signifique."* GÓMEZ BARAHONA, Alberto, *"Modelo económico y Tribunal Constitucional"*, en: Anales de Estudios Económicos y Empresariales, Universidad de Valladolid, Facultad Ciencias Económicas y Empresariales, Valladolid, 1987, pág. 236.

[78] RIEBER DE BENTATA, JUDITH. *"La libertad económica y el régimen de la protección de la competencia"*, publicado en: Revista de Derecho Público N° 35, Editorial Jurídica Venezolana, Caracas, 1988.

[79] GARCÍA PELAYO, MANUEL, ob. cit. (3), pág. 1158.

[80] Los criterios expuestos en esta sentencia del caso Pedro Antonio Pérez Alzurut fueron reiterados por la Sala Constitucional del Tribunal Supremo de Justicia en decisiones posteriores, de fechas 1° de octubre de 2003, caso: Inversiones Parkimundo, C.A., y 19 de julio de 2005, caso: Ordenanza sobre actividades económicas del Municipio Chacao del Estado Miranda.

económica de un país, y comprende el conjunto de normas constitucionales que conforman el ordenamiento jurídico base para el desarrollo de la actividad económica, incluyendo *"las formas de interrelación entre la iniciativa económica de los particulares (individualmente o en grupos, asociaciones o empresas), y la actividad del Estado"*.[81]

La Constitución define el ordenamiento económico nacional a través del reconocimiento de los derechos económicos, la determinación de las posibilidades de limitación a tales derechos en atención a razones de seguridad, sanidad, o de interés social, la estructuración de los órganos del Poder Público y el régimen financiero del Estado, así como las potestades planificadoras e interventoras del Estado en la Economía.

La determinación del modelo económico constitucional dependerá del énfasis que se haga en la iniciativa privada o en las potestades interventoras del Estado en la economía. Para concretar el modelo económico, el constitucionalismo moderno ha aceptado la consagración constitucional de los principios rectores de la economía. Así *"a diferencia de lo que solía ocurrir con las Constituciones liberales del siglo XIX y de forma semejante a lo que sucede en las más recientes Constituciones europeas, existen varias normas destinadas a proporcionar el marco jurídico fundamental para la estructura y funcionamiento de la actividad económica; el conjunto de todas ellas compone lo que suele denominarse la Constitución Económica o Constitución Económica formal. Ese marco implica la existencia de unos principios básicos del orden económico que han de aplicarse con carácter unitario..."*.[82]

En este sentido, la normativa de la Constitución Económica comprende las siguientes categorías jurídicas:

a. Principios rectores en los que debe inspirarse la regulación de la materia y que a su vez sirven de guía para la interpretación de dichas disposiciones;

b. Derechos y garantías, como reconocimiento constitucional de determinadas facultades jurídicas a los particulares frente al Estado o a otros ciudadanos; y,

---

[81] BADELL MADRID, RAFAEL, ob. cit. (72), pág. 152.
[82] Sentencia del Tribunal Constitucional Español No. 1/1982 de fecha 28 de enero de 1982.

c. Principios de política estatal, los cuales delinean los objetivos que debe perseguir la acción de los poderes públicos en el orden económico.[83]

Dentro de este tercer aspecto puede incluirse el tema de la empresa pública, pues como bien se ha precisado, ésta es un instrumento de la Administración para el cumplimiento idóneo de sus objetivos como servidora de los intereses generales en un Estado Social de Derecho.[84]

El marco constitucional económico determina por tanto el papel del Estado en la economía en cuanto a la posibilidad de asumir la condición de empresario, no sólo desde que la regula y limita, sino porque fija los principios rectores de la libre iniciativa privada que es un derecho subjetivo de rango constitucional y como tal se le imponen en el sentido de que su actividad empresarial excepcional ha de respetar las garantías dirigidas a la protección jurídica del mismo.

2. Consagración constitucional del modelo económico

En el Estado liberal los temas económicos eran totalmente ajenos a los textos constitucionales, dado que se consideraba que debían ser regulados por las leyes del mercado que el propio comportamiento social generaba, de manera tal que *"el Constituyente debía eludir cualquier regulación sobre la materia que excediera la proclamación de derechos de corte liberal como la propiedad y la libertad de empresa y comercio, necesarios para el normal desenvolvimiento de las fuerzas del mercado. Esto no quería decir, no obstante, que la regulación del orden económico fuera un asunto indiferente para la Constitución, pues, todo lo contrario, el no establecimiento de una regulación detallada sobre la cuestión ponía de presente la adopción de un sistema económico de corte liberal en el que la economía debía ser libre, a cargo de los particulares y sin injerencia alguna de los poderes públicos. De esta suerte, puede decirse que se establecía un modelo pero no se le regulaba, ya que lo propio del mismo era su capacidad de autorregulación,*

---

[83] DE STEFANO PÉREZ, ALFREDO, ob. cit. (76), págs. 260 y 261.

[84] Al respecto hemos citado el análisis que realiza PIÑAR MAÑAS, JOSÉ LUIS en ob. cit. (4), págs. 18 y 19.

resultado del libre juego de las reglas del mercado, cuyo cumplimiento asegura el Estado con su no intervención".[85]

Esta concepción se modifica debido a los desequilibrios sociales y económicos ocasionados por las políticas liberales aplicadas por los Estados hasta ese entonces, así los Estados se vieron obligados "*a cambiar su posición frente a las relaciones económicas, abandonando la doctrina liberal para asumir un rol más activo, que en el plano normativo se tradujo en la adopción constitucional de un modelo de intervencionismo de Estado en el que se le erige como dominador y regulador del proceso de producción y distribución de bienes y servicios, convirtiéndose así en el gran protagonista del sistema económico*".[86]

Sin embargo al finalizar la segunda guerra mundial, el modelo intervencionista debe sufrir también modificaciones, las cuales se concretan en la adopción constitucional del llamado "Estado Social de Derecho" en la mayoría de los países afectados por el conflicto. Este modelo de Estado presupone a su vez una nueva concepción de la economía, pues se trata de conciliar las libertades económicas propias del modelo liberal con el intervencionismo de Estado, característico del Estado Social. Se propugna bajo este nuevo esquema que la intervención estatal se concrete no sólo mediante la regulación y el control de la actividad económica privada, sino que se prevé también la posibilidad de la empresa pública, cuando el interés público lo exija para dar cumplimiento a la cláusula social que propende al bienestar del colectivo.

La Constitución Económica debe en el Estado de Derecho dar un marco normativo que permita el ejercicio de la actividad económica en un régimen de libertad individual, condicionado por la garantía del bienestar general.[87] Surge así la tesis de la neutralidad económica de la Constitución, porque se requiere de un marco normativo que pueda adaptarse a los cambios que la materia económica produce, y de otra parte porque éste debe garantizar igualmente la pluralidad de las

---

[85] SANTAELLA QUINTERO, HÉCTOR, ob. cit. (75), pág. 82.

[86] DE STEFANO PÉREZ, ALFREDO, ob. cit. (76), págs. 260 y 261.

[87] La Sala Constitucional del Tribunal Supremo de Justicia ha señalado que "*la libertad económica es manifestación específica de la libertad general del ciudadano, la cual se proyecta sobre su vertiente económica*", en sentencia de fecha 6 de febrero de 2001, caso: Pedro Antonio Pérez Alzurut.

políticas económicas que dependerán de las tendencias de los gobiernos que pueden alternarse en los regímenes democráticos. La imposición de un sistema económico único es característica de los Estados cuya economía es de dirección central y planificada. La Constitución de los países democráticos ha tendido a la estructuración de sistemas lo suficientemente amplios como para garantizar la aplicación de diferentes variables según los momentos históricos, y dentro de una u otra ideología, dar cabida a distintas y sucesivas políticas económicas que permitan concretar el Estado social de derecho.

Esta tendencia se ejecuta en el principio de neutralidad política de la Constitución Económica, con el cual se omite la determinación de modelo económico alguno,[88] pero fijando los límites entre los cuales se encomienda al legislador la regulación del régimen económico. La justificación de la tesis de la neutralidad política de la Constitución Económica se halla, en efecto, en el carácter mutable de las necesidades del Estado y variabilidad de la coyuntura económica, de manera que se entiende que la adopción de un modelo económico o de una orientación político-económica son tareas que deben estar encomendadas al

---

[88] La Constitución de los Estados Unidos de América es uno de los mayores ejemplos de neutralidad político-económica de la Constitución, pues la Constitución norteamericana casi no hace referencia a aspectos económicos. Al respecto Janet Kelly afirmó que los constituyentitas de la época apenas *"consagraron la propiedad privada y la protección contra la voracidad fiscal de los estados que tenían un exceso de autonomía... y diseñaron una estructura elegante de pesos y equilibrios con el propósito de evitar que el populismo inherente en el sistema democrático condujera a excesos peligroso para la buena conducción del Estado. Crearon una democracia por el pueblo, que también aseguraba políticas para los intereses de largo plazo para el pueblo ¿Cómo es que la Constitución norteamericana crean las bases de un capitalismo fuerte sin especificar su naturaleza? Quizás lo más importante es la atención dada a las instituciones para la justicia y la solución de conflictos. En la Constitución no hay prohibiciones al gobierno central ni a los estados, en cuanto a la intervención de la economía. Pueden hacer lo que les dé la gana y en momentos de la historia lo han hecho: controles de precios, controles de cambio, nacionalizaciones y empresas estatales —todo eso ha ocurrido en la historia norteamericana en situaciones en que hubo consenso para enfrentar una crisis o para resolver algún problema de la coyuntura. Al final, podemos concluir que, si se hubiera prohibido la acción estatal, quizás la Constitución norteamericana hubiese tenido una vida mucho más corta. El verdadero límite sobre los excesos del Estado reside en la fortaleza de la sociedad y en los consensos para la definición de su papel en cada época."* KELLY, JANET. *"Viejos principio y nuevos enfoques para la Quinta República". La Constitución Económica Janet Nelly Compiladora.* Ediciones IESA. Caracas, 1999, pág. 28.

legislador, a quien corresponderá dar un sentido específico a los lineamientos establecidos en la Ley Fundamental.[89]

Rolf Stober, al referirse a la neutralidad de la Constitución Económica, explica que ésta debe entenderse como "*... una amplia disponibilidad de regulación de la ordenación económica, cuya reorientación en un momento determinado puede hacerse sin cambio constitucional...*".[90]

La neutralidad consiste en la abstención (deliberada o no) del Texto Constitucional de definir un sistema económico concreto, transfiriendo así dicha atribución a los órganos del Poder Público responsables de su desarrollo ulterior. De forma tal que el Poder Público no quede sujeto a un modelo económico específico, dándole la libertad de adecuar a las necesidades coyunturales de determinado momento el modelo a ser adoptado.[91] La neutralidad política de la Constitución Económica evita comprometer al Estado con unas específicas doctrinas económicas y con la garantía o imposición de las correspondientes concepciones acerca de la política de ordenación óptima o adecuada.[92] Así, en el marco del sistema económico constitucionalizado cabrían diversos modelos económicos, permitiendo la "*actuación sucesiva de gobiernos democráticos, cada uno con sus propias concepciones económicas e ideológicas*".[93]

La neutralidad de la Constitución Económica no implica la ausencia absoluta de regulación de esta materia, sino que impone que la misma se concrete a la determinación de las bases jurídicas sobre las cuales pueda realizarse la actividad económica y la delegación entonces al legislador

---

[89]   BADELL MADRID, RAFAEL. "*La Constitución Económica*" en: Revista del Banco Central de Venezuela, Vol. XIV, N° 1. Banco Central de Venezuela. Caracas, 2000, pág. 157.

[90]   STOBER, ROLF. "*Derecho Administrativo Económico*". Ministerio para las Administraciones Públicas. Colección-Estudio Serie Administración General. Madrid, 1991, pág. 67.

[91]   PAPIER, JUAN JORGE. "*Ley Fundamental y orden económico*". *Manual de Derecho Constitucional*. Segunda Edición, Marcial Pons, Ediciones Jurídicas y Sociales, S.A. Madrid, 2001, págs. 561 y 562. J.J. Papier ve la *neutralidad político-económica* de la Constitución como el medio del cual se sirve el legislador para "*desarrollar la política económica a su juicio más adecuada*", siempre y cuando respete la Ley Fundamental y los Derechos Fundamentales (sentencia del Tribunal Constitucional alemán de 20 de julio de 1954).

[92]   Ibídem.

[93]   BREWER CARÍAS, ALLAN. "*Reflexiones sobre la Constitución Económica*". *Estudios sobre la Constitución Española. Homenaje al Profesor Eduardo García de Enterría*", Tomo V. Civitas. Madrid, 2001, pág. 3840.

del desarrollo de dichas bases. La tesis de la neutralidad económica de la Constitución encuentra límite en las normas fundamentales que regulan la materia y le dan contenido. Así se estableció en la sentencia del Tribunal Constitucional alemán, de fecha 20 de julio de 1954, referida a la inconstitucionalidad de la Ley de ayuda a la inversión, en la cual se señaló que la noción de neutralidad político-económica de la Ley Fundamental debe interpretarse como la posibilidad del legislador de desarrollar la política económica que juzgue más conveniente, teniendo como límite, únicamente, el respeto a la Constitución, y en especial, a los Derechos Fundamentales.[94] Ahora bien, la regulación de estas bases puede determinar la exclusión de los modelos económicos que las contradigan. La Constitución Económica *"designa el marco jurídico fundamental para la estructura y funcionamiento de la actividad económica o, dicho sea de otro modo, para el orden del proceso económico, y se establecen normas que sirvan de parámetros para la acción de los operadores económicos. Así entendida, la contenida en la Constitución política no garantiza necesariamente un sistema económico ni lo sanciona. Permite el funcionamiento de todos los sistemas que se ajustan a los parámetros y sólo excluye aquellos que sean contradictorios con los mismos"*.[95]

La flexibilidad político-económica de la Constitución evita la pérdida de vigencia y efectividad de la Constitución económica, dándole estabilidad y permanencia en el tiempo. Como bien señala Vélez García: *"...El dinamismo propio de la Carta, dado su carácter de ente histórico, además de la condición de cambiante que le es inherente, introduce un permanente desafío para la teoría y la práctica constitucionales. Cuando una Constitución se desfasa respecto de las personas que viven con ella, o de las circunstancias de sus vidas, ocurre un profundo distanciamiento entre la norma de normas y la realidad, distanciamiento que se traduce en uno de los más nocivos males de cualquier fenómeno*

---

[94] En el mismo sentido, este Tribunal Constitucional se pronunció en sentencia de fecha 1º de marzo de 1979, en la cual dispuso: *"La Ley Fundamental no contiene determinación o garantía de modelo económico alguno, sino que encomienda el régimen económico al legislador, quien decidirá libremente dentro de los márgenes trazados por la Ley Fundamental, sin precisar pan ello de mayor fundamento que su genérica legitimación democrática."*

[95] Voto Particular del Magistrado Luís Diez Picazo, en la sentencia del Tribunal Constitucional español No. 37-1981 de fecha 16 de diciembre de 1981.

histórico: el anacronismo. El apreciar los fenómenos actuales desde el punto de vista de quien vivió hace cien años es anacrónico; igual veredicto puede darse respecto de la permanencia de instituciones que fueron pensadas con vista en determinadas circunstancias vitales que ya no son las que corresponden con las circunstancias actuales, que ya no se viven, que sólo quedan vigentes en el recuerdo. En tales casos (el anacronismo del sujeto que juzga o el anacronismo de la institución misma), el distanciamiento entre la realidad (lo que es) y la norma (lo que debe ser), genera una notable fractura o rompimiento (lo que debe ser no es), ocasionando la pérdida de fe en la idoneidad de la norma, que pasa enteramente a la memoria por su correlativa contraposición con una nueva realidad que es extraña a lo establecido por las normas. De otra parte, el considerar que el cambio normativo debe ser total, implica también un anacronismo, pues es innegable que el hombre y sus circunstancias, a pesar de cambiar constantemente, mantienen algo en común, algo que permanece, algo que se desarrolla y se extiende a partir de lo que ha sido: ese núcleo inconmovible, ese algo de conti- nuidad que es propio de la vida y de la historia impone el respeto a lo que ha venido siendo la tradición constitucional de cada pueblo. Vivir desde el pasado (pues es imposible vivir literalmente en el pasado) es tan anacrónico como vivir sin pasado; la tradición tiene, pues, un valor muy importante para comprender y asumir la novedad, que, por otra parte, nace en el seno de la tradición, se forja a partir de ella, y más que otra realidad, es un desarrollo, sea por afirmación o por alteración o por negación de ésta (...) Se admite entonces que la ley no debe cum- plirse meramente por ser la ley, sino que, además de ser mensajera de un sentido y por ello significar, portar y preservar un elenco de valores, debe hallarse formal y materialmente enmarcada dentro de un espacio de validez jurídica que no puede desbordar. El riesgo de su desborda- miento fue contrarrestado por el control, que se pondría en manos de un juez, sobre esa ley. Al tratarse de un control judicial, era imperativo determinar una norma de referencia para que el juez pudiera ejercer su función dentro de unos parámetros dados de antemano. Ese control está dado por la Constitución, a la cual se inviste, sin ninguna disputa, de supremacía. La Constitución es así la norma de normas, la nor- ma suprema. Si ella constituye un mandato integral, sin necesidad de normas intermedias, puede ser aplicada directamente a las relaciones intersubjetivas. No obstante lo anterior, la Constitución aparece implícitamente presente en todos y en cada uno de sus artículos y en su contexto total... ".[96]

3. Constitución Económica en Venezuela

3.1. Evolución Constitucional en materia económica

La primera Constitución del año 1811 adoptó un sistema económico basado en tres principios: el bien común,[97] la propiedad privada[98] y la libre iniciativa industrial y comercial.[99] El bien común permitía la

---

[96] VÉLEZ GARCÍA, JORGE. "La Constitución: una Norma Abierta. El Derecho Público a comienzos del siglo XXI. Estudios en homenaje al Profesor Allan R. Brewer Carías. Tomo I. Prime Parte: Teoría General del Derecho. Segunda Parte: Derecho Constitucional. Civitas Ediciones, S.L. Madrid, 2003, págs. 185 a 188.

[97] El artículo 151 disponía: *"El objeto de la sociedad, es la felicidad común, y los Gobiernos han sido instituidos para asegurar al hombre en ella, protegiendo la mejora y perfección de sus facultades físicas y morales, aumentando la esfera de sus goces, y procurándoles el más justo y honesto ejercicio de sus derechos."* El artículo 152, por su parte, definía tales derechos al establecer: *"Estos derechos son la libertad, la igualdad, la propiedad y la seguridad."*

[98] Los artículos 142 y 155 así lo consagraban en los siguientes términos: 142. *"El pacto social asegura á cada individuo el goce y posesión de sus bienes, sin lesión del derecho que los demás tengan á los suyos."* 155.*" La propiedad es el derecho que cada uno tiene de gozar y disponer de los bienes que haya adquirido con su trabajo, e industria."* Creemos además que la institución de la expropiación encuentra su primer antecedente constitucional normativo en el artículo 165, el cual prevé la posibilidad de aplicar la propiedad privada a usos públicos con el acuerdo de los cuerpos legislativos, en ausencia del consentimiento particular, cuando alguna necesidad pública legalmente comprobada lo exija y con el pago de una justa indemnización. El artículo 165 dispone: *"Todo individuo de la sociedad teniendo derecho á ser protegido por ella en goce de su vida, de su libertad, y de sus propiedades con arreglo a las leyes, está obligado por consiguiente á contribuir por su parte a las expensas do esta protección, y à prestar sus servicios personales, ó un equivalente de ellos cuando sea necesario; pero ninguno podrá ser privado de la menor porción de su propiedad, ni esta podrá aplicarse à usos públicos, sin su propio consentimiento, ó el de los Cuerpos Legislativos representantes del Pueblo; y cuando alguna pública necesidad legalmente comprobada exigiere que la propiedad de algún Ciudadano se aplique á usos semejantes, deberá recibir por ella una justa indemnización."*

[99] La libertad de industria y comercio como derivación del derecho de libertad declarado en términos generales en el artículo 153: *"La libertad es la facultad de hacer todo lo que no daña los derechos de otros individuos, ni el cuerpo de la sociedad, cuyos límites solo pueden determinarse por la ley, porque de otra suerte serían arbitrarios, y ruinosos á la misma libertad"* y consagrada de manera específica en el artículo 167: *"Ningún género de trabajo, de cultura, de industria, ó de comercio serán prohibidos à los ciudadanos... ".*

intervención del Estado, pero sólo limitada a las materias relativas a su subsistencia, respecto de las cuales puede decirse que se introduce el criterio de la reserva,[100] y las materias de educación y beneficencia pública.[101]

Dado que el principio de libertad de industria y comercio se encontraba limitado tan sólo respecto de las materias que formaban en ese momento parte de la subsistencia del Estado, pudiendo el Congreso *"liberarlas"* cuando lo juzgase útil y conveniente a la causa pública, puede afirmarse que la orientación del texto era la de permitir un amplio campo de acción de los particulares en la vida económica.[102]

La Constitución de 1819 consagró igualmente los derechos de propiedad[103] y libertad y definió como "felicidad general" el perfecto goce de estos derechos, conjuntamente con el de igualdad y seguridad.[104] Estableció de forma específica y expresa la libertad de industria y comercio sin prever limitación de materias relativas a la subsistencia del Estado como lo hacía el texto constitucional anterior. El artículo 13 dispuso *"La Industria de los Ciudadanos puede libremente ejercitarse en cualquier género de trabajo, cultura, o comercio."* La noción de prosperidad nacional se basó en el bienestar individual.[105]

---

[100] El artículo 167 textualmente preveía: *"Ningún género de trabajo, de cultura, de industria, ó de comercio serán prohibidos á los ciudadanos, excepto aquellos que ahora forman la subsistencia del Estado, que después oportunamente se libertarán cuando el Congreso lo considere útil, y conveniente a la causa pública."*

[101] El artículo 198 establecía: *"Siendo constituidos los Gobiernos para el bien, y felicidad común de los hombres, la Sociedad debe proporcionar auxilios a los indigentes, y desgraciados, y la instrucción à todos los Ciudadanos."*

[102] BADELL MADRID, RAFAEL, ob. cit. (72), pág. 153.

[103] El artículo 2 define el derecho de propiedad como el *"derecho de gozar y disponer libremente de sus bienes, y del fruto de sus talentos, industria o trabajo."* También prevé las limitaciones a la propiedad por causa de necesidad pública o utilidad general, previo el pago de justa indemnización. En este sentido el artículo 15 dispone: *"Nadie puede ser privado de su propiedad, cualquiera que sea, sino con su consentimiento, a menos que la necesidad pública o la utilidad general probada legítimamente lo exijan. En estos casos la condición de una justa indemnización debe presuponerse..."*.

[104] El artículo 1 preveía: +*"Son derechos del hombre la libertad, la seguridad, la propiedad, y la igualdad. La felicidad general que es el objeto de la sociedad, consiste en el perfecto goce de estos derechos."*

[105] El artículo 6 dispuso: *"La Sociedad desconoce al que no procura la felicidad general; al que no se ocupa en aumentar con su trabajo, talentos, ó industria, las riquezas y comodidades propias, que colectivamente forman la prosperidad Nacional."*

Las Constituciones de 1821 y 1830 mantuvieron similares disposiciones en cuanto a la proclamación de los derechos de propiedad y libertad, y consagraron también de manera específica, la libertad de industria y comercio, previendo de nuevo la excepción de las materias necesarias para la subsistencia del Estado.[106] La Constitución de 1830 contiene además el precedente más remoto de la contratación administrativa[107] y de la concesión de obra pública.[108]

La Constitución de 1857 contiene iguales principios y prevé por vez primera la constitución de un Banco Nacional.[109] El texto fundamental de 1858 contempló además del servicio de educación, el de postas y correos nacionales como parte de la actividad de servicio a cargo del Estado.[110] El de 1864 añade el servicio de aduanas así como la competencia de los Estados para la libre administración de sus productos naturales, mencionando en concreto las minas y salinas.[111] Las

---

[106] El artículo 178 de la Constitución de 1821 estableció: *"Ningún género de trabajo, de cultura, de industria o de comercio será prohibido a los colombianos, excepto aquellos que ahora son necesarios para la subsistencia de la República, que se libertarán por el Congreso cuando lo juzgue oportuno y conveniente."* Por su parte el artículo 209 de la Constitución de 1830 contemplaba una regulación similar pero agregando dentro del espectro de materias excluidas de la libertad de industria y comercia aquellas contrarias a la moral y salubridad pública. La norma disponía: *"Ningún género de trabajo. de cultura, de industria, ó de comercio, será prohibido á los Venezolanos, excepto aquellos que ahora son necesarios para la subsistencia de la república, que se libertarán por el Congreso cuando lo considere oportuno y conveniente. También se exceptúan todos los que sean contrarios á la moral y salubridad pública."*

[107] *"Artículo 87. Son atribuciones del Congreso: 16. Celebrar contratos con ciudadanos, ó compañías de nacionales ó extranjeros para la navegación de ríos, apertura de caminos y otros objetos de utilidad general." "Artículo 161. Son funciones de las diputaciones provinciales: (...) 18. Promover y decretar la apertura de caminos, canales y posadas; la construcción de puentes, calzadas, hospitales y demás establecimientos de beneficencia y utilidad pública, que se consideren necesarios para el bien y prosperidad de la provincia, pudiendo á este fin aceptar y aprobar definitivamente las propuestas que se hagan por compañías ó particulares, siempre que no sean opuestas á alguna ley de la república."*

[108] *"Artículo 161. Son funciones de las diputaciones provinciales: (...) 22. Conceder temporalmente, y bajo la determinadas condiciones, privilegios exclusivos en favor del autor ó autores de algún invento útil, é ingenioso, y á los empresarios de obras públicas, con tal que se consideren indispensables para su ejecución, y no sean contrarios á los intereses de la comunidad."*

[109] *"Artículo 38. Son atribuciones del Congreso (...) 16. Establecer un banco nacional y permitir el establecimiento de bancos particulares;...".*

[110] *"Artículo 64. Son atribuciones del Congreso: (...) 5. Organizar el servicios de postas y correos nacionales."*

[111] Artículos 43, 3 y 13, numerales 16 y 17. *Prevé también este Texto Constitucional por vez primera la garantía del juicio previo en caso de expropiación (artículo 14,2).*

Constituciones de 1874, 1881, 1891, 1893 no presentaron variaciones sustanciales en relación con las Constituciones anteriores en lo que se refiere a la actividad económica del Estado.

La Constitución de 1901 contempló el servicio de teléfonos federales entre las competencias del Estado.[112] Ningún cambio se aprecia en las Constituciones de 1909, 1914, 1922[113] respecto de la actividad económica del Estado.[114]

En la Constitución de 1925 se amplió el espectro de servicios a cargo del Estado al incluirse como competencia federal todo lo relativo a la navegación aérea, marítima y la fluvial, los muelles y las obras de desembarque en los puertos (artículo 15, numeral 13), así como los cables aéreos de tracción y las vías férreas, dejando a cargo de los municipios lo relativo a tranvías y cables de tracción urbanos (artículo 125, numeral 16).[115] Asimismo se incluyen las comunicaciones inalámbricas,[116] y los ostrales de perlas,[117] cuya renta ingresaría al Tesoro Nacional. Se contempló también una norma general relativa a la construcción de

---

[112] *"Artículo 89.- Son atribuciones del Ejecutivo Federal: (...) 13. Reglamentar el servicio de Correos, Telégrafos y Teléfonos Federales, conforme a la Ley; pudiendo crear o suprimir estaciones u oficinas que reclamen urgentemente estas medidas, dando cuenta a la Legislatura Nacional en su próxima reunión;..."*.

[113] La Constitución de 1922 prevé la concesión en materia de minas y vías de comunicación al regular las facultades de las cámaras legislativas. El artículo 58, numeral 10 disponía: *"La Cámara del Senado y la de Diputados funcionando como cuerpos colegisladores, tienen las siguientes atribuciones: (...) 10. Aprobar o negar: a) Los títulos y concesiones de minas y las enajenaciones de tierras baldías y de cualquiera bienes inmuebles de la Nación; b) Las concesiones para construir vías de comunicación;..."*.

[114] La Constitución de 1922, al regular la libertad de industria y comercio prohíbe la concesión de monopolios que se permitía para el caso de industrias inexplotadas en el país (artículo 22, numeral 8 de la Constitución de 1914), disponiendo sin embargo como excepción el privilegio temporal de la propiedad intelectual, la patente de invención, marcas de fábrica y la construcción de vías de comunicación *"no garantidas ni subvenidas por la Nación ni los Estados"* (artículo 22, numeral 8).

[115] Al referirse a esta competencia municipal expresamente incluye la competencia para el otorgamiento de concesiones. La norma al efecto, disponía: *"Artículo 15. Los Estados convienen en reservar a la competencia federal: (...) 16. Todo lo relativo a la apertura y la conservación de los caminos nacionales, esto es, los que atraviesan un Estado o el Distrito Federal o un Territorio Federal y salen de sus límites, los cables aéreos de tracción y las vías férreas, aunque estén dentro de los límites de un Estado, salvo que se trate de tranvías o cables de tracción urbanos, cuya concesión y reglamentación compete a las respectivas municipalidades;..."*.

[116] Artículo 15, numeral 15.

[117] Artículo 15, numeral 18.

obras públicas.[118] Por otra parte, al regularse la libertad de industria y comercio se estableció la concesión de obra pública para ferrocarriles, navegación aérea, canalizaciones, tranvías, líneas telefónicas o telegráficas y sistemas de comunicación inalámbrica.[119] Se previó además la competencia presidencial para la creación y dotación de servicios públicos, cuando las cámaras se encontraren en receso.[120] Finalmente, se contemplaron los servicios públicos municipales.[121] El mismo régimen se mantuvo en las Constituciones de los años 1928, 1929 y 1931.

La Constitución de 1936 constituye un importantísimo precedente en la actividad económica de la Administración, puesto que en ella se estableció la figura de la reserva al Estado de determinadas industrias, por razones de servicio público, defensa y crédito de la Nación.[122] Esta figura se complementa con la previsión de la Constitución del año 1945

---

[118] Artículo 15, numeral 19: *"Lo relativo en todo el territorio de la Nación a las obras públicas que sean necesarias, sin que esto coarte el derecho de los Estados y Municipios a emprender por su cuenta las que tengan a bien; ... "*.

[119] Cabe destacar que en las Constituciones precedentes se había previsto la excepción bien para la obra pública en general (Constitución de 1830) o sólo para la construcción de vías de comunicación (Constitución de 1922). El artículo 32 de la Constitución de 1925, en cambio, establecía: *"La Nación garantiza a los venezolanos: (...) 8. La libertad del trabajo y de las industrias, salvo las prohibiciones y limitaciones que exijan el orden público y las buenas costumbres sin que puedan concederse monopolios para el ejercicio exclusivo de ninguna industria. Sólo podrán otorgarse, conforme a la ley, los privilegios temporales relativos a la propiedad intelectual, patentes de invención y marcas de fábrica, y los que se acuerden, también conforme a la ley, y por tiempo determinado, para el establecimiento y la explotación de ferrocarriles, empresas de navegación aérea, canalizaciones, tranvías, líneas telefónicas o telegráficas y sistemas de comunicación inalámbrica, cuando tales obras se lleven a cabo o se instalen a costa del concesionario, sin garantizarles proventos ni subvenirlas la Nación ni los Estados; ... "*

[120] *"Artículo 100.- Son atribuciones del Presidente de los Estados Unidos de Venezuela: (...) 15. Decretar, en Consejo de Ministros, la creación y dotación de los nuevos servicios públicos que fueren necesarios en receso de las Cámaras Legislativas."*

[121] El artículo 18 numeral 1 disponía: *"Es de la competencia de las Municipalidades: 1. Organizar sus servicios de policía, abastos, cementerios, ornamentación municipal, arquitectura civil, alumbrado público, acueductos, tranvías urbanos y demás de carácter municipal. El servicio de higiene lo harán sujetándose a las leyes y reglamentos federales sobre sanidad y bajo la suprema inspección del servicio sanitario federal;"*

[122] *"Artículo 32.- La Nación garantiza a los venezolanos: (...) 9. La libertad de industria y la de trabajo no tendrán más limitaciones que las que impongan el interés público o las buenas costumbres. Sin embargo, el Poder Federal queda facultado para gravar ciertas especies con el objeto de crear rentas al Erario, y reservarse el ejercicio de determinadas industrias para asegurar los servicios públicos y la defensa y crédito de la Nación; ..."*

de la competencia del Poder Federal para "*dictar en circunstancias extraordinarias las medidas de orden económico que fueren necesarias para racionalizar y regular la producción, circulación y consumo de la riqueza*".[123] Asimismo se confirió al Congreso la facultad de autorizar al Presidente para dictar "*determinadas y precisas facultades extraordinarias destinadas a proteger la vida económica y financiera, cuando la necesidad o la conveniencia pública lo requieran*". Este constituye el primer precedente constitucional en cuanto a la potestad que tiene el Presidente de la República de dictar decretos leyes por razones distintas a los estados de excepción, e imponer, por esta vía, restricciones, controles y limitaciones a los derechos económicos.[124] En la Constitución de 1947 se contempló la figura del instituto autónomo y de la empresa del Estado,[125] cuestiones que se quedaron reguladas de forma idéntica en la Constitución del año 1953.

---

[123] Así se prevé en la reforma del numeral 9 del artículo 32, en la cual se lee: "*Artículo 3.- La Nación garantiza a los venezolanos: (...) 9. La libertad de industria y la de trabajo no tendrán más limitaciones que las que impongan el interés público o las buenas costumbres. Sin embargo, el Poder Federal queda facultado para gravar ciertas especies con el objeto de crear rentas al Erario, y reservarse el ejercicio de determinadas industrias para asegurar los servicios públicos y la defensa y crédito de la Nación y dictar en circunstancias extraordinarias las medidas de orden económico que fueren necesarias para racionalizar y regular la producción, circulación y consumo de la riqueza; ...*".

[124] Esta facultad se contempla en la Constitución vigente del año 1999, aunque las potestades normativas del Presidente se amplían dese el punto de vista material al eliminar el límite del ámbito económico de la regulación, con lo cual la delegación puede abarcar materias distintas al tema económico.

[125] Esta previsión se encuentra en la norma relativa a las inhabilidades par ser elegido Diputado o Senador establecidas en el artículo 142: "*No podrán ser elegidos Diputados ni Senadores: (...) Los Directores, Administradores o Representantes de Institutos Oficiales Autónomos, o de organizaciones o empresas en las cuales el Estado tenga participación económica decisiva, mientras estén en posesión de sus respectivos cargos y dentro de los tres meses siguientes al término de su ejercicio; ...*". Además, sobre los Institutos Autónomos se preveía: "*Artículo 162.- Las Cámaras Legislativas, como Cuerpos Colegisladores, tienen las siguientes atribuciones: (...) 13. Legislar sobre la creación, organización y funcionamiento de Institutos o establecimientos oficiales autónomos.*". Asimismo se contempla su creación mediante Ley en el artículo 239: "*Por leyes especiales podrá disponerse que determinados institutos oficiales científicos, benéficos, financieros o industriales, gocen de personería jurídica y de patrimonio propio, distinto e independiente del Fisco Nacional. En el receso de las Cámaras Legislativas se podrán crear los mencionados Institutos por medio de Decretos Orgánicos, previa autorización de la Comisión Permanente del Congreso Nacional. Dichos Institutos someterán anualmente sus respectivos presupuestos y un informe de su gestión en el año inmediatamente anterior, al Congreso Nacional o a la autoridad designada en el acto de su creación.*"

La Constitución del 23 de enero de 1961 que puso fin a un período dictatorial, marcó el comienzo de la era democrática venezolana y permaneció en vigencia por casi 39 años.[126] Al igual que la mayoría de las Constituciones democráticas de la época, la Constitución del año 61 siguió con la opción de un modelo económico de libertad opuesto al de economía dirigida,[127] similar al que, en ese momento existía en todos los países occidentales y al cual, progresivamente, parecían dirigirse muchos de los países que se conocían como socialistas. Sobre la Constitución Económica del 61, el Tribunal Supremo de Justicia indicó: *"En el caso concreto de la constitución Venezolana de 1961, ésta propugna una serie de valores normativos superiores del régimen económico consagrando como tales la libertad de empresa en el marco de una economía de mercado y fundamentalmente el del Estado Social de Derecho (Welfare State, Estado de Bienestar o Estado Socialdemócrata), esto es un Estado social opuesto al autoritarismo. Los valores aludidos se desarrollan mediante el concepto de libertad de empresa, que encierra tanto la noción de un derecho subjetivo 'a dedicarse libremente a la actividad económica de su preferencia', como un principio de ordenación económica dentro del cual se manifiesta la voluntad de la empresa de decidir sobre sus objetivos. En este contexto, los Poderes Públicos, cumplen un rol de intervención. La cual puede ser directa (a través de empresas) o indirecta (como ente regulador del mercado)."*

La Constitución Económica de 1961 fue fundamentalmente regulada en el Capítulo relativo a los "Derechos económicos", en el cual como quedó expresado en la Exposición de Motivos, se reunieron *"los postulados más importantes que deben regir la acción del Estado y la de los particulares en el campo económico"*. En el artículo 95 quedó establecida la función del Estado de promover el desarrollo económico

---

[126] La Constitución de 1961 fue sustituida por un nuevo texto fundamental en el año 1999.

[127] La sentencia de fecha 15 de diciembre de 1998 recayó en la causa seguida en virtud de la solicitud de inconstitucionalidad de la Ley de Privatización y concluyó respecto de la demanda propuesta que *"en términos generales la 'privatización' alude a un cambio de titularidad de la propiedad de bienes o de la prestación de servicios del sector público al sector privado, hay que atender necesariamente al régimen de la propiedad, y de la libertad económica establecidos en la Constitución, por un lado y a las facultades de intervención del Estado en la economía, por otro lado, principios que, en nada obstaculizan las transferencias de bienes del sector público al sector privado, por lo cual, esta decisión recae dentro de la esfera de activación de los Poderes Públicos de acuerdo con sus necesidades."*

y la diversificación de la producción, con la finalidad de crear nuevas fuentes de riqueza, aumentar el nivel de ingresos de la población y fortalecer la soberanía económica del país. Este objetivo, por supuesto, correspondía concurrentemente tanto a la República, en el nivel nacional, como a los Estados y Municipios en sus respectivos ámbitos. La promoción e impulso del desarrollo económico del país, como fin fundamental del Estado en el campo económico, se repitió nuevamente en el artículo 98 de la Constitución, en el cual se establecía la protección a la iniciativa privada, sin perjuicio de la potestad del Estado para dictar medidas destinadas a *"planificar, racionalizar y fomentar la producción, y regular la circulación, distribución y consumo de la riqueza, a fin de impulsar el desarrollo económico el país"*.

En cuanto se refiere al sector público, la participación e intervención del Estado en la economía, además de tener que perseguir los objetivos establecidos en el Preámbulo de *"proteger y enaltecer el trabajo, amparar la dignidad humana, promover el bienestar general y la seguridad social y fomentar el desarrollo de la economía al servicio del hombre"*, y tender a un régimen económico fundado efectivamente *"en principios de justicia social que aseguren a todos una existencia digna y provechosa para la colectividad"* (artículo 95), debía perseguir la creación de nuevas fuentes de riqueza, aumentar el nivel de ingresos de la población y fortalecer la soberanía económica del país.[128]

Al Poder Nacional correspondía el régimen y administración de minas e hidrocarburos y demás riquezas naturales,[129] de lo cual se derivó la reserva al Estado y la necesidad de concesión para la participación de la iniciativa privada en estas áreas, todo lo cual se reguló en los textos legales correspondientes. En el caso de los hidrocarburos, la Ley limitó la intervención privada al excluir la participación por vía de concesión y limitarla a convenios operativos y de asociación.[130]

---

[128] BREWER CARÍAS, ALLAN R, ob. cit. (93), págs. 5 y sigs.

[129] *"Artículo 136.- Es de la competencia del Poder Nacional: (...) 10. El régimen y administración de las minas e hidrocarburos, salinas, tierras baldías y ostrales de perlas; la conservación, fomento y aprovechamiento de los montes, aguas y otras riquezas naturales del país. (...)"*.

[130] El artículo 5 de la Ley Orgánica que reserva al Estado la Industria y el Comercio de los Hidrocarburos de 1975, disponía: *"El Estado ejercerá las actividades señaladas en el artículo 1º de la presente Ley directamente por el Ejecutivo Nacional o por medio de entes de su*

Al regularse la concesión de obra y servicios públicos, la Constitución de 1961 previó, como lo venían haciendo los textos constitucionales precedentes, la figura de la reserva al Estado de industrias, explotaciones y servicios de interés público, por razones de conveniencia nacional, agregándose la posibilidad de creación y desarrollo de una industria básica pesada bajo el control del Estado,[131] la cual en efecto se concretó con la participación en las áreas de aluminio, hierro, generación hidroeléctrica, entre otras, a través de empresas cuyo control se verificó mediante el sistema de "holding" en un Instituto Autónomo Nacional denominado Corporación Venezolana de Guayana.[132]

3.2. La Constitución Económica en la Constitución de 1999. Regulación de la iniciativa pública

La Constitución de 1999, actualmente vigente, ha mantenido el sistema de economía social de mercado, pues consagra la libre iniciativa privada y la libertad económica controlada por el Estado como ordenador de la economía, con el fin de garantizar el principio de justicia social. También contempla la actividad económica del Estado, mediante la explotación directa de los recursos naturales, la reserva de sectores

---

propiedad, pudiendo celebrar los convenios operativos necesarios para la mejor realización de sus funciones, sin que en ningún caso estas gestiones afecten la esencia misma de las actividades atribuidas.

En casos especiales y cuando así convenga al interés público, el Ejecutivo Nacional o los referidos entes podrán, en el ejercicio de cualquiera de las señaladas actividades, celebrar convenios de asociación con entes privados, con una participación tal que garantice el control por parte del Estado y con una duración determinada. Para la celebración de tales convenios se requerirá la previa autorización de las Cámaras en sesión conjunta, dentro de las condiciones que fijen, una vez que hayan sido debidamente informadas por el Ejecutivo Nacional de todas las circunstancias pertinentes." (Gaceta Oficial Extraordinaria No. 1.769 de fecha 29 de agosto de 1975).

[131] *"Artículo 97.- No se permitirán monopolios. Sólo podrán otorgarse, en conformidad con la ley, concesiones con carácter de exclusividad, y por tiempo limitado, para el establecimiento y la explotación de obras y servicios de interés público.*

El Estado podrá reservarse determinadas industrias, explotaciones o servicios de interés público por razones de conveniencia nacional, y propender a la creación y desarrollo de una industria básica pesada bajo su control.

La ley determinará lo concerniente a las industrias promovidas y dirigidas por el Estado."

[132] La Corporación Venezolana de Guayana fue creada mediante el Estatuto Orgánico del Desarrollo de Guayana contenido en el Decreto No. 430, publicado en la Gaceta Oficial No. 26.445 de fecha 30 de diciembre de 1960.

considerados estratégicos, la prestación de servicios públicos de carácter económico y en general mediante la consagración de la empresa pública como parte de la Administración del Estado, en los distintos niveles territoriales.

El sistema constitucional adoptado plantea una cierta flexibilidad, en cuanto permite el tránsito de un gobierno más socialista a otro más liberal, pero quedando éstos imposibilitados de alcanzar los respectivos extremos. De allí que se afirme que en el nuevo texto constitucional, al igual que en el precedente, *"…ha existido una deliberada previsión de un sistema de economía mixto, que arrastra una serie de límites que impedirían alcanzar los mencionados extremos, pero siendo tan amplios que pueden llegar a coexistir figuras jurídicas como la nacionalización y la privatización"*.[133]

Este sistema de *"economía social de mercado"* se desprende con carácter general del artículo 299 de la Constitución de 1999, conforme al cual: *"El régimen socioeconómico de la República Bolivariana de Venezuela se fundamenta en los principios de justicia social, democracia, eficiencia, libre competencia, protección del ambiente, productividad y solidaridad, a los fines de asegurar el desarrollo humano integral y una existencia digna y provechosa para la colectividad. El Estado, conjuntamente con la iniciativa privada, promoverá el desarrollo armónico de la economía nacional con el fin de generar fuentes de trabajo, alto valor agregado nacional, elevar el nivel de vida de la población y fortalecer la soberanía económica del país, garantizando la seguridad jurídica, solidez, dinamismo, sustentabilidad, permanencia y equidad del crecimiento de la economía, para lograr una justa distribución de la riqueza mediante una planificación estratégica democrática, participativa y de consulta abierta."*

Se observa que la cláusula del Estado Social juega rol fundamental, pues como bien lo ha establecido la Sala Constitucional del Tribunal Supremo de Justicia, al referirse a la Constitución Económica: *"El Estado Social para lograr el equilibrio interviene no sólo en el factor trabajo y seguridad social, protegiendo a los asalariados ajenos al poder económico o político, sino que también tutela la salud, la vivienda, la educación y las relaciones económicas, por lo que el sector de la Carta*

---

[133] DE STEFANO PÉREZ, ALFREDO, ob. cit. (76), págs. 266 y 267.

*Magna que puede denominarse Constitución Económica tiene que ver-
se desde una perspectiva esencialmente social".*[134]

La Constitución vigente se caracteriza igualmente por su neutralidad político-económica, lo cual permitiría al legislador y a los órganos
de la Administración competentes la configuración del orden económico con suficiente apertura, a fin de permitir su progresiva adaptación a
la realidad histórica imperante, respetando el pluralismo político. De
manera que la Constitución Económica consagra un conjunto de derechos (libertades) a favor de los particulares, las cuales, en el marco de
un Estado de Bienestar, se hallan desde luego condicionados al interés
general.

Ello así, la intervención del Estado en la economía puede verifi-
carse de manera indirecta o de forma directa. La intervención indirecta
es aquella dirigida a estimular la participación privada en la actividad
económica, es decir, a obtener una conducta de los particulares mediante la imposición o manipulación de las condiciones generales y el ambiente económico al cual están supeditadas sus decisiones. Este proceso
de intervención, generalmente legislativo, se traduce en programas de
ayuda, subvenciones articuladas en una política de fomento y planes de
desarrollo.

Por el contrario, en la intervención directa del Estado en la economía, éste actúa como un sujeto económico más, que participa y dirige
actividades económicas. La doctrina ha señalado que conforme a los
principios de la Constitución Económica en Venezuela se justificaría
la intervención directa del Estado en la economía en los siguientes
supuestos:[135]

a. Por fallas del mercado, para impedir o corregir anomalías que
    puedan suscitarse entre los factores económicos que intervienen
    en el mercado.

b. En materia de recursos estratégicos para el desarrollo económi-
   co-social para desvincular o superar la dependencia del sistema
   económico de las organizaciones extranjeras que dominan el
   aprovisionamiento de dichos recursos.

---

[134] Sentencia de la Sala Constitucional del Tribunal Supremo de Justicia de fecha 24 de enero
de 2002, caso: Asodeviprilara.

[135] DE STEFANO PÉREZ, ALFREDO, ob. cit. (76), pág. 291.

c. De manera subsidiaria respecto del sector privado, es decir, para suplir las deficiencias de los agentes económicos privados en diversos sectores de la economía.

d. Para alcanzar objetivos de política económica, y en particular monetaria. Así, en momentos de contracción económica las empresas del Estado pueden efectuar importantes inversiones para contribuir a atenuar la oscilación del sistema económico.

Sin embargo, en Venezuela esta intervención va más allá de la producida como consecuencia de la teoría del servicio público o de la explotación de los recursos o corrección de deficiencias del mercado. Si algo ha caracterizado al Estado venezolano es precisamente su actividad empresarial, en un modelo de economía mixta,[136] pues el Estado ha jugado el papel de empresario y, a su vez, de regulador de la vida económica. Venezuela indudablemente puede ubicarse desde la perspectiva constitucional dentro de los países de economía mixta, en los cuales el Estado no actúa subsidiariamente, en el sentido de que puede actuar sólo en las áreas donde los particulares no lo hacen, sino que el Estado actúa por derecho propio en las áreas económicas en que estima conveniente. En resumen, el Estado venezolano no se ha limitado a regular la actividad económica del país, sino que ha participado directamente en la economía, como productor de bienes y servicios, mostrándose como un "Estado empresario".

Adicionalmente debe destacarse que si bien la división entre el Poder del Estado y la esfera de acción de los particulares en la Constitución de 1961 se diseñó como garantía de la libertad individual; contrariamente, en la Constitución de 1999 con tal distinción se ha hecho énfasis en la posibilidad de incremento de la intervención estatal. La tendencia interventora del Estado se ha basado en la declaratoria del mismo como de bienestar –*welfare state*– concretada no sólo en la posibilidad de realizar actividad de coacción y control del actuar particular,

---

[136] Sistema económico de mercado que tiene un fuerte componente de intervención estatal. Dicho componente puede referirse a un amplio sector de empresas estatales, a la existencia de extendidos controles de precios o a una política económica que hace énfasis en la planificación.

sino que el Estado asume de forma directa actividades del ámbito particular, en materia prestacional y económica.

La nueva Constitución contiene cambios fundamentales en la estructura socio-económica del Estado. En su preámbulo pueden encontrarse los caracteres de la Constitución Económica. Se establece allí como uno de sus propósitos: "*…refundar la República para establecer una sociedad democrática, participativa y protagónica, multiétnica y pluricultural en un Estado de justicia, federal y descentralizado, que consolide los valores de la libertad, la independencia, la paz, la solidaridad, el bien común, la integridad territorial, la convivencia y el imperio de la ley para esta y las futuras generaciones; asegure el derecho a la vida, al trabajo, a la cultura, a la educación, a la justicia social y a la igualdad sin discriminación ni subordinación alguna; promueva la cooperación pacífica entre las naciones e impulse y consolide la integración latinoamericana…*".*

Aun cuando en la Exposición de Motivos, el Constituyente de 1999 dice haber evitado dogmatismos ideológicos en relación con los roles que deben jugar el Estado y el mercado en la economía, impidiendo una visión extrema y excluyente de los contenidos sociales de todo sistema económico, al establecer las directrices para la formación de una economía de respeto a la acción individual, en ella se sentaron las bases para una intervención económica del Estado más allá de la que permitiría la cláusula social, justificada en la solidaridad como valor fundamental de la nueva organización socio política.

En los debates constituyentes se distingue esta postura, al discutirse el derecho económico de iniciativa privada de los particulares, cuando en palabras del constituyente Gastón Parra, se afirma: "*Creo que ha llegado la hora en esta Asamblea Nacional Constituyente de quienes realmente ven la posibilidad de que reine el libre juego del mercado y el libre juego del mercado no es otra cosa que la tiranía de un pequeño grupo de grandes empresarios que ejercen, precisamente, ese dominio. Por lo tanto, nosotros consideramos que el Estado no puede renunciar a sus facultades para ordenar y regular en lo económico en beneficio del bienestar social.*"[137]

---

[137] Así consta en los debates constituyentes consultados en original que reposan en el archivo de la Asamblea Nacional.

Pero no es sólo en el papel ordenador del Estado que esta justificación del bienestar social se manifiesta, pues en ella y en la consideración de la solidaridad como principio rector de la organización constitucional se basa también la intervención estatal en su máxima expresión, razón por la cual la subsidiaridad no está concebida en este texto constitucional sino exclusivamente en el plano institucional, aun cuando ésta tampoco se ha concretado en la práctica. La subsidiariedad institucional, que ninguna relación guarda con lo económico sino en la medida en que plantea una repartición territorial de las competencias, se contempla en el artículo 165 en la norma relativa a las competencias concurrentes entre los distintos niveles político-territoriales que integran el Estado venezolano (República, Estados y Municipios) al prever que: "*Las materias objeto de competencias concurrentes serán reguladas mediante leyes especiales de bases dictadas por el Poder Nacional, y leyes de desarrollo aprobadas por los Estados. Esta legislación estará orientada por los principios de independencia, coordinación, cooperación, corresponsabilidad y subsidiariedad*". Esta subsidiariedad debe entenderse como la necesidad de que en las materias de competencia concurrente las leyes de bases propendan a facilitar su ejecución por parte de los gobiernos regionales y locales.

La tendencia centralizadora de la legislación nacional y del propio texto de 1999, ponen de manifiesto que esta subsidiariedad institucional no se ha respetado. Ejemplo de ello la legislación que ha dictado el Poder Nacional para centralizar todo lo relativo a la salud pública, la cual, bajo la Constitución de 1961, había sido confiada de forma independiente y autónoma a los entes territoriales menores.

En todo caso la subsidiariedad en la Constitución de 1999 se incluye únicamente desde el punto de vista institucional y no en el plano económico. No se prevé en la Constitución de 1999 el postulado de que en el Estado, considerado como una agrupación de individuos libres, la actividad económica de la Administración se halla sujeta al principio de subsidiaridad.[138] En teoría mediante el principio de subsidiariedad

---

[138] Juan Carlos Cassagne se refiere a este principio al señalar que no debe olvidarse que "... *el Estado, con ser una comunidad perfecta y soberana, está hecho para la convivencia y promoción de las personas privadas que componen la llamada sociedad civil. Precisamente, la promoción de los bienes comunes fundamentales como son la justicia, la libertad*

en lo económico se restringe la intervención del Estado en la economía a aquellas actividades en que no exista la iniciativa privada y se deja el mayor campo posible a los particulares para desarrollar sus actividades en las áreas de carácter comercial. El principio de subsidiariedad ciertamente propugna que la intervención estatal en la economía se restrinja exclusivamente a aquellos campos en los que la iniciativa privada sea insuficiente o, a lo sumo, para complementarla, sin embargo, Gaspar Ariño habla del carácter relativo de los principios de subsidiariedad y solidaridad social, entendiendo que en países menos desarrollados puede ser necesario, al menos inicialmente, el protagonismo estatal en la provisión de servicios e infraestructuras en materia de servicios públicos.[139] Pero en este aserto se concibe aún la subsidiariedad como principio rector de la economía, pues en el fondo la intervención estatal operaría ante la imposibilidad del sector de privado de atender los servicios públicos requeridos.

En el caso venezolano, tal subsidiariedad no aparece contemplada, la Constitución Económica sólo hace referencia a los principios de *"justicia social, democracia, eficiencia, libre competencia, protección del ambiente, productividad y solidaridad..."* (artículo 299). La subsidiariedad no estuvo en la mente del constituyente de 1999, antes bien y por el contrario, al incluir el monopolio estatal en materia petrolera con prohibición expresa de la venta accionaria o de la posibilidad de participación privada se responde a una concepción de intervención directa y muy principal, dejando incluso abierta esta misma posibilidad en otras actividades empresariales. Al debatirse esta posibilidad de intervención estatal en otras áreas de la economía, que se supedita a la previsión legal de las condiciones para la creación de los entes descentralizados funcionalmente, el constituyente Brewer Carías sostuvo la inconveniencia de *"...rigidizar en la Constitución la posibilidad del Estado de intervenir en la economía."*[140] Incluso afirmó que en su criterio esta posibilidad

---

y la propiedad, explica la función que cumple el principio de subsidiaridad (tanto en su aspecto positivo como negativo) en el ámbito de los servicios públicos, para garantizar los derechos individuales y colectivos." CASSAGNE, JUAN CARLOS, ARIÑO ORTÍZ, GASPAR, ob. cit. (35), págs. 7 y 8.

[139] ARIÑO ORTÍZ, GASPAR, ob. cit. (34), pág. 112.

[140] Debates Constituyentes. Sesión Ordinaria del domingo 14 de noviembre de 1999, consultados en original.

debía dejarse abierta y cuestionó que se hubiere propuesto una norma restrictiva de la actividad empresarial del Estado.

Es claro pues que el Constituyente de 1999 no consideró la subsidiariedad estatal como un principio del régimen económico venezolano, sino que se contempló al contrario la intervención estatal en la economía como el principio rector en esta materia. Así, la actividad de intervención en el Estado de bienestar y solidaridad social, se concibe en la Constitución venezolana no como una actividad de planificación o de regulación, sino, en su más intensa modalidad, como un Estado que puede realizar una actividad de gestión directa en las mismas condiciones en que las que las realizaría un particular.

En un fallo dictado por la Sala Constitucional del Tribunal Supremo de Justicia se pronunció sobre la significación del Estado Social en el marco de la actual Constitución y destacó además la posibilidad interventora mediante la gestión directa de la actividad económica. En la referida sentencia se señaló que uno de los aspectos fundamentales del Estado Social consiste en entender la ley en base a principios tendentes a alcanzar el bien común y no como una normativa que se aplica por igual a realidades desiguales, desde que la Constitución antepone el bien común al particular, y por tanto las leyes deben tener por norte esta idea *"y las que no lo tengan, así como las conductas que fundadas en alguna norma, atenten contra esos fines, se convierten en inconstitucionales"*. El Estado Social entonces intervendrá, en palabras de la Sala Constitucional, *"no sólo en el factor trabajo y seguridad social, protegiendo a los asalariados ajenos al poder económico o político, sino que también tutela la salud, la vivienda, la educación y las relaciones económicas"*, reforzando la posición de los débiles y aminorando la de los fuertes. El concepto de Estado Social en la actual Constitución –se indica en dicho fallo– no es limitado a los derechos sociales y se halla vinculado a todos los demás derechos fundamentales, por ello, con fundamento en el mismo, *"el sector público puede intervenir en la actividad económica, reservarse rubros de esa actividad, permitiendo a los particulares actuar en ellas mediante concesiones, autorizaciones o permisos, manteniendo el Estado una amplia facultad de vigilancia, inspección y fiscalización de la actividad particular y sus actos"*. Se concluye afirmando que derechos como el de la propiedad o la libre empresa, en el marco de un Estado Social, quedan absolutamente condicionados al interés social.[141]

El análisis de la Constitución Económica demuestra que a pesar de mantenerse una redacción que aparentaba mantener el régimen consagrado en la Constitución de 1961 de respeto a la iniciativa privada, se incluyeron principios, postulados y precisiones que perseguían posibilitar un vuelco total en la política económica y social y hoy son la justificación de la tendencia interventora del Estado en la actividad privada. Pero tal objetivo no podía ejecutarse a cabalidad, pues al haberse mantenido el marco constitucional de un economía social de mercado, con reconocimiento de la iniciativa privada y la libre competencia no se podría permitir el lícito desplazamiento de la empresa privada por la pública como ha ocurrido con la técnica de la iniciativa pública y la técnica de ordenación y regulación de la actividad empresarial privada.

Téngase en cuenta que de acuerdo al texto de la Constitución de 1999, el Estado empresario se podría desarrollar conjuntamente con los particulares en la promoción del desarrollo armónico de la economía nacional. En igual sentido, el artículo 301 de la Constitución se refiere tanto a la empresa pública como privada, de manera paritaria, como objeto de protección de la política comercial del Estado frente a la inversión extranjera. Así la norma dispone que *"El Estado se reserva el uso de la política comercial para defender las actividades económicas de las empresas nacionales públicas y privadas. No se podrá otorgar a empresas y organismos o personas extranjeros regímenes más beneficiosos que los establecidos para los nacionales. La inversión extranjera está sujeta a las mismas condiciones que la inversión nacional."*

Para ello se incluyó la previsión constitucional de la empresa pública como forma organizativa del Estado, a fin de realizar actividades empresariales, con el objeto de asegurar la razonable productividad económica y social de los recursos públicos que en ellas se inviertan (artículo 300). Contempla esta norma el principio de la racionalidad del gasto, que también se erige en límite a la actividad empresarial del Estado.

Adicionalmente, ya desde el texto constitucional se reservó a la empresa pública la actividad del sector petróleo (artículo 302) y se previó

---

[141] Sentencia de la Sala Constitucional del Tribunal Supremo de Justicia de fecha 24 de enero de 2002, caso créditos indexados.

el desarrollo de una actividad empresarial estatal por virtud del carácter público de los recursos naturales, energéticos y mineros.[142] La reserva en la materia petrolera se verificó además con la consagración constitucional de la empresa estatal petrolera, a través del 303, el cual establece expresamente que por razones de soberanía económica, política y de estrategia nacional "*el Estado conservará la totalidad de las acciones de Petróleos de Venezuela, S.A., o del ente creado para el manejo de la industria petrolera, exceptuando las de las filiales, asociaciones estratégicas, empresas y cualquier otra que se haya constituido o se constituya como consecuencia del desarrollo de negocios de Petróleos de Venezuela, S.A.*". Lo que de acuerdo con la Constitución debe permanecer como propiedad de la República son las acciones de PDVSA, pero no de las filiales, las cuales son –en criterio de Brewer Carías– las que realizan las actividades económicas en la industria petrolera. De Ley Orgánica que reserva al Estado la Industria y el Comercio de los Hidrocarburos de 1975, adquirió rango constitucional en el texto de 1999. Por consiguiente, la actividad de hidrocarburos y sus derivados está sometida a regulaciones especiales para su ejecución, constituyendo así una limitación legalmente consagrada a la libertad económica de los particulares.

El artículo 302 de la Constitución no sólo establece la reserva de la actividad petrolera, sino la de otras industrias, explotaciones, servicios y bienes de interés público y de carácter estratégico por razones de conveniencia nacional. A su vez, el Estado –según esta disposición– promoverá la manufactura nacional de materias primas provenientes de la explotación de los recursos naturales no renovables, con el fin de asimilar, crear e innovar tecnologías, generar empleo y crecimiento económico, y crear riqueza y bienestar para el pueblo.

El Estado se concibe entonces no sólo como prestador de servicios y gestor de las actividades de explotación de los recursos naturales, su intervención no es subsidiaria o para corregir deficiencias de mercado.

---

[142] En ese sentido los artículos 12 y 304 establecen la propiedad de la República sobre los yacimientos mineros y de hidrocarburos, cualesquiera que sea su naturaleza, existentes en el territorio nacional, bajo el lecho de mar territorial, en la zona económica exclusiva y en la plataforma continental, por tanto los califica como bienes del dominio público, inalienables e imprescriptibles. Lo mismo respecto de las costas y todas las aguas que igualmente califica como bienes de dominio público de la Nación.

El Estado se reserva áreas a las que califica de estratégicas y con la justificación del interés general y la cláusula social puede además incrementar su participación en actividades propias del sector privado, con los límites del mantenimiento del modelo de economía de mercado, y el respeto de las garantías jurídicas de la libertad de empresa y la libre competencia. Así en efecto, por más que se contemple un ámbito de actuación del Estado empresario, cualquier ampliación de esta posibilidad encuentra el límite que el modelo económico escogido o mantenido impone. *"La economía de mercado es un modelo de orden económico según el cual el protagonismo de la acción económica corresponde a la sociedad, a la iniciativa privada y no al Estado"*.[143]

La Constitución de 1999 reconoce en efecto la libre empresa en el artículo 112 al disponer: *"Todas las personas pueden dedicarse libremente a la actividad económica de su preferencia, sin más limitaciones que las previstas en esta Constitución y las que establezcan las leyes, por razones de desarrollo humano, seguridad, sanidad, protección del ambiente u otras de interés social. El Estado promoverá la iniciativa privada, garantizando la creación y justa distribución de la riqueza, así como la producción de bienes y servicios que satisfagan las necesidades de la población, la libertad de trabajo, empresa, comercio, industria, sin perjuicio de su facultad para dictar medidas para planificar, racionalizar y regular la economía e impulsar el desarrollo integral del país."*

Contiene además del reconocimiento de la libre empresa, normas que deben analizarse de forma conjunta, porque la complementan y la garantizan. Así, el artículo 156.32 que establece el principio de la reserva legal en materia de regulación de los derechos contemplados en la Constitución. La norma en efecto dispone como competencia exclusiva del Poder Nacional: *"La legislación en materia de derechos, deberes y garantías constitucionales..."*. Así el límite a la libre empresa es la ley, y esa ley deberá en todo caso respetar el núcleo esencial del derecho. La esencialidad del derecho ha sido definida por el Tribunal Constitucional español como *"aquella parte del contenido de un derecho sin el cual pierde su peculiaridad"*, es aquello que *"lo hace recognoscible como*

---

[143] ARIÑO ORTÍZ, GASPAR, ob. cit. (2), pág. 88.

derecho correspondiente a un determinado tipo" o esa *"parte de contenido que es ineludiblemente necesaria para que el derecho permita a su titular la satisfacción de aquellos intereses para cuya constitución el derecho se otorga".*[144]

A esta norma debe sumarse también el respeto a la propiedad privada consagrado en el artículo 115 que establece: *"Se garantiza el derecho de propiedad. Toda persona tiene derecho al uso, goce, disfrute y disposición de sus bienes. La propiedad estará sometida a las contribuciones, restricciones y obligaciones que establezca la ley con fines de utilidad pública o de interés general. Sólo por causa de utilidad pública o interés social, mediante sentencia firme y pago oportuno de justa indemnización, podrá ser declarada la expropiación de cualquier clase de bienes."*

La propiedad privada no sólo es reconocida como derecho en la Constitución sino que su transferencia forzosa al Estado únicamente procede para la satisfacción de una obra de utilidad pública o interés social, y mediante una decisión judicial, que presupone un proceso con todas las garantías inherentes al mismo, y el pago de la justa y oportuna indemnización. Se consagra la expropiación como garantía al derecho de propiedad y éste a su vez se vincula a la libertad de empresa, pues la propiedad privada es elemento esencial de ésta.

También se contempla la libre competencia, como principio de la Constitución Económica venezolana, lo que permite afirmar la opción constitucional por el modelo de mercado. Así, el artículo 299 dispone: *"El régimen socioeconómico de la República Bolivariana de Venezuela se fundamenta en los principios de justicia social, democratización, eficiencia, libre competencia, protección del ambiente, productividad y solidaridad, a los fines de asegurar el desarrollo humano integral y una existencia digna y provechosa para la colectividad."* También lo hace en el artículo 113, el cual reza: *"No se permitirán monopolios. Se declaran contrarios a los principios fundamentales de esta Constitución cualquier acto, actividad, conducta o acuerdo de los y las particulares que tengan por objeto el establecimiento de un monopolio o que conduzcan, por sus efectos reales e independientemente de la voluntad*

---

[144] Sentencia 11/1981 de 8 de abril.

de aquellos o aquellas, a su existencia, cualquiera que fuere la forma que adoptare en la realidad. También es contraria a dichos principios el abuso de la posición de dominio que un particular, un conjunto de ellos o ellas o una empresa o conjunto de empresas, adquiera o haya adquirido en un determinado mercado de bienes o de servicios, con independencia de la causa determinante de tal posición de dominio, así como cuando se trate de una demanda concentrada. En todos los casos antes indicados, el Estado adoptará las medidas que fueren necesarias para evitar los efectos nocivos y restrictivos del monopolio, del abuso de la posición de dominio y de las demandas concentradas, teniendo como finalidad la protección del público consumidor, los productores y productoras y el aseguramiento de condiciones efectivas de competencia en la economía."

De manera que de acuerdo a la Constitución son límites a la acción empresarial del Estado, además de los atinentes al carácter público del ente, la noción del interés general que subyace en toda la actividad administrativa y la racionalidad del gasto, los principios de la Constitución Económica (modelo de mercado, libertad de empresa y sus derivados, garantía de la reserva legal, respeto al núcleo esencial del derecho, libre competencia, respeto a la propiedad privada).

El problema en Venezuela es que estos límites se ven violentados cuando el modelo de economía mixta, que puede en efecto estar caracterizado por la intervención directa del Estado, únicamente en los casos en que el interés público justifique esa actuación, se ha reemplazado el de un Estado que no necesita de justificación específica para asumir de manera directa la gestión de actividades económicas realizadas hasta ahora por los particulares y aun cuando ello suponga la violación del modelo de economía de mercado, la libertad de empresa y la eliminación de la competencia.

La tendencia a imponer un modelo económico de producción socialista implica alcanzar uno de los extremos que la Constitución Económica impide y es por ello que se tuvo que plantear una propuesta de reforma constitucional por iniciativa presidencial, en la cual se proponía la asunción de un modelo de economía socialista (artículos 112,[145]

---

[145] Artículo 112 (propuesta de reforma): *"El Estado promoverá el desarrollo de un modelo económico productivo, intermedio, diversificado e independiente, fundado en los valores*

300[146] y 305[147]), con la eliminación de la libertad de empresa y libre competencia (artículo 299[148]) y la previsión de una propiedad social, comunal y colectiva, relegando la importancia de la propiedad privada y limitándola a bienes de uso, consumo y medios de producción (artículo 115[149]). A pesar de que la referida propuesta de reforma fue

humanísticos de la cooperación y la preponderancia de los intereses comunes sobre los individuales, que garantice la satisfacción de las necesidades sociales y materiales del pueblo, la mayor suma de felicidad posible.

Asimismo, fomentará y desarrollará distintas formas de empresas y unidades económicas de producción o distribución social, pudiendo éstas ser de propiedad mixta entre el Estado, el sector privado y el poder comunal, creando las mejores condiciones para la construcción colectiva y cooperativa de una economía socialista." Esta norma elimina la consagración expresa del derecho a la libertad económica que se contempla en la redacción del artículo 112 vigente, cuya reforma se pretendía y en el cual se prevé que *"Todas las personas pueden dedicarse libremente a la actividad económica de su preferencia, sin más limitaciones que las previstas en esta Constitución y las que establezcan las leyes…".* La referencia al sector privado se hace sólo a los efectos de las empresas de propiedad mixta.

[146] El artículo 300 de la propuesta de reforma disponía: *"La ley nacional establecerá las condiciones para la creación de empresas o entidades regionales, parta la promoción y realización de actividades económicas o sociales bajo principios de la economía socialista, estableciendo los mecanismos de control y fiscalización que aseguren la transparencia en el manejo de los recursos públicos que en ellas se inviertan y su razonable productividad económica y social."*

[147] El artículo 305 proponía una regulación para permitir en base a la *"seguridad y soberanía alimentarias"* que el Estado asumiese *"sectores de la producción agrícola, pecuaria, acuícola, indispensables a tal efecto y podrá transferir su ejercicio a entes autónomos, empresas públicas y organizaciones sociales, cooperativas o comunitarias, así como utilizar a plenitud las potestades de expropiación, afectación y ocupación en los términos establecidos en esta Constitución y la ley."*

[148] El régimen socioeconómico de la República Bolivariana de Venezuela se fundamenta en los principios socialistas, antiimperialistas, humanistas, de cooperación, de eficiencia, de protección del ambiente y de solidaridad, a los fines de asegurar el desarrollo humano integral y una existencia digna y provechosa para la colectividad. El Estado, conjuntamente con la iniciativa comunitaria, social y personal, garantizará el desarrollo armónico de la economía nacional con el fin de generar fuentes de trabajo, alto valor agregado nacional, elevar la calidad de vida de la población, lograr la suprema felicidad social y fortalecer la soberanía económica del país, garantizando la solidez, dinamismo, sustentabilidad, permanencia y equidad del crecimiento de la economía, para lograr una justa distribución social de la riqueza mediante una planificación estratégica, democrática, participativa, política, económica y de consulta abierta."

[149] Se reconocen y garantizan las diferentes formas de propiedad. La propiedad pública es aquella que pertenece a los entes del Estado; la propiedad social es aquella que pertenece al pueblo en su conjunto y las futuras generaciones, y podrá ser de dos tipos: la propiedad social indirecta, cuando es ejercida por el Estado a nombre de la comunidad, y la propiedad social directa, cuando el Estado la asigna, bajo distintas formas y en ámbitos territoriales demarcados, a una o varias comunidades, a una o varias comunas, constituyéndose así en propiedad comunal, o a una o varias ciudades, constituyéndose así en propiedad ciudadana;

rechazada por el pueblo en el referéndum realizado el 2 de diciembre de 2007 y por tanto el régimen constitucional vigente es el actualmente regulado en la Constitución del año 1999, es lo cierto que el Gobierno siguió adelante con su proyecto de instaurar un sistema económico socialista, que no un sistema económico de visión socialista. Aunque que como indica García Pelayo– los términos *"economía de mercado y socialismo han dejado de ser términos antagónicos tanto en la teoría como en la praxis"*, pues se admite una visión socialista del mercado, ésta presupone que se trate de una economía de mercado y aunque la planificación central macroeconomía y el mercado pueden concebirse ambos como reguladores complementarios del orden económico, el segundo no podría eliminar el primero. Por ello, afirmamos que en Venezuela de lo que se trata es de la implantación de un sistema de economía, no de visión socialista, sino socialista en cuanto a la sustitución del modelo de mercado, el desconocimiento de la libertad de empresa, la libre competencia y el derecho de propiedad individual, así como la configuración de un Estado empresario que no requiere de la justificación de un interés general específico ni se limita por el principio de la racionalización del gasto público, para convertirse en gestor directo de la empresa económica.

4. La iniciativa pública en la Constitución española

La Constitución española define su sistema económico como de mercado, en el cual coexisten en la actividad económica, tanto la

---

la propiedad colectiva es la perteneciente a grupos sociales o personas, para su aprovechamiento, uso o goce en común, pudiendo ser de origen social o de origen privado; la propiedad mixta es la conformada entre el sector público, el sector social, el sector colectivo y el sector privado, en distintas combinaciones, para el aprovechamiento de recursos o ejecución de actividades, siempre sometida al respeto absoluto de la soberanía económica y social de la nación; y la propiedad privada es aquella que pertenece a personas naturales o jurídicas y que se reconoce sobre bienes de uso, consumo, y medios de producción legítimamente adquiridos, con los atributos de uso, goce y disposición y las limitaciones y restricciones que establece la ley. Igualmente, toda propiedad, estará sometida a las contribuciones, cargas, restricciones y obligaciones que establezca la ley con fines de utilidad pública o de interés general. Por causa de utilidad pública o interés social, mediante sentencia firme y pago oportuno de justa indemnización, podrá ser declarada la expropiación de cualquier clase de bienes, sin perjuicio de la facultad de los órganos del Estado, de ocupar previamente, durante el proceso judicial, los bienes objeto de expropiación, conforme a los requisitos establecidos en la ley.

empresa privada como la pública. El artículo 38 dispone: "*Se reconoce la libertad de empresa en el marco de la economía de mercado. Los poderes públicos garantizan y protegen su ejercicio y la defensa de la productividad, de acuerdo con las exigencias de la economía general y, en su caso, de la planificación.*" Sobre esta norma que contiene la definición del modelo económico español y la libertad de empresa, el Tribunal Constitucional ha indicado que el mismo debe ser interpretado de forma vinculada con las previsiones de los artículos 128 y 131,[150] los cuales a su vez establecen lo siguiente: Artículo 128: "*1. Toda la riqueza del país en sus distintas formas y sea cual fuere su titularidad está subordinada al interés general. 2. Se reconoce la iniciativa pública en la actividad económica. Mediante ley se podrá reservar al sector público recursos o servicios esenciales, especialmente en caso de monopolio y asimismo acordar la intervención de empresas cuando así lo exigiere el interés general.*" Artículo 131: "*1. El Estado, mediante ley, podrá planificar la actividad económica general para atender a las necesidades colectivas, equilibrar y armonizar el desarrollo regional y sectorial y estimular el crecimiento de la renta y de la riqueza y su más justa distribución. 2. El Gobierno elaborará los proyectos de planificación, de acuerdo con las previsiones que le sean suministradas por las Comunidades Autónomas y el asesoramiento y colaboración de los sindicatos y otras organizaciones profesionales, empresariales y económicas. A tal fin se constituirá un Consejo, cuya composición y funciones se desarrollarán por ley.*"

La iniciativa privada que se manifiesta en la libertad de empresa está revestida, a su vez, de la doble garantía que a todo derecho atribuye el artículo 53.1 de la Constitución, conforme al cual: "*1. Los derechos y libertades reconocidos en el Capítulo segundo del presente Título vinculan a todos los poderes públicos. Sólo por ley, que en todo caso deberá respetar su contenido esencial, podrá regularse el ejercicio de tales derechos y libertades, que se tutelarán de acuerdo con lo previsto en el artículo 161, 1, a).*"

La reserva a la ley de la limitación del derecho a la libre empresa se complementa por la garantía que deriva de la indisponibilidad por parte del legislador del núcleo esencial de ese y de todos los otros derechos. A diferencia de lo que ocurre en Venezuela donde la reserva

---

[150] Sentencia 37/1981 del 16 de noviembre.

legal en materia de regulación de los derechos constitucionales es de la competencia exclusiva del Poder Nacional, esta reserva a que se refiere la Constitución española ha de entenderse no en sentido estricto, pues también las Comunidades Autónomas podrían dictar leyes regulatorias de este derecho.[151]

También la Constitución española reconoce el derecho a la propiedad privada y la garantía expropiatoria. Así en el artículo 33 se dispone: *"1. Se reconoce el derecho a la propiedad privada y a la herencia. 2. La función social de estos derechos delimitará su contenido, de acuerdo con las leyes. 3. Nadie podrá ser privado de sus bienes y derechos sino por causa justificada de utilidad pública o interés social, mediante la correspondiente indemnización y de conformidad con lo dispuesto por las leyes."*

No se menciona la expropiación pero se la define cuando se contempla que nadie podrá ser privado de su propiedad sino por causa de utilidad pública o interés social y previo el pago de la correspondiente indemnización, que no es otra cosa que el contenido económico del derecho de propiedad.

La libre competencia surge como elemento esencial del modelo económico de mercado, y de allí que pueda encontrarse su justificación constitucional en el mismo artículo 38. Por ello a la defensa de la competencia debe propender el Estado, y es ésta igualmente un límite a su propia actividad empresarial. En este sentido importa destacar que dentro de la actividad del Estado con incidencia en la economía se recoge en la Constitución española la actividad de fomento (artículo 103.1[152]), la cual deberá también tener por límite el principio de libre competencia.

Junto a la iniciativa privada se contempla la pública, en el artículo 128, 2, en los siguientes términos: *"1. Toda la riqueza del país en sus distintas formas y sea cual fuere su titularidad está subordinada al interés general. 2. Se reconoce la iniciativa pública en la actividad económica. Mediante ley se podrá reservar al sector público recursos o servicios esenciales, especialmente en caso de monopolio, y asimismo acordar la intervención de empresas cuando así lo exigiere el interés general."*

---

[151] Al respecto, la sentencia del Tribunal Constitucional citada en el pie de página precedente y la sentencia 111/1983 del 10 de diciembre.

[152] El Artículo 130 establece: *"1. Los poderes públicos atenderán a la modernización y desarrollo de todos los sectores económicos y, en particular, de la agricultura, de la ganadería, de la pesca y de la artesanía, a fin de equiparar el nivel de vida de todos los españoles."*

No hay tampoco en la Constitución española un principio de subsidiariedad como existía en el orden jurídico preconstitucional,[153] pero al igual que en el caso venezolano puede afirmarse que el modelo económico impone restricciones a la iniciativa pública. A ello, también hay que agregar los límites que como toda actividad estatal se imponen a la actividad empresarial del Estado. Así, conforme al artículo 103.1: *"La Administración Pública sirve con objetividad los intereses generales y actúa de acuerdo con los principios de eficacia, jerarquía, descentralización, desconcentración y coordinación, con sometimiento pleno a la ley y al Derecho."* Además del interés público, la racionalidad del gasto también se erige en límite a la actividad empresarial del Estado. El artículo 31.2 lo exige al establecer: *"El gasto público realizará una asignación equitativa de los recursos públicos, y su programación y ejecución responderán a los criterios de eficiencia y economía."*

En conclusión, el marco constitucional español, al igual que el venezolano, prevé la iniciativa pública, pero la limita de forma directa cuando se exige el criterio del interés general y la racionalidad del gasto, y de forma indirecta cuando se contempla el derecho a la iniciativa privada, ambas iniciativas insertas en un modelo de mercado, regido por los principios de libre competencia y respeto a la propiedad privada, lo cual impide el desarrollo de un Estado empresario en perjuicio de la empresa privada como el que se ha planteado en los últimos años en Venezuela.

5. La iniciativa pública en el derecho comunitario

La pertenencia de España a la unión europea y la aplicación del derecho comunitario potencian los principios del modelo económico de mercado, la libre competencia y la disminución del ámbito de actuación de la empresa pública a favor de la libertad de empresa.

---

[153] Al respecto, la sentencia del Tribunal Supremo español, en sentencia de 10 de octubre de 1989, en la que se indica que el artículo 38 *"...proclama en nuestro sistema constitucional la coexistencia de los dos sectores económicos de producción, el privado y el público, que constituyen lo que se ha dado en llamar un sistema de economía mixta; apartándose así nuestra Constitución del orden público anterior en el que primaba el principio de la subsidiariedad de la empresa pública respecto de la privada, habiendo alcanzado ahora ambas el mismo rango constitucional."*

Se reconoce en el derecho comunitario la libertad de empresa (libertad de establecimiento) pero también se contempla la actividad económica de la empresa pública. La actividad empresarial del Estado debe verse también como una manifestación de esta libertad general, condicionada sin embargo por la naturaleza pública del sujeto. Así refiriéndose a la Constitución española y su inserción en la unión europea se ha señalado que *"El artículo 128.2 constituye un complemento a la general libertad de empresa en el marco de la economía de mercado recogida en el artículo 38 CE, dado que supone el reconocimiento de la libre iniciativa empresarial a favor del Estado, o lo que es lo mismo, el Estado Empresario, en el bien entendido que en la economía de mercado la regla general debe ser la iniciativa privada y la excepción la pública o la participación del Estado empresario"*.[154]

Como actividad económica que es, la iniciativa pública está supeditada a los límites que la economía de mercado, libre competencia y respeto a la propiedad privada le imponen. Así en las disposiciones del Tratado de Funcionamiento de la Unión Europea (TFUE) (y antes en el Tratado de la Comunidad Europea, TCE) se incluyen normas que se refieren a la libre empresa, la empresa pública, la libre competencia, la limitación de la actividad de fomento estatal en virtud de la libre competencia y el derecho de propiedad.

En el artículo 49 del TFUE (antes 43 TCE) se establece: *"En el marco de las disposiciones siguientes, quedarán prohibidas las restricciones a la libertad de establecimiento de los nacionales de un Estado miembro en el territorio de otro Estado miembro. Dicha prohibición se extenderá igualmente a las restricciones relativas a la apertura de agencias, sucursales o filiales por los nacionales de un Estado miembro establecidos en el territorio de otro Estado miembro.*

La libertad de establecimiento comprenderá el acceso a las actividades no asalariadas y su ejercicio, así como la constitución y gestión de empresas y, especialmente, de sociedades, tal como se definen en el párrafo segundo del artículo 54, en las condiciones fijadas por la

---

[154] CAZORLA GONZÁLEZ-SERRANO, LUIS. *"Una aproximación al régimen jurídico de la empresa pública"*, en: La intervención administrativa y económica en la actividad empresarial. El Derecho público y la empresa. (Antonio Serrano, Director), Editorial Bosh, Barcelona, 2015, pág. 158.

legislación del país de establecimiento para sus propios nacionales, sin perjuicio de las disposiciones del capítulo relativo a los capitales."

Se reconoce igualmente la empresa pública y se la sujeta de forma estricta a la libre competencia. En tal sentido, el artículo 106[155] del TFUE prevé en efecto que las empresas públicas están sujetas a las normas sobre competencia. Dicha norma (artículo 106.1 TFUE (Antes artículo 86.1 TCE) textualmente dispone: "*1. Los Estados miembros no adoptarán ni mantendrán, respecto de las empresas públicas y aquellas empresas a las que concedan derechos especiales o exclusivos, ninguna medida contraria a las normas de los Tratados, especialmente las previstas en los artículos 18 y 101 a 109, ambos inclusive*".[156]

También se contempla el supuesto de las empresas de servicio de interés económico general, que bien pueden ser empresas estatales, y a las cuales se las sujeta a las normas sobre competencia. El artículo 106.2 del TFUE (antes 89.1 TCE) dispone: "*Las empresas encargadas de la gestión de servicios de interés económico general o que tengan el carácter de monopolio fiscal quedarán sometidas a las normas de los*

---

[155] Antes artículo 86 del TCE.

[156] El artículo 18 contiene la prohibición de discriminar en razón de la nacionalidad. El 101 y 109 se encuentran ubicados en el capítulo relativo a las normas sobre competencia, en la sección de aquellas aplicables a las empresas, y se refieren, el primero, a las prácticas prohibidas y el segundo a las ayudas públicas. Así el artículo 101 TFUE (antes 81 TCE) dispone:

"*1. Serán incompatibles con el mercado interior y quedarán prohibidos todos los acuerdos entre empresas, las decisiones de asociaciones de empresas y las prácticas concertadas que puedan afectar al comercio entre los Estados miembros y que tengan por objeto o efecto impedir, restringir o falsear el juego de la competencia dentro del mercado interior y, en particular, los que consistan en:*

a) fijar directa o indirectamente los precios de compra o de venta u otras condiciones de transacción;

b) limitar o controlar la producción, el mercado, el desarrollo técnico o las inversiones;

c) repartirse los mercados o las fuentes de abastecimiento;

d) aplicar a terceros contratantes condiciones desiguales para prestaciones equivalentes, que ocasionen a éstos una desventaja competitiva;

e) subordinar la celebración de contratos a la aceptación, por los otros contratantes, de prestaciones suplementarias que, por su naturaleza o según los usos mercantiles, no guarden relación alguna con el objeto de dichos contratos.

2. Los acuerdos o decisiones prohibidos por el presente artículo serán nulos de pleno derecho.

3. No obstante, las disposiciones del apartado 1 podrán ser declaradas inaplicables a:

- cualquier acuerdo o categoría de acuerdos entre empresas,

- cualquier decisión o categoría de decisiones de asociaciones de empresas,

Tratados, en especial a las normas sobre competencia, en la medida en que la aplicación de dichas normas no impida, de hecho o de derecho, el cumplimiento de la misión específica a ellas confiada. El desarrollo de los intercambios no deberá quedar afectado en forma tal que sea contraria al interés de la Unión."

La sujeción a la libre competencia es entonces un postulado esencial del derecho comunitario que aplica con independencia del carácter público o privado de la empresa. La sentencia del Tribunal de Justicia de la Unión Europea de fecha 23 de abril de 1991, en el asunto Hofner y Elser, lo precisa al indicar que el desarrollo de la actividad económica es lo que determina el concepto de empresa, *"con independencia del estatuto jurídico de dicha entidad y su modo de financiación"*.

El Tratado también regula de forma especial el tema de la actividad de fomento, concretamente las ayudas públicas, la cual limita a fin de evitar el falseamiento de la competencia. El artículo 107.1 del TFUE (antes artículo 87.1 TCE) establece: *"1. Salvo que los Tratados dispongan otra cosa, serán incompatibles con el mercado interior, en la medida en que afecten a los intercambios comerciales entre Estados miembros, las ayudas otorgadas por los Estados o mediante fondos estatales, bajo cualquier forma, que falseen o amenacen falsear la competencia, favoreciendo a determinadas empresas o producciones."* Finalmente, se contempla el respeto a la propiedad privada en el reconocimiento de los regímenes jurídicos de los Estados miembros (artículo 345 TFEU, antiguo artículo 295 TCE).

- *cualquier práctica concertada o categoría de prácticas concertadas, que contribuyan a mejorar la producción o la distribución de los productos o a fomentar el progreso técnico o económico, y reserven al mismo tiempo a los usuarios una participación equitativa en el beneficio resultante, y sin que:*
  a) *impongan a las empresas interesadas restricciones que no sean indispensables para alcanzar tales objetivos;*
  b) *ofrezcan a dichas empresas la posibilidad de eliminar la competencia respecto de una parte sustancial de los productos de que se trate.*

El Artículo 109 del TFUE (antiguo artículo 89 TCE) establece lo siguiente: *"El Consejo, a propuesta de la Comisión y previa consulta al Parlamento Europeo, podrá adoptar los reglamentos apropiados para la aplicación de los artículos 107 y 108 y determinar, en particular, las condiciones para la aplicación del apartado 3 del artículo 108 y las categorías de ayudas que quedan excluidas de tal procedimiento."* En los artículos 107 y 108 se regulan las ayudas otorgadas por los Estados.

De manera que la empresa pública en el derecho comunitario se halla también limitada por la libre empresa (libre establecimiento), el modelo de economía de mercado, la libre competencia, el respeto a la propiedad privada, y la regulación de las ayudas públicas.

La Constitución Económica en el Estado de Derecho da un marco normativo que permite el ejercicio de la actividad económica en un régimen de libertad individual, condicionado por la garantía del bienestar general. La Constitución Económica en Venezuela, al igual que en España, opta por un sistema de economía social de mercado, basado en la libertad de empresa privada e iniciativa pública, esta última supeditada a: (i) la satisfacción de un interés general; (ii) el principio de racionalización del gasto; y (iii) el respeto a las garantías jurídicas de la iniciativa privada: libre competencia y derecho a la propiedad privada.

La justificación de la empresa pública deriva ciertamente de la cláusula social del Estado de derecho, en el cual la Administración está al servicio del interés general que condiciona la actividad empresarial del Estado, junto a la racionalidad que determina el obligado uso eficiente de los recursos públicos.

El derecho comunitario europeo que también reconoce la empresa pública, la somete a las reglas de la libre competencia, principio fundamental de la economía de mercado y del mercado común y en este sentido se desarrolla el criterio funcional de la empresa pública, a fin de garantizar que toda actividad económica, bien sea llevada a cabo por los particulares o por una empresa del Estado, esté supeditada al principio de libre competencia.

Puede afirmarse que en un sistema constitucional de economía de mercado, el tema de la empresa pública está definitivamente supeditado a la libre competencia, y a ella deben propender todas las ejecutorias del Estado en su intervención en la economía.

A pesar del marco constitucional mencionado, en Venezuela la iniciativa pública y la actuación del Estado se ha conducido de forma que permite evidenciar la pretensión de sustituir el régimen constitucional de economía de mercado por uno denominado de economía socialista, en el cual se afecta la libertad de empresa, y la iniciativa pública se realiza sin estar limitada por los principios constitucionales derivados del modelo económico de mercado.

III. EL SISTEMA DE MERCADO Y LAS GARANTÍAS CONSTITUCIONALES A LA INICIATIVA PRIVADA COMO LÍMITE AL ESTADO EMPRESARIO

El sistema de economía de mercado presupone libertad de empresa y libre competencia. Como apunta José Ignacio Hernández *"Según su formulación en las Constituciones de España y Venezuela, el sistema de economía social de mercado parte del reconocimiento, estímulo y promoción de la libre iniciativa privada en régimen de libre competencia, sin perjuicio de las restricciones que a su ejercicio puedan adoptarse para tutelar específicos bienes de interés general, como manifestación de los mandatos positivos que, a favor de los Poderes Públicos, dimanan del Estado social".*[157] En este sentido, además de las garantías a la libertad económica de los particulares y la libre competencia, como bases del sistema de economía social de mercado que rige en ambas Constituciones, se suma el principio de la racionalización[158] de la intervención del Estado en la economía y el interés público que obliga en un Estado social a la satisfacción del interés general, como lo es ciertamente el de todos los usuarios de los servicios con carácter universal.[159]

En este capítulo queremos poner de relieve cómo el verdadero reconocimiento de la libertad de empresa y la libre competencia son fundamentales para dar contenido excepcional a la iniciativa pública en materia económica, y cómo en Venezuela la distorsión de las libertades económicas de los particulares es un elemento que se conecta con la política estatal de los últimos años que ha concretado un uso abusivo de la iniciativa pública, ha relajado los límites constitucionales que se le

---

[157] HERNÁNDEZ GONZÁLEZ, JOSÉ IGNACIO, *"La Libertad de empresas y sus garantías jurídicas. Estudio comparado del Derecho español y venezolano"*. Ediciones IESA, Caracas, 2004, pág. 77.

[158] Sobre la racionalización del gasto público el artículo 31, 2 de la Constitución española lo contempla al exigir en su programación y ejecución criterios de eficiencia y economía.

[159] Hernández González hace referencia al derecho europeo económico comunitario en el cual señala: *"El reconocimiento de las libertades económicas comunitarias y de la libre competencia se hace en atención a objetivos de relevante interés general, como es la adecuada prestación de los servicios de interés económico general, según lo dispuesto en el artículo 16"*, HERNÁNDEZ GONZÁLEZ, JOSÉ IGNACIO, ob. cit. (157), pág. 73.

imponen y ha desdibujado el sistema de mercado que en el texto fundamental se proclama como modelo económico.

Ciertamente, teniendo el Estado empresario el límite de las garantías a la iniciativa privada, esto es, libertad de empresa, libre competencia y propiedad privada, entre otras, lo cual produce una reducción de su ámbito de actuación, como ha ocurrido en España, lo propio ha debido acontecer en Venezuela, visto como ha quedado evidenciada la similitud de ambos ordenamientos constitucionales en el orden económico. Sin embargo, en Venezuela ha operado antes que una reducción, una ampliación exorbitante de la iniciativa pública y en este sentido es de interés resaltar como ella ha ido asociada a la violación de estos límites previstos en el régimen constitucional vigente.

El actual régimen constitucional que es el regulado en la Constitución del año 1999 contempla el modelo económico de mercado y garantiza la libertad de empresa, la libre competencia y el derecho de propiedad privada. Trataremos cómo el Estado venezolano ha procedido a limitar inconstitucionalmente estos aspectos, y cómo esto se enlaza con una mayor intervención del Estado en la gestión económica directa.

1. La libertad de empresa

1.1. Formulación teórica

La libertad empresa reconocida en el marco de la economía de mercado es un límite al accionar de los poderes públicos. Así lo indica de forma expresa el artículo 38 de la Constitución española, la cual dispone que los poderes públicos deben garantizar y proteger su ejercicio, la defensa de la productividad, de acuerdo con las exigencias de la economía general y la planificación. La libertad de empresa como derecho público subjetivo –Garrido Falla, Martín-Retortillo Baquer, Ariño Ortíz, entre otros–[160] vincula a los poderes públicos en el sentido de

---

[160] Al respecto, GARRIDO FALLA, FERNANDO, *"El Modelo Económico en la Constitución española"*, Instituto de Estudios Económicos, Madrid, 1981, pág. 127; MARTÍN-RETORTILLO BAQUER, SEBASTIÁN *"Derecho Administrativo Económico"*, editorial La Ley, Madrid, 1988, pág. 155; y ARIÑO ORTÍZ GASPAR, en *"Principios constitucionales de la libertad de empresa. Libertad de comercio e intervencionismo económico"*. Edit. Marcial Pons, Madrid, 1995, pág. 35.

que su limitación compete a la ley y ésta debe en todo caso respetar su contenido esencial.

La libertad de empresa es manifestación de la libertad como derecho fundamental, y así debe ser entendido por los poderes públicos a quienes corresponde promover y facilitar su ejercicio, como bien se desprende también del artículo 9, 2 de la Constitución española, conforme al cual: "*Corresponde a los poderes públicos promover las condiciones para que la libertad y la igualdad del individuo y de los grupos en que se integra sean reales y efectivas; remover los obstáculos que impidan o dificulten su plenitud y facilitar la participación de todos los ciudadanos en la vida política, económica, cultural y social.*"

El derecho comunitario europeo también la contempla. Y no puedo ser de otra manera siendo que "*La libertad, como paradigma político de los Estados constitucionales tiene como faceta irreductible de su contenido jurídico, la libertad de emprendimiento de actividades económicas, de libre iniciativa privada para el establecimiento empresarial y de libre puesta en marcha y desarrollo de actividades mercantiles*".[161]

El artículo 16 de la Carta de los Derechos Fundamentales de la Unión Europea la reconoce "*de conformidad con el Derecho comunitario y con las legislaciones y prácticas nacionales,*" de allí que también se la conciba con limitaciones, como se indica en la sentencia del Tribunal Europeo de Justicia[162] en la cual se señala: "*... de conformidad con la jurisprudencia del Tribunal de Justicia, la libertad de empresa no constituye una prerrogativa absoluta, sino que debe tomarse en consideración en relación con su función en la sociedad (véanse, en este sentido, las sentencias de 9 de septiembre de 2004, España y Finlandia/ Parlamento y Consejo, C-184/02 y C-223/02, Rec. p. I-7789, apartados 51 y 52, y de 6 de septiembre de 2012, Deutsches Weintor, C-544/10, apartado 54 y jurisprudencia citada). Con arreglo a la referida jurisprudencia y habida cuenta del tenor del artículo 16 de la Carta, que se diferencia del de las demás libertades fundamentales consagradas en*

---

161 COELLO DE PORTUGAL, JOSÉ MARÍA. "*El Derecho de la Unión Europea como marco jurídico para el desarrollo de la actividad de empresa*", en: La intervención administrativa y económica en la actividad empresarial. El Derecho Público y la empresa (Antonio Serrano Acitores, Director), Editorial Bosh, Barcelona, 2015, pág. 51.

162 Sentencia de fecha 22 de enero de 2013, asunto C-283/11 (Sky Osterreich GmbH).

el título II de la propia Carta y se asemeja al de determinadas disposiciones del título IV de la misma, la libertad de empresa puede quedar sometida a un amplio abanico de intervenciones del poder público que establezcan limitaciones al ejercicio de la actividad económica en aras del interés general".

Si bien la libertad de empresa admite limitaciones mediante la ordenación jurídico administrativa, la misma debe respetar el contenido esencial del derecho. En este sentido, el Tribunal Constitucional español ha señalado: *"Esta libertad, en el marco de la economía de mercado, constituye uno de los pilares sobre los que descansa el Estado social y democrático de Derecho que es España (art. 1 de la Constitución), de forma que sin ella estaríamos ante un modelo radicalmente distinto de sociedad. El concepto de libertad de empresa supone la libertad de elección de la actividad empresarial que se desea desarrollar, pero fundamentalmente comporta la libertad de elección del producto que se quiere producir, así como de los procedimientos productivos más adecuados para ello desde un punto de vista económico. Qué producir, cómo producirlo y cuándo producirlo serán los contenidos básicos de la libertad de empresa. Cierto que el margen de libertad del empresario en una economía liberal se ha reducido por razón de la protección de intereses colectivos de diversa índole. En este sentido, la teórica libertad de no producir se ha visto limitada, en supuestos todavía muy concretos, en virtud de la función social de la propiedad. Pero, en todo caso, es necesario reconocer el núcleo esencial de aquel derecho, por muchas que sean las limitaciones que se impongan al empresario, de forma que es necesario que éste pueda decidir qué producto elaborar, qué proceso de elaboración seguir y cómo ordenar o combinar los factores de la producción para fabricar en condiciones adecuadas de rentabilidad y de racionalidad técnica en función de las circunstancias del Mercado".[163]*

La libertad de empresa no es sin embargo ilimitada, pues la misma debe ejecutarse de acuerdo al ordenamiento jurídico que la regula. En este sentido, el Tribunal Constitucional español ha precisado que: *"La libertad de empresa no debe entenderse en términos absolutos, pues no*

---

[163] Sentencia 37/1987, de 26 de marzo.

ampara el derecho a acometer cualquier empresa, sino como el derecho a iniciar y sostener en libertad la actividad empresarial, cuyo ejercicio está disciplinado por normas de muy distinto orden como las normas sobre ordenación del mercado y de la actividad económica general".[164]

En Venezuela, siguiendo la orientación del artículo 96 de la Constitución de 1961, el artículo 112 de la Constitución de 1999 consagra la libertad de empresa al establecer que: *"Todas las personas pueden dedicarse libremente a la actividad económica de su preferencia"* y del artículo 299 que define el sistema socio económico del país, en el cual se reconoce la iniciativa privada, la productividad y la libre competencia como sus bases fundamentales. También se hace en la Constitución venezolana referencia al poder planificador del Estado que define como estratégico, democrático, participativo y de consulta abierta.

La libertad de empresa puede ser limitada por la Constitución *y* cualesquiera otras limitaciones *serán sólo "...las que establezcan las leyes, por razones de desarrollo humano, seguridad, sanidad, protección del ambiente u otras de interés social. El Estado promoverá la iniciativa privada, garantizando la creación y justa distribución de la riqueza, así como la producción de bienes y servicios que satisfagan las necesidades de la población, la libertad de trabajo, empresa, comercio, industria, sin perjuicio de su facultad para dictar medidas para planificar, racionalizar y regular la economía e impulsar el desarrollo integral del país"* (artículo 112).[165]

La libertad de empresa prevista en el artículo 112 permite afirmar que conforme al régimen constitucional venezolano la actividad económica es propia de los particulares, quienes pueden desarrollarla sin más límite que el que las leyes establezcan en función del interés público. La Sala Constitucional del Tribunal Supremo de Justicia se refirió a la libertad de empresa en el marco de un Estado Social de Derecho en los siguientes términos: *"No es que el Estado Social de Derecho propenda a un Estado Socialista, o no respete la libertad de empresa o el derecho de propiedad, sino que es un Estado que protege a los habitantes del país de la explotación desproporcionada, lo que se logra impidiendo*

---

[164] Sentencia 225/1993, de 8 de julio.

[165] Con respecto a la Constitución de 1961, la Constitución de 1999 añade como limitación a la libertad económica las razones de desarrollo humano y protección al ambiente.

o mitigando prácticas que atentan contra la justa distribución de la riqueza, y que conforme a las metas contenidas en el Preámbulo de la Constitución, tiende en toda forma a evitar la actividad mono-pólica, los abusos de la posición de dominio, la demanda concentrada (artículo 113 constitucional); los ilícitos económicos, la especulación, el acaparamiento, la usura, la cartelización (artículo 114 eiusdem); la adquisición de bienes y servicios de baja calidad, o que se ofrezcan sin la información adecuada o engañosa sobre el contenido y característi-cas de los servicios y productos de consumo, así como que se atente contra la libertad de elección de los mismos (artículo 117 constitucio-nal). Es de la esencia del Estado Social de Derecho dictar medidas legales para planificar, racionalizar y regular la economía (artículo 112 constitucional), restringir la propiedad con fines de utilidad pú-blica o interés general (artículo 115 eiusdem), o limitar legalmente la libertad económica por razones de desarrollo humano, seguridad, sa-nidad, protección del ambiente u otros de interés social (artículo 112 constitucional)".[166]

Asimismo la Sala Constitucional precisó que la reserva legal no puede vaciar de contenido el derecho a la libertad de empresa, enten-diendo el artículo 112 citado como una garantía constitucional frente a los poderes constituidos, los cuales *"...deben abstenerse de dictar normas que priven de todo sentido a la posibilidad de iniciar y mante-ner una actividad económica sujeta al cumplimiento de determinados requisitos. Así, pues, su mínimo constitucional viene referido al ejerci-cio de aquella actividad de su preferencia en las condiciones o bajo las exigencias que el propio ordenamiento jurídico tenga establecidas"*.[167]

---

[166] Sentencia de la Sala Constitucional del Tribunal Supremo de Justicia de fecha 24 de enero de 2001, caso: Asodeviprilara.

[167] Sentencia de la Sala Constitucional del Tribunal Supremo de Justicia de fecha 6 de abril de 2001, caso: Manuel Fernández. Se ratifican en esta sentencia las mismas consideraciones expuestas en la sentencia del 4 de mayo de 2000 de la Sala Constitucional del Tribunal Su-premo de Justicia, en la cual se lee: *"De las normas antes transcritas se puede colegir, que las mismas consagran la libertad económica no en términos absolutos, sino permitiendo que mediante la ley se dispongan limitaciones. Sin embargo, debe destacarse que ello no implica ejercicio alguno de poderes discrecionales por parte del legislador, el cual, no po-drá incurrir en arbitrariedades y pretender calificar por ejemplo, como "razones de interés social" limitaciones a la libertad económica que resulten contrarias a los principios de justicia social, ya que, si bien la capacidad del Estado de limitar la libertad económica es flexible, dicha flexibilidad existe mientras ese derecho no se desnaturalice. En este mismo*

La libertad de empresa implica, por ende, el derecho de participar libremente en una actividad económica lícita, de dedicar los recursos privados a un objetivo económico libremente escogido, y sometiéndose al ordenamiento jurídico que lo regule, realizar en atención a las demandas actuales y potenciales del mercado la actividad con el objetivo de obtener un lucro. La libertad de empresa abarca el derecho a decidir sobre los medios, objetivos y la planificación, obviamente teniéndose en cuenta que tal planificación y su desarrollo debe realizarse de acuerdo con la exigencias de la economía en general, exigencias que se manifiestan en el marco regulatorio que el Estado produce, lo que en ningún caso podría vaciar de contenido el núcleo esencial de este ámbito de la libertad.

1.2. Desconocimiento de la libertad de empresa en Venezuela

1.2.1. Violación de la reserva legal en la limitación de la libertad económica

Las limitaciones a la libertad económica, dado el principio de la reserva legal, tienen que estar establecidas en la ley, la cual no puede, so pena de nulidad por inconstitucionalidad, desnaturalizar el derecho mismo.[168] La libertad económica es un derecho limitable, ya que el Estado está en la facultad de regular su ejercicio a través de normas legales. Sin embargo, esta garantía de la reserva legal en general, y en particular en la materia económica, se ha visto gravemente afectada en Venezuela por la amplia interpretación y aplicación de la figura de la legislación presidencial delegada. A través de habilitaciones ilimitadas, contrariando el texto de la Constitución en esta materia, el Presidente ha

---

sentido debe entenderse que cuando la norma transcrita se refiere a las limitaciones a dicho derecho, y señala sólo 'las previstas en esta Constitución y las que establezcan las leyes...' no puede interpretarse que la Constitución establezca garantías cuya vigencia pueda ser determinada soberanamente por el legislador ya que todos los derechos subjetivos previstos en la Constitución son eficaces por sí mismos, con independencia de la remisión legal a la que pueda aludir la Constitución. Lo que la Ley Fundamental ofrece es un "estatuto completo de la libertad, efectivo por sí mismo, no necesitando de ningún complemento para ser operativo inmediatamente."

[168] BREWER CARÍAS, ALLAN. *"La Constitución de 1999. Derecho Constitucional Venezolano"*. Tomo II. Cuarta Edición. Editorial Jurídica Venezolana. Caracas, 2004.

quedado facultado para dictar, y en efecto ha dictado, normas de rango legal destinadas a limitar exagerada y desordenadamente la actividad económica de los particulares.

La libertad de empresa se ve afectada en Venezuela, ya que su regulación se ha efectuado sin respetar la reserva legal, pues se han producido delegaciones parlamentarias ilimitadas e inconstitucionales en el Presidente de la República, quien por esta vía ha emitido cientos de decretos leyes inconstitucionales, muchos de ellos con incidencia en la actividad empresarial privada, tales como, la regulación de la banca, el seguro, la libre competencia y el monopolio, los precios justos, los sectores inmobiliario, marítimo, aeronáutico, hidrocarburos, eléctrico, turismo, tributos desarrollo agrario, entre otras.

El ejercicio de la función legislativa por parte del presidente de la República precisa de la previa delegación legislativa, efectuada a su favor por parte de la Asamblea Nacional mediante ley habilitante (según los artículos 203, último aparte; y, 236, numeral 8 y primer aparte, de la Constitución), o la preexistencia de un Decreto de estado de excepción que concretamente lo habilite para dictar, con carácter excepcional y limitado a la resolución de la emergencia, actos que pueden tener rango y fuerza de Ley (artículos 337 y 338 de la Constitución).

Por lo que se refiere a la legislación delegada, la Constitución de 1999 prevé la posibilidad de que el Presidente dicte decretos leyes,[169] siempre que haya sido autorizado por Ley Habilitante por el plazo y en las materias que en ellas de determine, y conforme a las directrices, propósitos y marcos que en ella se fije.[170] Conforme a la referida regulación la legislación presidencial es posible en cualquier materia, pero debe tenerse en cuenta que la naturaleza de la ley habilitante no es la de una ley de delegación ordinaria, sino que se prevé como una ley marco.

Sin embargo, es lo cierto que las habilitaciones producidas que han dado lugar a esta desbocada, irracional y desordenada regulación económica distan mucho de contener las bases para una regulación

---

[169] Artículo 236. *"Son atribuciones y obligaciones del Presidente o Presidenta de la República: (...) 8. Dictar, previa autorización por una ley habilitante, decretos con fuerza de ley."*

[170] Artículo 203. *"(...) Son leyes habilitantes las sancionadas por la Asamblea Nacional por las tres quintas partes de sus integrantes, a fin de establecer las directrices, propósitos y el marco de las materias que se delegan al Presidente o Presidenta de la República, con rango y valor de ley. Las leyes de base deben fijar el plazo de su ejercicio."*

presidencial específica de desarrollo, antes bien y por el contrario se hacen delegaciones genéricas por sectores de actividad, dejando un amplio margen a la legislación presidencial, desnaturalizando su carácter excepcional.

Bajo la Ley Habilitante del año 2000[171] se autorizó al Presidente de la República a dictar decretos con rango de ley en 11 sectores redactados de forma amplísima, bajo el título de ámbitos en las siguientes áreas: 1. Transformación de las instituciones del Estado; 2. Participación popular; 3. Valores esenciales del ejercicio de la función pública; 4. Económico y social; 5. Financiero y tributario; 6. Seguridad ciudadana y jurídica; 7. Ciencia y tecnología; 8. Ordenación territorial; 9. Seguridad y defensa; 10. Infraestructura, transporte y servicios; y 11. Energético.

Estos ámbitos luego se explican dando cabida a las más diversas materias, así: "*1. En el ámbito de transformación de las instituciones del Estado: Dictar normas con el objeto de actualizar y transformar el ordenamiento legal que regula a las instituciones del Estado su ética, su actualización técnica continua y su formación como servidor público, a los fines de que éstas orienten su actuación al servicio de los ciudadanos, en forma eficaz, eficiente, honesta, participativa, simple, imparcial, racional y transparente, evitando el sobredimensionamiento estructural y garantizando la participación popular. 2. En el ámbito de la participación popular: Dictar normas que establezcan los mecanismos de participación popular de la comunidad organizada en la aplicación del ordenamiento jurídico y ámbito económico y social del Estado, a través de la planificación, el control social, la inspección técnica social y la práctica del voluntariado, y que adecuen la estructura organizativa de las instituciones del Estado, para permitir el ejercicio directo de la soberanía popular. 3. En el ámbito de los valores esenciales del ejercicio de la función pública: Dictar normas orientadas a erradicar definitivamente la corrupción, reformar el régimen funcionarial y de responsabilidad personal del funcionario, fomentar su ética, su actualización técnica continua y su formación como servidor público. 4. En el ámbito económico y social: Dictar normas que*

---

[171] Publicada en Gaceta Oficial No 38.617. La Gaceta que se cita aquí es de fecha 01 de febrero de 2007 y corresponde a la Ley Habilitante del 2007, no del año 2000.

*adapten la legislación existente a la construcción de un nuevo modelo económico y social sustentable, destinadas a los sectores de salud, educación, seguridad social, seguridad agroalimentaria, turístico, de producción y empleo, entre otros, que permita la inserción del colectivo en el desarrollo del país, para lograr la igualdad y la equitativa distribución de la riqueza, actualizando el Sistema Público Nacional de Salud y elevando la calidad de vida de los ciudadanos y de los pueblos y comunidades indígenas, en aras de alcanzar los ideales de justicia social e independencia económica, así como las relativas a la utilización de los remanentes netos acumulados de capital. **5. En el ámbito financiero y tributario:** Dictar normas que profundicen y adecuen el sistema financiero público y privado a los principios constitucionales y, en consecuencia, modernizar el marco regulatorio de los sectores monetario, banca, seguros, tributario e impositivo. **6. En el ámbito de la seguridad ciudadana y jurídica:** Dictar normas destinadas a la organización y funcionamiento del sistema de seguridad ciudadana, del sistema policial y del sistema penitenciario; establecer procedimientos eficaces, eficientes, transparentes y tecnológicamente aptos y seguros para la identificación ciudadana y el control migratorio y la lucha contra la impunidad, así como establecer procedimientos tendentes a materializar la seguridad jurídica. **7. En el ámbito de la ciencia y la tecnología:** Dictar normas que permitan el desarrollo de la ciencia y la tecnología, a fin de satisfacer las necesidades de educación, salud, medio ambiente y biodiversidad, industrialización y calidad de vida de la población, de conformidad con los principios constitucionales. **8. En el ámbito de la ordenación territorial:** Dictar normas que establezcan una nueva distribución y ocupación de los espacios subnacionales, a los fines de que se constituya una nueva regionalización del país, para optimizar la acción del Estado, y que regulen la creación de asentamientos de las comunidades en el territorio nacional que estimulen el desarrollo endógeno. **9. En el ámbito de seguridad y defensa:** Dictar normas que establezcan la organización y funcionamiento de los asuntos relacionados con la seguridad y defensa integral de la Nación, así como la implementación de las zonas operacionales de defensa de la Nación; que desarrollen la estructura, organización y funcionamiento de la Fuerza Armada Nacional, así como lo atinente a la disciplina y*

carrera militar; la organización y funcionamiento del Sistema Nacional de Inteligencia y Contrainteligencia; para la regulación y supervisión de todo lo concerniente a la materia de armas y elementos conexos; y las que garanticen y desarrollen la atención integral de las fronteras.
10. En el ámbito de la infraestructura, transporte y servicios: *Dictar normas que fomenten la utilización del potencial humano e industrial y la infraestructura existente, a los fines de optimizar los sistemas de transporte terrestre, ferroviario, marítimo, fluvial y aéreo, regulando la prestación de los servicios públicos en general, y de un sistema para la construcción de viviendas dignas, así como el desarrollo de las actividades marinas y conexas, de los espacios acuáticos e insulares, de los puertos, de las zonas costeras, y del comercio marítimo. Igualmente, dictar normas regulatorias que actualicen el sector de las telecomunicaciones y la tecnología de información, tomando en cuenta su convergencia, el servicio postal y el acceso de los ciudadanos a la Administración Pública mediante mecanismos informáticos, electrónicos y telemáticos.* ***11. En el ámbito energético:*** *Dictar normas relativas a los hidrocarburos y sus derivados, que adecuen la normativa vigente a las transformaciones del Estado y en armonía con el principio de plena soberanía de los recursos naturales; tales como, las relativas a las potestades regulatorias de supervisión y control del Ministerio del Poder Popular para la Energía y Petróleo; las concernientes a los regímenes sancionatorios, disciplinarios y de administración y recaudación de los tributos; al sistema de distribución y transporte de los productos derivados del petróleo y gas doméstico; y a las medidas de seguridad aplicables a los bienes afectos a las actividades petroleras, con especial énfasis a los tecnológicos e informáticos y a la administración e inversión de los ingresos percibidos por la República en razón de los hidrocarburos. Dictar normas que permitan al Estado asumir directamente, o mediante empresas de su exclusiva propiedad, el control de las actividades realizadas por las asociaciones que operan en la Faja Petrolífera del Orinoco, incluyendo los mejoradores y las asociaciones de exploración a riesgo y ganancias compartidas, para regularizar y ajustar sus actividades dentro del marco legal que rige a la industria petrolera nacional, a través de la figura de empresas mixtas o de empresas de la exclusiva propiedad del Estado. Dictar normas para*

reformar el Decreto Número 310 con Rango y Fuerza de Ley Orgánica de Hidrocarburos Gaseosos, a fin de adecuar el aprovechamiento, exploración, explotación e industrialización del gas a las políticas implantadas por el Ejecutivo Nacional para este sector. Dictar normas que permitan al Estado asumir directamente, o mediante empresas de su exclusiva propiedad, el control de las actividades realizadas por las empresas privadas en el sector eléctrico, por razones estratégicas, de seguridad, utilidad o bienestar social. Dictar normas para reformar la Ley Orgánica del Servicio Eléctrico, en función de las medidas de reestructuración del sector que viene adoptando el Ejecutivo Nacional a los fines de lograr una mayor expansión y eficiencia del servicio en beneficio del pueblo."

Con esta habilitación del año 2000, el Presidente emitió 49 decretos leyes: 1) de Licitaciones; 2) Crédito para el Sector Agrícola; 3) Mensaje de Datos y Firmas Electrónicas; 4) Transformación del Fondo de Inversiones de Venezuela en el Banco de Desarrollo Económico y Social de Venezuela; 5) Función Pública de Estadística; 6) Asociaciones Cooperativas; 7) Asociaciones Cooperativas (Reforma); 8) Espacios Acuáticos e Insulares; 9) Ciencia Tecnología e Innovación; 10) Puertos; 11) Aviación Civil; 12) Fondo de Inversión para la Estabilización Macroeconómica; 13) Fondo de Desarrollo Agropecuario, Pesquero, Forestal y Afines (FONDAFA); 14) Coordinación de Seguridad Ciudadana; 15) Zonas Costeras; 16) Armonización y Coordinación de Competencias de los Poderes Públicos Nacional y Municipal para la Prestación de los Servicios de Distribución de Gas con Fines Domésticos y de Electricidad; 17) Identificación; 18) Marina Mercante y Actividades Conexas; 19) Crédito para el Sector Agrícola; 20) Comercio Marítimo; 21) Función Pública de Estadística; 22) Órganos de Investigación Científicas, Penales y Criminales; 23) Cajas de Ahorro y Fondos de Ahorro; 24) Contrato de Seguro; 25) Desarrollo de Guayana; 26) Fondo Único Social; 27) Tránsito y Transporte Terrestre; 28) Empresas de Seguros y Reaseguros; 29) Pequeña y Mediana Industria; 30) Fortalecimiento del Sector Asegurador; 31) Zonas Especiales de Desarrollo Sustentable; 32) Hidrocarburos; 33) Adscripción de Institutos Autónomos, Empresas del Estado, Fundaciones, Asociaciones y Sociedades Civiles del Estado a los Órganos de la Administración Pública;

34) Pesca y Acuacultura; 35) Bancos y Otras Instituciones Financieras; 36) Planificación; 37) Cuerpos de Bomberos y Bomberas y Administración de Emergencias de Carácter Civil; 38) Turismo; 39) Impuesto sobre la Renta; 40) Tierras y Desarrollo Agrario; 41) Fondos y las Sociedades de Capital de Riesgo; 42) Procedimiento Marítimo; 43) Fondo del Crédito Industrial; 44) Estatuto de la Función Pública; 45) Registro Público y del Notariado; 46) Licitaciones; 47) Procuraduría General de la República; 48) Sistema Nacional de Protección Civil y Administración de Desastres; 49) Banco de Comercio Exterior. (BANCOEX).[172]

---

[172] **1)** Decreto N° 1.121, Gaceta Oficial No. 37.097 del 12 de diciembre de 2000; **2)** Decreto N° 1.181, Gaceta Oficial N° 37.148 del 28 de febrero de 2001; **3)** Decreto N° 1.204, Gaceta Oficial N° 37.148 del 28 de febrero de 2001; **4)** Decreto N° 1.274, Gaceta Oficial N° 37.194 del 10 de mayo de 2001; **5)** Decreto N° 1.279, Gaceta Oficial N° 37.202 del 22 de mayo de 2001; **6)** Decreto N° 1.327, Gaceta Oficial N° 37.231 del 2 de julio de 2001; **7)** Decreto N° 1.440, Gaceta Oficial N° 37.285 del 18 de septiembre de 2001; **8)** Decreto N° 1.437, Gaceta Oficial N° 37.290 del 25 de septiembre de 2001; **9)** Decreto N° 1.290, Gaceta Oficial No. 37.291 del 26 de septiembre de 2001; **10)** Decreto No. 1.436, Gaceta Oficial N° 37.331 del 27 de septiembre de 2001; **11)** Decreto N° 1.446, Gaceta Oficial N° 37.293 del 28 de septiembre de 2001; **12)** Decreto N° 1.478, Gaceta Oficial N° 37.303 del 15 de octubre de 2001; **13)** Decreto N° 1.435, Gaceta Oficial N° 37.317 del 5 de noviembre de 2001; **14)** Decreto N° 1.453, Gaceta Oficial N° 37.318 del 6 de noviembre de 2001; **15)** Decreto N° 1.468, Gaceta Oficial N° 37.219 del 7 de noviembre de 2001; **16)** Decreto N° 1.507, Gaceta Oficial N° 37.219 del 7 de noviembre de 2001; **17)** Decreto N° 1.454, Gaceta Oficial N° 37.320 del 8 de noviembre de 2001; **18)** Decreto N° 1.380, Gaceta Oficial N° 37.221 del 9 de noviembre de 2001; **19)** Decreto N° 1.456, Gaceta Oficial N° 5551, extraordinario, del 9 de noviembre de 2001; **20)** Decreto No. 1.506, Gaceta Oficial No. 5551, extraordinario, del 9 de noviembre de 2001; **21)** Decreto N° 1.509, Gaceta Oficial N° 37.321 del 9 de noviembre de 2001; **22)** Decreto N° 1.511, Gaceta Oficial N° 5551, extraordinario, del 9 de noviembre de 2001; **23)** Decreto N° 1.523, Gaceta Oficial N° 5551, extraordinario, del 9 de noviembre de 2001; **24)** Decreto N° 1.505, Gaceta Oficial N° 5553, extraordinario, del 12 de noviembre de 2001; **25)** Decreto N° 1.531, Gaceta Oficial N° 5553, extraordinario, del 12 de noviembre de 2001; **26)** Decreto N° 1.532, Gaceta Oficial N° 37.322 del 12 de noviembre de 2001; **27)** Decreto N° 1.535, Gaceta Oficial N° 37.332 del 26 de noviembre de 2001; **28)** Decreto N° 1.545, Gaceta Oficial No. 5553, extraordinario, del 12 de noviembre de 2001; **29)** Decreto N° 1.547, Gaceta Oficial N° 5552, extraordinario, del 12 de noviembre de 2001; **30)** Decreto N° 1.312, Gaceta Oficial N° 5554, extraordinario, del 13 de noviembre de 2001; **31)** Decreto N° 1.469, Gaceta Oficial N° 5556, extraordinario, del 13 de noviembre de 2001; **32)** Decreto N° 1.510, Gaceta Oficial N° 37.323 del 13 de noviembre de 2001; **33)** Decreto N° 1.512, Gaceta Oficial N° 5556, extraordinario, del 13 de noviembre de 2001; **34)** Decreto N° 1.524, Gaceta Oficial N° 37.323 del 13 de noviembre de 2001; **35)** Decreto N° 1.526, Gaceta Oficial N° 5555, extraordinario, del 13 de noviembre de 2001; **36)** Decreto N° 1.528, Gaceta Oficial N° 5554, extraordinario, del 13 de noviembre de 2001; **37)** Decreto N° 1.533, Gaceta Oficial N° 5554, extraordinario, del 13 de noviembre de 2001; **38)** Decreto N° 1.534, Gaceta Oficial No. 37.332 del

Estos 49 Decretos Leyes fueron impugnados en nulidad por la Federación de Cámaras de Comercio y Asociaciones de Producción de Venezuela (Fedecámaras).[173]

La Ley habilitante del 1 de febrero de 2007,[174] por su parte, contuvo una delegación igualmente amplia, en base a la cual el Presidente dictó 36 decretos leyes: 1) Condecoración "Orden 4 de febrero (2 de febrero de 2007). 2) Reforma Parcial de la Ley que establece el Impuesto al Valor Agregado (13 de febrero de 2007). 3) Ley Especial de defensa popular contra acaparamiento, la especulación, el boicot y cualquier otra conducta que afecta el consumo de los alimentos o productos sometidos a control de precios (21 de febrero de 2007). 4) Reforma Parcial del Decreto Ley que establece el Impuesto al Valor Agregado. (26 de febrero de 2007). 5) Migración a Empresas Mixtas de los Convenios de Asociación

---

13 de noviembre de 2001; **39)** Decreto N° 1.544, Gaceta Oficial N° 5557, extraordinario, del 13 de noviembre de 2001; **40)** Decreto con Fuerza y Rango de Ley N° 1.546, Gaceta Oficial No. 37.323 del 13 de noviembre de 2001; **41)** Decreto N° 1.550, Gaceta Oficial N° 5554, extraordinario, del 13 de noviembre de 2001; **42)** Decreto N° 1.551, Gaceta Oficial N° 5554, extraordinario, del 13 de noviembre de 2001; **43)** Decreto N° 1.552, Gaceta Oficial N° 5556, extraordinario, del 13 de noviembre de 2001; **44)** Decreto N° 1.553, Gaceta Oficial N° 5557, extraordinario, del 13 de noviembre de 2001; **45)** Decreto N° 1.554, Gaceta Oficial N° 5556, extraordinario, del 13 de noviembre de 2001; **46)** Decreto N° 1.555, Gaceta Oficial N° 5556, extraordinario, del 13 de noviembre de 2001; **47)** Decreto N° 1.556, Gaceta Oficial N° 5554, extraordinario, del 13 de noviembre de 2001; **48)** Decreto N° 1.557, Gaceta Oficial N° 5557, extraordinario, del 13 de noviembre de 2001; **49)** Decreto N° 1.455, Gaceta Oficial N° 37.330 del 22 de noviembre de 2001.

[173] Fedecámaras (la asociación de cámaras de comercio de Venezuela) adujo que el proceso de delegación legislativa, realizado conforme a la Ley Habilitante del 13 de noviembre de 2000 es nulo, por cuanto vulneró el derecho constitucional a la participación ciudadana, previsto en los artículos 62 y 70 de la Constitución de la República Bolivariana de Venezuela, en razón de que los Decretos Leyes dictados por el Presidente de la República no fueron sometidos a la consulta pública antes de su emisión, tal como lo exige el artículo 211 *eiusdem*. Asimismo, alegaron que los antes nombrados Decretos Leyes vulneraron lo preceptuado por el artículo 206 constitucional, visto que no se realizó la consulta obligatoria con los Consejos Legislativos de los Estados. Por otra parte, alegaron la inconstitucionalidad de los Decretos Leyes impugnados por la violación de la garantía de la reserva legal y de los Acuerdos y Tratados Internacionales suscritos por Venezuela. Advierten que la insólita amplitud en la habilitación legislativa conferida al Presidente de la República no tiene parangón en los anales del derecho venezolano, y, a la luz del buen funcionamiento de un Estado de Derecho regido por el principio de la separación funcional e independencia de los Poderes Públicos, es totalmente irregular. Se alegaron, finalmente, vicios de inconstitucionalidad respecto de algunos de los decretos leyes emitidos al amparo de esta habilitación.

[174] Publicada en Gaceta Oficial No. 38.617.

de la Faja Petrolífera del Orinoco; así como de los Convenios de Exploración a Riesgo y Ganancias Compartidas (26 de febrero de 2007). 6) Reconversión Monetaria (6 de marzo de 2007). 7) Reforma de la Ley Orgánica de la Administración Financiera (20 de marzo de 2007). 8) Ley que Crea el Fondo para la Estabilización Macroeconómica (25 de abril de 2007). 9) Ley que regula la devolución al tesoro nacional de las sumas Acreditadas en las Cuentas de la República de sus Entes Descentralizados Funcionalmente sin fines Empresariales Provenientes de créditos adicionales (10 de mayo de 2007). 10) Ley Especial de Defensa Popular contra el Acaparamiento, la Especulación, el Boicot y cualquier otra conducta que afecte el Consumo de los Alimentos o Productos Sometidos a Control de Precios (31 de julio de 2008). 11) Ley Orgánica de Turismo (31 de julio de 2008), que derogó la Ley del 23 de junio de 2005.12) Ley del Transporte Ferroviario Nacional (31 de julio de 2008), que derogó el Decreto No. 1.445 con fuerza de Ley del Sistema de Transporte Ferroviario Nacional del 13 de septiembre de 2001. 13) Ley Orgánica de Seguridad y Soberanía Agroalimentaria (31 de julio de 2008). 14) Ley del Régimen Prestacional de Vivienda y Hábitat (31 de julio de 2008), que derogó la publicada el 28 de diciembre de 2007. 15) Ley para la Defensa de las Personas en el Acceso a los Bienes y Servicios (31 de julio de 2008), que derogó tanto la Ley de Protección al Consumidor y al Usuario publicada el 04 de mayo de 2004, como la Ley Especial de Defensa Popular contra el Acaparamiento, la Especulación, el Boicot y cualquier otra conducta que afecte el Consumo de los Alimentos o Productos Sometidos a Control de Precios, publicada el 31 de enero de 2008. 16) Ley Orgánica de los Espacios Acuáticos (31 de julio de 2008), que derogó la Ley Orgánica de los Espacios Acuáticos e Insulares, publicada el 20 de diciembre de 2002, así como parcialmente algunas normas de la Ley de Reactivación de la Marina Mercante Nacional, la Ley sobre el Mar Territorial, Plataforma Continental, Protección de la Pesca y Espacio Aéreo y Ley de Navegación. 17) Ley de Creación del Fondo Social para la Captación y Disposición de los Fondos Excedentarios de los Entes de la Administración Pública (31 de julio de 2008). 18) Ley Orgánica de Salud Agrícola Integral (31 de julio de 2008), que derogó la Ley sobre Defensas Sanitarias Vegetal y Animal del 18 de junio de 1941. 19) Ley para el Fomento y Desarrollo de la Economía Popular (31 de julio de 2008). 20) Ley del Banco de Desarrollo Económico y Social de Venezuela (BANDES) (31 de julio de 2008). 21) Ley de Supresión y Liquidación del Fondo de Crédito Industrial (FONCREI) (31 de julio de 2008). 22) Ley para la Promoción y Desarrollo de la Pequeña y Mediana Industria y Unidades de Producción Social (31 de julio de 2008) que derogó la Ley del mismo título publicada el 3 de diciembre de 2002. 23) Ley Orgánica de la Administración Pública (31 de julio de 2008), que derogó la Ley publicada el 17 de octubre de 2001. 24) Ley de Reestructuración del Instituto Nacional de la Vivienda (INAVI) (31 de julio de 2008). 25) Ley de Crédito para el Sector Agrario (31 de julio de 2008). 26) Ley de Canalización y Mantenimiento de las Vías de Navegación (31 de julio de 2008), que derogó la Ley del Instituto Nacional de Canalizaciones publicada el 31 de diciembre de 1979. 27) Ley de Reforma de la Ley Orgánica de la Administración Financiera del Sector Público (31 de julio de 2008). 28) Ley Orgánica de la Fuerza Armada Nacional Bolivariana (31 de julio de 2008), que derogó la Ley Orgánica de la Fuerza Armada Nacional publicada el 26 de septiembre de 2005. 29) Ley de Beneficios y Facilidades de Pago para las Deudas Agrícolas de Rubros Estratégicos para la Seguridad y Soberanía Alimentaria (31 de julio de 2008). 30) Ley del Banco Agrícola de Venezuela (31 de julio de 2008). 31) Ley de Simplificación de Trámites Administrativos (31 de julio de 2008), que derogó el Decreto N° 368 del 5 de octubre de 1999, publicado en Gaceta Oficial No. 5.393 Extraordinario del 22 de octubre de 1999. 32) Ley de Reforma Parcial de la Ley Orgánica del Sistema de Seguridad Social (31 de julio de 2008), que derogó la Ley Orgánica del Sistema de Seguridad Social publicada el 26 de junio de 2002, la Ley que regula el Subsistema de Pensiones, publicada el 26 de junio de 2002, la Ley que regula el Subsistema de Salud, publicada el 27 de junio de 2002 y la Ley que regula el Subsistema de Paro Forzoso y Capacitación Laboral, del 22 de octubre de 1999. 33) Ley de Reforma Parcial de la Ley del Seguro Social (31 de julio de 2008). 34) Ley del Instituto Nacional de Vivienda (INAVI) (31 de julio de 2008), que derogó el Decreto N° 908 publicado en la Gaceta Oficial No. 1.746, extraordinario, del 23 de mayo de 1975, por el que se creó el Instituto Nacional de la Vivienda. 35) Ley de Reforma Parcial de la Procuraduría

General de la República (31 de julio de 2008). 36) Ley de Reforma de la Ley General de Bancos y Otras Instituciones Financieras (31 de julio de 2008).

Como puede observarse, la mayoría de estos decretos leyes contienen regulaciones del ámbito económico, de tal manera que la garantía de la reserva legal respecto de la limitación de la actividad económica privada, entre otras materias, se vio gravemente disminuida con esta forma de entender y ejercer la legislación presidencial delegada.

Téngase en cuenta que durante la Constitución de 1961, en treinta y ocho años de vigencia, se dictaron siete leyes habilitantes,[175] mientras que con la Constitución de 1999, para el año 2015, se dictaron seis leyes de ese tipo. Durante el gobierno de Hugo Chávez se emitieron cuatro leyes habilitantes,[176] y a Nicolás Maduro se le otorgaron otras dos.[177]

La sumatoria de la duración de todas las leyes habilitantes otorgadas al Presidente de la República a partir del año 1999 da un total de setenta y nueve meses y dieciséis días en los que la Asamblea Nacional le ha delegado la función legislativa, período dentro del cual se han dictado aproximadamente doscientos setenta y ocho Decretos-Leyes en materias de organización del Poder Público, laboral, vivienda y hábitat, intervención del Estado en la economía, tributaria, turismo, salud y seguridad social, arrendamiento inmobiliario, sistema financiero nacional, derecho marítimo y aeronáutico, hidrocarburos, tránsito terrestre, seguridad, misiones, desarrollo agrario, seguridad alimenticia, entre otras materias. Al margen de que todas esas leyes se prescindió de

---

[175] Durante el gobierno de Rómulo Betancourt, en 1961 fue dictada una ley habilitante; una en el Gobierno de Carlos Andrés Pérez, en 1974; una en el Gobierno de Jaime Lusinchi, en 1984; una en el gobierno transitorio de Ramón. J. Velázquez, en 1993; dos en el Gobierno de Rafael Caldera, concretamente en 1994 y 1998; y la última en el Gobierno de Hugo Chávez, en 1999.

[176] Ley Habilitante del 26 de abril de 1999, otorgada por un lapso de 6 meses y mediante la cual se dictaron 53 Decretos-Leyes; Ley Habilitante del 13 de noviembre de 2000, otorgada por el lapso de 12 meses y mediante la cual se dictaron 49 Decretos-Leyes; Ley Habilitante del 01 de febrero de 2007, otorgada por un lapso de 18 meses y mediante la cual se dictaron 66 Decretos-Leyes; y la Ley Habilitante del 17 de diciembre de 2010, otorgada por un lapso de 18 meses y mediante la cual se aprobaron 54 Decretos-Leyes

[177] Ley Habilitante del 19 de noviembre de 2013, otorgada por un lapso de 12 meses y mediante la cual se dictaron 56 Decretos-Leyes; y Ley Habilitante del 15 de marzo de 2015, comprendida desde la fecha de su publicación hasta el 31 de diciembre de 2015.

todo procedimiento de deliberación, propio de la labor parlamentaria, se irrespetó el derecho de las minorías y gran parte de los decretos leyes dictados por el Presidente de la República, en virtud de dichas habilitaciones, aparecieron publicados fuera del plazo de la delegación.[178]

En esta misma tendencia se inscribe la legislación presidencial no ya en base a leyes habilitantes sino en Estados de Excepción decretados por el Presidente de la República de forma absolutamente inconstitucional, para mantener su poder de regulación de la materia económica.

Tras la pérdida de la mayoría parlamentaria, en diciembre 2015, y ante la imposibilidad de seguir legislando por vía de delegación legislativa, desde enero de 2016[179] y hasta septiembre de 2018[180] se han dictado 9 decretos por medio de los cuales el Presidente ha declarado, de manera inconstitucional, el Estado de Excepción y Emergencia Económica en todo el territorio nacional, con la finalidad de auto habilitarse para seguir dictando decreto-leyes.

En fecha 14 de enero del año 2016 se dictó el primer Decreto de estado de excepción bajo la Constitución de 1999. Así, se emitió el

---

[178] Al respecto se pronunció la Academia de Ciencias Políticas y Sociales, en la sesión ordinaria de fecha 2 de diciembre de 2014 al indicar lo siguiente: *"La Academia de Ciencias Políticas y Sociales tiene el deber de dirigirse a la comunidad para manifestar su preocupación por el proceder inconstitucional seguido por el Presidente de la República, al recientemente dictar Decretos-Ley, anunciados en números ordinarios de la Gaceta Oficial los días 18 y 19 de noviembre de 2014 y publicados, efectivamente, a través de diversos números extraordinarios de la mencionada Gaceta, pero tan solo disponibles al público, a partir del día 24 de noviembre, fecha en la que ya había expirado el lapso de la delegación legislativa otorgada al Presidente de la República por la Asamblea Nacional. Advierte esta corporación a la comunidad que, independientemente de su contenido, esos Decretos-Ley son de dudosa constitucionalidad, por cuanto han excedido el límite de la facultad temporal que, de conformidad con el artículo 203 de la Constitución, le concedió la Asamblea Nacional al Presidente de la República."* (http://acienpol.org.ve/cmacienpol/Resources/Pronunciamientos/v4PronunciamientoACPSLeyhabilitante0121214.doc.pdf).

[179] En fecha 14 de enero del año 2016 el presidente de la República Nicolás Maduro, dictó el primer Decreto de estado de excepción bajo la Constitución de 1999. Se trató del Decreto N° 2.184, *"mediante el cual se declaró el Estado de Emergencia Económica en todo el Territorio Nacional, de conformidad con la Constitución de la República Bolivariana de Venezuela y su ordenamiento jurídico, por un lapso de sesenta (60) días"*. Véase Gaceta Oficial Nro. 6.214 extraordinario de fecha 14 de enero de 2017.

[180] En fecha 10 de septiembre de 2018, mediante Decreto N° 3.610 ha sido decretado el último Estado de Emergencia Económica en todo el territorio nacional. Gaceta Oficial Nro. 41.478.

Decreto N° 2.184, *"mediante el cual se declaró el Estado de Emergencia Económica en todo el Territorio Nacional, de conformidad con la Constitución de la República Bolivariana de Venezuela y su ordenamiento jurídico, por un lapso de sesenta (60) días"*.[181]

Este estado de excepción fue decretado, de conformidad con el texto del Decreto, con fundamento en los artículos 226, 236.7, 337, 338 y 339 de la Constitución, y 2, 3, 4, 5, 6, 7, 10, 17, y 23 de la Ley Orgánica sobre los Estados de Excepción, y con motivo de:

- Acciones tendientes a desestabilizar la economía del país, debilitar sus instituciones y provocar una ruptura del hilo constitucional, iniciada por sectores nacionales e internacionales, *"con ocasión de la muerte del Comandante Supremo de la Revolución Bolivariana y Presidente Constitucional de la República Bolivariana de Venezuela, Hugo Chávez"*;

- La *"guerra económica iniciada contra el pueblo venezolano"*, que ha *"incidido negativamente en los ciudadanos y ciudadanas dificultando el ejercicio de su derecho a disponer y acceder libremente a bienes a bienes y servicios esenciales, en detrimento de sus derechos constitucionales a la salud y a la alimentación"*; y

- La *"ofensiva económica y la disminución del ingreso petrolero"*, por las *"estrategias de desestabilización económica"* que han *"provocado una caída abrupta de los precios de nuestra principal fuente de ingresos, como lo es el petróleo, lo cual atenta contra los derechos del pueblo venezolanos"*.

Este primer decreto de estado de excepción en sus artículos 2 y 3 otorgó al presidente de la República la potestad de "dictar las medidas que considere convenientes", de orden social, económico o político, particularmente relacionadas con los siguientes aspectos:

1) Disposición de los recursos presupuestarios del ejercicio económico financiero 2015;

---

[181] Gaceta Oficial Nro. 6.214 extraordinario de fecha 14 de enero de 2016.

2) Asignación de recursos extraordinarios a proyectos previstos o no en la Ley de Presupuesto;

3) Implementación de medidas para reducir la evasión y la elusión fiscal;

4) Modificación del régimen de contrataciones públicas;

5) Modificación del régimen para la importación y nacionalización de mercancías;

6) Implementación de medidas especiales para agilizar el tránsito de mercancías por puertos y aeropuertos de todo el país;

7) Dispensa de trámites cambiarios a órganos y entes del sector público o privado;

8) Requerimiento a empresas públicas y privadas para el incremento de sus niveles de producción y abastecimiento de determinados insumos;

9) Adopción de *"todas las medidas necesarias para asegurar el acceso oportuno de la población a alimentos, medicinas y demás bienes de primera necesidad, así como a todos los servicios necesarios para el disfrute pleno de sus derechos"*;

10) Adopción de medidas necesarias para estimular la inversión extranjera y la exportación de rubros no tradicionales;

11) Desarrollo, fortalecimiento y protección del "Sistema de Misiones" y "Grandes Misiones Socialistas".

Este decreto de estado de excepción además otorgó a los Ministerios del Poder Popular con competencia en materia de economía y de finanzas facultades para establecer límites máximos de ingreso o egreso de moneda venezolana en efectivo, así como restringir determinadas operaciones y transacciones comerciales o financieras (artículo 4 del decreto).

El artículo 8 del Decreto ordenó remitir su texto, *"a los fines de que se pronuncie sobre su constitucionalidad, dentro de los ocho (8) días siguientes a sus publicación en Gaceta Oficial...*", a la Sala Constitucional del Tribunal Supremo de Justicia, de conformidad con el artículo 31 de la Ley Orgánica sobre Estados de Excepción.

Estableció el decreto que su duración sería de sesenta (60) días, contados a partir de su publicación en Gaceta Oficial, y que podría ser prorrogada por sesenta (60) días más *de conformidad con el procedimiento constitucionalmente establecido*".

Ahora bien, este decreto de estado de excepción fue dictado en contra de todo el procedimiento y requisitos constitucionales y legales sobre los estados de excepción, fue prorrogado no por sesenta días más, sino por más de dos años.

En efecto, los 9 decretos de estados de excepción dictados desde enero de 2016 hasta septiembre de 2018 y sus respectivas prórrogas, en realidad se presentan como uno solo, prorrogado inconstitucionalmente por años, siendo que únicamente han variado en el aumento de los "aspectos" sobre los cuales el Presidente de la República está facultado para dictar "cualesquiera medidas que considere conveniente".

En ese sentido, desde enero de 2016, el decreto de estado de excepción ha incrementado su incidencia en la vida nacional, entre otras, en las siguientes materias:

1) Regulación contundente, transitoria y excepcional para impedir las campañas de desestabilización y distorsión a la economía, impulsadas por factores nacionales y foráneos a través del sistema de tecnología de la informática y el ciberespacio;

2) Protección de las políticas integrales, la producción, almacenamiento, distribución y comercialización de productos del sistema eléctrico nacional.

3) Distribución y disponibilidad oportuna de los billetes y monedas que se encuentren actualmente en curso legal en Venezuela, entre otras.

4) Celebración y ejecución de contratos de interés público y de operaciones de crédito pública por parte del Ejecutivo Nacional sin previa autorización de la Asamblea Nacional.

5) Implementación de medidas que permitan la incorporación y control del sistema económico nacional de "criptoactivos".

6) Instruir el redireccionamiento de recursos disponibles en Fondos Especiales.

7) Decidir y suspender la ejecución de sanciones de carácter político contra las máximas autoridades del poder público y otros altos funcionarios.

Todas esas declaratorias de emergencia económica son inconstitucionales por cuanto:

a) Fueron dictadas y prorrogadas por el Presidente de la República sin autorización de la Asamblea Nacional;

b) No determinaron la circunstancia de orden económico justificante;

c) No respetaron el límite temporal.

a) Respecto de la falta de autorización de la Asamblea Nacional se observa que los Decretos de Estado de excepción y emergencia económica son inconstitucionales por prescindir de este requisito de aprobación establecido en el artículo 339 de la Constitución. Si bien los Decretos de Estado de excepción han sido declarados constitucionales, en todas sus declaraciones y respectivas prórrogas por el Tribunal Supremo de Justicia en Sala Constitucional, ello no obsta para dispensar el control que ejerce la Asamblea Nacional al no aprobar dichos decretos y por ende rechazar la restricción temporal de las garantías consagradas en la Constitución.

En efecto, el control de la Asamblea Nacional dispuesto en el artículo 339 de la Constitución, así como en los artículos 26 al 31 de la Ley Orgánica sobre los Estados de Excepción , es un requisito *sine qua non* de los decretos de estados de excepción. Sin la aprobación de la mayoría absoluta de los diputados presentes en sesión especial de la Asamblea Nacional, todo decreto que declare el estado de excepción, la solicitud de prórroga o aumento del número de garantías restringidas, es inconstitucional. (artículo 27 de la Ley Orgánica sobre los Estados de Excepción).

b) Respecto de la falta de causa justificante, se observa que los decretos de estado de excepción han permitido inconstitucionalmente al

Presidente de la República adoptar cualquier restricción a las garantías constitucionales sin justificación alguna: no describen las circunstancias de orden económico que afecten gravemente la Nación, las instituciones y los ciudadanos –a cuyo respecto resultan insuficientes las facultades de las cuales se disponen para hacer frente a tales hechos– (artículo 337 de la Constitución), es decir, los hechos objetivos, sino que por el contrario utilizan expresiones arbitrarias que responden a la sesgada visión según la cual hay diversos ataques, complots, conspiraciones y confabulaciones en marcha.

Así también, son inconstitucionales los Decretos en la medida en que otorgan al Ejecutivo Nacional una serie de poderes ilimitados sin especificar tampoco la regulación del ejercicio del derecho cuya garantía se restringe, violando el artículo 339 de la Constitución. Aparte, disponen la facultad del Presidente de la República de dictar cualesquiera otras medidas de orden social, económico, político y jurídico que estime convenientes a las circunstancias.

c) Respecto de la violación del límite del tiempo se observa que el carácter temporal debe interpretarse restrictivamente por cuanto los estados de excepción constituyen la única situación –extraordinaria, excepcional– del país en que la Constitución permite que puedan ser restringidas –temporalmente– las garantías consagradas en esta (salvo, claro está, las referidas a los derechos a la vida, prohibición de incomunicación o tortura, el derecho al debido proceso, el derecho a la información y los demás derechos humanos intangibles).

En efecto, estos Decretos, por tener en todo el territorio de la República una vigencia ya dos años, pasaron de ser excepcionales a constituir una situación ordinaria en el país; y pasaron de restringir temporalmente las garantías consagradas en la Constitución a restringirlas indefinidamente, infringiendo lo dispuesto en el artículo 338 de la Constitución. Se ha hecho un uso distorsionado de la emergencia para desviar la función legislativa desde su órgano legítimo que es el parlamento al Presidente quien carece de la representación de la voluntad popular.

De otra parte, debe interpretarse que la distorsión de la prórroga es evidente porque es la Asamblea Nacional el órgano que tiene la potestad de declararla, previa solicitud del Presidente de la República (artículos 337 y 338 de la Constitución). Sin embargo, el Presidente de la República prorrogó unilateralmente por vía de Decreto todos y cada uno de los Decretos de estado de excepción y emergencia económica dictados inconstitucionalmente por él y sin la aprobación de la Asamblea Nacional.

Desde 2016, el Presidente de la República ha utilizado la declaratoria del Estado de Excepción (Emergencia Económica) para sustituirse en los poderes ordinarios de legislación que competen al parlamento. Esta actividad es sin duda de cuestionable legitimidad, desde que se ha efectuado contrariando y violando los requisitos constitucionales de la materia, pues no sólo es necesaria la aprobación de la Asamblea Nacional de cualquier decreto que declare el Estado de Excepción, lo cual no se ha producido, sino que se ha excedido el límite temporal y el carácter extraordinario de esta vía. La irregularidad ha contado además con la complicidad de la Sala Constitucional del Tribunal Supremo de Justicia, pues a pesar de que ante el primer decreto de estado de emergencia,[182] fue negada su aprobación por el órgano parlamentario, ese tribunal procedió a desconocerla y entender una aprobación tácita de una negativa expresa.[183] A partir de ese momento se ha producido una sucesión ininterrumpida de decretos de declaratoria de un estado de excepción y emergencia económica,[184] violando el límite temporal que sólo los admite por sesenta días y con una sola prórroga por el mismo plazo y con la única variante de incrementar los poderes del Presidente para *"dictar cualquier medida que considere necesaria"* lo cual incluye actos con rango y fuerza de ley y la Sala Constitucional del Tribunal Supremo de Justicia las ha aprobado en sustitución y usurpación de las funciones de la Asamblea Nacional.[185]

---

[182] Decreto N° 2.184 de fecha 14 de enero de 2016.

[183] Sentencia N° 4 del 2° de enero de 2016.

[184] Decreto N° 3.413, mediante el cual se declara el Estado de Excepción y Emergencia Económica en todo el territorio nacional de fecha 10 de mayo de 2018, publicado en la Gaceta Oficial N° 41.394 de la misma fecha. Decreto N° 3.503, mediante el cual se prorroga el término establecido en el Decreto N° 3.413, por un plazo de sesenta (60) días, publicado en la Gaceta Oficial N° 41.435 del 9 de julio de 2018.

[185] Entre estas decisiones se pueden citar: Sentencias 4/2016 del 20-1-16; 7/2016 del 11-2-2016; 184/2016 del 17-3-2016; 411 del 19-05-16; 615 del 19-07-2016; 810 del 21-10-2016; 952 del 21-11-2016; 04 del19-01-17.

Los decretos de estado de excepción disponen con amplitud la facultad del presidente de la República de dictar cualesquiera medidas de orden social, económico, político y jurídico que estime convenientes a las circunstancias.

De esta forma, los decretos de estados de excepción violan el principio de la mínima intervención, según el cual pueden dictarse solo las medidas excepcionales e indispensables para afrontar una crisis económica declarada mediante estado de excepción, reflejado en el en los artículos 5 y 11 de la LOEE.

En efecto, toda medida adoptada en el marco de un estado de excepción (de emergencia económica, de alarma o de conmoción) debe tener una duración limitada a las exigencias de la situación que se quiere afrontar, sin que tal medida pierda su carácter excepcional o de no permanencia, pues así está consagrado en el artículo 5 de la LOEE, el cual dicta lo siguiente:

"Artículo 5. Toda medida de excepción debe tener una duración limitada a las exigencias de la situación que se quiere afrontar, sin que tal medida pierda su carácter excepcional o de no permanencia".

De otra parte, conforme al artículo 11 de la LOEE,[186] y para el caso particular del decreto que declare el Estado de Emergencia Económica, solo se pueden disponer las medidas oportunas con el fin de impedir la extensión de los efectos de dicha emergencia económica, es decir, para resolver satisfactoriamente la anormalidad o crisis. Ello, en la medida estrictamente limitada a las exigencias de la situación y de manera temporal.[187]

Es menester resaltar entonces, que toda medida decretada en el marco de un estado de excepción (de emergencia económica, de alarma o de conmoción) debe dictarse únicamente si es indispensable para afrontar una crisis económica declarada mediante estado de excepción,

---

[186] *"Capítulo II. Del estado de emergencia económica:*
Artículo 11. El decreto que declare el estado de emergencia económica dispondrá las medidas oportunas, destinadas a resolver satisfactoriamente la anormalidad o crisis e impedir la extensión de sus efectos".

[187] BREWER-CARÍAS, Allan. *"El Régimen Constitucional de los Decretos Leyes y los Actos de Gobierno"*. Ponencia para el VII Congreso Venezolano de Derecho Constitucional, Asociación Venezolana de Derecho Constitucional, San Cristóbal, noviembre 2001. Páginas 18 y 19.

y además debe tener una duración provisional, temporal y limitada a las exigencias de la situación que se quiere afrontar con el fin de impedir la extensión de los efectos de dicha emergencia, sin que tal medida pierda su carácter excepcional o de no permanencia, pues así está consagrado en los artículos 337 al 339 de la Constitución, artículo 27.1 de la Convención Americana sobre Derechos Humanos, artículo 4 del Pacto Internacional de Derechos Civiles y Políticos y en los artículos 5 y 11 de la Ley Orgánica de los Estados de Excepción.

Sin embargo, los decretos de estado de excepción han dado pie para que el presidente de la República, en usurpación de las funciones propias de la Asamblea Nacional (artículo 187 de la Constitución) y en violación del principio de separación de poderes (artículos 136 y 137 de la Constitución), dicte normativa con carácter de permanencia y en usurpación de las facultades propias de legislación de la Asamblea Nacional (artículo 187.1 en concordancia con artículo 156.2). Tal es el caso, por ejemplo, del Decreto N° 24 del 22 de marzo de 2018, dictado por el Presidente de la República en el Marco del Estado de Excepción y de Emergencia Económica, mediante el cual se Decretó la Reconversión Monetaria en fecha 22 de marzo de 2018 y del Decreto N° 44 sobre el régimen especial transitorio para la gestión operativa y administrativa de la Industria Petrolera Nacional, del 12 de abril de 2018.

1.2.2. Afectación del núcleo esencial del derecho a la libertad de empresa

A pesar de que la instauración de un modelo de economía socialista que implique el abandono del sistema de mercado requería una reforma del texto constitucional, y que la misma estuvo en efecto en la intención de la llamada revolución chavista, tal reforma no fue lograda con la propuesta planteada por el Presidente de la República en el año 2007; sin embargo, de igual manera mediante esta vía de la habilitación para una legislación excepcional por parte del Presidente de la República se dictó una normativa cuyas disposiciones han implantado ese régimen de economía socialista, eliminando la libertad de empresa y controlando la existente empresa privada, mediante un sistema de control absoluto de precios, costos y ganancias.

El núcleo esencial de la libre empresa se ha visto afectado en Venezuela con las regulaciones legales del Ejecutivo, pues mediante la denominada Ley de Precios Justos y los Programas de planificación económica presentados por el Presidente a la Asamblea Nacional (Plan Simón Bolívar, 2003, y Plan de la Patria, 2013) se confiesa la intención de imponer un sistema de economía socialista, y en tal virtud se han dictado estas normas por las cuales el Estado controla de forma absoluta los precios, costos y ganancias de la empresa privada. Es el Estado y no el mercado, ni la libre competencia, quien establece los parámetros de la justicia del intercambio.

La denominada Ley de Costos y Precios Justos[188] motivada en *"los abusos flagrantes del poder monopólico en muchos sectores de la economía han originado que la base de acumulación de capital se materialice en los elevados márgenes de ganancia que implica el alza constante de precios sin ninguna razón más que la explotación directa e indirecta del pueblo"* pretendió corregir esta situación mediante el control absoluto de todo el mercado, monopolizando la fijación de todos los precios, incidiendo en la determinación de los costos y determinando el criterio de la justa ganancia.

No obstante lo establecido por la Sala Constitucional del Tribunal Supremo de Justicia en cuanto a que *"...el fin del derecho a la libertad de empresa constituye una garantía institucional frente a la cual los poderes constituidos deben abstenerse de dictar normas que priven de todo sentido a la posibilidad de iniciar y mantener una actividad económica sujeta al cumplimiento de determinados requisitos",[189]* mediante esta Ley se sustituye el Estado en el libre mercado de forma total y absoluta y se coloca así el régimen socioeconómico de la Nación en uno solo de los extremos constitucionales, dejando carente de contenido el otro que igualmente reconoce, impone y configura el sistema escogido por la Constitución vigente.

La Ley se rebeló contra el mandato constitucional sobre el rol del Estado en la economía cuando sustituyó su labor de promoción por una función de control y policía administrativa, al extremo de reservarse a

---

[188] Originalmente publicada en la Gaceta Oficial No. 6.009, extraordinario, de fecha 17 de diciembre de 2010.

[189] Sentencia de la Sala Constitucional del Tribunal Supremo de Justicia de fecha 6 de abril de 2001, caso: Manuel Quevedo Fernández.

la Administración la potestad de definir los elementos fundamentales del mercado excluyendo a la empresa privada, a quien la misma norma otorga papel protagónico conjuntamente con el Estado en dicho rol de promoción, que no control, del desarrollo armónico de la economía nacional.

Todo derecho constitucional, sin importar si es de carácter económico, social u otro tipo, tiene un núcleo esencial que no puede ser afectado, tocado o modificado, ni siquiera por el legislador, ya que la irremediable consecuencia sería que el referido derecho quede vacío de contenido, irrespetándose así su consagración constitucional e imposibilitando su ejercicio. Así, las *"...limitaciones no pueden ser nunca arbitrarias, ni pueden afectar el núcleo esencial de los derechos que pretenden regular, hasta el punto de que pudieran resultar desvirtuados o hacerse nugatorios"*.[190]

No puede el Estado, por tanto, imponer limitaciones que enerven el contenido esencial de la libertad económica. Suele distinguirse, en todos los derechos fundamentales, un núcleo duro, un contenido esencial pre-configurado por el constituyente que en modo alguno puede ser afectado por el Estado. De allí que tal contenido imponga límites ciertos a la acción a su vez limitadora de los poderes públicos sobre los operadores económicos privados. Al respecto, la jurisprudencia venezolana ha aceptado que, en efecto, la libertad económica tiene un contenido esencial: *"...si bien puede haber una zona gris en la que el legislador puede restringir o ampliar los derechos constitucionales según la característica especial de la materia a regular (...) siempre existirá un 'núcleo duro' que no podrá ser suprimido por el legislador..."*.[191]

No obstante lo anterior, la Ley estigmatiza a la empresa privada con señalamientos en los que le atribuye de forma generalizada la práctica de políticas especulativas. Así lo hace en la exposición de los motivos al señalar, entre otros considerandos, los siguientes:

- *"Los abusos flagrantes del poder monopólico en muchos sectores de la economía han originado que la base de acumulación*

---

[190] Sentencia de la Sala Constitucional del Tribunal Supremo de Justicia de fecha 30 de octubre de 2001.

[191] Sentencia de la Sala Político-Administrativa de la Corte Suprema de Justicia de fecha 19 de junio de 1997, caso Tiuna Tours, C.A.

del capital se materialice en elevados márgenes de ganancia que implica el alza constante de precios sin ninguna razón más que la explotación directa e indirecta del pueblo".

- *"El poder monopólico o monopsónico y la cartelización, se han constituido en la política aplicada, por los empresarios, para dominar el mercado, siendo ellos quienes fijan los precios y condiciones comerciales, que no se corresponden a referentes internacionales, ni obedecen a una estructura de costos justificable."*

- *"La generalización de prácticas especulativas produce niveles de inflación exacerbados..."*

Con estas expresiones se evidencia que la ley, que es un texto normativo y no una decisión administrativa o judicial, imputa a todos los empresarios prácticas como la cartelización prohibida por el ordenamiento jurídico vigente y que corresponde al ámbito de competencias de un órgano administrativo especializado, quien en función administrativa es el órgano del Estado que debe, mediante un procedimiento administrativo previo, garantizando el derecho a la defensa de los imputados (artículo 49 de la Constitución), establecer en cada caso concreto si se han producido estos hechos de cartelización contrarios a derecho.

En todo caso, insistimos, es absolutamente alejado de la esencia de la norma censurar el ejercicio de derechos constitucionales o establecer condenatorias con carácter general, ello desnaturaliza la función normativa que es la de prever con carácter general situaciones de derecho en la que subsumidos los hechos concretos den lugar a la aplicación de una consecuencia jurídica. Esta desnaturalización de la función normativa ocurre igualmente cuando es en las motivaciones del legislador donde se señala de forma concreta la supuesta infracción del ordenamiento jurídico por parte de sujetos de derecho –los empresarios-, para sobre esta base pretender eliminar el derecho constitucional que les asiste de ejercer su actividad económica en libertad, y de acuerdo a la realidad de los mercados, que es el elemento que puede condicionar su actividad comercio industrial y no a través de una norma jurídica, pues con ello se pretende la instauración de ese rígido control de la vida económica que el Estado comunista requiere para imponer la comunidad de producción y consumo, eliminado las libertades individuales que se contemplan en un Estado Social y Democrático de Derecho como declara ser la Constitución venezolana.

La grave afectación del derecho a la libertad de empresa y la negación a la condición de empresario de la protección que como sujeto de derecho corresponde se manifiesta además en una norma de la Ley de Costos y Precios Justos (artículo 37) en la cual se dispone que las actuaciones de funcionarios incursos en incompatibilidades *"...serán nulas pero producirán efectos sólo en lo desfavorable al comerciante...".* Una norma de esta naturaleza desconoce no sólo la libertad de empresa sino también el principio de no discriminación, debido proceso y el principio del in dubio pro-administrado, que se desprenden de los artículos 49, 21 y 24, de la Constitución venezolana, respectivamente.

La ley además deslegitima el lucro, en la medida en que no se adecué a los parámetros de la justicia de intercambio que fije el Estado, limitándose la libertad de empresa y el derecho a la realización de actividades económicas que están protegidas como derecho fundamental en la Constitución. El lucro no es un concepto prohibido en la Constitución de Venezuela, es, antes bien, consecuencia esencial de la libertad económica. De allí que cuando el Estado, a través de una ley, pretende ser quien determine la legitimidad de la ganancia, se vacía de contenido ese derecho constitucional de los particulares y se viola el ordenamiento jurídico constitucional.

Finalmente, cabe destacar que el respeto al mercado es cuestión que no sólo exige el derecho de libre empresa, sino que se impone además en una real búsqueda de la protección del consumidor y los usuarios. En este sentido, sostiene Bermejo Vera que el respeto al mercado debe ser *"concebido como la institución de intercambio libre de bienes y servicios, fiscalizada por el Estado para garantizar su conservación y garantizar su mayor perfección, a fin de que los usuarios de tales mercados, los ciudadanos en definitiva, sean servidos por el mayor número de empresarios, con dispersión de su capacidad de influencia, aumento de la oferta de tales servicios, de su calidad, de la capacidad de elección por parte de los usuarios y con actualización permanente de la capacidad de innovación".*[192]

---

[192] BERMEJO VERA, JOSÉ. *"Aspectos jurídicos de la protección al consumidor"*, en: Revista Administración Pública, No 87, Madrid, 1978, págs. 283 y sigs.

Esta consideración del consumidor o usuario como beneficiario de un sistema de mercado y de libre competencia se halla igualmente contenida en el artículo 113 de la Constitución venezolana, cuando en tal disposición se señala que la protección del consumidor va de la mano con el *"aseguramiento de condiciones efectivas de competencia en la economía"*, de forma tal que la eliminación de las condiciones efectivas de la competencia que se ha producido mediante esta normativa es contraria al cumplimiento del objetivo constitucional en los términos que en dicho texto han sido diseñados.

2. La libre competencia

2.1. Formulación teórica

La Constitución española expresamente reconoce la libertad de empresa en el marco de la economía de mercado (artículo 38). La venezolana se refiere a la libertad de empresa y aunque no define expresamente el régimen de economía de mercado sí lo prevé al plantear la libre empresa (artículo 112) en el ámbito de un régimen socio económico de libre competencia (artículo 299). La economía de mercado tiene uno de sus fundamentos principales en la libre competencia, es decir, la concurrencia libre de los agentes del mercado, en completa libertad de entrar o salir del mercado, y para que quienes estando dentro de él, tanto individualmente como en colusión con otros, no tengan posibilidad de imponer condición alguna en las relaciones de intercambio.

Bien lo señala el Tribunal Constitucional español cuando afirma que: *"La libertad de empresa debe ejercerse en el marco de la economía de mercado debiéndose entender esta última, de acuerdo con el Tribunal Constitucional, como la defensa de la competencia que constituye un presupuesto y un límite a aquella libertad, evitando aquellas prácticas que puedan afectar o dañar seriamente a un elemento tan decisivo en la economía de mercado como es la concurrencia entre empresas y no como una restricción de la libertad económica"*.[193]

En el caso español, la libre competencia también se reconoce como uno de los postulados fundamentales del sistema económico de

---

[193] Sentencia 208/1999 de 11 de noviembre.

mercado. Así en la Exposición de Motivos de la Ley de Defensa de la Competencia[194] se indica que *"La existencia de una competencia efectiva entre las empresas constituye uno de los elementos definitorios de la economía de mercado, disciplina la actuación de las empresas y reasigna los recursos productivos en favor de los operadores o las técnicas más eficientes. Esta eficiencia productiva se traslada al consumidor en la forma de menores precios o de un aumento de la cantidad ofrecida de los productos, de su variedad y calidad, con el consiguiente incremento del bienestar del conjunto de la sociedad"*.

Pero la libre competencia en España viene también impuesta por el derecho comunitario europeo, en el cual libre competencia y mercado son principios esenciales.[195] La libertad en materia económica se instala en el diseño del mercado común europeo con una *"lógica interna, institucional, implacable (...) que, aunque encubierta bajo el manto modesto y neutral de la libre competencia para lograr un gran Mercado general y común, en el que las mercancías, los servicios, los capitales y las personas pudieran moverse sin trabas, estaba llamada a llenarlo todo. Y es que la libertad es indivisible y una vez introducida en un sistema cualquiera tiende inevitablemente a agrandar la brecha, por pequeña que ésta sea, que ha permitido su introducción y a hacerlo estallar, más pronto o más tarde, para reconstruirlo en su totalidad a su propia imagen"*.[196]

En efecto, conforme al artículo 106.1. del Tratado *"Los estados miembros no adoptarán ni mantendrán, respecto de las empresas públicas y aquellas empresas a las que concedan derechos especiales o exclusivos, ninguna medida contraria a las normas del presente Tratado, especialmente las previstas en los artículos 12 y 81 a 89, ambos inclusive. 2. Las empresas encargadas de la gestión de servicios de interés económico general o que tengan el carácter de monopolio fiscal quedarán sometidas a las normas del presente Tratado, en especial a las normas sobre competencia, en la medida en que la aplicación de* dichas normas no impida, de hecho o de derecho, el cumplimiento *de la misión específica a ellas confiada. El desarrollo de los intercambios no*

---

[194] Ley 15/2007, de 3 de Julio.

[195] ARIÑO, GASPAR, ob. cit. (34), pág. 351.

[196] CALVO CARAVACA, ALFONSO y CARRASCOSA GONZÁLEZ, JAVIER. *"Mercado Único y Libre Competencia en la Unión Europea"*, Edit. Colex, Madrid, 2003, pág. 25.

deberá quedar afectado en forma tal que sea contraria al interés de la Comunidad. (...)."

El Tratado establece una regla muy importante en la aplicación del derecho europeo comunitario en relación con el principio de la competencia, en el sentido de "*...la vinculación por igual de empresas públicas o privadas a tal ordenamiento. Rige, así, un principio de igualdad de trato entre ambas y, por tanto, no pueden establecerse tratos especiales ni de favor ni de desfavor en relación con las empresas públicas. Dicho de otra forma, el Tratado es neutral al respecto de las empresas que puedan resultar afectadas por el Derecho comunitario*".[197]

En Venezuela, la libertad de competencia no sólo se contempla como uno de los principios fundamentales del régimen socio económico del país (artículo 299), sino que se desarrolla también de forma específica en el artículo 113 de la Constitución del 1999, el cual prohíbe el establecimiento de monopolios así como la conducta de abuso de posición de dominio,[198] es decir, aquella realizada por empresas que en determinado mercado disfrutan de una posición dominante que les permite imponer, con absoluta independencia de sus competidores, precios y condiciones de comercialización supra-competitivos a sus clientes y distribuidores.

A pesar de su rango constitucional desde 1961, no fue sino hasta enero del año 1992 cuando se promulgó en Venezuela la "*Ley Para Promover y Proteger el Ejercicio la Libre Competencia*",[199] con me-

---

[197] GONZÁLEZ-VARAS IBAÑEZ, SANTIAGO. "*El derecho administrativo privado.*" Editorial Montecorvo, S.A., Madrid, 1996, pág. 299.

[198] El artículo 113 dispone: "*No se permitirán monopolios. Se declaran contrarios a los principios fundamentales de esta Constitución cualquier acto, actividad, conducta o acuerdo de los y las particulares que tengan por objeto el establecimiento de un monopolio. También es contrario a dichos principios el abuso de la posición de dominio que un particular, un conjunto de ellos o de ellas, o una empresa o conjunto de empresas, adquiera o haya adquirido en un determinado mercado de bienes o de servicios, con independencia de la causa determinante de tal posición de dominio, así como cuando se trate de una demanda concentrada. En todos los casos antes indicados, el Estado adoptará las medidas que fueren necesarias para evitar los efectos nocivos y restrictivos del monopolio, del abuso de la posición de dominio y de las demandas concentradas, teniendo como finalidad la protección del público consumidor, de los productores y productoras y el aseguramiento de condiciones efectivas de competencia en la economía...*"

[199] La Ley fue dictada en diciembre de 1991 pero publicada en la Gaceta Oficial de la República de Venezuela N° 34.880, de fecha 13 enero de 1992.

canismos tendentes a favorecer la natural gestión de los agentes económicos y la auto-regulación del mercado y se creó a estos efectos un organismo rector de carácter administrativo, la Superintendencia Para la Promoción y Protección de la Libre Competencia. La Ley incluía expresamente a las personas jurídicas de derecho público (artículo 4) que realizasen actividades económicas, con o sin fines de lucro.

Este régimen estuvo en vigencia hasta el 2014 cuando mediante un decreto presidencial, con rango, valor y fuerza de ley se dictó la ley antimonopolio que acabó no sólo con este organismo sino con el concepto mismo de la libre competencia.[200] El primer texto legal de la materia así como otros de igual orientación –ley de privatizaciones–[201] se inscribieron en la tendencia liberalizadora y desreguladora a la que concurrió Venezuela con otros países latinoamericanos durante la década de los 90.Su derogatoria se inscribe, por el contrario, en la tendencia estatista y reguladora llevada al extremo de la eliminación del principio, a pesar de su rango constitucional y base del régimen económico previsto.

2.2. Competencia desleal y falseamiento de la competencia por la actividad del Estado empresario

La tendencia liberalizadora de la libre competencia es un aspecto que se ha desarrollado en el derecho comunitario europeo, al considerarse que en efecto la intervención pública en la economía debe estar condicionada por el respeto a este principio de la libre competencia. No se prohíbe, por ende, en el derecho comunitario europeo la empresa pública pero sí se la limita al establecer su sujeción al principio de la libre competencia.[202] Al lado de la libre empresa privada se halla la

---

[200] Publicado en Gaceta Oficial No. 6.151 y reimpreso en la Gaceta Oficial No. 40.549 del 26 de noviembre de 2014, mediante este decreto ley se derogó la Ley para Proteger y Promover el Ejercicio de la Libre Competencia, publicada en Gaceta Oficial de la República de Venezuela No. 34.880 del 13 de enero de 1992, que había reformado la original del año 1991.

[201] Publicada oficial No. 5.199, extraordinario, de fecha 30 de diciembre de 1997.

[202] Señala Hernández González que "El principio –reiterado en el artículo 86 del TCE– es la sujeción de las empresas públicas a las normas de libre competencia, tal y como lo establecen los artículos 81 y 82." HERNÁNDEZ GONZÁLEZ, JOSÉ IGNACIO, ob. cit. (157), pág. 68.

iniciativa pública, pero el bienestar económico al que propende la economía de mercado conduce a la liberalización y la libre competencia que se alcanzan en el mercado europeo con la eliminación de las *"intervenciones excesivas del Estado en el mismo, reduciendo al mínimo los monopolios en manos públicas, y controlando la actividad de las empresas para garantizar la existencia de una verdadera competencia en todos los sectores, evitando la formación de monopolios y oligopolios privados, y asegurando la transparencia del mercado"*. Sólo de esa forma se *"garantiza una afluencia suficiente de competidores en el mercado comunitario"*.[203]

Consideramos, como lo hace Muñoz Machado, que al quedar sometida la empresa pública a las reglas de la libre competencia se impone un condicionamiento a su supervivencia.[204] En el mismo sentido se menciona el principio que proscribe la competencia desleal, y sobre todo aquella que tiende a producirse cuando uno de los agentes que concurren en la actividad económica es uno o más entes públicos, conjuntamente con los empresarios privados. La posibilidad de falseamiento de la competencia por parte de la Administración prevalida de su poder es cuestión que puede producirse fácilmente, desde que con ello tiende al logro de sus objetivos empresariales en detrimento de quienes le compiten. En este sentido, cabe destacar que en España la Ley 29/2009 de Competencia Desleal, de 30 de diciembre aplica también a las Administraciones públicas empresariales.[205]

En Venezuela, hemos señalado que la derogada Ley para Promover y Proteger la Libre competencia cuando definía el ámbito subjetivo de su aplicación comprendía expresamente a *"...todas las personas naturales o jurídicas, públicas o privadas que, con o sin fines de lucro, realicen actividades económicas en el territorio nacional o agrupen a quienes realicen dichas actividades"* (artículo 4°), de manera que claramente incluía a la empresa pública.

---

[203] CALVO CARAVACA ALFONSO y CARRASCOSA GONZÁLEZ, JAVIER, ob. cit. (196), pág. 25.

[204] MUÑOZ MACHADO, SANTIAGO. *"La noción de empresa pública, la libre competencia y los límites del principio de neutralidad"*, en: *"Administración Instrumental. Libro Homenaje a Manuel Francisco Clavero Arévalo"* (PÉREZ MORENO, ALFONSO, coordinador), Tomo II, Editorial Civitas, Madrid, 1994, pág. 1277.

[205] GONZÁLEZ-VARAS IBÁÑEZ, SANTIAGO, ob. cit. (197), pág. 337.

Ahora, de la materia de libre competencia han quedado sólo reguladas las prácticas desleales en el Decreto Ley que contiene la Ley Antimonopolio,[206] la cual en efecto prohíbe *"las prácticas desleales, engañosas y fraudulentas en la producción, distribución y comercialización, en cualquiera de sus fases, por ser contrarias a la 'democratización económica' y por ser capaces de desplazar en forma real o potencial, total o parcial, a los sujetos que realicen una misma actividad económica, o en perjuicio de los consumidores y usuarios de bienes y servicios"* (artículo 16).

Sin embargo, si bien los entes públicos son sujetos de su aplicación, se excluyen las empresas públicas y mixtas de carácter estratégico y las empresas Estatales de prestación de servicios públicos (artículo 3). También se prevé que el Presidente de la República, en Consejo de Ministros, podrá decretar excepciones a su aplicación cuando lo considere conveniente al interés de la Nación, en los casos de: i) fijación directa o indirecta, individual o concertada de precios de compra o venta de bienes o servicios; ii) aplicación de condiciones diferentes en las relaciones comerciales para prestaciones equivalentes que ocasionen desigualdades en la competencia; y iii) representaciones territoriales exclusivas y las franquicias con prohibición de comerciar otros productos (artículo 18).

2.2.1. El abuso de la técnica reguladora

La competencia desleal por parte de la Administración supone que ella actúa en la materia concreta en un régimen de concurrencia con los particulares, y que utilizando las prerrogativas que provienen precisamente de su carácter de autoridad de la Administración, incluso no la de la propia empresa pública actuante, sino la que provenga de aquella que regula o aplica las regulaciones del ordenamiento jurídico del sector en el que se desenvuelve la actividad económica.

El Tratado de Funcionamiento de la Unión Europea reconoce *"que la eliminación de los obstáculos existentes exige una acción concertada para garantizar un desarrollo económico estable, un intercambio*

---

[206] Esta Ley publicada en la Gaceta Oficial No. 6.151, extraordinario, de fecha 13 de noviembre de 2014, sustituyó la Ley para Promover y Proteger el Ejercicio de la Libre Competencia del año 1992.

comercial equilibrado y una competencia leal", y el artículo 101 dispone que *"serán incompatibles con el mercado interior y quedarán prohibidos todos los acuerdos entre empresas, las decisiones de asociaciones de empresas y las prácticas concertadas que puedan afectar al comercio entre los Estados miembros y que tengan por objeto o efecto impedir, restringir o falsear el juego de la competencia dentro del mercado interior... "*.

González-Varas expone tres posibles tipos de prácticas desleales por parte de la Administración, la primera, que denomina el *"abuso de autoridad"* y se produce cuando con el ejercicio de las competencias públicas, la Administración promueve la actividad de sus empresas o de terceros; la segunda, cuando *"saca partida en el mercado a la hora de ejercer sus competencias"*; y la tercera, cuando se usan las *"ventajas propias o connaturales de su condición de Administración en relación con la posición de sus competidores privados"*.

Brinda el autor un ejemplo de cada uno de los anteriores supuestos de deslealtad en la competencia, para el primero, la declarada por el Tribunal Supremo Alemán en relación con una autoridad que tenía a su cargo un balneario y ante la solicitud de información sobre las mejores posibilidades de alojamiento, indicaba sin mayor motivación la de un hotel que era de su propiedad. Para el segundo se refiere a una decisión del Tribunal Superior de Baden-Württemberg que prohibió a la administración que tenía a su cargo un cementerio promover otros servicios cuando cumplía su obligación de informar sobre los fallecidos. Finalmente, para el tercer supuesto, cita como ejemplo el *"aprovechamiento desleal de los contactos y conocimientos adquiridos gracias a su posición de Administración"* o la de *"fijar precios inferiores a los de mercado desviando una fuente de financiación con tal fin"*, la propaganda encubierta en emisores de radio del Estado que se suponen libres de propaganda.[207]

2.2.2. El abuso de la actividad de fomento. Las ayudas públicas

Como otra forma de falsear la competencia puede estimarse también el uso abusivo de las ayudas públicas. Las ayudas públicas son

---

[207] GONZÁLEZ-VARA IBAÑEZ, SANTIAGO, ob. cit. (197), págs. 338 y 339.

instrumento del desarrollo de la actividad administrativa de fomento, la cual se define como *"la acción de la Administración encaminada a proteger o promover aquellas actividades, establecimientos o riquezas debidos a los particulares y que satisfacen necesidades públicas o se estimen de interés general, sin usar la coacción ni crear servicios públicos".*[208]

Las ayudas públicas es una de las formas de la actividad administrativa, e implica una intervención del Estado en el ámbito económico, pues mediante ella se produce la *"dispensación mediata e inmediata de bienes a determinados administrados de forma directa o indirecta, con carácter no devolutivo y en razón de ciertas actividades que le son propias, a cuya realización dichos bienes quedan afectados".*[209]

Para Entrena Cuesta, quien la define como aquella mediante la cual *"...encaminada a proteger o promover aquellas actividades, establecimientos o riquezas de los particulares o de otros entes públicos que satisfacen necesidades públicas o se estiman de utilidad pública...",* la actividad de fomento se distingue de las otras actividades administrativas en que en ésta *"...la Administración persigue los fines públicos sin el empleo de la coacción y sin la realización de prestaciones".*[210]

Sobre la noción de ayuda pública se ha pronunciado el Tribunal de Justicia de la Unión Europea, al referirse a la prohibición contenida en el artículo 87 del Tratado de la Comunidad Europea, afirmando que ella es un término *"...mucho más amplio que la subvención, ya que ésta comporta "...una prestación en metálico o en natura".*[211] Existirá una ayuda siempre que se concrete una determinada medida que conlleve

---

[208] JORDANA DE POZAS, LUIS. *"Ensayo de una teoría del fomento en el Derecho Administrativo".* En Comisión de homenaje al profesor Jordana de Pozas con motivo de su jubilación universitaria (ed.) *Estudios de Administración Local y General.* Vol. II, Instituto de Estudios de Administración Local. Madrid, 1961, pág. 46.

[209] DE LA RIVA, IGNACIO. *"Ayudas Públicas. Incidencia de la intervención estatal en el funcionamiento del mercado",* Derecho Administrativo/1 (Juan Carlos Cassagne, dirección/ Pablo Esteban Perrino, coordinación), 1ª edición, Editorial Hammurabi, Buenos Aires, 2004, págs. 122 y 123.

[210] ENTRENA CUESTA, RAFAEL. *"Apuntes de Derecho Administrativo",* Editorial Tecnos, Madrid, 1958-1959, pág. 142.

[211] Sentencia de fecha 21 de febrero de 1961, asunto 30/59. Criterio reiterado en la sentencia de fecha 15 de marzo de 1994, asunto 387/92 y la sentencia del 11 de julio de 1996, asunto 39/94.

una carga pecuniaria para el erario público, sin que la ventaja concedida comporte una contrapartida a favor del Estado.[212]

Las ayudas comprenderán *"...las aportaciones de recursos a un operador económico, público o privado, con cargo a fondos públicos, comunitarios, estatales, autonómicos y locales, o cualquier otra ventaja concedida por los poderes o entidades públicas que supongan una reducción de las cargas a las que debería hacer frente el operador económico en condiciones de mercado o que no lleve implícita una contraprestación en condiciones de mercado. También se considerarán ayudas públicas cualesquiera otras medidas de efecto equivalente al de las anteriores, aprobadas por poderes o entidades públicas que distorsionen la libre competencia".*[213]

El artículo 51 del Tratado de Funcionamiento de la Unión Europea prevé que las ayudas otorgadas por los Estados miembros pueden en efecto falsear las condiciones de libre mercado y el artículo 107.1 prohíbe que mediante éstas se falsee la competencia al disponer: *"Salvo que los Tratados dispongan otra cosa, serán incompatibles con el mercado interior, en la medida en que afecten a los intercambios comerciales entre Estados miembros, las ayudas otorgadas por los Estados o mediante fondos estatales, bajo cualquier forma, que falseen o amenacen falsear la competencia, favoreciendo a determinadas empresas o producciones."*

La competencia constituye, sin duda, el mejor instrumento para lograr el bienestar económico, y con ella se persigue propiciar el crecimiento económico global de los países de la Unión Europea, sustituyendo el nacionalismo por la concurrencia de todos los países miembros a fin de conseguir mayor bienestar para el conjunto de sus ciudadanos.[214]

---

[212] Sentencia del Tribunal de Justicia de la Comunidad Europea de fecha 17 de marzo de 1993 en los asuntos acumulados C-72 y 73/91, Firma Slogan Neptun Schiffahrts AG; Sentencia de fecha 14 de octubre de 1984, en el asunto 248/84, Alemania c. Comisión. Vid. Rodríguez Del Valle, Alicia, Reflexiones sobre la Televisión Pública y su financiación en el Marco del Derecho de la Competencia, citadas en: ORTÍZ BLANCO, LUIS y VERASOPENA, BLANCO. *"Derecho de la Competencia Europeo y Español"*, Curso de Iniciación, Volumen II, Universidad Rey Juan Carlos, Servicio de Publicaciones, Madrid, 2000, pág. 554.

[213] Dictamen Nro. 9 del Consejo Económico y Social sobre el Anteproyecto de Ley de Reforma de la Ley 16/1989 de 17 de julio, de Defensa de la Competencia.

[214] HERNÁNDEZ MARTÍN, VALERIANO y VILLAVILLA MUÑOZ, JOSÉ MARÍA. *"El Control de las Ayudas de Estado en el Derecho Europeo"*, No. 40, Biblioteca Jurídica de Bolsillo, Editorial Colex, Madrid, 1999, págs. 21 y sigs.

En efecto, la entrega de ayudas públicas puede afectar la libre competencia, pues conceder determinados beneficios económicos para un sujeto genera una desventaja competitiva para otros y pueden incluso constituir barreras de entrada al mercado en el cual operan las empresas beneficiadas, que estarían en una posición preferente debido al otorgamiento de las ayudas estatales.[215] Si las ayudas se dirigen además a empresas públicas, el falseamiento de la competencia es aún más grave pues el poder del Estado en su actividad de fomento se estaría utilizando para mejorar su posición en el mercado, desvirtuando la libre competencia en propio beneficio.

El Tribunal de Justicia también ha destacado la importancia de la competencia no falseada al indicar: *"La competencia no falseada prevista en los artículos 3 y 85 del Tratado CEE supone la existencia de competencia efectiva (workable competition) en el mercado, es decir, de la dosis de competencia necesaria para que las exigencias fundamentales sean respetadas y los objetivos del tratado alcanzados"*.[216] Los objetivos no serán alcanzados si el sector público procede falseando la competencia mediante las ayudas públicas, las cuales deben formar parte del marco regulatorio que garantice la libre competencia. Por ello en el ámbito del derecho comunitario el principio general es el de la incompatibilidad de las ayudas públicas con el mercado común (artículo 107.1) y su concesión es excepcional, porque aun cuando puedan no falsear la competencia siempre la alterarán. Así lo explica la doctrina –Arpio Santacruz– al señalar que tal alteración se manifiesta (i) en la afectación al modelo que identifica la libre competencia con el derecho a la libertad económica y el principio de igualdad, ya que se trata de un proceso selectivo por naturaleza que mientras beneficia la actividad económica de algunas empresas perjudica la de otras; (ii) en la interferencia con los conceptos de libre circulación y libertad de mercado, por cuanto operan como barreras proteccionistas que impiden la entrada al mercado por parte de aquellas empresas no favorecidas por la ayuda pública, y; (iii) en la afectación del sistema de competencia efectiva, pues evita, mediante el aporte de recursos constantes,

---

[215] ARPIO SANTACRUZ, JUAN. *"Ayudas Públicas de Estado y defensa de la competencia en la Comunidad Europea"*, Editorial Aranzadi, Madrid, 2000, pág. 39.

[216] Sentencia de fecha 25 de octubre de 2010, asunto 26/1977, Metro contra Comisión.

que los operadores económicos ineficientes que normalmente estarían condenados a desaparecer, se mantengan en el mercado por las ventajas artificiales que supone el otorgamiento de la ayuda pública.[217]

El falseamiento de la competencia, por su parte, se produce cuando el otorgamiento de la ayuda refuerza la posición financiera del operador económico en relación con los demás operadores, es decir, se coloca a dicho agente económico en una posición más segura frente a los competidores.[218] Este falseamiento prohibido puede ser incluso potencial,[219] lo cual se compatibiliza con el sistema de control preventivo que le corresponde a la Comisión sobre las ayudas nuevas, más aún cuando en el caso de las otorgadas sin el requisito de la notificación previa la Comisión no está tampoco obligada a demostrar la existencia de una incidencia real de esta ayuda sobre los intercambios comerciales de la competencia, sino que basta con la potencialidad del daño que se pueda causar para que la misma pueda ser cuestionada.[220]

2.3. Desconocimiento de la libertad de competencia en Venezuela

2.3.1. Inexistencia de competencia por virtud de la regulación total de precios

La violación a la libre empresa se complementa con la violación al principio de libre competencia, el cual despareció en Venezuela no sólo por virtud de la antes referida Ley de Costos y Precios Justos, pues el control total de precios, costos y ganancias elimina la noción de competencia, sino que además de forma frontal su eliminación se produjo, a pesar de su consagración constitucional, cuando por otra ley también de carácter presidencial, vía facultades excepcionales habilitadas, dictada para regular el monopolio, no sólo se eliminó la normativa legal existente para la protección de la libre competencia, sino que al regular

---

[217] ARPIO SANTACRUZ, JUAN, ob. cit. (215), págs. 38 y sigs.

[218] Sentencia del Tribunal de Justicia de la Comunidad Europea de fecha 14 de septiembre de 1994, España contra Comisión.

[219] Sentencia Tribunal de Justicia de la Comunidad Europea de fecha 15 de julio de 1964, caso Flaminio Costa.

[220] CALVO CAVARACA, ALFONSO y CARRASCOSA GONZÁLEZ, JAVIER, ob. cit. (196), pág. 226.

este principio lo desvirtúa y vacía de contenido.[221] La primera de las mencionadas leyes, la de precios justos, violenta la libre competencia, cuando elimina toda posibilidad de que ella tenga efecto, al estar asignada a un órgano estatal la fijación de los precios de todos los bienes y servicios comerciales, con facultades para incidir en los costos y facultades para controlar la ganancia, la cual, por tanto, no depende ya del mercado sino del criterio burocrático y arbitrario de un órgano estatal. La segunda, la ley antimonopolio, cuando elimina la noción de libre competencia al sustituirla por el concepto de competencia económica, carente de todo sentido de libertad de los agentes del mercado.

Un sistema de control total de precios es sin duda contrario a la libre competencia, más aún cuando también se controlan los costos y los márgenes de la ganancia. En este sentido, afirma Cases Pallares lo siguiente:

> *"La técnica de la defensa de la competencia supone no atribuir a la Administración la formulación de las conductas de las empresas en el mercado. Es un sistema en el que la Administración no tiene capacidad para configurar de forma previa la acción de los particulares, sino que únicamente ha de cuidar de la vigilancia de un amplio marco en el que son posibles distintas propuestas o soluciones.(...)*

> *Los actores principales del mercado son los particulares, que desarrollan sus acciones dentro del marco establecido por el ordenamiento, mientras que la Administración permanece atenta vigilando el cumplimiento del marco configurado. La Administración se coloca, en consecuencia, en un segundo plano supervisor de la acción de los particulares, dirigiendo indudablemente con ello también el comportamiento de las empresas en el mercado".[222]*

La ineptitud del Estado en su rol de establecer parámetros que permitan este desenvolvimiento libre de los factores del mercado, con

---

[221] En Gaceta Oficial Número No. 6.151 Extraordinario del 18 de noviembre de 2014 fue publicado el Decreto con Rango, Valor y Fuerza de Ley Antimonopolio y reimpreso en la Gaceta Oficial No. 40.549 del 26 de noviembre de 2014, mediante el cual se derogó la Ley para Proteger y Promover el Ejercicio de la Libre Competencia, publicada en Gaceta Oficial de la República de Venezuela No. 34.880 del 13 de enero de 1992 que había sustituido la original del año 1991.

[222] CASES PALLARES, LLUIS. *"Derecho Administrativo de la Defensa de la Competencia"*. Marcial Pons, Madrid, 1995, pág. 53.

ejecución de políticas que favorezcan la sana competencia, no puede justificar el quebrantamiento del modelo económico escogido por el Constituyente y que se inscribe, como se ha dicho, en la concepción política democrática del Estado moderno, que igualmente postula el constitucional venezolano.

Con esta conducta inconstitucionalmente interventora se perjudica no sólo al elemento empresarial del mercado, sino a los usuarios y consumidores en cuanto la consecuencia, enseña la teoría económica, es indefectiblemente afectar el derecho de las personas a disponer de bienes y servicios de calidad, como también lo postula el artículo 117 de la Constitución venezolana.[223]

2.3.2. Eliminación expresa de la libre competencia

La Ley Antimonopolio modifica el término *"libre competencia"* por el de *"competencia económica justa"* y no sólo define como su objeto su promoción y protección, sino que a diferencia de la Ley para Promover y Proteger el Ejercicio de la Libre Competencia también contempla la regulación de la misma, lo cual en sí mismo ya implica la negación del principio. Se evidenció con esta normativa, sin dudas, un cambio importante de la filosofía respecto de la materia regulada, lo cual se expresa en la motivación del Decreto Ley, en la cual se lee: *"Con el supremo compromiso y voluntad de lograr la mayor eficacia política y calidad revolucionaria del socialismo..."*.

En tal sentido, la norma que regula el objeto de la Ley dispone que el fin que se persigue es *"garantizar la democratización de la actividad económica productiva con igualdad social, que fortalezca la soberanía nacional y propicie el desarrollo endógeno, sostenible y sustentable, orientado a la satisfacción de las necesidades sociales y a la construcción de una sociedad justa, libre, solidaria y corresponsable, mediante la prohibición y sanción..."* de las prácticas económicas prohibidas.

---

[223] El artículo 117 dispone: *"Todas las personas tendrán derecho a disponer de bienes y servicios de calidad, así como a una información adecuada y no engañosa sobre el contenido y características de los productos y servicios que consumen, a la libertad de elección y a un trato equitativo y digno. La ley establecerá los mecanismos necesarios para garantizar esos derechos, las normas de control de calidad y cantidad de bienes y servicios, los procedimientos de defensa del público consumidor, el resarcimiento de los daños ocasionados y las sanciones correspondientes por la violación de estos derechos."*

En ese mismo orden de ideas, la Ley define la actividad económica como aquella dirigida a la satisfacción de las necesidades humanas, eliminando la mención a *"la obtención de beneficios económicos"*, que contenía la ley de protección de la libre competencia derogada.

La definición de *"competencia económica"*, en lugar de *"libre competencia"*, se traduce en la eliminación de la libertad que constitucionalmente acompaña al concepto, para concebirla limitada por *"principios de complementariedad, intercambio justo y solidaridad"*, lo cual ratifica la nueva filosofía en materia económica que se ha estado instaurando en Venezuela.

2.3.3. Falseamiento de la competencia

A) Mediante el uso del poder regulador

Otro aspecto que hemos mencionado con relación a la garantía de la libre competencia y su posible distorsión es la posibilidad de que el Estado empresario falsee la competencia con el uso desviado del poder regulador del Estado. En este sentido, a manera de ejemplo, lo que ocurre en Venezuela en el caso de la banca pública, desde que mediante una modificación de la Ley de Bancos[224] se establecieron varias disposiciones que conforman un régimen especial y particular para las instituciones bancarias públicas frente a las privadas, entre las cuales pueden destacarse, exenciones al pago de las contribuciones obligatorias.

De igual modo, otras normas la excluyen de mecanismos de control dirigidos a la eficiencia y transparencia de la gestión bancaria, como el control de la idoneidad moral y técnica de los cargos de mayor responsabilidad de la estructura bancaria. Y se contemplan situaciones ventajosas en cuanto a las operaciones que pueden éstas realizar en un régimen diferente respecto de la banca privada.

Asimismo, la intervención del Estado en el sistema bancario con sus instituciones y la regulación en el otorgamiento de créditos preferenciales para la ejecución del Plan de Desarrollo Económico y Social (materia agrícola, turismo, sistema microfinanciero, etc.), mediante la

---

[224] Publicada en la Gaceta N° 6.154, extraordinario, de fecha martes 19 de noviembre de 2014 y reimpresa por error material en la Gaceta Oficial N° 40.557 de fecha 8 de diciembre de 2014.

imposición de la participación obligatoria de la banca privada crea una situación de falseamiento de la competencia, pues se genera una situación de desequilibrio entre los entes financieros públicos y privados, ya que los primeros reciben la mayoría de sus fondos directamente del Estado y no por las actividades propias de la intermediación financiera.

Por otra parte, recientemente, mediante providencia administrativa del órgano de administración de divisas (Centro Nacional de Comercio Exterior, CENCOEX), los administrados se ven obligados a la apertura de cuentas bancarias en instituciones del Estado, pues se les convirtió por virtud de este acto en los únicos bancos autorizados para tramitar la obtención de divisas destinadas al pago de consumos en el exterior de los administrados, desde que se excluyó a la banca privada que hasta entonces podía igualmente realizar dichas operaciones.[225]

B) Mediante el uso de las ayudas públicas

El planteamiento del tema del falseamiento de la competencia mediante el otorgamiento de ayudas públicas requiere obviamente de un sistema de mercado y libre competencia, por ello éste ha tenido un importante desarrollo en el derecho comunitario europeo, y poco en el derecho venezolano. Interesa en particular destacar el caso en el que la ayuda estatal mantiene a la empresa pública en el mercado en detrimento de la libre competencia.

La acción empresarial del Estado como un agente más del mercado o con el objetivo de promover las actividades de los particulares, lo cual se ha denominado el *"accionariado promotor"*[226] no puede ser desvirtuada cuando el uso del "fomento" lo que determina es una acción de manipulación del mercado en perjuicio de sus agentes naturales: los particulares. Es falseamiento de la competencia el uso de la actividad de fomento para crear o mantener la existencia de entidades empresariales que no tienen razón de ser, pues constituyen un fracaso de la gestión empresarial y perturban el mercado que podría satisfacerse con la natural actividad económica privada. Si bien la Administración de

---

[225] Providencia N° 011 publicada en la Gaceta Oficial N° 40.636 de fecha 09 de abril de 2015.

[226] SANTAMARÍA PASTOR, JUAN A. *"Principios de Derecho Administrativo General"*, Volumen II, segunda edición, Editorial Centro de Estudios Ramón Areces, S.A., Madrid, 2000, pág. 603.

Fomento puede utilizar las formas de personificación privadas para actuar en el mercado, *"carece de justificación cuando ese mecanismo se utiliza para burlar las vinculaciones que la Constitución le impone a la Administración como poder público".*[227]

En Venezuela ha sido práctica común el rescate de empresas públicas fracasadas, mediante el aporte de fondos públicos, así como la intervención de estas empresas en áreas de la economía servidas por la iniciativa privada, y que sólo a través de la ayuda pública pueden mantenerse en el mercado. En efecto, el Estado no sólo decide intervenir directamente en la economía a través del ejercicio de actividades empresariales, sino que invocando el interés general de tales actividades, se vale de medios propios del fomento (beneficios fiscales, aportación de recursos económicos bajo la figura de la subvención, exclusión de regímenes de control cambiario, entre otros) para garantizar su sostenimiento en el mercado con los demás operadores privados.

Como bien lo destaca la doctrina –Gaspar Ariño– uno de los problemas económicos que presentan la actividad empresarial del Estado es la falta de rigidez en la administración del presupuesto ya que es evidente que no existe *"...-hoy por hoy– el riesgo de quiebra y todos saben que el Estado acudirá en su ayuda en caso de dificultad".*[228] Si las empresas públicas cubren sus necesidades del presupuesto del Estado, el cual tiene una capacidad de generar recursos de forma prácticamente ilimitada frente al sector privado, se les pone en una posición más favorable y desigual frente a la empresa privada.

El respaldo que suponen los recursos del Estado para la empresa pública, así como los distintos beneficios fiscales y jurídicos que aquél está en capacidad de otorgarles, hace que aquellas se mantengan funcionando, inclusive, bajo situaciones de pérdidas que un operador privado no pudiera sustentar.[229]

El caso de la intervención directa del Estado en los sistemas de compra, venta, producción y distribución de alimentos y bienes de uso

---

[227] GIMENU FELIU, JOSÉ MARÍA. *"Legalidad, Transparencia Control y Discrecionalidad en las Medidas de Fomento del Desarrollo Económico (Ayudas y Subvenciones)"* en: Revista de Administración Pública, No. 137. Madrid, 1995, págs. 158 y 159.

[228] ARIÑO ORTÍZ, GASPAR, ob. cit. (34), pág. 494.

[229] MUÑOZ, MACHADO, SANTIAGO. *"Tratado de Derecho Administrativo y Derecho Público General"*. Tomo I. Edit. IUSTEL. Madrid, 2006, pág. 1104 y sigs.

y consumo, a través de una red de mercados populares en todo el territorio nacional, ha producido un efecto muy negativo de falseamiento de la competencia y unido a los controles que el poder regulatorio ha impuesto a la empresa privada en esta materia, han llevado a un grave estado de desabastecimiento. En 2003, mediante Decreto No. 2.359,[230] el Presidente de la República autorizó a la Corporación Venezolana Agraria para que creara una empresa con forma de sociedad mercantil, bajo su control accionario, denominada Mercado de Alimentos, C.A. (MERCAL). Según el referido Decreto, la finalidad de esa sociedad era garantizar la comercialización de productos de primera necesidad para asegurar el abastecimiento de la población y garantizar a los productores del campo venezolano la colocación de sus cosechas en forma directa y en precios justos, así como la venta de los productos que importa del exterior. Aun cuando puedan identificarse elementos que apuntan a la realización de una actividad de fomento económico, es lo cierto que las actividades coinciden con la de comercialización de productos que realizan los particulares, por lo cual se verifica así una verdadera actividad de gestión económica.

Si la Administración acude a la figura empresarial para el desarrollo de actividades de fomento económico y participa en concurrencia con los particulares, es necesario que actúe en condiciones de igualdad, respetando la libertad de empresa de los privados y conforme a las reglas de la libre competencia. La acción de fomento económico del Estado debe estar sometida a la libre competencia, como lo sustentan las resoluciones que, en este sentido, ha dictado el Tribunal de Defensa de la Competencia español.[231]

Por tanto, es evidente la desigualdad que se plantea entre los privados y el Estado empresario respecto de la libre competencia si éste sale en socorro de sus entes tanto con privilegios económicos como jurídicos. En ese sentido, el Tribunal Supremo español ha establecido que *"... las empresas públicas que actúen en el mercado, se han de someter a las mismas cargas sociales, fiscales, financieras y de toda índole que*

---

[230] Publicado en la Gaceta Oficial No. 37.672 de fecha 15 de abril de 2003.

[231] GONZÁLEZ-VARAS IBAÑEZ, SANTIAGO. *"Los mercados de interés general: telecomunicaciones y postales, energéticos y de transportes"*. Comares. Granada, 2001. págs. 546 y sigs.

afecten a las privadas y a sus mismos riesgos, sin poder gozar de privilegios de ningún tipo, pues ello podría impedir, restringir o falsear el juego de la libre competencia del mercado...".[232]

Como lo ha señalado la Comisión Europea al pronunciarse sobre los efectos restrictivos que sobre la libre competencia tiene la utilización de ayudas estatales como medio de fortalecimiento de las empresas del Estado (llamadas *"ayudas de salvaguardia"*), *"...este tipo de ayudas puede conllevar por su naturaleza un atentado particularmente grave a las condiciones de competencia pues el libre juego de las fuerzas de mercado exigiría normalmente el cierre de la empresa, lo que permitiría a los concurrentes más competitivos desarrollarse".*[233]

Los ordenamientos jurídicos en los que los principios de libertad económica y libre competencia funcionan como postulados fundamentales del sistema económico deben limitar la posibilidad de que la Administración Pública pueda otorgar beneficios y ayudas públicas a sus empresas. A estos fines, es muy importante la regla del *inversor privado* utilizada por el Tribunal de Justicia europeo como criterio para determinar la incompatibilidad de la ayuda respecto a los referidos principios, lo que supone determinar *"...en qué medida la empresa sería capaz de obtener estos fondos en los mercados privados de capital. En el caso de una empresa cuyo capital está casi enteramente en manos de las autoridades públicas, se trata en particular de determinar si en circunstancias similares un accionista privado, con vistas a obtener un beneficio y prescindiendo de consideraciones sectoriales y de política social y regional, hubiera suscrito el capital en cuestión".*[234]

La regla se aplica no sólo a las empresas públicas que desarrollan simples actividades económicas sino, inclusive, a aquellas que prestan servicios de interés económico general. Aún en estos casos en los que el ejercicio de la actividad está sometido al cumplimiento de una serie de obligaciones de servicio público, la Comisión ha señalado que tales empresas están sujetas a la libre competencia, admitiéndose sólo de

---

[232] Sentencia de fecha10 de octubre de 1989 (RJ 1989, 7352).

[233] Decisión de la Comisión del 14 de noviembre de 1984, citada por MUÑOZ MACHADO, SANTIAGO, ob. cit. (229), pág. 1106.

[234] Sentencia del 10 de julio de 1989, Caso: BOCH, Sentencia del 16 de mayo de 2002, Caso: República francesa vs. Comisión.

manera excepcional cualquier medida de ayuda *"cuando dichas empresas no dispongan de ningún otro medio técnicamente posible y económicamente viable para desarrollar sus actividades".*[235]

A pesar de que estos postulados resultan plenamente aplicables en el ordenamiento jurídico venezolano, pues su Constitución consagra los principios de igualdad, libertad económica y libre competencia, los cuales imponen los límites analizados a la actividad de fomento en cualquier área, más aún en el ámbito de la empresa pública, es lo cierto que en la práctica no se concretan regulaciones que impidan al Estado empresario falsear la competencia mediante el uso abusivo de las ayudas públicas.

3. El derecho a la propiedad privada

3.1. Formulación teórica

Señala Juan de la Cruz Ferrer, citando Alchian (1996), que *"en un sistema económico de mercado, uno de los requisitos imprescindibles es establecer un sistema claro y efectivo de derechos de propiedad...".*[236] La libertad de empresa está indisolublemente asociada al derecho de propiedad individual y las experiencias del sistema comunista basado en la propiedad colectiva han terminado *"con el empobrecimiento progresivo de esa sociedad, hasta llegar a carecer de los productos y servicios más elementales para su supervivencia".*[237] Es esta la lamentable realidad de la situación económica venezolana en estos tiempos, de escasez de los productos básicos, que ha de vincularse necesariamente con las ejecutorias de un Estado en el que contrariamente a lo que prevé su sistema constitucional, no respeta los postulados de la economía de mercado y el derecho a la propiedad privada como uno de ellos.

---

[235] Decisión de 4 de mayo de 1988, Carine Bodson/SA Pompes Fúnebres des Regions Liberees, citada en: RODRÍGUEZ MIGUEZ, JOSÉ ANTONIO. *"La participación en el capital social como modalidad de ayuda pública a las empresas"*. Escola Galega de Administración Pública. Santiago de Compostela, 2002, pág. 67.

[236] FERRER, JUAN DE LA CRUZ. "La intervención de la administración pública en la libertad económica de los particulares", en: *"Congreso Internacional de Derecho Administrativo en homenaje al Prof. Luis H. Farías Mata",* Tomo I, primera edición, Editorial Texto, Caracas, 2006, pág. 127.

[237] Ibídem, págs. 127 y 128. El autor refiere estas palabras que atribuye a M. Gorbachov en su discurso de dimisión y disolución de la Unión Soviética.

El derecho comunitario reconoce el derecho de propiedad en los siguiente términos: "*1. Toda persona tiene derecho a disfrutar de la propiedad de sus bienes adquiridos legalmente, a usarlos, a disponer de ellos y a legarlos. Nadie puede ser privado de su propiedad más que por causa de utilidad pública, en los casos y condiciones previstos en la ley y a cambio, en un tiempo razonable, de una justa indemnización por su pérdida. El uso de los bienes podrá regularse por ley en la medida que resulte necesario para el interés general.* 2. Se protege la propiedad intelectual" (artículo 17 de la Carta de los derechos fundamentales).

La Constitución española reconoce el derecho de propiedad y sus límites en el artículo 33, el cual dispone:

> "*1.Se reconoce el derecho a la propiedad privada y a la herencia.*
>
> *2. La función social de estos derechos delimitará su contenido, de acuerdo con las leyes.*
>
> *3. Nadie podrá ser privado de sus bienes y derechos sino por causa justificada de utilidad pública o interés social, mediante la correspondiente indemnización y de conformidad con lo dispuesto por las leyes.*"

Este reconocimiento del derecho de propiedad es condición necesaria para el ejercicio de la libertad de empresa y la economía de mercado, principios también de orden constitucional (artículo 38). En este sentido, siendo que la Constitución contempla igualmente la iniciativa pública, frente a la propiedad privada se reconoce la de carácter público, la cual se manifiesta entre otros, cuando se dispone que al Estado se le podrán reservar recursos o servicios esenciales (artículo 128.2).

La propiedad privada está concebida en la Constitución española en el marco de su función social, la cual la delimita en cuanto a su contenido de acuerdo con la ley (artículo 33,2.) y por ende la misma está también sometida a la expropiación (149,1.,18ª), figura que se erige como garantía del derecho, desde que es el único medio que permite su privación, sólo por "*causa justificada de utilidad pública o interés social, mediante la correspondiente indemnización y de conformidad con lo dispuesto por las leyes*" (artículo 33.3).

En la Constitución venezolana el derecho de propiedad está consagrado en el artículo 115 de la Constitución en los siguientes términos:

"Se garantiza el derecho de propiedad. Toda persona tiene derecho al uso, goce, disfrute y disposición de sus bienes. La propiedad estará sometida a las contribuciones, restricciones y obligaciones que establezca la ley con fines de utilidad pública o de interés general. Sólo por causa de utilidad pública o interés social, mediante sentencia firme y pago oportuno de justa indemnización, podrá ser declarada la expropiación de cualquier clase de bienes".

La norma precedentemente transcrita tiene un triple contenido: en primer lugar, se prevé el derecho de propiedad; en segundo término, la posibilidad de imponer mediante ley limitaciones legales a ese derecho con fines de utilidad pública o de interés general y, por último, dentro de las limitaciones que admite ese derecho, se prevé la potestad del Estado para expropiar cualquier clase de bienes por causa de utilidad pública o de interés social, mediante sentencia firme y el pago oportuno de justa indemnización, límite que se constituye en una garantía, pues sólo mediante este procedimiento podrá el Estado adquirirla de manera forzosa.

Con las limitaciones al derecho de propiedad se busca compatibilizar este derecho con las exigencias del interés público, de manera que el accionar de la Administración, en procura de alcanzar ese interés público, no se vea obstaculizado o perturbado por un ejercicio absoluto del derecho de propiedad de los particulares sobre las cosas y bienes que les pertenecen.

La propiedad privada incluye: *"1. La libertad de pensar, decidir su curso de acción, y actuar consecuentemente en una actividad productiva. Esto es, el derecho a producir. 2. La libertad de usar y disponer el producto de su acción productiva. Esto es, el derecho al dominio y sus derivados. 3. La libertad de negociar e intercambiar sus productos por los productos de otras personas. Esto es, el derecho al comercio. La forma en que se instrumenta el ejercicio del derecho de propiedad es por medio de contratos. Los contratos permiten, desde la realización de los más elementales acuerdos entre dos personas, hasta las más complejas interrelaciones económicas entre una multitud de desconocidos. Por su intermedio, las personas pueden expresar sus decisiones, prometer intercambios diferidos en el tiempo, etc. ".*[238]

---

[238] ROJAS, RICARDO M. "Realidad, Razón y Egoísmo. El pensamiento de Ayn Rand." Unión Editorial, Madrid, 2012, págs. 233 y 234.

La libertad de empresa va de la mano del derecho a la propiedad privada. *"La libertad de empresa se proyecta sobre la empresa como actividad; el derecho de propiedad, sobre la empresa como resultado"*.[239] Aunque la empresa presupone propiedad, desde la relativa a los medios de producción, como a los bienes de la empresa, y también, por supuesto a los beneficios que de ella resulten.

En la relación entre la empresa pública y el derecho de propiedad queremos destacar que la propiedad puede ciertamente ser limitada, cuando la actividad empresarial del Estado ocurre vía nacionalizaciones, y en virtud de ellas éste ha de convertirse en empresario en sustitución del particular que hasta entonces, y en ejercicio de la libre empresa, la venía ejecutando. A todo evento, con declaratoria de reserva de la actividad o sin ella, es lo cierto que la empresa privada, como bien que es, resulta susceptible de expropiación. En este caso, dada la afectación a la propiedad privada, encuentra plena vigencia el régimen jurídico de la expropiación por causa de utilidad pública o social.

3.2. La expropiación. Concepto

La expropiación es una institución jurídica del Derecho Público a través de la cual el Estado adquiere coactivamente el derecho de propiedad sobre determinado bien, siguiendo el procedimiento legalmente establecido y previo el pago de una justa indemnización, y siempre para la satisfacción de fines de utilidad pública o de interés social.

La doctrina y la jurisprudencia han construido la definición de la expropiación, con mayor o menor acento en los elementos que conforman el instituto expropiatorio, a saber: su carácter instrumental, la utilidad pública o interés social y la justa indemnización.

En Argentina, Manuel María Diez ha definido la expropiación como *"una institución de derecho público por medio de la cual la administración obliga por razones de utilidad pública, a un particular a cederle su bien mediante el pago de una previa y justa indemnización"*.[240]

---

[239] PAZ-ARES RODRÍGUEZ, CÁNDIDO y ALFARO ÁGUILA-REAL, JESÚS. *"Comentarios a la Constitución española."* (MARÍA EMILIA CASAS BAHAMONDE (Director), MIGUEL RODRÍGUEZ-PIÑERO y BRAVO-FERRER (Director), Fundación Wolters Kluwer, Madrid, 2008, pág. 983.

[240] DIEZ, MANUEL MARÍA. *"Derecho Administrativo"*, Tomo IV, Edit. Plus Ultra, Buenos Aires, 1980, pág. 345.

Miguel Marienhoff, por su parte, la define como *"el medio jurídico en cuyo mérito el Estado obtiene que un bien sea transferido de un patrimonio a otro por causa de utilidad pública, previa indemnización"*.[241]

Garrido Falla indica que la expropiación es *"un instituto de Derecho público que consiste en la transferencia coactiva de la propiedad de un particular a una Administración Pública, o a otro particular, por razón de interés público, previo pago de su valor económico"*.[242]

En Francia, André de Laubadère ha señalado que *"...la expropiación por causa de utilidad pública es una operación administrativa por la cual el Estado obliga a un particular a cederle la propiedad de un inmueble en beneficio de la comunidad, mediante una indemnización justa y previa"*.[243]

En Venezuela, el profesor Eloy Lares Martínez definió la expropiación, como la institución jurídica que permite a la Administración adquirir coactivamente bienes de los administrados, según lo establecido en la ley y mediante el pago de una justa indemnización, para cumplir fines de utilidad pública o social.[244]

Por su parte, la jurisprudencia en Venezuela también se ha pronunciado sobre la expropiación haciendo siempre énfasis en sus elementos esenciales. Así, la Sala Político-Administrativa de la Corte Suprema de Justicia ha señalado que la expropiación es: *"una institución de derecho público mediante la cual la administración, para el cumplimiento de los fines públicos, logra coactivamente la adquisición de bienes muebles o inmuebles, siguiendo un procedimiento determinado y pagando una justa compensación"*,[245] o *"el medio de que se vale el Estado para adquirir de los particulares, en forma coactiva, los inmuebles que requiere para la ejecución de las obras de interés social que como gestor de la cosa pública está llamado a realizar. Sobre este particular están contestes en reconocerle al Estado la potestad de adquirir cualquier*

---

[241] MARIENHOFF, MIGUEL. *"Tratado de Derecho Administrativo"*, Tomo IV, Abeledo-Perrot, Buenos Aires, 1983, pág. 123.

[242] GARRIDO FALLA, FERNANDO, ob. cit. (61), págs. 258 y 259.

[243] DE LAUBADÈRE, ANDRÉ. *"Manual de Derecho Administrativo"*, Editorial Temis, Bogotá, 1984, pág. 289.

[244] LARES MARTÍNEZ, ELOY. *"Manual de Derecho Administrativo"*, Décima edición. Universidad Central de Venezuela, Caracas, 1996, pág. 715.

[245] Sentencia de fecha 24 de febrero de 1965, caso: Banco Obrero vs Hacienda La Urbina.

clase de bienes, cuando las necesidades de la comunidad así lo exigen y para los fines indicados ".[246]

Variando el acento en los distintos elementos integrantes del instituto expropiatorio, todas las definiciones coinciden que se trata de un mecanismo de adquisición forzosa de la propiedad, el cual debe estar precedido de un procedimiento previo y de una justa indemnización, y debe basarse en el cumplimiento de fines de utilidad pública o interés social.

3.2.1. La utilidad pública como causa justificante

La expropiación constituye la más grave afectación a que puede ser sometido el derecho de propiedad, ya que al entrar en conflicto el interés privado y el interés general, por encontrarse de por medio una razón de utilidad pública o de interés social, va a privar esta finalidad que es la que, en definitiva, va a justificar y legitimar el uso de la potestad expropiatoria.

Se trata, por tanto, de un elemento esencial en la expropiación; la razón en virtud de la cual el Estado puede ejercitar válidamente la potestad expropiatoria se encuentra precisamente en la necesidad de atender a la utilidad pública o social, por lo que sólo en tal supuesto puede ser expropiado un bien.

El concepto de utilidad pública o interés social en modo alguno es unívoco, se trata de una noción contingente y circunstancial que varía en cada lugar y momento y que tiene un carácter evolutivo. Dicho concepto tiene claramente un carácter expansivo, derivado de la multiplicidad de fines que el Estado pretende abarcar, fines éstos que se hacen cada vez más numerosos. Sobre la condición no unívoca y expansiva del concepto de utilidad pública se pronunció la Sala Político-Administrativa de la Corte Suprema de Justicia al señalar que *"El concepto de utilidad pública por mutable es contingente y circunstancial, pues varía según la época, las circunstancias, el lugar y el ordenamiento jurídico vigente [...] la razón o causa de la expropiación, es la utilidad pública, y ésta se en extremo amplia y omnicomprensiva, es por ello, precisamente, que por virtud del régimen legislativo y creación*

---

[246] Sentencia de fecha 2 de octubre de 1986, caso: Agrícola Santo Domingo. C.A.

jurisprudencial hubo de variarse la expresión 'necesidad pública' a 'utilidad social', así como otros conceptos más amplios, como el 'interés general', la utilidad o interés social; 'el bien común' entre otros...".[247]

La utilidad pública o social aparece así como la causa que legitima el ejercicio de la potestad expropiatoria y que se subsume dentro del género fin público. La utilidad pública y el interés social no sólo aparecen como fundamento de la potestad expropiatoria, sino que constituyen su causa y el límite más importante en orden a su ejercicio: la expropiación sólo procede, por causa de utilidad pública o social.

Pero no basta el interés general o público que determina toda la actividad administrativa (incluyendo la actividad expropiatoria) sino que se requiere la individualización y predeterminación legal de ese interés general abstracto denominado utilidad pública o interés social, esto es, el cumplimiento efectivo de la "causa expropiandi".

De esta forma, como lo señalan García de Enterría y Fernández, la utilidad pública o el interés social que se pretende satisfacer con el ejercicio de la potestad expropiatoria de la Administración no sólo *"ha de justificarse en una finalidad legal de utilidad pública o interés social, sin lo cual no cabe siquiera iniciarla; pero ha de legitimarse, una vez consumada, en el servicio efectivo de esa finalidad legal, que es a lo que se llama técnicamente causa, y que supone una transformación ulterior del bien expropiado, material o jurídica, en el sentido postulado por esa finalidad, sin lo cual la expropiación aún realizada no puede mantenerse".*[248] La "causa expropiandi", que tiene fundamento en la utilidad pública o interés social perseguido con la expropiación, es entonces el destino efectivo del bien expropiado a aquellos fines de utilidad pública o interés social que determinaron el ejercicio de la potestad expropiatoria por la Administración.

La satisfacción del interés público aparece así como la causa que legitima el ejercicio de la potestad expropiatoria y que justifica el cumplimiento del fin de la expropiación, esta es, la transferencia al Estado del dominio particular. La utilidad pública y el interés social, como ya

---

[247] Sentencia de la Sala Político-Administrativa de la Corte Suprema de Justicia de fecha 15 de agosto de 1988.

[248] GARCÍA DE ENTERRÍA, EDUARDO y FERNÁNDEZ, TOMÁS RAMÓN. *"Curso de Derecho Administrativo."* Tomo II. Civitas. Madrid, 1996, pág. 232.

lo expresáramos, no sólo son fundamento de la potestad expropiatoria, sino que constituyen el límite más importante en orden a su ejercicio: la expropiación sólo procede por causa de utilidad pública o interés social y siempre que éstos efectivamente se satisfagan.

3.2.2. El decreto de afectación

La "causa expropiandi" no determina los bienes que serán afectados concretamente para su ejecución. Con posterioridad a la declaración genérica o específica de utilidad pública o social de la obra, una vez que la autoridad administrativa decide emprender su realización debe ésta proceder a la emisión de un acto administrativo en virtud del cual se hace la determinación de los bienes que serán expropiados. En general, los efectos fundamentales de la emisión del Decreto de Expropiación son los siguientes:

a) *Se inicia en forma concreta el procedimiento expropiatorio.*

b) *Se individualizan los bienes a ser expropiados.*

c) *Se crea la obligación para los particulares de transmitir la propiedad de los bienes al ente expropiante o beneficiario de la expropiación, previo pago de la indemnización, aunque debe destacarse que en forma inmediata no es afectado el dominio.*

La afectación por vía de decreto constituye el inicio del procedimiento expropiatorio, por lo que al apropiación del bien no ocurre por su virtud sino por la conclusión del procedimiento y, fundamentalmente, por el pago de la justa indemnización. Es en ese momento cuando opera la transferencia de la propiedad. Ello explica por qué en los casos en que el Decreto ha sido dictado, pero el ente expropiante no ha dado inicio al proceso expropiatorio y transcurre el tiempo sin que lo haga, la situación de incertidumbre en que se coloca al sujeto pasivo de la expropiación, da lugar a lo que se ha calificado como *afectaciones eternas,* que en general opera por el abandono de la expropiación, las cuales habilitan al particular afectado a solicitar la desafectación del bien de que se trate.

Por consiguiente, no es suficiente que mediante la ley se declare la existencia de un interés general o público que justifica el ejercicio de la potestad expropiatoria, sino que además es necesario que la satisfacción de ese fin público se individualice y concrete de forma efectiva, mediante la afectación de los bienes y la tramitación del correspondiente procedimiento expropiatorio, así como la posterior ejecución de la obra o servicio de utilidad pública encomendada por el legislador, es decir, que se dé cumplimiento cierto a la expropiación y su finalidad.

Ahora bien, cuando por cualquier razón el bien afectado por el decreto expropiatorio no se destina a la satisfacción del interés colectivo previsto por el legislador porque la Administración nunca dio inicio al correspondiente procedimiento expropiatorio, decae la causa que legitima el ejercicio de la potestad expropiatoria y nace en la esfera del particular afectado el derecho de ejercer y disponer su derecho de propiedad.

3.2.3. Naturaleza jurídica de la expropiación

El objeto de la expropiación es permitir a la Administración el cumplimiento de fines públicos. Cuando para la consecución de determinado fin de interés general deba ceder el derecho de propiedad de un particular, el Estado se vale de la expropiación. Ahora bien, bajo la consideración de que la expropiación es una limitación extintiva del derecho de propiedad, el legislador especifica cuáles finalidades públicas constituyen causas legítimas para su procedencia, y son éstas las que debe motivar a la Administración en el ejercicio de tal potestad. De allí que la expropiación haya sido analizada en doctrina como una potestad, como un modo de adquisición coactivo, como una limitación al derecho de propiedad, como prestación obligatoria, como procedimiento y como garantía jurídica.

A) La expropiación como potestad

La práctica de una expropiación supone la existencia de un sujeto titular de *potestad expropiatoria*, es decir, un ente u órgano dotado de capacidad por el ordenamiento jurídico para extinguir unilateralmente las titularidades privadas de dominio.

La expropiación se concreta en la posibilidad que tienen los órganos a quienes les ha sido conferido dicho poder para hacerse forzosamente de bienes muebles o inmuebles del dominio privado, mediante el pago de una justa indemnización. La expropiación implica pues la existencia de un poder de traslación coactiva del derecho real de propiedad.

B) La expropiación como un modo de adquisición coactivo

Una parte importante de la doctrina –Waline, Diez, entre otros– ha coincidido en señalar que el instituto de la *expropiación* se enmarca dentro de los modos de adquisición de derecho público, estos son, medios con los que cuenta la Administración para adquirir los bienes que requiera para el cabal cumplimiento de sus cometidos.

Quienes sostienen esta posición, parten de considerar que la Administración puede emplear los medios que ofrece el derecho privado en el Código Civil y el Código de Comercio (i.e. compraventa, donación, permuta, etc.) para obtener los bienes que necesita, pero que hay casos en los que el ordenamiento jurídico privado es insuficiente a tales efectos, por lo que la Administración debe contar también con un conjunto de medios para la obtención coactiva de bienes entre los que se encuentra la expropiación por causa de utilidad pública.

C) La expropiación como limitación del derecho de propiedad

La expropiación puede ser estudiada igualmente como una limitación al derecho de propiedad. La mayoría de los autores españoles –García Oviedo, Royo Villanova, Garrido Falla– han destacado que la expropiación es una limitación a las facultades dominiales del propietario. En ese sentido, la expropiación entraña restricciones al libre ejercicio del derecho de propiedad y constituye una limitación impuesta en beneficio del interés colectivo, del derecho de disponer de la cosa expropiada.

La concepción de la propiedad como un derecho absoluto fue ampliamente superada para dar paso a la noción de propiedad, restringida por su función social. Las limitaciones constituyen así, la adecuación de la propiedad a los fines sociales o de interés general asumidos por el Estado, pudiendo afirmarse que la expropiación es la mayor limitación al derecho de propiedad, más que una limitación es su eliminación o, en todo caso, su conversión en el contenido económico del mismo.

En efecto, las restricciones derivadas del ejercicio de la potestad expropiatoria no son limitaciones ordinarias que impongan al propietario determinadas conductas de hacer o no hacer, por el contrario, la expropiación implica la pérdida del derecho de propiedad y el bien jurídico afectado es la totalidad del derecho. Como bien lo señala Zanobini, entre las limitaciones ordinarias y la expropiación no hay una diferencia de grado sino de dirección, pues mientras las primeras sustraen al propietario de algunas de las facultades que en forma abstracta la Ley le reconoce, el instituto de la expropiación ataca el derecho del propietario en su unidad y en su totalidad y, por ello, en su propia existencia.[249]

D) La expropiación como prestación obligatoria

Un sector de la doctrina italiana enmarca la expropiación entre las prestaciones obligatorias de los particulares a favor de la Administración, es decir, de obligaciones jurídicas que vienen impuestas a los sujetos en razón de su pertenencia a la colectividad, capaces de constreñirlos a entregar coactivamente a los entes y órganos que integran la Administración, a cambio de una justa indemnización, los bienes patrimoniales que éstos requieran para satisfacer las necesidades colectivas.[250]

E) La expropiación como procedimiento

La expropiación puede ser también vista como *procedimiento*. Se trata de una idea que ya ha sido asomada en el pasado, principalmente por Otto Mayer en Alemania y Guido Zanobini en Italia, quienes tratan de individualizar las distintas actividades administrativas de acuerdo con sus características formales. Giannini ha destacado que todo poder tiene un procedimiento que le es típico: el procedimiento legislativo (proceso de formación de leyes) para el poder legislativo y el procedimiento jurisdiccional (proceso judicial) para el poder judicial. Para el poder administrativo está el procedimiento administrativo. Los actos de los diversos poderes, no pueden tener lugar sino a través de estos procedimientos y bajo la forma típica implícita en cada uno; así, las

---

[249] ZANOBINI, GUIDO. *"Corso di Diritto Amministrativo"*, tomo IV, Edit. A. Giuffrè, Milán, 1945, pág. 185.

[250] ALESSI, RENATO. *"Diritto Amministrativo"*, edit. A. Giuffrè, Milán, 1949, pág. 482

funciones son definibles a partir de un rasgo de derecho positivo: la adopción necesaria de cierta estructura procedimental.[251]

En ese sentido, para de Laubadère, la expropiación es un procedimiento de naturaleza compleja, por cuanto se desarrolla bien en sede administrativa, bien en sede jurisdiccional, e implica una colaboración activa entre los distintos órganos del Poder Público.[252]

Este criterio fue acogido por la Sala Político-Administrativa de la antigua Corte Suprema de Justicia, en decisión del 14 de agosto de 1980 al precisar que la expropiación es "[...] *un procedimiento especial que facilita al Estado la realización de obras y servicios en cumplimiento de sus altos fines y de la específica función social de la propiedad* [...]".[253]

La jurisprudencia en Venezuela ha entendido que la existencia del procedimiento expropiatorio constituye la garantía principal de tal institución, pues el ente público sólo podrá expropiar siguiendo los trámites formales establecidos, todo ello en respeto del principio de legalidad. El cumplimiento de dicho procedimiento, tal y como lo ha señalado el Tribunal Supremo, tiende a proteger, por un lado, los intereses de los particulares afectados y, por otro, los intereses del ente público expropiante, el cual tendrá la seguridad de que el bien expropiado estará libre de todo vicio, riesgo o gravamen.[254]

Ahora bien, debe tenerse presente que la necesidad de un procedimiento legalmente preestablecido existe no sólo respecto de la expropiación en su aspecto *material*, sino en relación con cualquier actividad de los órganos y entes de la Administración mediante la cual se prive total o parcialmente la propiedad privada, independientemente de que ésta sea calificada o no como expropiación. Lo contrario, esto es, la expropiación sin el previo procedimiento, encuadraría dentro de lo que ha sido calificado por la doctrina como vía de hecho, es decir, "...*toda*

---

[251] GINANNINI, MASSIMO SEVERO. *"Derecho Administrativo"*, Ministerio para las Administraciones Públicas, Madrid, 1991, pág. 108

[252] DE LAUBADÈRE ANDRÉ, ob. cit. (243), pág. 289.

[253] Sentencia de la Sala Político Adtminivativa de la Corte Suprema de Justicia de fecha 14 de agosto de 1980, caso: Hato Bermúdez, Gaceta Forense N° 109, Vol. I, Año 1980, 3ª Etapa.

[254] Sentencia de la Sala Político Administrativa de la Corte Suprema de Justicia de fecha 12 de noviembre de 1991; caso: Corporación Venezolana de Guayana. Jurisprudencia Venezolana Ramírez & Garay, Tomo 119, págs. 600 a 604

actuación material de la Administración Pública carente de un título jurídico que la justifique".[255]

F) La expropiación como garantía constitucional

Por último, la expropiación puede ser examinada como garantía constitucional a favor de los ciudadanos. El concepto de garantía constitucional en opinión de la doctrina –Pablo Lucas Verdú– presupone dos elementos fundamentales: **(i)** un interés constitucional tutelado y **(ii)** la posibilidad de que dicho interés pueda encontrarse en peligro. Es a partir de esas dos notas fundamentales que podemos caracterizar el instituto de la expropiación como una garantía constitucional.[256]

En efecto, el bien o interés jurídico tutelado en el presente caso es el derecho de propiedad, la garantía se concreta, en primer lugar, en el hecho de que la regulación de la potestad expropiatoria debe hacerse por ley. Así, de conformidad con los artículos 156, numeral 32 de la Constitución venezolana será de la competencia del Poder Nacional, la legislación reguladora de la expropiación por causa de utilidad pública o social. En ese sentido, el artículo 187, numeral 1° de la Constitución establece que corresponde a la Asamblea Nacional legislar sobre las materias que son competencia del Poder Nacional. De esta forma, de acuerdo con el ordenamiento jurídico venezolano sólo podrá regularse la expropiación de bienes y derechos –y he aquí la garantía– por ley formal dictada por la Asamblea Nacional.

Cuestión distinta es lo que comprende en sí mismo el derecho que se garantiza, que es el derecho a no ser desposeído de la propiedad sino mediante la expropiación. En este sentido los tres requisitos cuya concurrencia es indispensable para la procedencia de la declaratoria de expropiación, son: que sea por causa de utilidad pública o de interés social, que medie sentencia firme y que se proceda al pago de una justa y oportuna indemnización (artículo 115 de la Constitución de 1999), más que una garantía, constituyen los elementos esenciales de la figura, y,

---

[255] GARRIDO FALLA, FERNANDO. "Ámbito de la Jurisdicción Contencioso-Administrativa en *España", en:* I Jornadas Internacionales de Derecho Administrativo Allan Randolph Brewer-Carías. Fundación de Estudios de Derecho Administrativo, Caracas, 1995, pág. 62.

[256] LUCAS VERDÚ, PABLO. "*Garantías constitucionales en Nueva Enciclopedia Jurídica*", Tomo X. Edit. F. Seix. Barcelona, 1985. pág. 545 y 546.

por ende, sólo se admite la existencia o regulación de la expropiación, respetándose tales elementos.

La violación de las garantías jurídicas a la propiedad privada, por el Estado en Venezuela va vinculada a esta visión que minimiza la libertad de empresa en favor de la visión amplificadora de la iniciativa pública.

G) La expropiación no es una sanción

Determinado que es la utilidad pública lo que posibilita la expropiación, el objetivo nunca podría ser el de sancionar al propietario. La figura especial de la expropiación como consecuencia del incumplimiento de la función social de la propiedad se extiende en este caso de manera indebida, desproporcionada, desvirtuada y desviada a todo el ámbito de la actividad económica de producción y comercialización de bienes y servicios.

En general, la expropiación no tiene en cuenta las circunstancias personales del afectado, su bien es necesario para alcanzar un determinado objetivo de interés general. Se exige el sacrificio de la propiedad individual a favor del interés general, hay una ruptura del principio de igualdad ante las cargas públicas, porque el individuo cuya propiedad es requerida para la obra de utilidad pública o interés social sufre una disminución patrimonial que se compensa mediante la conversión de ese derecho de propiedad en su contenido económico. De allí que por principio la expropiación no puede ser concebida como una sanción confiscatoria de la propiedad.

3.3. Desconocimiento de la propiedad privada en Venezuela

3.3.1. Uso abusivo de la declaratoria de utilidad pública o interés social de ciertos ámbitos de la actividad económica

La mayoría de las leyes dictadas en el ámbito económico de los últimos años en Venezuela, casi todas por vía habilitante como se expuso con anterioridad, contienen una declaratoria de interés público de la actividad, no de una obra concreta, como debe ocurrir a los fines expropiatorios, sino de un ámbito de actuación que corresponde a la libre iniciativa privada.

Así, la más grave de estas pre-declaratorias en relación con el ámbito de la libre empresa que no atañen a una obra sino a la actividad misma, es aquella en la que *"Se declaran y por lo tanto son de utilidad pública e interés social, todos los bienes y servicios requeridos para desarrollar las actividades de producción, fabricación, importación, acopio, transporte, distribución y comercialización de bienes y prestación de servicios (…)"*.[257]

Otros tantos ejemplos de carácter similar pueden citarse en textos legales recientes, tales como, la Ley de la Gran Misión Agro Venezuela,[258] la cual declara de interés social y nacional, las actividades que garanticen los aspectos de orden técnico, logístico y financiero para la producción de alimentos y su procesamiento, conservación, comercialización y abastecimiento (artículo 4); la Ley de Fomento del Turismo Sustentable como actividad Comunitaria y Social[259] que declara a la actividad turística de tipo comunitario de interés nacional (artículo 2); la Ley de Marinas y actividades conexas,[260] que hace lo propio respecto de la referida materia, y la Ley de Aeronáutica Civil (artículo 4)[261] que también declara de utilidad pública toda la aeronáutica civil.

Es una clara desviación del legislador afectar todos estos ámbitos de la actividad económica y en general afectar el relativo a toda la actividad comercial de bienes y servicios mediante su declaratoria de utilidad pública para dar lugar a posibles expropiaciones, que no persiguen la realización de una obra sino la apropiación estatal de empresas privadas sustituyéndose el Estado empresario por esta vía en la actividad económica que los particulares tienen el derecho a realizar en el marco de una economía de mercado.

---

[257] Artículo 7 de la Ley Orgánica de Precios Justos (antes artículo 6 de la Ley Para la Defensa de las Personas en el Acceso a los Bienes y Servicios, derogada).

[258] Contenida en el decreto presidencial n°1.409, publicado en Gaceta Oficial No. 6.151, extraordinario, de 18 de noviembre de 2014.

[259] Contenida en el decreto presidencial No. 1.442, publicado en Gaceta Oficial No. 6.151, extraordinario, de 18 de noviembre de 2014

[260] Contenida en el decreto presidencial No.1.445, publicado en Gaceta Oficial No. 6.153, extraordinario, de 18 de noviembre de 2014.

[261] Publicada en la Gaceta Oficial No. 39.140 del 17 de marzo de 2009. Esta ley no sólo declara de utilidad la aeronáutica civil, además declara como servicio público la prestación del transporte aéreo comercial (artículo 62).

3.3.2. Apropiación de empresas por parte del Estado mediante expropiaciones sin procedimiento y sin pago de indemnización (vías de hecho)

La expropiación es un mecanismo del Estado de Derecho que impone al ciudadano el sacrificio de su propiedad privada en beneficio de la colectividad. Se produce una "venta forzosa", es decir, que el sacrificio consiste en que el propietario se ve obligado a transferir la propiedad del bien, para una obra de utilidad pública, pero como contrapartida el Estado debe pagar su precio, de manera justa y oportuna.

Hasta que no se hace el pago, no hay transferencia de la propiedad y, por tanto, el Estado no puede entrar en posesión del bien. Sólo si la obra es de urgente realización podría un Juez ordenar la ocupación previa, en un proceso y realizada la inspección del bien y la consignación del monto de su valor para garantizar los posibles daños que se causen al propietario, de acuerdo con las normas de la Ley de Expropiaciones por Causa de Utilidad Pública o Social.

Si en el despojo de la propiedad por parte del Estado, lo cual opera en contra de la voluntad del propietario particular, no se cumplen los trámites antes descritos, e incluso no se paga precio alguno, mal puede hablarse jurídicamente de expropiación sino de una apropiación indebida: las vías de hecho, que son un proceder ilegítimo y una de las tantas fuentes de responsabilidad del Estado.

La expropiación es una manifestación legítima de la actividad administrativa. Es una figura jurídica concebida en el Estado de Derecho, es decir, en un Estado en el impere la Ley, un Estado en que él mismo se somete a la Ley. La expropiación es una garantía constitucional que se contempla para garantizar el derecho de propiedad y para poner freno a la arbitrariedad del Poder.

No es legítimo el proceder en que se desconoce que la apropiación forzosa de un bien requiere un procedimiento de expropiación, con sus presupuestos fundamentales, (i) declaratoria legal de utilidad pública de la obra (fase legislativa); (ii) decreto de afectación del bien susceptible de expropiación y procedimiento de arreglo amigable (fase administrativa); y (iii) proceso judicial de expropiación y sentencia definitiva de fijación de la indemnización, y su consignación o pago, así como declaratoria judicial de transferencia de la propiedad (fase judicial). La autoridad que omite estas etapas incurre en vías de hecho.

La vía de hecho se define como *"una excepción a la presunción de validez de las actuaciones administrativas y a la competencia del juez administrativo, que se produce cuando el acto resulta ser un puro hecho que no puede pretender juridicidad dado que presenta una grave irregularidad, al extremo de perder su carácter de acto administrativo"*.[262] *"La vía de hecho es un accionar en contra del 'derecho' por parte de la administración pública, y así el agente público puede actuar sin competencia, o que teniéndola lo hiciera arbitrariamente"*.[263] En Venezuela la vía de hecho ha sido definida por Rondón de Sansó en los siguientes términos: *"La vía de hecho es la que se vincula, o con la ausencia total de decisión antecedente, o bien con la existencia de una sanción penal o administrativa que la Administración ha omitido aplicar –previamente a pesar de la ejecución–, o con la desproporción entre la medida adoptada y el objetivo buscado"*.[264]

Sin embargo, como el caso más notorio de la vía de hecho se ha calificado *"…el de un apoderamiento puramente fáctico de los bienes privados por la Administración, sin mediar declaración expresa ni procedimiento expropiatorio alguno"*.[265]

Son varios los ejemplos de normas en Venezuela en las que declarada la utilidad pública y realizada la afectación, se ordena la toma de posesión de empresas sin procedimiento y sin garantías judiciales. Así, por ejemplo sucedió en relación con los bienes y servicios conexos a las actividades primarias de hidrocarburos, reservados al Estado mediante el artículo 2 de la Ley Orgánica que Reserva al Estado Bienes y Servicios Conexos a las Actividades Primarias de Hidrocarburos.[266]

---

[262] AUBY, J-DRAGO, R. *"Traité de Contentieux Administratif"*, Edit Civitas, Madrid, 1988, pág. 41.

[263] CANASI, JOSÉ. *"Derecho Administrativo"*. Volumen II. Ediciones Depalma. Buenos Aires, 1984, pág. 220.

[264] RONDÓN DE SANSÓ, HILDEGARD. *"La acción de amparo contra los poderes públicos"*, editorial Arte, Caracas, 1994, pág. 233.

[265] GARCÍA DE ENTERRÍA, EDUARDO y FERNÁNDEZ, TOMÁS RAMÓN, ob. cit. (248), pág. 268.

[266] Publicada en la Gaceta Oficial No. 39.173 de 7 de mayo de 2009.

Tal reserva se hizo con la finalidad de pasar a manos públicas todas las empresas del sector privado en la referida materia, que comprendía: (i) inyección de agua, de vapor o gas que permitan incrementar la energía de los yacimientos y mejorar el recobro, (ii) compresión de gas (iii) los vinculados a las actividades en el Lago de Maracaibo: lanchas para transporte de personal buzos y mantenimiento, barcazas con grúas para transporte de materiales, diesel, agua industrial y otros insumos, remolcadores, gabarras planas, boyeras, grúas, de ripio, de tendido o reemplazo de tuberías y cables subacuáticos, de mantenimiento de buques en talleres, muelles y diques de cualquier naturaleza.

La ejecución de esta reserva demostró su carácter de norma a la medida, desde que al día siguiente de su promulgación se dio lugar la afectación y consecuente habilitación para la ocupación, vías de hecho, sin procedimiento expropiatorio de 39 empresas.[267] La arbitraria apropiación anticipada se autorizó en los siguientes términos: "*Se instruye a Petróleos de Venezuela, S.A. o la filial que ésta designe, a tomar, el control de las operaciones y posesión inmediata de las instalaciones, documentación, bienes y equipos, afectos a las actividades a que se refiere esta Resolución.*" Tal proceder debía constar en acta con la firma de las empresas afectadas pero en caso de no hacerlo mediante una simple inspección judicial extra-proceso o acta notarial.[268]

Caso similar ocurrió respecto de las empresas que operaban en el sector de transformación del hierro, en el cual se dictaron dos decretos,[269] con fecha diciembre de 2013, para declarar la afectación de dos empresas a los fines de la expropiación con base a la reserva previa de la actividad según un decreto presidencial contentivo de la Ley Orgánica de Ordenación de las Empresas que desarrollan actividades en el sector siderúrgico en la Región Guayana,[270] la cual reservó al Estado la industria de la transformación del mineral del hierro en dicha zona del país, a pesar de que dichas empresas ya habían ocupadas en el año 2009, es

---

[267] Resolución No. 051 del Ministerio del Poder Popular para la Energía y Petróleo, publicada en la Gaceta Oficial No. 39.174 de 8 de mayo de 2009

[268] Artículo 2 de la Resolución No. 054 arriba citada.

[269] Decretos No. 695 y 697, ambos publicados en la Gaceta Oficial de la República Bolivariana de Venezuela No. 6.119, extraordinario, del 19 de diciembre de 2013.

[270] Ley de fecha 30 de abril de 2008, publicada en la Gaceta Oficial de la República Bolivariana de Venezuela No. 38.928 del 12 de mayo de 2008.

decir, mucho antes de su afectación y sin procedimiento expropiatorio ni pago de indemnización alguna.

Cuando se usa la vía de hecho para estatizar un sector de la actividad económica privada se están sin duda violentando las garantías jurídicas de la libre empresa. Si el Estado se hace empresario por esta vía, utilizando la fuerza, en lugar de los medios que el ordenamiento jurídico le brinda, sin duda que su actividad empresarial será igualmente ilícita. En este sentido, el citado caso de las siderúrgicas en Venezuela son un ejemplo del uso de la vía de hecho para transferir a manos públicas empresas que pertenecían a los particulares quienes desarrollaban la actividad en régimen de concurrencia con el propio Estado.

De acuerdo con el artículo 1 del Decreto presidencial contentivo de la Ley Orgánica de Ordenación de las Empresas que Desarrollan Actividades en el Sector Siderúrgico en la Región de Guayana,[271] se reservó al Estado "*...por razones de conveniencia nacional y en vista de su vinculación con actividades estratégicas para el desarrollo de la Nación, la industria de la transformación del mineral del hierro en la región de Guayana, por ser ésta una zona en la que se concentra el mayor reservorio de hierro, cuya explotación se encuentra reservada al Estado desde 1975.*" La reserva puede calificarse sin duda particular, porque no se trata sólo de un ámbito de la actividad económica sino de uno referido, además, a un espacio territorial concreto, lo cual permite dudas acerca de que la justificación se halle en las características estratégicas de la actividad industrial, como prevé la norma Constitucional que posibilita la reserva, sino otras intenciones ajenas o adicionales no expresadas con esta específica motivación.

Como consecuencia de tal declaratoria, en el artículo 2 se ordenó "*...la transformación de la sociedad mercantil SIDOR C.A., sus empresas filiales y afiliadas, en empresas del Estado de conformidad con lo previsto en el artículo 100 de la Ley Orgánica de Administración Pública, con una participación estatal no menor del 60% de su capital social*".

Asimismo se declaró de utilidad pública y de interés social las actividades que desarrolla la sociedad mercantil SIDOR C.A., sus

---

[271] Decreto No. 6.058 publicado en la Gaceta Oficial No. 38.928 de 12 de mayo de 2008.

empresas filiales y afiliadas, así como las obras, trabajos y servicios que fueran necesarios para realizarlas.

De las normas invocadas se deduce de nuevo la confusión en la que se incurre entre la reserva de la actividad como presupuesto para excluir la libre iniciativa privada, de la declaratoria de utilidad pública, como presupuesto para permitir el ejercicio de la potestad expropiatoria. Asimismo podrían estar confundiéndose la nacionalización con la expropiación, a menos que se entienda que el segundo mecanismo se ha incluido para complementar la primera y hacer efectivo el traspaso de la propiedad privada al Estado,[272] sin embargo si bien se previó para la adquisición de esta empresa y sus bienes el uso de la figura expropiatoria, se contempló incluso su ocupación sin indemnización ni intervención del juez.

En este sentido, el referido texto legal declaratorio de la reserva de la transformación del mineral del hierro, contiene además normas de procedimiento derogatorias del régimen general de la materia contenido en la Ley de Expropiación por Causa de Utilidad Pública o Social. En este orden de ideas, se contemplaba una *"Comisión Técnica, compuesta por representantes del Estado y el sector privado involucrado, a los fines de acordar el justiprecio"* (artículo 7), pero aún de mayor gravedad la previsión conforme a la cual de no haberse logrado el acuerdo para su transformación en una Empresa del Estado, la República, o cualesquiera de sus entes descentralizados funcionalmente asumiría el control y la operación exclusiva de las empresas, a fin de preservar la continuidad (artículo 8). Sólo después de tomada la empresa, se procedería a decretar la expropiación y seguir el procedimiento de la ley de

---

[272] Es cierto que expropiación y nacionalización son conceptos distintos, en la primera se afectan determinados bienes concretos para la realización de una obra específica, en la segunda se excluyen determinados bienes o actividades del tráfico comercial privado, lo cual, aunque no en todo caso, puede suponer la necesidad de una adquisición forzosa de los bienes de propiedad particular que venían siendo utilizados para el desarrollo de la actividad nacionalizada. En todo caso, cuando ello es necesario o así se decide por el Estado surge para el particular el mismo derecho que en materia expropiatoria, la indemnización integral de su propiedad. Al respecto: ARAUJO GARCÍA, ANA ELVIRA y SALOMÓN DE PADRÓN, MAGDALENA. *"Estudio comparativo entre la nacionalización y la reserva, la expropiación, la confiscación, la requisición y el comiso"* en: Archivo de Derecho Público y Ciencias de la Administración, Tomo I, Vol. III. Universidad Central de Venezuela, Caracas, 1981, págs. 137 y sigs.

la material, excluyéndose del justo precio el lucro cesante y los daños indirectos (artículo 10). La garantía indemnizatoria es un elemento indispensable de la expropiación, el respeto a la propiedad privada presupone que en la intervención de la Administración en ella debe mediar el restablecimiento del sacrificio del particular propietario mediante el otorgamiento de su valor de carácter pecuniario.[273]

Esta misma ley fue usada posteriormente para la apropiación de las otras empresas del sector, las cuales pasaron a manos estatales aun antes de haberse declarado su expropiación.[274] En un caso similar, la Corte Suprema de Justicia, en la misma Sala Político Administrativa, declaró la desviación de poder en materia expropiatoria por cuanto una empresa había sido, precisamente, privada del goce de su propiedad, sin que se hubieran cumplido las formalidades de Ley expropiatoria y ante las acciones restitutorias que ejerció la propietaria, la Administración dictó de forma sobrevenida un decreto de afectación para dar inicio al procedimiento. Adicionalmente, ocurrió que el procedimiento expropiatorio que se llevó a cabo, no obstante la circunstancia de la apropiación previa, se celebró un convenio en el que se fijó precio, pero un día antes de cumplirse el plazo para su ejecución, el Ejecutivo Nacional dictó un Decreto para desafectar el inmueble y otro para hacer una nueva afectación identificando el inmueble con una cabida inferior. La sentencia de la Corte declaró la evidente desviación de poder que suponían los actos de desafectación y afectación el mismo día y un día antes de que se le venciera a la Administración el plazo para pagar el precio del inmueble determinado en el procedimiento expropiatorio previo. O sea que la finalidad de estos actos no era en verdad dar fundamento jurídico a una expropiación futura sino evadir el pago del precio fijado en un procedimiento de expropiación ya cumplido.

En todo caso la Corte precisó que al haberse comprobado que antes de dictarse el decreto de expropiación, ya por vías de hecho la Administración se había apoderado del terreno y había construido en éste, estos actos posteriores todos pretendían desconocer la situación fáctica

---

[273] GARCÍA DE ENTERRÍA, EDUARDO y FERNÁNDEZ, TOMÁS RAMÓN, ob. cit. (248), pág. 272.

[274] Es el caso de las empresas Venprecar y Orinoco Iron, las cuales han demandado la nulidad de tales actos por ante la Sala político Administrativa del Tribunal Supremo de Justicia.

de que el bien a expropiar ya había sido ocupado y dispuesto por la Administración. De manera que lo perseguido era tener otra oportunidad de establecer un precio más conveniente a los intereses de la Nación, desnaturalizando el juicio expropiatorio.[275]

La apropiación de una empresa privada por parte del Estado para sustituirse por ésta en el desarrollo de la actividad económica constituye la violación de uno de los límites constitucionales a la iniciativa pública, como es el respeto a la propiedad privada.

3.3.3. La previsión inadecuada de la expropiación como sanción

Se vulneran también estos principios atinentes a las garantías jurídicas de la libertad de empresa cuando con base a la declaratoria general de utilidad pública realizada en la Ley de Precios Justos sobre *"todos los bienes y servicios requeridos para desarrollar las actividades de producción, fabricación, importación, acopio, transporte, distribución y comercialización de bienes y prestación de servicios"* se prevé que: *"El Ejecutivo Nacional puede iniciar el procedimiento expropiatorio cuando se hayan cometido ilícitos económicos y administrativos de acuerdo a lo establecido en el artículo 114 de la Constitución de la República Bolivariana de Venezuela y, cualquiera de los ilícitos administrativos previstos en la presente Ley.*

En todo caso, el Estado podrá adoptar medida de ocupación temporal e incautación de bienes mientras dure el procedimiento expropiatorio, la cual se materializará mediante la posesión inmediata, puesta en operatividad, administración y el aprovechamiento del establecimiento, local, bienes, instalaciones, transporte, distribución y servicios por parte del órgano o ente competente del Ejecutivo Nacional, a objeto de garantizar la disposición de dichos bienes y servicios por parte de la colectividad.

El órgano o ente ocupante deberá procurar la continuidad de la prestación del servicio o de las fases de la cadena de producción, distribución y consumo, de los bienes que corresponda.

---

[275] Sentencia de la Sala Político Administrativa de la Corte Suprema de Justicia de año 1967, caso Constructora Nelson.

En los casos de expropiación, de acuerdo a lo previsto en este artículo, se podrá compensar y disminuir del monto de la indemnización lo correspondiente a multas, sanciones y daños causados, sin perjuicio de lo que establezcan otras leyes."

Esta distorsión de la expropiación como institución del Estado de Derecho garante de la propiedad privada para preverla como una figura que la desconoce de la forma más absoluta constituye una violación constitucional clara y evidente de este derecho.

La expropiación no es una sanción, es una garantía jurídica de la propiedad, permite, como se ha expuesto, que el sacrificio del particular expropiado se repare mediante la conversión económica del derecho lo cual produce el restablecimiento del principio de igualdad ante las cargas públicas.

Asimismo, la norma antes citada contempla la ocupación temporal como una medida de desposesión de la propiedad privada ejecutada por la Administración, sin procedimiento, sin derecho a la defensa y sin la participación del juez, y mediante esta figura se sustituye la Administración en el particular en la gestión concreta de la empresa afectada.

IV. LA EMPRESA PÚBLICA

1. Ámbito de actuación

La ampliación de los fines del Estado ha determinado las diferentes formas en que sus actividades se manifiestan frente a los particulares, desde la acción limitativa de los derechos y libertades de los ciudadanos como medios para garantizar *el orden público*, hasta un rol activo en la economía, en una primera fase a través del ejercicio de actividades prestacionales y de contenido asistencial, y, posteriormente, mediante la intervención directa, como un sujeto más de la actividad económica, industrial y comercial. Esa evolución de la actividad de intervención estatal ha sido sistematizada por la doctrina, mediante la formulación de una clasificación que refiere a cuatro distintas formas de la actividad administrativa, a saber, la actividad de policía; actividad prestacional o de servicio público, la actividad de fomento y la actividad de gestión económica, esa en la que el Estado *"irrumpe, casi sin límites, como sujeto de la actividad económica, industrial y mercantil, incluso sometiéndose a las formas jurídicas del Derecho privado (Estado empresario).*[276]

La actividad del Estado empresario se desenvuelve tanto en la prestación de servicios de contenido económico como en la actividad comercio industrial. Excluimos, por ende de la consideración del Estado empresario, la relativa a la intervención estatal que realizara en una primera fase mediante la asunción de competencias en materias asistenciales asociadas a derechos fundamentales de los administrados (salud, educación, sanidad).[277] Como quiera que en estos servicios no está la posibilidad de su explotación económica por parte del Estado, no los incluiremos en nuestro estudio del Estado empresario. Ciertamente, partiremos de la actividad empresarial que posibilita la explotación

---

[276] A las tres primeras expuestas por la doctrina en general (JORDANA DE POZAS, LUIS. Ob. cit. (208) se añade la categoría de la gestión económica, según propuso GARRIDO FALLA, FERNANDO en ob. cit. (61), pág. 144.

[277] GARRIDO FALLA, FERNANDO, ob. cit. (25), pág. 859.

económica y por ello nos referiremos a los servicios de carácter económico y la gestión económica no prestacional.

Un criterio para clasificar la actividad de la empresa pública es el que diferencia la actividad según su carácter reservado al Estado o la que se desarrolla en régimen de concurrencia con el sector privado empresarial. En Venezuela, tanto en la prestación de servicios de carácter económico, como en la actividad comercio industrial se identifican áreas o materias que el Estado se reserva.

Aun cuando es en el caso de los servicios, donde la doctrina jurídica estima la reserva como el elemento determinante de su categorización como servicio público, en el ámbito comercio industrial también se verifica la posibilidad de la reserva, por el carácter estratégico de la actividad o la consideración pública del recurso explotado y comercializado.

Si bien este criterio de clasificación que atiende al carácter reservado al Estado o no de la actividad económica resulta más sencillo, la noción jurídica del servicio público nos plantea la conveniencia de optar por otro criterio de distinción. Si entendemos que toda empresa de servicio público lo será en el sentido propio del término y, por tanto, de carácter reservado, cualquier otra actividad empresarial económica del Estado, la incluiremos bajo el rubro de la gestión económica.

La empresa pública de servicio público estará conformada por la actividad prestacional de carácter económico reservada al Estado (noción jurídica de servicio público), la empresa pública de gestión económica por toda otra actividad económica a cargo del sector público, reservada o no. La empresa pública de gestión económica incluirá por ende:

(i) la prestación de servicios, la actividad económica prestacional del sector público realizada en régimen de concurrencia con el sector privado;

(ii) la realización de actividad comercio industrial, toda actividad económica del Estado distinta a la prestación de servicios, realizada, bien, en régimen de concurrencia, bien, con carácter reservado.

Así es importante deslindar de la noción del servicio público, la actividad de gestión económica del Estado. Si bien la primera se confina a la actividad de naturaleza prestacional legalmente reservada al Estado, también la noción de empresa pública aparece en el ámbito prestacional, cuando esta actividad se realiza en régimen de concurrencia con los particulares. La gestión económica abarcará toda actividad económica del Estado, en el ámbito de la explotación y comercialización de bienes y recursos, cuando ésta sea realizada por el Estado en régimen de concurrencia o con carácter reservado.

En este mismo orden de ideas, Gaspar Ariño, al definir la actividad de gestión económica indica: *"Se trata de actividades en que el Estado actúa como un agente más del mercado, sin reserva alguna de titularidad, en la producción o comercialización de bienes, mediante fórmulas organizativas y de actuación generalmente jurídico privada (empresas públicas o mixta. La diferencia fundamental con las actividades de prestaciones, además de la cuestión de la titularidad exclusiva, es que en estas actividades no hay en rigor prestación de un servicio público, sino dación de bienes al mercado"*.[278]

En nuestra consideración de la actividad de gestión económica, por tanto, se insiste, estará incluida la actividad que, si bien tiene carácter prestacional, no se encuadra en la noción de servicio público por carecer de la cuestión de la titularidad exclusiva. Se refiere a los servicios en que el Estado procura para la satisfacción de necesidades colectivas, pero en régimen de concurrencia con los particulares, lo cual supone necesariamente la competencia.

2. La empresa de servicio público

La noción de servicio público en sus orígenes deriva de un concepto socio-político que nace bajo una determinada concepción del dualismo Estado-Sociedad, propio de la Revolución Francesa. Según Rousseau, la expresión "service public" está relacionada con todas aquellas materias que forman parte de asuntos colectivos de los ciudadanos. El servicio público *"sucede al servicio del Rey, porque se ha operado una sustitución en la titularidad de la soberanía"*.[279] La concepción del servicio público como una "publicatio" de lo privado se observa en las

---

[278] ARIÑO ORTIZ, GASPAR, ob. cit. (34), pág. 304.

[279] PEÑA SOLIS, JOSÉ. *"Manual de Derecho Administrativo"*. Volumen III, Colección de Estudios Jurídicos del Tribunal Supremo de Justicia, Caracas, 2003, pág. 325.

palabras de Rosseuau en cuanto que *"A medida que el Estado se orga-niza, los asuntos públicos empiezan a prevalecer y a invadir el dominio privado, porque la suma de felicidad que proporciona a cada ciudada-no la gestión de lo público es superior a la suma de felicidad que cada uno se puede proporcionar a sí mismo. En la medida en que el Estado ofrece servicios, bienestar a los ciudadanos, cada uno se desentiende de muchos de sus asuntos privados, de los que inicialmente constituían tareas privadas"*.[280]

Esta noción colectivista del bienestar personal se abandona con la reafirmación de la individualidad a través del reconocimiento de los derechos del hombre y de la libertad como base del contrato social. Por ello el servicio público se limita, en un principio, a los aspectos básicos de las necesidades colectivas y es sólo a partir de la revolución industrial cuando comienzan a surgir los primeros servicios públicos de carácter económico, tales como, el ferrocarril, el gas, la electricidad, el teléfono, el transporte por carretera, etc.; obligando así, a una positiva intervención estatal para asumir su dirección y desarrollo.

La intervención del Estado en estas actividades, en el entendido de que ellas se contraponen al ámbito de lo privado, lleva a considerar la noción de la "publicatio" como elemento fundamental en la construc-ción del concepto de servicio público, que se refiere a la calificación como tal por una Ley, la cual va a suponer una reserva de las activi-dades correspondientes al Estado, excluyéndolas así totalmente de las esferas de lo privado.

La concepción del servicio público como una de las actividades fundamentales del Estado ha variado considerablemente; desde equi-parse prácticamente con la actividad de la Administración, hasta consti-tuir su manifestación fundamental, para, finalmente, referirse a uno más de los contenidos de la actividad administrativa e incluso a una parcela menor en relación con otras áreas del actuar administrativo.

---

[280] En la cita, tomada de ARIÑO ORTIZ, GASPAR, ob. cit. (34), págs. 534 y 535, se observa en efecto esta tendencia originaria de considerar al servicio público como contrapuesto al ámbito de lo individual y privado. En este sentido, citando a Rousseau, se afirma que *"el concepto de servicio público aparece como todo aquello que dice en relación a los intereses colectivos del Estado y, por tanto, algo que atañe personalmente a todos los que integran la Nación, algo que se contrapone a asuntos privados".*

En efecto, durante décadas el elemento central del derecho administrativo fue la noción de servicio público (teoría desarrollada por la Escuela de Burdeos) en torno a la cual giraría toda la actividad administrativa. Jèze, uno de los máximos representantes de esta Escuela, proclamaría en 1914 que *"El servicio público es hoy día la piedra angular del derecho administrativo francés. Esta noción sirve para volver a modelar todas las instituciones del derecho público"*.[281] Así mismo afirmó que *"el Derecho Administrativo era el conjunto de reglas relativas a los servicios públicos"*.[282] En igual sentido, Duguit sostuvo que *"el Estado era un cooperación de servicios públicos organizados y controlados por los gobernantes"*; e incluso que la noción de servicio público sustituye el concepto de soberanía como fundamento del derecho público, así, *"El Estado Moderno tiende a no ser más una soberanía que manda, para llegar a ser una federación de servicios públicos que administran los detentadores de la fuerza más grande, teniendo no más el derecho de mandar, sino el deber de asegurar el funcionamiento ininterrumpido y productivo de estos servicios"*.[283]

Con el desarrollo de las libertades económicas del ciudadano, el proceso de liberalización, y constatada la complejidad y hasta imprecisión del término "servicio público", se produjo una reducción de esta noción a su mínima expresión, originándose así lo que conocemos como la noción moderna de servicio público. A pesar de que la noción de servicio público puede estar determinada por un contenido mayormente político que jurídico,[284] se trata de una noción jurídica cuyas implicaciones deben ser analizadas cuidadosamente en derecho a los fines de no violentar ese ámbito esencial de libertad económica de los particulares, mediante la calificación de una gran cantidad de actividades como servicios públicos.

---

[281] JÈZE, GASTÓN. *"Principios Generales del Derecho Administrativo"*. Tomo 1, Edic. Depalma, Buenos Aires, 1950, pág. 328.

[282] Ibídem, pág. 328.

[283] DUGUIT, LEÓN. *"Traité de droit contitutionnel"*. Tomo 2. Editorial Boccard, París, 1923, pág. 59.

[284] En este sentido nos remitimos a J. MOUREAU en su obra *"Droit Administratif"*, citado por JEAN MARIE PONTIER, *"Les Services Publics"*. Editorial Hachette, Les Fondamentaux, Paris, 1996, pág. 11.

Cuando Garrido Falla[285] se refiere a las tres etapas en que puede analizarse la evolución de esta noción, indica que en un primer momento se observa una Administración prestadora de servicios asistenciales, es decir, únicamente de aquellos que garantizan el derecho del administrado a la conservación de la vida y la salud y al desarrollo de su personalidad (beneficencia, sanidad y educación). Pero apunta que este momento se caracteriza por tener la actividad desarrollada por el Estado un carácter no monopolístico ni excluyente de los particulares. Es posteriormente cuando la Administración comienza a prestar servicios de carácter económico, cuando se desarrolla la fórmula de la concesión como un método para respetar la explotación del servicio en manos de un particular, manteniendo "el dogma" de la titularidad administrativa del servicio; y, por último, la Administración, movida por razones de interés público, comienza a gestionar directamente los servicios, aun cuando un sector de esa actividad se desarrolle bajo formas de derecho privado. En esta última fase como bien precisa el maestro Garrido Falla, se mueve la actividad de la noción de "servicio público" al de la "empresa pública".

De la misma manera, Santamaría Pastor[286] hace referencia a tres etapas, pero dotándolas de elementos distintos, en este sentido menciona una primera fase (que coincide con el criterio del Maestro Garrido Falla) en la cual la Administración se encarga de la asunción de servicios asistenciales, cuestión que encuentra su fundamento en la pérdida por parte de la Iglesia de los medios para realizar estos cometidos; posteriormente, hace referencia a una segunda etapa que califica como de "creación de infraestructuras", es decir, la creación o construcción de grandes obras que constituirían la base física de otros tantos servicios; y, por último, una tercera etapa en la que la Administración procede a la realización de actividades empresariales (coincide también aquí con Garrido Falla), mediante la asunción de la propiedad y gestión directa de empresas mercantiles y actividades de producción y distribución de bienes y servicios.

Es evidente que en este contexto se desarrolla el concepto de empresa pública, tanto cuando el Estado asume la prestación de servicios

---

[285] GARRIDO FALLA, FERNANDO, ob. cit. (61), págs. 381 y sigs.
[286] SANTAMARÍA PASTOR, JUAN A., ob. cit. (226), págs. 301 a 305.

de contenido económico como cuando se dedica a la realización de actividades empresariales.

Además, se resalta que la política de las nacionalizaciones, inspirada en la ideología socialista, a fin de realizar el principio marxista de la propiedad pública de los medios de producción, llevó al Estado a asumir actividad de naturaleza industrial, lo que causó un gran impacto en el Derecho Administrativo en cuanto que siendo actividades de índole privada repugnaba la aplicación de un régimen jurídico diseñado para regular lo público y el ejercicio de la función administrativa, como tal, de potestades públicas, por lo que se hacía necesario el uso de fórmulas organizativas propias del ámbito privado y la aceptación de la sujeción de éstas al ámbito jurídico que les era propio, el derecho privado.[287]

García de Enterría y Tomás Ramón Fernández han afirmado que la noción de servicio público es la que ha permitido al Derecho Administrativo encontrar un equilibrio entre *"la pura defensa de la libertad y de la propiedad individual, a la cual estaba inicialmente obligado de forma casi exclusiva, aunque esta función siga siendo imprescindible, encauzar adecuadamente una tarea de asistencia vital, de procura existencial, de aseguramiento de las bases materiales de la existencia individual y colectiva y a proporcionarle al ciudadano los medios apropiados para exigir y obtener de los entes públicos todo lo que, siéndole estrictamente necesario para subsistir dignamente quede fuera del espacio vital por* él dominado".[288] Esta concepción de servicio público es entendida como un conjunto armónico de prestaciones, orientado a lograr la satisfacción del interés público, definiendo a su vez, el ámbito del derecho administrativo y en consecuencia la función administrativa.

De manera que, por un lado, se presenta la actividad de servicio público respecto de la cual la obra de la doctrina y jurisprudencia francesa perfiló como una institución con un régimen jurídico peculiar de derecho público, destinada a regir las actividades de prestación tendientes a satisfacer necesidades de interés general asumidas por el Estado, y, por el otro, la asunción del Estado de actividad económica prestacional,

---

[287] Ibídem, pág. 305.

[288] GARCÍA DE ENTERRÍA, EDUARDO y FERNÁNDEZ, TOMÁS RAMÓN, ob. cit. (248), pág. 70.

para la cual el derecho ofrecía solución en las fórmulas jurídicas privadas y regulaciones del ordenamiento común.

En Venezuela se conjugaron estas dos circunstancias para producir, en materia de servicios marcos regulatorios mixtos, de una parte, se admite la aplicación de las normas y principios del derecho privado que correspondan según la naturaleza de la organización, pero, si se trata de servicio público en el sentido propio del término, su régimen estará fundamentalmente regido por normas de derecho administrativo y su organización, aún la de índole privada, siempre se verá incidida por algunas disposiciones que el derecho público especialmente diseña para ellas.

2.1. La noción jurídica del servicio público

La Constitución venezolana prevé el servicio público en sentido propio al disponer que el Estado podrá reservarse mediante ley industrias, explotaciones, servicios y bienes de interés público y de carácter estratégico.[289] También se contempla en el texto constitucional que en este caso el Estado podrá otorgar concesiones por tiempo determinado, asegurando contrapartidas adecuadas al interés público.[290] La actividad económica de los particulares que se realice bajo concesión, tanto en el caso de explotación de recursos naturales propiedad del Estado como en el supuesto de la concesión de servicio público estará por ende limitada a la determinación del tiempo de duración, y a la necesidad de asegurar la existencia de contraprestaciones o contrapartidas adecuadas al interés público. La Sala Constitucional se pronunció acerca de este régimen señalando: "*Ahora bien, mediante el régimen de concesiones, el Estado y los entes que lo conforman pueden permitir a particulares*

---

[289] Con una pésima redacción el artículo 302 dispone: "*El Estado se reserva, mediante la ley orgánica respectiva, y por razones de conveniencia nacional, la actividad petrolera y otras industrias, explotaciones, servicios y bienes de interés público y de carácter estratégico. El Estado promoverá la manufactura nacional de materias primas provenientes de la explotación de los recursos naturales no renovables, con el fin de asimilar, crear e innovar tecnologías, generar empleo y crecimiento económico, y crear riqueza y bienestar para el pueblo.*"

[290] En el último párrafo del artículo 113 se dispone: "*Cuando se trate de explotación de recursos naturales propiedad de la Nación o de la prestación de servicios de naturaleza pública con exclusividad o sin ella, el Estado podrá otorgar concesiones por tiempo determinado, asegurando siempre la existencia de contraprestaciones o contrapartidas adecuadas al interés público*".

la explotación de recursos naturales propiedad de la Nación o de esos entes, así como la prestación de servicios de naturaleza pública, pero estas concesiones no pueden ejercerse sino adecuándolas al interés público, como lo señala el artículo 113 constitucional así como al interés social, motivo por el cual ni los derechos que se le otorguen, ni la actitud de los concesionarios pueden tener una connotación distinta a la del Estado, y dentro de un Estado Social la concesión no puede estar destinada a aumentar el desequilibrio entre las clases, o entre el Estado y los ciudadanos. Las normas sobre responsabilidad social, recogidas en los artículos 299 y 326 constitucionales, a juicio de esta Sala son claras al respecto".[291] De la norma se deduce en efecto, el principio general en materia de concesiones que se traduce en el límite que impone el interés público frente al objetivo de lucro que persigue el concesionario y de allí que la naturaleza pública del servicio prestado, deba anteponerse a los intereses particulares del concesionario, dando lugar a poderes exorbitantes de la Administración titular de la competencia que se constituyen en límites a la actividad económica del particular en esta materia.

La Constitución española, por su parte, respecto de la posibilidad de que el Estado asuma servicios lo limita al carácter esencial de los mismos cuando establece que *"Mediante ley se podrá reservar al sector público recursos o servicios esenciales, especialmente en caso de monopolio y asimismo acordar la intervención de empresas cuando así lo exigiere el interés general* (artículo 128, 2). Esto se compadece con la circunstancia de que toda otra referencia a los servicios relacionada con cometidos esenciales del estado de bienestar, (servicios necesarios relacionados con la salud pública, artículo 43; servicios sociales para atender a los ciudadanos de la tercera edad, artículo 50; servicio de seguridad social, servicio meteorológico, servicio de cultura, artículo 149,1.20ª). Otra norma relativa que menciona el servicio público es la que reconoce el derecho a huelga, previendo que *"La ley que regule el ejercicio de este derecho establecerá las garantías precisas para asegurar el mantenimiento de los servicios esenciales de la comunidad.* (Artículo 28.2). Igual mención para el caso de la contratación colectiva

---

[291] Sentencia Sala Constitucional del Tribunal Supremo de Justicia. Fecha 24 de enero de 2001, caso: Asodeviprilara.

y la posibilidad de que se tomen medidas, en la cual se señala que "*Se reconoce el derecho de los trabajadores y empresarios a adoptar medidas de conflicto colectivo. La ley que regule el ejercicio de este derecho, sin perjuicio de las limitaciones que puedan establecer, incluirá las garantías precisas para asegurar el funcionamiento de los servicios esenciales de la comunidad*" (artículo 37.2). Otra mención es la responsabilidad por los daños provenientes del funcionamiento del servicio (artículo 106.2) y en el caso de las comunidades autónomas, el reconocimiento sus competencias en su prestación (artículo 145.2 y 147, d), 189.17, 149.2, 157.2 y 158).

Sobre la noción jurídica de servicio público, Garrido Falla señala que el concepto de servicio público contiene las siguientes características: "*1ª. Viene a sistematizar aquella parte de la actuación administrativa que se concreta en prestaciones ofrecidas al público por la Administración a través de una organización montada por razones de interés público; 2ª. No comprende las explotaciones que conserva el Estado en sus manos única y exclusivamente por motivos fiscales; 3ª. No prejuzga el carácter público o privado del régimen jurídico al que está sometida esta actuación administrativa*".[292]

Para Villar Ezcurra el concepto de servicio público es polimórfico y se desarrolla a través de las siguientes premisas: (i) "*existen elementos que son esenciales y otros meramente accidentales que vienen a confluir en las determinación del concepto de servicio público*", (ii) "*los elementos esenciales –únicos que deben ser tenidos inicialmente en cuenta– pertenecen al ámbito del Derecho Administrativo. Los restantes se ubican en las distintas ramas del Derecho, persiguiendo exclusivamente una finalidad específica, por lo que el servicio público es utilizado como técnica y no como concepto*", (iii) "*unos y otros elementos, sustanciales y accidentales, confluyen inicialmente en el concepto genérico de servicio público determinando el surgimiento de un grupo normativo con diferentes leyes de composición interna. Dentro de los elementos esenciales tienen que estar determinados, la actividad, el órgano que la presta y la satisfacción del interés general*".[293]

---

[292] GARRIDO FALLA, FERNANDO, ob. cit. (61), pág. 389.
[293] VILLAR E., JOSÉ LUIS. "*La intervención administrativa en la industria*". Instituto de Estudios Políticos, Madrid, 1964, pág. 128.

De estas características se extrae, como señala Cassagne,[294] que todo servicio público consiste en una prestación obligatoria y concreta, de naturaleza económica-social que satisface una necesidad básica y directa del habitante. Sin embargo, el elemento esencial de la noción de servicio público, a nuestro entender, para que se estime como parte de los contenidos de la actividad administrativa, es su calificación como tal por el Estado ("publicatio"), con expresa reserva de la actividad. De allí, la sujeción a un régimen jurídico especial de Derecho Administrativo o de Derecho Público. Este criterio lo expone de forma muy clara Gordillo, al afirmar que *"...la determinación de aplicar un régimen de derecho público a cierta actividad, estatal o no, es una decisión que puede estipular libremente la doctrina, a partir de la afirmación que resuelva hacer en el sentido de llamarla "servicio público"; esa determinación viene dada por el orden jurídico, en la medida en que efectivamente someta o no, en mayor o menor grado, alguna actividad humana al derecho público".*[295]

En Venezuela, criterio similar tuvo que ser sostenido, habida cuenta la tendencia del legislador a utilizar indiscriminadamente el término servicio público para las actividades de carácter prestacional. Así, en el caso de las líneas aéreas privadas que prestaban el servicio de transporte aéreo internacional, actividad calificada por la ley como servicio público, la Sala Político Administrativa del Tribunal Supremo de Justicia determinó que la noción estricta del servicio público no depende del criterio doctrinal y tampoco deriva de la sola calificación legal, antes bien, se requiere una expresa reserva de la actividad al Estado.[296] Esto es, se parte de estimar que cuando el legislador califica una actividad como de servicio público, lo hace teniendo en cuenta la noción amplia del concepto, por lo cual la exclusión de la actividad del ámbito privado sólo operará cuando además se haga expresamente la reserva de la actividad al Estado.[297]

---

[294] CASSAGNE, JUAN CARLOS. *"Tratado de Derecho Administrativo"*, Tomo II, Abeledo-Perrot, 6a edición, Buenos Aires, 1998, pág. 421.

[295] GORDILLO, AGUSTÍN. *"Tratado de Derecho Administrativo. La Defensa del Usuario y del Administrado"*. Tomo II, Editorial Funeda, 1ª edición, Caracas, 2001, pág. V1-40.

[296] Sentencia de fecha 9 de junio de 1998, caso Aerovías Venezolanas, S.A. (Avensa).

[297] Sentencia de la Corte Suprema de Justicia, en Sala Político Administrativa de fecha 19 de noviembre de 1998, caso Omnivisión, C.A., expediente N° 98-20939.

Santamaría Pastor afirma que *"Desde una perspectiva formal, el dato básico es que, formalmente, el Estado (u otro ente territorial) asuma el deber y la responsabilidad de garantizar su prestación regular y correcta a los ciudadanos, bien realizándola por sí o asegurando su realización por terceros, un acto de asunción que suele ser conocido con el nombre de publicatio (...)"*.[298] Compartimos el criterio expuesto, de manera que el carácter reservado de la actividad no tiene por qué desprenderse de una declaratoria expresa, como parece sugerir el fallo judicial antes invocado, pues el mismo podría derivar de la regulación que establezca el deber de la administración de asumir con exclusividad dicha actividad y ese carácter exclusivo bien podría extraerse de la norma que prevea que los particulares deben abstenerse de realizarla o de que para hacerlo requerirán concesión; es lo que hoy ocurre en materia de transporte aéreo comercial.[299]

En este mismo sentido se manifiesta Ariño Ortiz, al definir el servicio público como *"aquella actividad propia del Estado o de otra Administración pública, de prestación positiva, con la cual, mediante un procedimiento de Derecho público, se asegura la ejecución regular y continua, por organización pública o por delegación, de un servicio técnico indispensable para la vida social"*.[300]

De esta definición se extraen varias notas características del servicio público: (i) se trata de una actividad administrativa de prestación; (ii) existe exclusividad del Estado en su realización; (iii) se somete a un régimen de Derecho Público; (iv) es indispensable para la vida de la sociedad; (v) debe realizarse de forma regular y continua, y (vi) es para la utilidad general de la colectividad.

La misma posición sostiene Bermejo Vera, según el cual se calificarán como servicio público *"aquellas actividades o servicios que hayan devenido indispensables y esenciales para la comunidad, de tal manera que ésta necesita apoyarse en ellos para su supervivencia y funcionamiento como tal. A través del uso por los Estados de esta institución se produce un claro fortalecimiento de la posición del sector público en el*

---

[298] SANTAMARÍA PASTOR, JUAN A., ob. cit. (226), pág. 310.

[299] La Ley de Aeronáutica Civil vigente, publicada en la Gaceta Oficial No 39.140 de fecha 17 de marzo de 2009, ha cambiado esta situación al mantener la declaratoria de servicio público del transporte aéreo comercial (artículo 62), pero someter el de carácter nacional a concesión (artículo 67).

[300] ARIÑO ORTÍZ, GASPAR, ob. cit. (34), pág. 348.

mundo económico. Porque, no es lo mismo asumir el moderado papel de árbitro del interés público y justificar una reglamentación de determinadas actividades privadas, que reservarse la actividad o servicio para su gestión exclusiva. En este caso, la actividad y sus medios de producción pasan a manos de los poderes públicos, siendo únicamente a través de la gestión indirecta cómo los particulares pueden entrar a gestionar dicha actividad, si bien bajo una relación de sujeción especial dado que en todo momento la Administración mantiene la titularidad y, por ello, las potestades de inspección y control".[301]

En las Constituciones venezolanas, de acuerdo a lo afirmado por Peña Solís, ha prevalecido la concepción orgánica o subjetiva de servicio público. De conformidad con este autor, *"El primer elemento que atenta contra una concepción unívoca de servicio público radica en su relatividad, pues es lógico imaginarse que la declaración formal publicatio por una disposición legal de un determinado sector de actividades, como servicio público, dependerá de los criterios históricos, políticos y sociales que priven en cada Estado en determinada época, de tal manera que resulta perfectamente posible que una actividad conceptuada legalmente como servicio público en un país, no reciba esa misma calificación en otro. El otro elemento, es la discusión no terminada aún, acerca del predominio del sentido subjetivo u objetivo, y sobre todo la dificultad para llegar a acuerdos sobre el o los indicadores que permiten elaborar una concepción objetiva del servicio".*[302]

Hildegard Rondón de Sansó señala que el servicio público puede entenderse, de forma conjunta o separada, en dos distintos sentidos; el sentido sustancial, el cual se refiere a la actividad asumida por el Estado para satisfacer mediante su realización, directa o indirecta, las necesidades de interés general, bajo un régimen jurídico de derecho público; y desde un punto de vista formal, como el conjunto de órganos estatales a los cuales se encomienda su realización.[303] Lares Martínez lo califica también tanto en sentido material como orgánico. En sentido material, al definirlo como *"toda actividad asumida por una entidad pública*

---

[301] BERMEJO VERA, JOSÉ. *"Derecho Administrativo, Parte Especial."* Editorial Civitas, Madrid, 1994.

[302] PEÑA SOLÍS, JOSÉ, ob. cit. (272), pág. 321.

[303] RONDÓN DE SANSÓ, HILDEGARD. *"Teoría General de la actividad administrativa: organización, actos internos..."*, 2da Edición, Editorial Jurídica Venezolana, Caracas, 1986, pág. 225.

territorial con la finalidad de dar satisfacción a una necesidad de interés general" y en sentido orgánico o formal, como *"el aparato administrativo u organismo estatal encargado de realizar o controlar actividades de la naturaleza expresada".*[304]

Araujo Juárez[305] prefiere, ante la *"ausencia de una definición clara"*, construir la noción de servicio público, alrededor de tres elementos; (i) Un elemento orgánico: la titularidad administrativa, (ii) Un elemento material: el interés general, y (iii) Un elemento formal: el régimen jurídico exorbitante.

Brewer Carías define la noción de servicio público como *"las actividades prestacionales que debe asumir el Estado, tendientes a satisfacer necesidades generales o colectivas, en cumplimiento de una obligación constitucional o legal y en relación con las cuales, los particulares no tienen derecho a desarrollarlas 'libremente'"*. Precisa el mencionado autor que *"La idea clave a los efectos de la conceptualización jurídica del servicio público, es la existencia de una obligación constitucional o legal a cargo del Estado para la realización de la actividad prestacional. Ello contribuye a deslindar los servicios públicos de las actividades prestacionales que el Estado realiza como mero empresario, que no se ejecutan en virtud del cumplimiento de obligación constitucional o legal algunas, y respecto de la cual existe el derecho de los particulares de desarrollarla libremente. En consecuencia, la declaración de una actividad como servicio público, por tanto, se cumple por el Estado en ejecución de una obligación constitucional o legal, da origen a dos consecuencias fundamentales en relación a los particulares: Por una parte, que con motivo de la obligación jurídica del Estado surge una relación jurídica, en cuyo otro extremo está como correlativo a la obligación, un derecho de los administrados a percibir la prestación de tales servicios públicos; y por otra parte, que la presencia del Estado como prestador de servicios públicos restringe, a la vez, la libertad económica de los administrados".*[306]

---

[304] LARES MARTÍNEZ, ELOY, ob. cit. (244), pág. 206.

[305] ARAUJO JUÁREZ, JOSÉ. *"Los derechos fundamentales económicos y el derecho de los servicios públicos"*. Trabajo publicado en *"Servicios Públicos: Balance y Perspectiva"*. Editorial Hermanos Vadell. Caracas, 1999, pág. 17.

[306] BREWER CARÍAS, ALLAN. *"El régimen constitucional de los servicios públicos"*, publicado en *"VI Jornadas Internacionales de Derecho Administrativo Allan Randolph*

Observamos que el concepto predominante para referir al servicio público en sentido material es la noción de interés público, pues como afirma Garrido Falla, *"el interés público no sólo justifica la actuación administrativa por vía de coacción o de fomento, sino que puede exigir que la Administración aparezca como titular de una actividad fundamentalmente consistente en proporcionar bienes y servicios a los administrados"*,[307] por lo que será la idea de interés público la que obliga a que el Estado no se limite ya a asegurar el orden público mediante el desarrollo de su actividad de policía, sino que asuma la dirección de otras actividades.

Sin embargo no deben asimilarse las nociones de interés público y servicio público, ya que la primera de éstas abarca un amplísimo campo. Si se entendiese que todas las actividades calificadas de interés público automáticamente pasan a integrar la noción del servicio público en el sentido propio del término, el ámbito de actuación de los particulares, como consecuencia de esta forma de entender la "publicatio" de la actividad, se vería reducido a su mínima expresión. Como bien indica Escola, la noción de interés público es más amplia y es hoy la que sustenta y da razón de ser a toda la actividad administrativa y al derecho administrativo mismo.[308] Así, será precisamente el deslinde de las actividades de interés público de aquellas que son verdaderos servicios públicos lo que llevará a una precisa y restringida definición de este último.

2.2. Clasificación de los servicios públicos

Los servicios públicos se clasifican, según Marienhoff,[309] conforme a cinco criterios básicos: (i) Según la trascendencia que tenga la actividad en la subsistencia del individuo o del Estado, los divide en esenciales y no esenciales para esta subsistencia; (ii) según la entidad

---

Brewer-Carías. El Nuevo Servicio Público. Actividades reservadas y regulación de actividades de interés general (electricidad, gas, telecomunicaciones y radiodifusión)", Fundación de Estudios de Derecho Administrativo, Caracas, 2002, pág. 23.

[307] GARRIDO FALLA, FERNANDO, ob. cit. (61), pág. 381.

[308] Al respecto: ESCOLA, HÉCTOR JORGE. *"El interés Público como Fundamento del Derecho Administrativo"*. Ediciones De Palma, Buenos Aires, 1989.

[309] MARIENHOFF, MIGUEL. *"Tratado de Derecho Administrativo"*, Tomo II, Editorial Abeledo – Perrot, Buenos Aires, 1983, págs. 119 y sigs.

o persona que realiza el servicio, caso en el cual serán considerados como servicios propios, si son prestados por el Estado (de manera directa o no), o impropios, si son prestados por personas privadas pero de conformidad con disposiciones reglamentarias establecidas por la Administración; (iii) según la obligación o no del Estado de prestarlo, se clasificarán en obligatorios (los servicios básicos o esenciales) y facultativos (aquellos cuya creación queda a la discrecionalidad estatal); (iv) de conformidad con las personas a quienes va dirigido, distingue entre servicios públicos indeterminados, cuando reportan una utilidad genérica, o determinados cuando su creación beneficia directamente a los ciudadanos; y, finalmente, (v) según el ámbito territorial en que se preste el servicio, los clasifica en nacionales, provinciales y municipales.

Garrido Falla, por su parte, clasifica el servicio según los criterios de titularidad, necesidad de su prestación, contenido de la prestación, exclusividad de su ejercicio y participación de los usuarios en sus ventajas. (i) En cuanto al primero de estos criterios, distingue entre servicios a cargo del Estado y a cargo de las entidades locales. (ii) Por lo que se refiere a la necesidad de su prestación, se diferencia entre servicios necesarios, esto es, que deben ser prestados por el Estado porque así lo dispone la ley o desde la perspectiva de su utilización por los particulares, y voluntarios que serán aquellos a cuyo establecimiento la Administración no está obligada. (iii) Por el contenido de la prestación, se refiere a servicios esenciales, como aquellos que presupuestan la existencia de la entidad administrativa y los secundarios, que responden a necesidades accidentales. Siguiendo a De Laubadère, también hace referencia Garrido Falla, en el marco de las modalidades de servicio de conformidad con su contenido, a servicios administrativos, servicios públicos industriales o comerciales, empresas nacionalizadas y servicios públicos de estructura corporativa. (iv) Por la exclusividad de su ejercicio, en régimen de concurrencia o monopolio. Finalmente, (v) por la participación de los usuarios en sus ventajas, distingue entre servicios públicos uti universi y uti singuli, según beneficie a la colectividad en general o a determinados grupos de administrados.[310]

---

[310] GARRIDO FALLA, FERNANDO, ob. cit. (61), págs. 435 y sigs. Precisa Garrido Falla que esta clasificación aplica, con independencia de que el servicio lo preste una entidad pública descentralizada o un particular concesionario, ya que en último término la titularidad de la competencia la tendrá la Administración territorial.

También, considerando la definición amplia del servicio público, en Venezuela, Lares Martínez[311] hace referencia a los siguientes criterios de clasificación: (i) con relación a las entidades administrativas de las cuales dependen, diferencia el servicio en nacional, estadal, municipal y mixto; (ii) desde el punto de vista de su naturaleza, se refiere a servicios públicos administrativos y servicios públicos industriales o comerciales; (iii) según que su organización y funcionamiento sea inherente a la existencia misma del Estado o dependiente del arbitrio del legislador, alude a servicios públicos esenciales y facultativos; (iv) desde el punto de vista de su dependencia respecto de las entidades estatales, pueden ser propios, si los presta el Estado directamente o por medio de concesionario, e impropios, si se trata de actividades de interés general que el Estado únicamente reglamenta, y, finalmente, (v) si existe posibilidad de apreciar el beneficio recibido por los individuos como resultado de su funcionamiento, los servicios públicos serán mensurables (prestaciones directa e inmediatamente suministradas a los individuos) e inconmensurables (que no consisten en prestaciones directamente suministradas a cada individuo sino que se trata de una prestación que beneficia a toda la comunidad).

A todo evento, consideramos que la clasificación que se haga del servicio público debe partir de una concepción limitada de la noción, esto es, la que presupone tanto la naturaleza prestacional de la actividad como la reserva estatal, por lo cual deberán excluirse criterios que carezcan de estos requisitos.

También puede destacarse la distinción que se hace desde el punto de vista del contenido económico de la actividad entre los servicios públicos de carácter esencial y los de carácter económico. En esta clasificación aparece el principio de economía de mercado y la libre competencia como limitantes a la noción de servicio público como una categoría reservada al Estado.

En este sentido apunta Parejo Alfonso que en la categoría del servicio público de contenido económico se incluyen no sólo aquellos en los que el mercado cubre a cabalidad la satisfacción de los requerimientos de los consumidores y en condiciones de calidad, seguridad y

---

[311] LARES MARTÍNEZ, ELOY, ob. cit. (244), págs. 215 y 216.

precio asequible sino también en los que siendo de interés general, tales condiciones no se garantizan. En este último supuesto señala Parejo Alfonso, el Estado tiene varias alternativas: La definición de misiones específicas que van desde obligaciones de servicios de interés general hasta la del servicio universal, a cargo de los agentes del mercado, o la atribución a un cierto número de agentes o a un solo operador de la correspondiente concesión de derechos especiales o exclusivos, y en el caso de la comunidad europea teniendo en cuenta que las actuaciones de empresas públicas deberán igualmente hacerse conforme a las reglas del mercado.[312]

2.3. Creación de los servicios públicos. Servicio público y reserva legal

La creación de un servicio público supone que determinada necesidad va a quedar cubierta, y así satisfecha, por el sistema jurídico del servicio público. Crear un servicio público –enseña Waline– es *"tomar la iniciativa de confiar a una colectividad administrativa una cierta tarea de interés público"*.[313] Si se alude al servicio público "impropio", la creación del servicio deriva del hecho mismo de su prestación ya sea por los particulares o por la propia Administración, en régimen de concurrencia. En sentido "propio", la creación derivará: (i) de la ley en la cual se produce la reserva formal de la actividad, y (ii) de la actuación de la Administración desplegada para cumplir esta actividad prestacional.[314]

---

[312] PAREJO ALFONSO, LUCIANO. *"Servicio público y sector eléctrico"*, en: "VI Jornadas Internacionales de Derecho Administrativo "Allan Randolph Brewer Carías. El Nuevo Servicio Público. Actividades reservadas y regulación de actividades de interés general (electricidad, gas, telecomunicaciones y radiodifusión). Ediciones Funeda, Caracas, 2002, págs. 333 y 334.

[313] WALLINE, MARCEL. *"Traité Elementaire"*, quinta edición, Editorial LGDJ, París, 1967, pág. 298.

[314] Al respecto, Marienhoff indica que *"al tratarse de un servicio público "propio", se entiende por creación del mismo: (i) el "acto" del Estado en cuyo mérito éste resuelve que tal o cual necesidad será satisfecha recurriendo al sistema del servicio público; (ii) el "hecho" de la Administración Publica en virtud del cual ésta satisfaga la pertinente "necesidad" publica o el respectivo "interés público". Al tratarse de servicios públicos "impropios", el concepto de "creación" surge virtualmente del hecho mismo de su prestación, consentido o autorizado por la Administración Pública."* MARIENHOFF, MIGUEL, ob. cit. (309), pág. 85.

La competencia para crear el servicio público dependerá del ordenamiento jurídico existente en cada país. En Francia, con anterioridad a la Constitución de 1958, doctrina y jurisprudencia atribuían de forma unánime la creación de los servicios públicos a la competencia del legislador, pues se partía de la consideración de que sólo el legislador puede limitar las libertades públicas. En este sentido, al estimarse que toda creación de servicio público limitaba, en mayor o menor grado, las libertades individuales, la conclusión obligada era la de mantener la reserva de la Ley para este tipo de regulación. No obstante, se admitía que la creación de servicios públicos podría ser obra de los Consejos Generales en los departamentos, y de los Concejos Municipales en las comunas. Adicionalmente, en tiempo de guerra, se admitía la posibilidad de habilitación parlamentaria a las autoridades administrativas para que éstas creasen servicios públicos, caso en el cual el Poder Ejecutivo quedaba autorizado para hacerlo.[315]

Esta situación cambia por virtud de las disposiciones de la Constitución de la Quinta República Francesa en la cual no se confirma la necesidad de una ley para la creación de servicios públicos, sino tan sólo para fijar las directrices concernientes a la creación de categorías de establecimientos públicos y a la nacionalización de empresas privadas. Por ende en Francia la creación de servicios públicos pertenece al ámbito de competencias propio de la potestad reglamentaria del poder Ejecutivo.

En España, señala Santamaría Pastor, la forma de creación de servicios públicos variará dependiendo de su modalidad. En este sentido, señala que si se trata de la creación del servicio *"en un régimen de simple asunción de su titularidad"* no existe regulación explícita. Sin embargo, destaca que en ese caso el acto de creación debe reunir ciertos requisitos mínimos: (i) todo servicio público ha de ser creado mediante una norma jurídica, debido a la sustancia normativa de toda creación de una organización prestadora de servicios; (ii) en cuanto a la forma y rango de esta norma, opina que cuando la disciplina y ordenación del servicio corresponde a la Administración, deberá regularse mediante una norma con rango de ley, pues ello apareja una muy profunda limitación respecto de los particulares que ejercían esta actividad, en

---

[315] WALLINE, MARCEL, ob. cit. (313), pág. 247.

tanto que, en caso contrario, estima que será suficiente el reglamento; (iii) se debe contar con la cobertura presupuestaria suficiente.

Cuando se trate la creación de servicios públicos con reserva de la actividad a favor del sector público, además de cumplir con los requisitos antes mencionados, se añaden dos exigencias: (i) la expresión *"mediante Ley"* ha de entenderse en el sentido de establecimiento de una clara reserva material de ley, lo que excluye que la reserva del recurso o actividad se lleve a cabo mediante una norma reglamentaria; (ii) en el ámbito local, se exige la aprobación por el órgano de gobierno de la Comunidad Autónoma.[316]

En Argentina, señala Marienhoff que para determinar a quién le corresponde la facultad de crear servicios públicos es necesario distinguir si la competencia para la creación de servicio público está o no expresamente atribuida por la Constitución al Parlamento, pues en caso afirmativo es evidente la facultad de éste para crearlo; se hace indispensable distinguir si el respectivo servicio público aparejará o no un monopolio. Si el monopolio existe, el servicio debe ser creado por ley formal; pero si el servicio público fuese organizado sin monopolio, o sin otro *"privilegio"*, su creación excluye la intervención parlamentaria, requiriendo sólo la actuación del Poder Ejecutivo.[317]

Finalmente, en Venezuela, *"Conforme a la Constitución de 1999, al igual que en la de 1961, se consagra de manera expresa la figura especial de reserva, mediante la cual el Estado acudiendo a una Ley o a un acto con rango de ley asume, por razones de conveniencia nacional, con carácter de exclusividad determinada industria, explotación o servicio público, lo que comporta la exclusión de los particulares de esa industria, explotación o servicio, pudiendo requerirse a tal fin, si fuera el caso la expropiación correspondiente"*.[318]

En este sentido, el artículo 302 de la Constitución venezolana prevé que *"El Estado se reserva, mediante ley orgánica respectiva, y por razones de conveniencia nacional, la actividad petrolera y otras industrias, explotaciones y servicios y bienes de interés público y de carácter estratégico. El Estado promoverá la manufactura nacional de materias*

---

[316] SANTAMARÍA PASTOR, JUAN A., ob. cit. (226), págs. 318 y 319.

[317] MARIENHOFF, MIGUEL, ob. cit. (309), pág. 89.

[318] PEÑA SOLÍS, JOSÉ, ob. cit. (279), pág. 419.

primas provenientes de la explotación de los recursos naturales no renovables, con el fin de asimilar, crear e innovar tecnologías, generar empleo y crecimiento económico, y crear riqueza y bienestar para el pueblo ".

Obsérvese que la norma se refiere tanto a servicios como a otras actividades económicas, aunque la redacción de dicha disposición es pésima, pues realiza un uso inapropiado de los tiempos verbales. Dice *"el Estado se reserva (...)"*, y agrega *"mediante ley orgánica respectiva"*, que supone la actividad del legislador y como tal una actuación de ejecución de la Constitución que debe cumplirse en el futuro. La explicación a esta desafortunada redacción es la de que el Constituyente quiso realizar en el propio Texto Fundamental la reserva de la actividad petrolera, pero fusionó esta norma con otra existente en la Constitución del 61 que contemplaba la reserva legal de la reserva de explotaciones industriales y actividades de índole prestacional, esto es, la creación de servicios públicos en sentido propio.[319]

La noción de servicio público requiere, por ende, la reserva de la actividad al Estado expresa o derivada de regulaciones que impidan a los particulares ejercerla, quienes sólo podrán realizarla en caso de que opere un régimen de concesión, salvo que la misma esté expresamente prohibida. Esta aclaratoria adquiere significación, vista la tendencia legislativa en Venezuela de los últimos tiempos, a la que ya nos hemos referido, de calificar como de interés público las actividades relativas a toda materia que de una u otra forma pueda estar vinculada con una actividad en la que el Estado entienda va incidida una necesidad colectiva o en todo caso cualquier aspecto vinculado a los fines del Estado de bienestar, o relacionadas con la actividad estatal que éste desarrolla o se propone desarrollar.

Tales declaratorias sin que se regule una reserva o una clara exclusión de la titularidad particular para llevarlas a cabo sólo implicarán que se trata de un área en la que se estima involucrado el interés público y, por ende, sujeta la actividad a regulaciones de policía administrativa que la limitan, más no excluyen la libre actividad de los particulares.

---

[319] El artículo 97 de la Constitución del 61, en su segundo párrafo, disponía: *"El Estado podrá reservarse determinadas industrias, explotaciones o servicios de interés público por razones de conveniencia nacional, y propenderá a la creación y desarrollo de una industria básica pesada bajo su control... "*

De otra parte es de particular interés señalar la distinción que existe entre la declaratoria de servicio público y la de interés público que la fundamenta, así como la de utilidad pública, como presupuesto de la potestad expropiatoria de la Administración. En Venezuela es evidente la confusión que se produce entre estos conceptos distintos como son la declaratoria del servicio público y el de la utilidad pública, el primero, necesario para la determinación de un área de la actividad que estará reservada al Estado, la segunda, a los fines de la expropiación de los bienes que sean requeridos para la realización de una obra o prestación de un servicio. Es en este sentido muestra de tal confusión lo señalado en *Artículo 8* de la *Ley de Instituciones del Sector Bancario,* conforme al cual:[320] *"Las actividades reguladas en el presente Decreto con Rango, Valor y Fuerza de Ley constituyen un servicio público y deben desarrollarse en estricto cumplimiento del marco normativo señalado en el artículo 3 Decreto con Rango, Valor y Fuerza de Ley con apego al compromiso de solidaridad social. Las personas jurídicas de derecho privado y los bienes de cualquier naturaleza, que permitan o sean utilizados para el desarrollo de tales actividades, serán considerados de utilidad pública, por tanto deben cumplir con los principios de accesibilidad, igualdad, continuidad, universalidad, progresividad, no discriminación y calidad".[321]* Referir todas estas características a la utilidad pública muestra la confusión existente, siendo que todas ellas son principios del servicio público, que es un concepto totalmente distinto.

---

[320] Dictada mediante decreto ley presidencial y publicada en la Gaceta Oficial No 6.154, extraordinario de fecha 19 de noviembre de 2014, reimpresa por error material en la Gaceta Oficial No 40.557 de fecha 8 de diciembre de 2014.

[321] Esta norma que es similar a la contenida en el texto anterior, también dictado vía de decreto presidencial y publicado en Gaceta Oficial No 39627 de fecha 2 de marzo de 2011, así el precedente a éste aprobado por el órgano parlamentario y publicado en la Gaceta Oficial No 5.015, extraordinario, del 28 de diciembre de 2010, en cuyo proyectos de Ley se afirma: *"También se tipifica al servicio bancario como "Servicio Público" a fin de otorgarle carácter de "utilidad pública" a todas los bienes de cualquier naturaleza que contribuyen en el desarrollo de esta actividad, debido a su trascendencia e importancia en el desarrollo y estabilidad del Sistema Financiero Nacional y del sistema de medios de pago. Con esto se salvaguardan los intereses generales de la República, como lo es garantizar un servicio bancario de calidad, con suficiente cobertura e inclusión a todos los sectores de la población para que redunde en el crecimiento sostenido de las actividades de la economía productiva y social."*

Adicionalmente, el carácter de servicio público declarado en esta ley de bancos no es tal, desde que el artículo 3 que se menciona en la norma transcrita prevé las instituciones bancarias públicas y privadas, sometiendo a estas últimas a la previa autorización y no a la concesión que es la forma de pasar a manos privadas una actividad que ha sido reservada, por virtud de su condición de servicio público.[322]

2.4. La concesión como mecanismo de participación de la empresa privada en la prestación de los servicios públicos

El carácter reservado de la actividad calificada como servicio público impide que el particular pueda desarrollarla, a no ser que a ello sea habilitado, mediante concesión. La concesión se define como un contrato administrativo por virtud del cual la autoridad administrativa concedente encarga a otro ente –concesionario– la prestación de un servicio público, por tiempo limitado, a su propio riesgo, a cambio de una contraprestación que ha de ser suficiente para retribuirle y al mismo tiempo ponderada para garantizar el acceso al servicio por parte de los usuarios.

La concesión es un medio indirecto de prestación de un servicio público en el que el titular de la actividad sigue siendo la Administración, quien encomienda su explotación a un particular que corre con los riesgos económicos de la empresa.[323] A través de la concesión se confiere a una persona un derecho o un poder que antes no tenía, mediante la transmisión de un derecho o el ejercicio de un poder propio de la Administración.[324]

Se trata por ende de un área de la actividad económica, que incluye no sólo el caso de los servicios públicos de contenido económico (ferrocarriles, telefonía, electricidad, etc.), sino también la construcción, mantenimiento y explotación de una obra pública (carreteras, peajes;

---

[322] El artículo 3 dispone: "El sector bancario privado comprende el conjunto de las instituciones privadas, que previa autorización del ente regulador se dedican a realizar actividades de intermediación financiera que se denominan en el presente Decreto *con Rango, Valor y Fuerza de Ley instituciones bancarias...*".

[323] GARRIDO FALLA, FERNANDO, ob. cit. (61), pág. 577.

[324] SAYAGUÉS LASO, ENRIQUE. "*Tratado de Derecho Administrativo*". Alcalí, Montevideo, 1953, pág. 229.

puertos y aeropuertos), así como la explotación de bienes del dominio público (minería, espectro radioeléctrico, etc.), en las que el Estado puede realizar dicha actividad directamente (Estado empresario) o delegarla en particulares. En el caso del servicio, cuando por su naturaleza éste no tiene carácter monopólico, la aplicación de la libre competencia recobra vigor y en el marco de una economía de mercado la tendencia debe ser a la liberalización del servicio.

En Venezuela, el régimen jurídico de las concesiones referido no sólo al servicio público sino también a la construcción y explotación económica de la obra pública se encuentra regulado en un decreto ley del año 1999.[325] La ley denominada Ley Orgánica sobre Promoción de la Inversión Privada bajo el Régimen de Concesiones perseguía "... *establecer reglas, garantías e incentivos dirigidos a la promoción de la inversión privada y al desarrollo de la infraestructura y de los servicios públicos competencia del poder nacional, mediante el otorgamiento de concesiones para la construcción y la explotación de nuevas obras, sistemas o instalaciones de infraestructura, para el mantenimiento, la rehabilitación, la modernización, la ampliación y la explotación de obras, sistemas o instalaciones de infraestructura ya existentes, o únicamente, para la modernización, el mejoramiento, la ampliación o la explotación de un servicio público ya establecido.*"

En ella se contempla la licitación como mecanismo de selección del concesionario y se regulan sus derechos y obligaciones, incluida la cláusula de mantenimiento de la ecuación económica financiera[326] y las cláusulas exorbitantes a favor de la Administración concedente, propias de este tipo de contratos.[327]

---

[325] Publicado en la Gaceta Oficial No 5. 394, extraordinario, del 25 de octubre de 1999.

[326] El artículo 33 c) dispone como derecho del concesionario "*Solicitar la revisión del régimen económico de la concesión y del plazo de ejecución por causas sobrevinientes, y a obtener, si fuere el caso, las compensaciones a que hubiere lugar que podrán hacerse efectivas por medio de la revisión del régimen tarifario u otras fórmulas de remuneración del concesionario, de su fórmula de reajuste o del plazo del contrato, pudiendo utilizarse para ello uno o varios de estos factores a la vez...*"

[327] Se contempla así la facultad de inspección y control, la interpretación y modificación unilateral del contrato por parte de la Administración, limitada al derecho de compensación y solicitud de rescisión en función de la alteración económica que pueda producirse. También se prevé la intervención de la concesión, la rescisión unilateral y el rescate de la misma.

2.5. El contencioso de los servicios públicos

Bajo la misma consideración de la cláusula social, surge en Venezuela a partir del año 1999, con rango constitucional, un contencioso administrativo de los servicios públicos. La Sala Constitucional del Tribunal Supremo de Justicia al respecto señaló: *"El artículo 117 de la Constitución de la República Bolivariana de Venezuela otorga a toda persona el derecho a disponer de servicios de calidad y de recibir de éstos un trato equitativo y digno, norma que al no diferenciar se aplica a toda clase de servicios, incluidos los públicos."*

Si bien la noción de servicio público está asociada al nacimiento mismo de la jurisdicción contencioso administrativa en Francia, ésta se limitó al carácter estrictamente público de la actuación, de allí que el tema de la responsabilidad en las relaciones de los servicios públicos industriales y comerciales con los terceros, incluidos los usuarios[328] se estimó competencia de la jurisdicción común. Sólo si se trataba de daños causados en ejercicio de prerrogativas públicas, como la expropiación, la competencia sería del contencioso administrativo francés.[329]

En Venezuela, la jurisdicción contencioso administrativa, de rango constitucional desde el texto del año 1961, no contenía mención expresa al servicio público sino que se la declaraba competente para: *"...anular los actos administrativos generales o individuales contrarios a derecho, incluso por desviación de poder; condenar al pago de sumas de dinero y a la reparación de daños y perjuicios originados en responsabilidad de la administración, y disponer lo necesario para el restablecimiento de las situaciones jurídicas subjetivas lesionadas por la actividad administrativa."*

Sobre el alcance de dicha norma Moles Caubet afirmó que la materia del control de la jurisdicción contencioso administrativa estaba comprendida por la actividad ilegal *"producida por el incumplimiento*

---

[328] Así lo señala Araujo Juárez al citar las sentencia del Consejo de Estado de fecha 21 de enero de 1925, caso Ferrocarriles de Argelia y la del Tribual de Conflictos de fecha 11 de julio de 1933, caso Melinette, Dalloz y la sentencia de ese mismo tribunal de fecha 17 de octubre d 1966, caso Viuda Canesse.(ARAUJO JUÁREZ, JOSÉ, "Derecho Administrativo General. Servicio Público", Ediciones Paredes, primera edición, Caracas, 2010, pág. 340).

[329] Sentencia del Consejo de Estado de fecha 23 de diciembre de 1970, caso Farsat citada también por ARAUJO JUÁREZ, JOSÉ, ob. cit. (328), pág. 340.

de obligaciones públicas, no sólo las concernientes al pago de sumas de dinero sino también aquellas otras que entren en cualquier concepto obligacional, como la obligación de proceder, la obligación a los servicios públicos y otras prestaciones, y el restablecimiento de las situaciones jurídicas subjetivas perturbadas".[330]

A pesar de que los servicios públicos podían considerarse materia del contencioso administrativo, las tendencias de la jurisprudencia apuntaban a limitarla al caso de los actos administrativos relacionados con su prestación, más no al control de su eficacia así como tampoco a aquellos de carácter privado, más aún cuando se trataba de prestatarios que lo hacían bien en concurrencia vía concesión o como parte de una actividad liberalizada.

Ahora, la Constitución de 1999, en su artículo 259, incluye expresamente el servicio público al contemplar las competencias de la jurisdicción contencioso-administrativa de la siguiente forma:

> *"La jurisdicción contencioso administrativa corresponde al Tribunal Supremo de Justicia y a los demás tribunales que determine la ley. Los órganos de la jurisdicción contencioso administrativa son competentes para anular los actos administrativos generales o individuales contrarios a derecho, incluso por desviación de poder; condenar al pago de sumas de dinero y a la reparación de daños y perjuicios originados en responsabilidad de la Administración; conocer de reclamos por la prestación de servicios públicos y disponer lo necesario para el restablecimiento de las situaciones jurídicas subjetivas lesionadas por la actividad administrativa".*

La finalidad, como se dijo, es otorgar a los tribunales que conforman la jurisdicción contencioso-administrativa la competencia para garantizar a los ciudadanos sus derechos prestacionales, y el control de la eficacia administrativa en la realización de los servicios públicos. La garantía de los derechos prestacionales y el control de la eficacia administrativa se logra en Venezuela a través de un medio procesal especial: la demanda de prestación de servicios públicos, cuyo objeto es la

---

[330] MOLES CAUBET, ANTONIO. *"El sistema contencioso-administrativo venezolano en el Derecho Comparado"*, en Contencioso Administrativo en Venezuela, Editorial Jurídica Venezolana, 3a edición, Caracas, 1993, págs. 30 y 31.

pretensión de condena mediante la cual se ordene el efectivo cumplimiento de la prestación de servicios que no habría cumplido la Administración o el prestatario o que lo habría hecho de una manera deficiente. La jurisprudencia pronto se pronunció no sólo sobre su competencia en esta materia, sino por la necesidad de considerar que la vía para hacerla efectiva era un medio procesal específico: la demanda de servicio público.[331] Sobre esta demanda, ya los tribunales contencioso-administrativos habían precisado que sólo procedería en el caso del servicio público en el sentido estricto del término y por ende debían estar presentes los siguientes elementos: (a) tratarse de una actividad prestacional, (b) la actividad debe haber sido asumida por el Estado, esto es, debe existir *publicatio* respecto de la misma, (c) la actividad debe ser cumplida por algún ente público de manera directa o mediante concesión y, por último, (d) debe contar con un estatuto especial y regirse por normas de Derecho Público.[332]

Sin embargo, pronto se extendió al caso de los servicios aparentemente liberalizados. En tal sentido se pronunció la Corte Primera de lo Contencioso Administrativo al indicar que aun cuando el servicio eléctrico era prestado por una sociedad mercantil privada en ejercicio de la libertad de empresa, el funcionamiento anormal del servicio y la aplicación de medias de tipo sancionatorio (vg. suspensión del servicio), debían estimarse incluidas en el fuero especial de la jurisdicción contencioso administrativa, por virtud de la previsión constitucional que le atribuye a ésta tal competencia (artículo 259).

Posteriormente, la Ley Orgánica de la Jurisdicción Contencioso-Administrativa de 2010 reguló en efecto un medio procesal a estos efectos, al que denominó demanda de prestación de servicios públicos.

2.6. Los servicios públicos y la libertad económica

La noción de servicio público ciertamente resulta contraria a la consideración de la libertad económica como derecho individual o al menos a su conceptuación limitada. Expresa Peña Solís que "*Los*

---

[331] Sentencia de la Corte Primera de lo Contencioso Administrativo de fecha 24 de mayo de 2000, (caso *A. Messuti vs Hidrocapital)* y de la Sala Constitucional del Tribunal Supremo de Justicia de fecha 8 de diciembre de 2000 (Caso *Sicalpar*).

[332] Sentencias de la Corte de lo Contencioso Administrativo orde fechas 6 de julio de 2001 (caso Electricidad de Caracas) y de 18 de septiembre de 2003 (caso CANTV).

postulantes de la primera tesis, inclusive refiriéndose a la hipótesis del nivel 'publicatio' medio, esto es, cuando el Estado conserva la titularidad de las actividades, pero encomienda la gestión de ellas a los particulares (gestión indirecta, generalmente mediante concesionarios), afirman que no puede existir libertad de empresa o de industria o de comercio, cuando la Administración detenta los denominados poderes internos de dirección y control de la empresa concesionaria, así como intensos poderes de policía, además de las facultades exorbitantes, propias de los contratos administrativos, dado que la concesión pertenece a ese género contractual (...)".[333]

En cuanto a la posibilidad de compatibilizar estas dos situaciones contrapuestas, la doctrina afirma que el servicio público no es más que una institución destinada a lograr la satisfacción efectiva de esas libertades. Se niega así que exista tal contradicción, partiéndose de la *"premisa de que el servicio público es una técnica o institución, también de progenie constitucional, que permite el pleno ejercicio del derecho de igualdad, en lo tocante a la recepción por parte de los usuarios de prestaciones de actividades calificadas como de interés general, logrando de esa manera la administración Pública la tutela de derechos constitucionales específicos que le encomienda el ordenamiento jurídico"*. [334]

Para dar sentido a esta posibilidad de compatibilizar ambas situaciones se postula que no debe darse preeminencia a la libertad de empresa sobre otras libertades públicas, dentro de las cuales cabría mencionar dos realmente esenciales a la subsistencia humana, como son la salud y la vida. Además se destaca que *"...en casi todos los ordenamientos estos últimos (derechos fundamentales), aparecen conceptuados desde el punto de vista objetivo representando valores superiores del ordenamiento jurídico, los cuales deben ser preservados otorgándole primacía frente a otros valores contenidos en otros derechos, también consagrados en la Constitución, como sería el caso de la libertad de empresa y de industria y comercio"*.[335]

Sin duda que la calificación de una actividad como servicio público conlleva una restricción de las libertades particulares, la cual es

---

[333] PEÑA SOLÍS, JOSÉ, ob. cit. (279), pág. 374.

[334] Ibídem, pág. 375.

[335] Ibídem.

aceptable en la medida en que ésta se funde en el principio de subsidiariedad, que no es precisamente el caso venezolano, en el cual adicionalmente la calificación de una actividad como servicio público no es la única forma mediante la cual el Estado interviene en el ámbito económico. En efecto, además del mecanismo del servicio público –el cual limita a los particulares, quienes por tal declaratoria se ven impedidos de realizar la actividad reservada de forma libre y sólo hacerlo sometidos a grandes restricciones, producto de la carencia de titularidad– en el caso de que la actividad no sea calificada como servicio público y que el Estado intervenga bajo un presunto régimen de "concurrencia", es lo cierto que los particulares se someten a unas condiciones de competencia desventajosas que podrían, eventualmente, hasta excluirlos, de manera absoluta, del mercado.

Lo que Santamaría denomina la simple asunción de la actividad está normalmente referida a áreas en las cuales se regula un mayor sometimiento a normas destinadas a garantizar la protección del interés colectivo al cual sirve la actividad prestacional privada. El asunto está en determinar cuál es el límite de esa posibilidad de regulación sin que se afecte la libertad económica. No se trata pues de cancelar el mero formalismo de la reserva, para luego a través de una exacerbada policía administrativa comportarse el Estado como dueño de esa parcela de la actividad económica.

Las actividades de servicio público no reservado, así como aquella que por virtud de la reserva se sirva de una multiplicidad de concesionarios para su gestión, es decir, en régimen de concurrencia, deben adecuarse al régimen de libre competencia que contempla la Constitución. En el caso de las áreas reservadas ciertamente ello operará cuando el Estado derive la actividad a manos de varios particulares quienes, aún en régimen de concesión, deberán competir entre sí, siempre que con ello se genere una mejor prestación, un aumento de la calidad del servicio y de las oportunidades de disfrute y mejora de las condiciones de acceso por parte de los usuarios.

Esta posición que fue desarrollada en la jurisprudencia ya citada[336] se fundamenta en la coexistencia de los derechos fundamentales en el

---

[336] Sentencia de fecha 9 de junio de 1998, caso Aerovías Venezolanas, S.A. (Avensa).

marco de los servicios públicos, al afirmar que *"En el caso presente, emerge que, la actividad aeronáutica es un servicio público por calificación expresa de la Ley, pero no así una actividad reservada al Estado".*[337] Y se agrega *"Incluso es posible dentro de un sistema de reserva (siempre y cuando no lo impida de forma expresa una norma, como fuera el caso de la industria de los hidrocarburos) que el Estado otorgue concesiones a varias empresas, lo cual las va a colocar entre sí en condiciones de competencia. En efecto, las nociones de libertad económica y reserva al Estado no resultan excluyentes entre sí, lo que sucede es que, cuando existe una "reserva" en los términos señalados se afecta uno de los atributos de la libertad económica como lo es la posibilidad de libre concurrencia, es decir, de acceder al ejercicio de la actividad. Una vez levantada dicha limitación en virtud del otorgamiento de una concesión, nada autoriza a deducir que la libertad económica del sujeto así habilitado, haya sido destruida, y vaciada de contenido en forma general. Ciertamente, no puede negarse que el ejercicio de una actividad reservada al Estado por parte de un concesionario normalmente viene asociada a un conjunto de regulaciones sobre la materia a las cuales debe ajustarse dicho ejercicio, pero de la misma forma no puede desconocerse que tales limitaciones no son absolutas. En efecto, en cuanto constituye una limitación a derechos constitucionales, es necesario deducir que la reserva sólo afecta a los aspectos por ella regulados. Esta circunstancia de coexistencia o vigencia de la*

---

[337] El transporte aéreo no era ciertamente una actividad reservada, pero hoy si lo es. La vigente Ley de Aeronáutica Civil califica la actividad aeronáutica como "servicio público esencial" y señala que su prestación particular estará supeditada a la concesión. Hasta hace muy poco tiempo en el país sólo operaban líneas aéreas privadas. En los 90 la línea aérea estatal, ("Viasa") fue privatizada, luego se creó una empresa denominada Consorcio Venezolano de Industrias Aeronáuticas y Servicios Aéreos CONVIASA, mediante Decreto Presidencial N° 2.866, publicado en Gaceta Oficial N° 37.910 del 31 de marzo de 2004, con el objeto de explotar el servicio público de transporte aéreo nacional e internacional comercial, regular y no regular, de pasajeros, correo, carga y operaciones comerciales turísticas. Su capital social, de conformidad con el referido Decreto se encuentra constituido por acciones de las cuales el ochenta por ciento (80%) han sido suscritas y pagadas por la República Bolivariana de Venezuela, por órgano del Ministerio de la Producción y el Comercio y el veinte por ciento (20%), por el Instituto Autónomo Fondo Nacional de Promoción y Capacitación para la Participación Turística. En la Junta Directiva, integrada por 7 miembros se incluye un Director, cuyo cargo será ejercido por el Presidente de Petróleos de Venezuela SA. (PDVSA), y su suplente será el Director Gerente de Deltaven S.A., filial de Petróleos de Venezuela S.A.

libertad económica aún en el contexto de actividades reservadas, no es extraña a nuestro ordenamiento jurídico en el cual se da por ejemplo, el caso de concesiones en materia de "telefonía celular" y la "explotación de la industria del fósforo" en las que se verifica la presencia de más de una empresa, capaces de competir entre sí, en base a las reglas que rigen el mercado, en la medida en que no sean contrarias al régimen de reserva".[338]

Posteriormente, la Corte Primera de lo Contencioso Administrativo profundizó en esta misma tesis en relación a la televisión, también área reservada al Estado y quien compite con empresas concesionarias, al señalar: *"Por todo ello, es forzoso concluir que las pautas anteriormente resumidas constituyen el desarrollo actual del marco conforme al cual se puede limitar la actividad económica, en esta materia especial de las comunicaciones televisivas; ya que, una vez que el particular obtiene la concesión por parte del Estado, puede efectuar dichas actividades, e incluso competir con otros concesionarios del ramo sin más limitaciones que las establecidas en la Constitución y las Leyes; y las que reglamentariamente establezca el Ejecutivo Nacional, gracias a la habilitación que le otorga la Ley de la materia al poder reglamentario".*[339]

Por lo tanto, desde el punto de vista de la incidencia del servicio público en la gestión económica de los particulares resulta evidente que la noción restringida de este concepto lleva a la exclusión total de la actividad, que por virtud de la reserva queda en tal carácter en manos del Estado, aun cuando como se ha apuntado de existir más de un concesionario, pueda darse cabida a la competencia entre éstos. *"La tensión entre libertad económica y reserva revela que, desde la perspectiva del Estado, los cometidos estatales de contenido económico pueden ser*

---

[338] En el caso de Conviasa, si bien se afirma que las tarifas de sus vuelos, que serán un cuarenta por ciento (40%) más bajas que las de las demás líneas aéreas, estimulará la competencia y beneficiará a los usuarios del transporte aéreo, lo cierto es que de no regirse esta línea por los mismos parámetros que las demás, en el sentido de tener sus mismos gastos, beneficios e imposiciones de carácter tributario o fiscal, su estructura de gastos será claramente menor a la de las demás líneas, permitiéndole ofrecer tarifas muy bajas y mantener un margen de ganancias amplio, lo que, en definitiva, significa que está compitiendo en una posición de desigualdad con las demás empresas dedicadas a esta misma área.

[339] Sentencia de fecha 19 de noviembre de 1998, caso Omnivisión, C.A. Expediente No. 98-20939.

asumidos por él en forma exclusiva o concurrente, según el grado en que se encuentre restringida la participación de los particulares. En aquellos casos en la que la Actividad es ejercida en forma exclusiva (por disposición Constitucional o legal), en principio, está excluida la intervención de los particulares, quienes sólo podrán participar en tales sectores de la economía, previa habilitación del Estado mediante una Concesión. Queda atemperado por tanto, en dicho supuesto, el derecho de libertad económica que consagra el Artículo 112 de la Constitución, se restringe el ámbito de actuación de servicios de naturaleza pública o recursos naturales propiedad de la Nación".[340]

Lo anterior, sin desconocer la tendencia actual a configurar un nuevo tipo de intervención, mediante la noción material de servicio público, en la cual se justifica un régimen regulatorio que limita la libertad económica mediante el diseño de una policía administrativa que excede la actividad ordinaria de esta naturaleza, so pretexto del interés público que la actividad particular en estos casos está llamada a satisfacer.

2.7. Los servicios públicos y la libertad económica en el derecho comunitario europeo

2.7.1. El servicio público y la noción de empresa

La noción de servicio público no tiene en el derecho comunitario la misma relevancia que en el derecho que la origina. Pero en el derecho europeo es ciertamente de especial interés la evolución del tema de los servicios públicos en atención a las diferencias conceptuales de los distintos países, desde la concepción francesa, con las notas características de la "publicatio" y su carácter estatutario, a los esquemas del derecho británico y alemán que *"han evitado el rigor de la teoría del servicio público francés"*.[341] Todo esto enraizado en la previsión de la libre competencia aplicable también al tema y como un principio fundamental de la integración comunitaria, llevó a *"la definición funcional de empresa (concepto ligado al de actividad económica)"*.[342]

---

[340] BADELL MADRID, RAFAEL, ob. cit. (72), pág. 169.

[341] GONZÁLEZ-VARAS IBAÑEZ, SANTIAGO, ob. cit. (197), pág. 419.

[342] PAREJO ALFONSO, LUCIANO. *"Servicios Públicos y servicios de interés general: La renovada actualidad de los primeros"*, en: Revista de Derecho de la Unión Europea, No. 7, seg. Semestre, 2004, pág. 58.

El establecimiento de un mercado común y los principios que a tales fines se establecieron en el marco del Tratado llevaron a una evolución de la noción del servicio público, marcada por la liberalización y la desregulación. Así lo impuso la aplicación de la norma del Tratado conforme a la cual (artículo 86, ahora 106):

"1. Los Estados miembros no adoptarán ni mantendrán, respecto de las empresas públicas y aquellas empresas a las que concedan derechos especiales o exclusivos, ninguna medida contraria a las normas de los Tratados..." y "2. Las empresas encargadas de la gestión de servicios de interés económico general o que tengan el carácter de monopolio fiscal quedarán sometidas a las normas de los Tratados, en especial a las normas sobre competencia, en la medida en que la aplicación de dichas normas no impida, de hecho o de derecho, el cumplimiento de la misión específica a ellas confiada. El desarrollo de los intercambios no deberá quedar afectado en forma tal que sea contrario al interés de la Unión."

Varios elementos contempla la norma que interesan al estudio de la empresa pública: (i) la mención a la empresa pública, lo que abarcaría la gestión directa de una actividad económica, (ii) empresas, que sin ser públicas, gocen de derechos especiales o exclusivos otorgados por el Estado, (iii) Las empresas encargadas de la gestión de servicios de interés económico general (iv) Las empresas que tengan el carácter de monopolio fiscal y, finalmente (v) *"el cumplimiento de la misión específica"*, confiado a las empresas de servicio de interés económico general o con carácter de monopolio fiscal.

Sobre la empresa pública y su sometimiento al régimen de competencia hay que destacar la concepción funcional del concepto de empresa, así como la utilización de un criterio comparativo[343] respecto de la actividad para determinar si el ente de que se trate está realizando

---

[343] Al respecto la sentencia del TJCE de fecha 23 de abril de 1991 (caso Höfner y Elser) aplicó este criterio respecto de la actividad de colocación de empleos que cumplía con carácter monopólico un ente estatal, pero que en casos excepcionales podía encargar en determinadas profesiones a otras instituciones o personas a él confiada, lo que no sucede en este caso. En igual sentido la sentencia de fecha 22 de enero de 2002 (caso Cisal). La circunstancia de que las actividades de colocación se confíen normalmente a oficinas públicas no puede afectar a la naturaleza económica de estas actividades.

actividad económica y por ende califica dentro del término empresa. Este criterio de comparación supone que independientemente de que la actividad haya sido confiada a una entidad pública, si no siempre ha sido éste el caso, la actividad debe ser considerada económica.

Pero en el caso de que no exista o haya existido tal concurrencia, el criterio comparativo no puede aplicarse para determinar el carácter económico de la actividad y no es cierto que la inexistencia de la competencia efectiva implique la imposibilidad fáctica de competencia. De allí que la noción de lucro[344] complemente este criterio comparativo. Así, si se desarrollan operaciones con una finalidad que no sea social, sino económica, se estará en presencia de una empresa en principio sometida a las reglas de la competencia.[345]

También la jurisprudencia comunitaria menciona el criterio de la participación en el mercado a los fines de calificar si existe una actividad económica. En este sentido, la sentencia de fecha 18 de junio de 1998,[346] en la cual se establece que la acción de ofrecer bienes o servicios en un mercado es una actividad económica. Por el contrario si la actividad no tiene finalidad o vocación económica, no podrá estimarse incluida dentro del término de empresa previsto en la norma y no estará sujeto, por ende, a las reglas de la libre competencia. Así, respecto de las actividades que formen parte de las funciones esenciales del Estado, tales como seguridad aérea y protección del medio ambiente.[347]

---

[344] Sentencia del TJCE de fecha 16 de marzo de 2004 (caso Oberlandesgericht Düsseldorf y Bundesgerichtshof).

[345] En este sentido se indica en el fallo de 16 de marzo de 2004 que *"...no puede excluirse que, al margen de sus funciones de naturaleza exclusivamente social en el marco de la gestión del sistema de seguridad social alemán, las cajas del seguro de enfermedad y las entidades que las representan, a saber, las federaciones de cajas, En estos casos, las decisiones que adopten podrían considerarse decisiones de empresas o de asociaciones de empresas."*

[346] En la sentencia del TJCE Comisión contra Italia, caso 35/96 se afirma en efecto que los agentes de aduanas italianos son empresas, pues *"...ofrecen, mediante retribución, servicios consistentes en efectuar las formalidades aduaneras, relativas, sobre todo, a la importación, exportación y tránsito de mercancías, así como otros servicios complementarios, como servicios propios del ámbito monetario, comercial y fiscal."* En igual sentido la sentencia de 12 de septiembre de 2000 (caso: Pavlov y otros), la sentencia de fecha 19 de febrero de 2002, (caso: Wouters y otros), y la sentencia de fecha 24 de octubre de 2002, (cso: Aéroports de París).

[347] Sentencia de 19 de enero de 1994, (caso: SAT Fluggesellschaft y la Organización Europea para la Seguridad de la Navegación Aérea, Eurocontrol, sobre fijación de tarifas de ruta) y la sentencia de fecha18 de marzo de 1997, (caso: Diego Calì & Figl, sobre la prevención de la contaminación en el puerto de Génova).

Lo mismo respecto de aquellas en las que no se persiga un objetivo económico y predomine la solidaridad.[348] Claro está que en estos casos cabría analizar la posibilidad de que se cometan infracciones del derecho de la competencia, pues aunque no se persiga una finalidad de lucro, tal participación puede resultar potencialmente contraria a los objetivos de dicho derecho de la competencia.[349] Así se desprende de la sentencia de fecha Höfner y Elser (23 de abril de 1991), en la cual se determina que puede haber una potencial infracción de la competencia si el ente público no está manifiestamente en condiciones de satisfacer la demanda del mercado y a pesar de ello está en vigencia una disposición legal que excluye a los particulares de la realización de la actividad.[350]

La actividad de la empresa pública, y su sujeción a las normas de competencia, dio lugar a la sistematización de las empresas encargadas de la prestación de los servicios. En este sentido se distingue entre "los servicios de interés general" y "los servicios de interés económico general". En los primeros (SIG), se incluyen *las actividades de servicio, comerciales o no, consideradas de interés general por las autoridades públicas y sujetas por ello a obligaciones específicas del servicio*

---

[348] Así se afirma en la citada sentencia del TJCE de fecha 16 de marzo de 2004 (caso Oberlandesgericht Düsseldorf y Bundesgerichtshof que: *"En el ámbito de la seguridad social, el Tribunal de Justicia ha considerado que determinadas entidades gestoras del seguro obligatorio de enfermedad y de vejez persiguen un objetivo exclusivamente social y no ejercen una actividad económica. El Tribunal de Justicia ha declarado que esto es lo que sucede con las cajas del seguro de enfermedad que no hacen sino aplicar la ley y no tienen posibilidad alguna de influir en el importe de las cotizaciones, el uso de los fondos y la determinación del nivel de las prestaciones. En efecto, sus actividades, que se basan en el principio de solidaridad nacional, carecen de finalidad lucrativa y las prestaciones que se abonan son prestaciones legalmente determinadas e independientes de la cuantía de las cotizaciones (sentencia de 17 de febrero de 1993, Poucet y Pistre, asuntos acumulados C-159/91 y C-160/91, Rec. p. I-637, apartados 15 y 18)."*

[349] La misma sentencia del caso Höfner y Elser (23 de abril de 1991) antes citada ya indicaba que *"...en el contexto del Derecho de la competencia, que, por un lado, el concepto de empresa comprende cualquier entidad que ejerza una actividad económica con independencia del estatuto jurídico de dicha entidad y de su modo de financiación y, por otro, que la actividad dirigida a la colocación es una actividad económica."*

[350] En el fallo se señala que se infringen los términos del artículo 86 del Tratado si *"La oficina pública de empleo no está manifiestamente en condiciones de satisfacer la demanda del mercado para este tipo de actividades"* y *"el ejercicio efectivo de las actividades de colocación por empresas privadas asesoras en materia de selección de personal se hace imposible por el mantenimiento en vigor de una disposición legal que prohíbe tales actividades so pena de nulidad de los correspondientes contratos."*

público", en los segundos (SIEG), las *"actividades de servicio comercial que cumplen misiones de interés general, y están por ello sometidas, por parte de los Estados miembros, a obligaciones específicas de servicio público"*.[351]

La importancia que la libre competencia juega en la noción de mercado y en el éxito de tal sistema se pone de manifiesto en las regulaciones comunitarias europeas en las que el servicio público de interés económico general se halla igualmente supeditado a la libre competencia. Se ha buscado establecer un equilibrio entre tal principio y lo que se denomina *"el cumplimiento de la misión que se le ha confiado"* a ese servicio de interés general.

Sobre la evolución de la interpretación de esta norma (antes artículo 86) se ha indicado que la estricta vinculación de la misma al principio de libre competencia se adoptó al considerar la aplicación del régimen excepcional previsto en la norma como *"...una perturbación del mercado; con la consecuencia de quedar así puesta en cuestión desde el principio toda decisión nacional de delimitación del espacio público sobre la base del interés general: dicha decisión crea de suyo una situación dominante que determina la imposibilidad de la satisfacción de las demandas reales por la iniciativa privada en el seno del mercado"*.[352] Esta concepción limitada del ámbito de la actividad que puede excluirse de la competencia, por tanto, limita en la misma proporción la noción del servicio público con carácter reservado. La extrema posición fue moderada sin embargo al volverse al criterio de la "justificación"[353] y con la introducción del criterio del *equilibrio económico,"* que puede imponer la intervención en el caso de ausencia de condiciones para el funcionamiento espontaneo del mercado.[354]

---

[351] Definiciones contenidas en la Comunicación de 26 de septiembre de 1996 (DO C281).

[352] PAREJO ALFONSO, LUCIANO, ob. cit., (342), pág. 58.

[353] Comisión contra Italia, caso 35/96) 18 de junio de 1998, Comisión/Italia. Puede también citarse jurisprudencia más antigua, como la sentencia de 16 de junio de 1987, Comisión/Italia, antes citada, apartado 3, en la que el Tribunal de Justicia afirma que *"no se discute que la Amministrazione Autonoma dei Monopoli di Stato [...] toma parte en la actividad económica, en el sentido de que ofrece, en el sector de los tabacos manufacturados, bienes y servicios en el mercado"*.

[354] Cita el profesor Parejo Alfonso, en su obra supra mencionada (342), la sentencia 1993/71 del Tribunal de Justicia de la Comunidad Europea de fecha 19 de mayo de 1993 (caso Paul Corbeau), entre otros, en el cual se declara que no es de por sí incompatible con el

Sin embargo, la importancia que la libre competencia juega en la noción de mercado y en el éxito de tal sistema se pone de manifiesto en las regulaciones comunitarias europeas en las que el servicio público de interés económico general se halla igualmente supeditado a esta regla de la libre competencia. Se ha buscado establecer un equilibrio entre tal principio y lo que se denomina *"el cumplimiento de la misión que se le ha confiado"* a ese servicio de interés general. No obstante, para garantizar la eficacia del mercado interior se ha optado por una interpretación restrictiva.[355] En los servicios de interés económico general se han entendido incluidos los sectores del transporte, telecomunicaciones, electricidad, gas y suministro de agua. El servicio público aun en sentido restringido se ubica en una zona limítrofe con las actividades de gestión puramente económica realizadas por el Estado, por ello se afirma que *"si el mismo objetivo puede ser alcanzado usando un instrumento jurídico público o privado, es un ámbito que no necesariamente corresponde a los poderes públicos si bien pueden asumirlos".*[356]

La complejidad de este tema, dio lugar a la apertura del denominado Libro Verde de la Comisión sobre los servicios de interés general,[357] para el debate sobre dichos servicios, su organización, financiación y evaluación teniendo en cuenta la contribución significativa del mercado interior y de las normas de competencia a la mejora de numerosos servicios públicos en términos de calidad y eficacia, en beneficio de ciudadanos y empresas, y la universalización y liberalización, lo cual plantea la conveniencia de la creación de un marco jurídico general de nivel comunitario para los servicios de interés general. En tal sentido se planteó en dicho documento la voluntad de reexaminar la política relativa a los siguientes temas:

"- alcance de la acción comunitaria en materia de servicios de interés general y el respeto del principio de subsidiariedad;

---

artículo 86.2 (106.2), una medida gubernamental de creación de una posición dominante, pues ella podría resultar justificada por la necesidad de establecer condiciones de equilibrio económico.

[355] BELLAMY/CHILD. *"Common Market Law of competition"*, 3ª ed., Sweet & Maxwel, Londres, 1987, pág. 815.

[356] BASSI, F. *"Lezioni di dirittto amministrativo"* Giuffrè Edit, Milano, 1991, pág. 144.

[357] Libro verde de la Comisión, de 21 de mayo de 2003, sobre los servicios de interés general.

- concepto comunitario de servicio de interés general;

- definición de buena gobernanza en materia de organización, normativa, financiación y evaluación de los servicios de interés general con el fin de mejorar la competitividad de la economía y de garantizar un acceso efectivo, equitativo y de calidad a los servicios;

- medidas que pueden coordinar el mantenimiento de servicios de interés general de calidad y aplicación de las normas relativas a la competencia y al mercado interior".

A consecuencia de este documento, el 12 de mayo de 2004 se produjo una comunicación de la Comisión, titulada "Libro Blanco sobre los servicios de interés general", en el cual se sostiene que la calidad y la accesibilidad a los servicios por parte de todos los ciudadanos son las bases sobre las cuales debe construirse la noción del servicio de interés general. Se reconoce la posibilidad de que dichos servicios sean prestados por la empresa pública o por los particulares en colaboración con ésta o de manera directa, pero la definición de los objetivos del servicio, sus obligaciones y el control de la efectividad de la prestación, corresponden a los poderes públicos. Es una responsabilidad compartida entre la Comunidad y los Estados miembros (artículo 16 del Tratado). El desarrollo de servicios eficaces se postula en base a los principios de subsidiariedad, libre competencia, accesibilidad, eficiencia, calidad, universalidad y seguridad.

2.7.2. El servicio público y las compensaciones por servicios de interés económico general

Otro aspecto de la competencia y la prestación de los servicios que se desarrolla en el marco del derecho comunitario europeo es el relativo a las medidas especiales que se conceden a empresas prestadoras de estos servicios. Las sentencias de los casos ABDHU,[358] Ferring[359] y

---

[358] Sentencia del TJCE de fecha 7 de febrero de 1985 (caso: Association de Defense des Bruleurs d'huiles Usagees).

[359] Sentencia del TJCE de fecha 22 de noviembre de 2001 (caso: Ferring, S.A. vs. Agence centrale des organismos de sécurité sociale (ACOSS).

Almark[360] se consideran fundamentales para explicar la evolución de este tema en la jurisprudencia comunitaria. El primero de los mencionados, con un criterio restrictivo de la noción de ayuda estatal al negar tal condición a los fondos públicos aportados a la empresa como compensación por la recogida o eliminación de aceites como contrapartida a las obligaciones en esa materia impuestas a los estados miembros por la legislación comunitaria. Luego de este fallo, y con anterioridad a la sentencia Ferring (2001), cambiaría tal noción restringida, pues *"los pronunciamientos impulsarían una interpretación claramente expansiva de la noción de ayuda estatal, que reforzaba la capacidad de control de la Comisión sobre los fondos públicos aportados como supuestas compensaciones derivadas de la prestación de SIEG"*.[361]

La importancia de la calificación estriba en la necesidad o no de aplicación de las formalidades exigidas a las ayudas estadales: (i) previa notificación y (ii) suspensión hasta que la Comisión se pronuncie sobre su compatibilidad con las normas del Tratado. El caso Ferring contrariamente a esta evolución jurisprudencial mencionada sostuvo que no podía calificarse como ayuda estatal la compensación del Estado de los sobrecostes en que incurrían las empresas encargadas de la prestación de un servicio público, al indicar: *"33. Procede, pues, responder que el artículo 90, apartado 2, del Tratado debe interpretarse en el sentido de que no cubre una ventaja fiscal de la que disfrutan determinadas empresas encargadas de la gestión de un servicio público, como las consideradas en el litigio principal, en la medida en que tal ventaja sobrepase los costes adicionales del servicio público."* El caso Altmark[362] que ratifica la doctrina del asunto Ferring, define cuatro requisitos que han de concurrir para que la compensación estatal no califique como ayuda a los fines de los requisitos del Tratado, a saber: (i) La empresa

---

[360] Sentencia del TJCE de fecha 24 de julio de 2003 (caso: Altmark Trans GmbH y Regierungspräsidium Magdeburg vs Nahverkehrsgesellschaft Altmark GmbH).

[361] RODRÍGUEZ MIGUEZ, JOSÉ ANTONIO. *"El paquete modernizador del artículo 86 CE y las compensaciones por servicios de interés económico general"*, en: Cuadernos Europeos de Deusto, No. 38/2008, Bilbao, 2008, pág. 179. Cita el autor la sentencia del Tribunal de Primera Instancia de las comunidades europeas de fecha 27 de febrero de 1997, caso: Fédération Francaçaise des Sociétés d' Assurances (FFSA) y otros.

[362] Se trataba de una cuestión prejudicial en un litigio relativo a licencias de servicios regulares de transporte a viajeros.

beneficiaria debe estar efectivamente encargada de la ejecución de obligaciones de servicio público claramente definidas, (ii) Los parámetros de cálculo de la compensación deben estar establecidos de forma previa, objetiva y transparente, (iii) La compensación no debe superar el nivel necesario para cubrir total o parcialmente los gastos ocasionados por la ejecución de las obligaciones del servicio, teniendo en cuenta los ingresos y un beneficio razonable, y (iv) Si la selección de la empresa prestadora del servicio no se ha realizado por un procedimiento de contratación pública que garantice el menor coste (v.g. licitación), el nivel de la compensación deberá calcularse sobre la base de un análisis de costes de una empresa media, bien gestionada, teniendo en cuenta los ingresos y un beneficio razonable.[363]

Se observa en todo momento la tendencia a conciliar ambos conceptos, servicio público de interés económico y libre competencia, siendo de gran interés este desarrollo comunitario europeo que encuentra perfecta aplicación en el marco constitucional de los servicios públicos en Venezuela. Como apunta Parejo Alfonso *"en el Derecho comunitario se da la convivencia de lo público y lo privado en términos que básicamente coinciden con los del Derecho constitucional, si bien los referidos ámbitos se encuentran, por ausencia de reglas claras, seguras y estables, en un equilibrio inestable"*.[364] La similitud de los regímenes constitucionales español y venezolano permite aplicar estas mismas consideraciones al caso de Venezuela.

En Venezuela, la aplicación de esquemas liberalizadores se adaptan sin duda al marco constitucional del sistema económico de mercado, fundado como está en el principio de la libre competencia, pero la exigencia de la realidad social y la demanda de una mayor acción prestacional de la Administración, posible en base a la combinación de las normas constitucionales de iniciativa pública y la cláusula social del Estado de derecho, pueden en teoría justificar la vuelta a la estatización de los más importantes servicios públicos, como electricidad y

---

[363] RODRÍGUEZ MIGUEZ en ob. cit. (361) explica que la sentencia Altmark suscitó la necesidad de imponer *"no sólo a las empresas públicas sino también a las encargadas de SIEG la obligación de llevar una contabilidad separada"* (obligación introducida en la Directiva 2000/52/CE, reformada por la Directiva 2005/81/CE que agregó la coletilla final de: *"así como la trasparencia entre determinadas empresas."*

[364] PAREJO ALFONSO, LUCIANO, ob. cit. (342), pág. 62.

telecomunicaciones. No así, insistimos, la actuación empresarial del Estado en detrimento de la acción privada, lo cual desnaturaliza la Constitución Económica que la rige.

3. La empresa de gestión económica

Si la empresa de servicio público se halla confinada a la prestación de servicios en materias declaradas reservadas al Estado, la empresa de gestión económica agrupa todas las otras actividades de contenido económico desarrolladas por el sector público. Así se incluye en esta categoría la actividad económica prestacional en régimen de concurrencia, más la actividad comercio industrial en áreas de la economía de carácter estratégico o que involucra la explotación de recursos naturales, que se convierten en materias reservadas al Estado, o finalmente, en actividades económicas de carácter comercio industrial que desarrolla el Estado en régimen de concurrencia y competencia con los particulares.

3.1. La gestión económica como actividad económica no prestacional

La gestión económica del Estado, como actividad no prestacional, parte de la consideración de que la iniciativa pública en lo económico no se limita a la necesaria reserva de la titularidad respecto de la prestación de los servicios esenciales. Conforme a nuestro criterio de clasificación, la misma comprenderá la materia económica comercio industrial que por virtud también de una reserva se hará con carácter de monopolio, así como también aquella que *"puede proyectarse, aunque en las mismas condiciones que la iniciativa privada"*.[365]

Respecto del Estado empresario, ya lo señalaba García Pelayo, es un hecho manifiesto que la acción estrictamente económica del Estado es inevitable pues éste *"...es el primer cliente del mercado nacional, posee empresas bajo una u otra forma jurídica, absorbe una parte considerable del PNB través de impuestos y de cotizaciones sociales que procede a distribuir, construye las obras de infraestructura destinadas a la innovación tecnológica y, como se sabe, es la primera de las*

---

[365] PARADA, RAMÓN, ob. cit. (26) pág. 495.

fuerzas productivas de nuestro tiempo, desarrolla políticas destinadas a producir fuerza de trabajo calificada".[366] El Estado puede en efecto convertirse en el marco de un modelo de economía de mercado, con reconocimiento de la iniciativa y propiedad pública en *"el actor más significativo del sistema. El aumento del sector público puede convertirlo en el empresario más importante de la economía nacional... ".*[367]

Es decir que en el marco de esta actividad empresarial se incluye la de producción de bienes y servicios y respecto de ella el régimen jurídico preponderante será el de derecho privado, pues como concluye *Parada "Sólo la actividad de prestación que puede ser calificada esencial, que legalmente ha sido así configurada, puede beneficiarse de un régimen jurídico de Derecho público, sin perjuicio de la renuncia a éste y su sometimiento al de Derecho privado que, en todo caso, constituye la única posibilidad cuando la actividad económico-empresarial de la Administración no está calificada de esencial".*[368]

Sobre la Administración como gestora de empresas económicas, Garrido Falla señala que *"debe reconocerse que ya en la etapa anterior la Administración mantenía en forma excepcional la explotación directa de determinadas empresas económicas, bien como una herencia de antiguas propiedades de la Corona, bien como simples monopolios fiscales, sin otra justificación que la de conservar una fuente de ingresos para el Tesoro".*[369]

Según Santamaría Pastor la actividad empresarial por parte del Estado se produce a fines del siglo XIX y sobre todo tras la primera guerra mundial (1914), cuando, según afirma, *"...las administraciones públicas asumen la propiedad y gestión directa de empresas mercantiles y actividades de producción y distribución de bienes y servicios",*

---

[366] GARCÍA PELAYO, MANUEL, ob. cit. (3), pág. 2867.

[367] GARCÍA PELAYO, MANUEL. *"Las transformaciones del Estado contemporáneo"*. Edit. Ex Libris, Caracas, 2009, pág. 73.

[368] PARADA, RAMÓN, ob. cit., (26) pág. 498. Cabe destacar que en este caso, la nota característica la pone Parada en lo esencial o no de la actividad, si bien lo une a la naturaleza prestacional, creemos que las mismas consideraciones cabrían para el caso de aquella que sin tener este carácter se imponen al Estado en su realización por el carácter reservado de la actividad o el carácter público del recurso, que conforme al criterio de distinción que hemos esbozado estaría igualmente comprendido dentro de la categoría de la actividad de gestión económica.

[369] GARRIDO FALLA, FERNANDO, ob. cit. (61) pág. 384.

lo cual atribuye a circunstancias de pura inercia, pues al haber estado involucrada también la población civil, el Estado se vio obligado a asumir ciertas industrias estratégicas, aun no siendo rentables, que fueron conservadas posteriormente con el objeto de enfrentar posibles futuros conflictos. Califica, sin embargo, como prioridad histórica del fenómeno contemporáneo de la empresa pública, las experiencias de los socialistas fabianos que al hacerse del poder municipal crearon múltiples empresas prestadoras de los servicios locales básicos, tales como, agua, electricidad y gas. Como tercer orden de importancia, señala la asunción por parte del Estado de actividades igualmente estratégicas con carácter monopólico en materia de teléfonos y petróleo. Las políticas de industrialización o reindustrialización también la considera como un elemento del incremento de la iniciativa pública en materia económica. Sin embargo, la máxima expresión de la empresa pública la atribuye a las creadas bajo la ideología socialista (propiedad pública de los medios de producción) que en imitación a la experiencia de la revolución soviética de octubre propugnó, sobre todo en Francia y el Reino Unido) una política de nacionalizaciones de las empresas básicas.[370] Desgranamos de esta reflexión del autor citado lo que calificamos como empresa de gestión económica, en la cual no incluimos los servicios públicos en el sentido propio del término, es decir, como actividad prestacional que con carácter reservado ejerce el Estado, sino toda la otra actividad que de tipo económico éste realiza y ha realizado.

El análisis histórico de la empresa pública que hace Santamaría Pastor demuestra que las causas de la empresa pública siguen teniendo vigencia, al menos en la américa latina y concretamente en Venezuela, pues ella se observa desde la reserva de actividades por su carácter estratégico (artículo 300), la actividad petrolera y otras industrias, explotaciones, servicios y bienes de interés público, así como la que hoy se produce por la imitación de la ideología socialista y que apunta al carácter público de los principales medios de producción.

En Venezuela hoy el rol del Estado empresario se encuentra en su máxima expresión, así presente en la gestión de servicios públicos reservados (electricidad, explotación de la industria de transformación

---

[370] SANTAMARÍA PASTOR, JUAN A., ob. cit. (226), págs. 303 a 305.

del hierro); en aquellos así declarados pero no reservados (transporte aéreo y banca); en la explotación de recursos naturales (petróleo, hierro, bauxita, aluminio, oro, etc.); en actividades comercio industriales en concurrencia con los particulares (sector comercio de alimentos, redes de distribución socialista de alimentos, Mercal, Cval, Pdval, Bicentenario). Se ha producido una reversión del proceso liberalizador de los años 90, basado en una concepción ideológica que más allá de la aplicación de la cláusula social del Estado de bienestar, pasa por reconocer papel protagónico a la empresa pública en un sistema de economía socialista que sustituya al de libre mercado y de allí la afectación de sus postulados esenciales, libre empresa, libre competencia y respeto a la propiedad privada.

De manera que el aspecto nuclear de la distinción que realizamos respecto de la actividad empresarial del Estado estriba no sólo en su carácter prestacional reservado o de índole comercio industrial, reservada o no, sino también en que aunque el contenido económico es un elemento configurador de la actividad en ambos casos, en la prestación del servicio reservado priman ante este sentido económico de la actividad causas de interés general, en tanto que en la gestión económica propiamente dicha, aun cuando ese interés general pueda también estar presente de forma directa, tal causa va unida indisolublemente para su consecución, al éxito económico de la gestión. Es aquí donde el principio de racionalización encuentra su más importante fuente de aplicación.

Sobre la justificación de estas empresas en las que el contenido económico es la principal causa de justificación, Garrido Falla indica que las razones provienen bien, *"de la necesidad de suplir las inversiones privadas en países de escasa capitalización"* o *"como consecuencia de políticas socialistas o de ambas"*.[371] El proceso de estatización en la Argentina tiene que ver con la primera de las razones explicadas, el de Venezuela se inscribe más en el segundo de los objetivos. Ya lo señalaba Balbín, que en muchos casos la justificación de la estatización en la Argentina fue retracción de la inversión privada en el sector financiero,[372] y en Venezuela tal reconocimiento se haya en la expresa

---

[371] Ibídem, pág. 340.
[372] BALBÍN, CARLOS, Carlos F., ob. cit. (36), pág. 949.

declaratoria del objetivo gubernamental de la modificación de la economía de mercado por uno de economía socialista.[373]

3.2. El interés general y el principio de racionalización del gasto como límites a la actividad de gestión económica

La actividad de servicio público puede ciertamente inscribirse en las competencias de la Administración, pues a su realización está ella compelida por así disponerlo la ley. También en el caso de la actividad de gestión económica de carácter reservado es la norma la que obliga a un ente de la Administración a asumirla. Pero cuando la gestión económica deriva de la discrecionalidad administrativa, del ejercicio de una capacidad que le reconoce el ordenamiento jurídico constitucional, la iniciativa pública estará limitada no sólo por el modelo económico de mercado y el respeto a las garantías jurídicas de la actividad privada, también el interés general y el principio de racionalización del gasto operará como limitante de la actividad estatal.

3.2.1. El interés general

Sobre el interés general como límite a la actividad económica del Estado se pronunció el Tribunal Supremo español en la sentencia de 10 de octubre de 1989. No se concibe actuación alguna de la Administración pública en la que no esté involucrada la satisfacción de un interés general. En la competencia ese interés público subyace en la norma legal que la prevé, en la iniciativa pública en la gestión económica ese interés público debe ser justificado por la propia Administración que en su nombre pretende ejercer una actividad empresarial. Así sea ese interés general el mero éxito económico de la gestión, lo que Garrido Falla llama la obtención de ingresos para el tesoro, éste habrá de supeditarse al respeto de los límites a la iniciativa pública, y el más importante de ellos en este caso el de la libre competencia, el cual, la más de las veces, obliga al Estado al abandono de este tipo de actividades en manos de sus naturales titulares que son los particulares.

La cláusula social que pertenece a una concepción política del Estado es fuente que nutre ese interés general, pues en base a ella el

---

[373] Proyecto Simón Bolívar. Primer Plan Socialista, Desarrollo Económico y Social de la Nación (2003-2007).

Estado "*no se limita, como propugnaba la teoría liberal, a corregir las disfunciones más graves y ostensibles del mercado y de la sociedad civil, sino que asume la responsabilidad de conformar el orden social en el sentido de promover la igualdad de todas las clases sociales y de asegurar a todos los ciudadanos un cierto nivel de bienestar económico, el disfrute de los bienes culturales una cobertura de sus riesgos vitales...*".[374] Pero ese interés general debe adecuarse a los límites que a la actividad económica pública imponen la economía de mercado, la libertad de empresa, libertad de competencia y respeto a la propiedad privada. Estos límites en el marco del derecho comunitario conllevan igualmente a sostener que la actividad empresarial del Estado que se realice en base al interés general que derive de la cláusula social encontrará igualmente los límites de la protección a las llamadas cuatro libertades, base de la construcción del mercado común (libre circulación de servicios, trabajadores, capitales y mercancías) así como las demás normas relativas a la libertad de establecimiento y servicios (artículos 39 al 60 del Tratado) y la protección de la libre competencia (artículo 4[375]).

En el caso de la gestión económica comercio industrial en áreas no reservadas, estos principios dejan prácticamente muy limitada la posibilidad de que un interés general justifique la acción empresarial pública. Esta limitación puede entenderse a la luz de la normativa comunitaria sobre la empresa pública, la cual ratifica sometida al principio de libre competencia y a la prohibición específica de falsear la competencia, a la cual propende con facilidad la empresa pública, habida cuenta del poder que detenta la Administración como parte del Poder Público que es.[376]

---

[374] SANTAMARÍA PASTOR, JUAN A., "*Principios de Derecho Administrativo General*", Volumen I, segunda edición, Editorial Centro de Estudios Ramón Areces, S.A., Madrid, 2000, págs. 107 y 108.

[375] "*Artículo 4.1.Para alcanzar los fines enunciados en el artículo 2, la acción de los Estados miembros y de la Comunidad incluirá, en las condiciones y según el ritmo previstos en el presente Tratado, la adopción de una política económica que se basará en la estrecha coordinación de las políticas económicas de los Estados miembros, en el mercado interior y en la definición de objetivos comunes, y que se llevará a cabo de conformidad con el respeto al principio de una economía de mercado abierta y de libre competencia.*"

[376] El artículo 106 del Tratado de Funcionamiento de la Unión Europea (antes 86) así lo dispone: "*1. Los Estados miembros no adoptarán ni mantendrán, respecto de las empresas públicas y aquellas empresas a las que concedan derechos especiales o exclusivos, ninguna medida contraria a las normas del presente Tratado, especialmente las previstas en los*

3.2.2. La racionalización del gasto

Por lo que se refiere a la racionalización del gasto, en España, el límite deriva de la propia Constitución, cuando en el artículo 31.2 exige una equitativa asignación de los recursos públicos y que su programación responda a criterios de eficacia y economía, pero también se deriva del principio de estabilidad presupuestaria, incluido en la reforma del año 2011 en el artículo135 de la Constitución y la Ley Orgánica 2/2012, de 27 de abril, de Estabilidad Presupuestaria y Sostenibilidad Financiera, enderezada a lograr la eficiencia en el uso de los recursos públicos, incluido el tema de entidades públicas empresariales y sociedades mercantiles, así como a adaptarse a las exigencias de la Unión Europea en materia de estabilidad presupuestaria.[377]

---

artículos 12 y 81 a 89, ambos inclusive. 2. Las empresas encargadas de la gestión de servicios de interés económico general o que tengan el carácter de monopolio fiscal quedarán sometidas a las normas del presente Tratado, en especial a las normas sobre competencia, en la medida en que la aplicación de dichas normas no impida, de hecho o de derecho, el cumplimiento de la misión específica a ellas confiada. El desarrollo de los intercambios no deberá quedar afectado en forma tal que sea contraria al interés de la Comunidad." El artículo 81, por su parte prevé: *"1. Serán incompatibles con el mercado común y quedarán prohibidos todos los acuerdos entre empresas, las decisiones de asociaciones de empresas y las prácticas concertadas que puedan afectar al comercio entre los Estados miembros y que tengan por objeto o efecto impedir, restringir o falsear el juego de la competencia dentro del mercado común y, en particular, los que consistan en: a) fijar directa o indirectamente los precios de compra o de venta u otras condiciones de transacción; b) limitar o controlar la producción, el mercado, el desarrollo técnico o las inversiones; c) repartirse los mercados o las fuentes de abastecimiento; d) aplicar a terceros contratantes condiciones desiguales para prestaciones equivalentes, que ocasionen a éstos una desventaja competitiva; e)   subordinar la celebración de contratos a la aceptación, por los otros contratantes, de prestaciones suplementarias que, por su naturaleza o según los usos mercantiles, no guarden relación alguna con el objeto de dichos contratos. 2. Los acuerdos o decisiones prohibidos por el presente artículo serán nulos de pleno derecho. 3. No obstante, las disposiciones del apartado 1 podrán ser declaradas inaplicables a:*
- *cualquier acuerdo o categoría de acuerdos entre empresas,*
- *cualquier decisión o categoría de decisiones de asociaciones de empresas,*
- *cualquier práctica concertada o categoría de prácticas concertadas, que contribuyan a mejorar la producción o la distribución de los productos o a fomentar el progreso técnico o económico, y reserven al mismo tiempo a los usuarios una participación equitativa en el beneficio resultante, y sin que: a) impongan a las empresas interesadas restricciones que no sean indispensables para alcanzar tales objetivos; b) ofrezcan a dichas empresas la posibilidad de eliminar la competencia respecto de una parte sustancial de los productos de que se trate."*

[377] En esta misma línea de acción puede mencionarse la Ley 15/2014, de 16 de septiembre, de racionalización del Sector Público y otras medidas de reforma administrativa, en la cual se

En la Constitución venezolana, el artículo 300 contiene el límite de la racionalización del gasto en relación con la actividad empresarial del Estado. La norma en efecto dispone: "*La ley nacional establecerá las condiciones para la creación de entidades funcionalmente descentralizadas para la realización de actividades sociales o empresariales, con el objeto de asegurar la razonable productividad económica y social de los recursos públicos que en ellas se inviertan.*" Asimismo el artículo 311 establece que "*La gestión fiscal estará regida y será ejecutada con base en principios de eficiencia, solvencia, transparencia, responsabilidad y equilibrio fiscal. Esta debe equilibrarse en el marco plurianual del presupuesto, de manera que los ingresos ordinarios deben ser suficientes para cubrir los gastos ordinarios.*" Por su parte la Ley Orgánica de la Administración Pública[378] que regula a todos los entes de la administración pública funcionalmente descentralizada, en todos los niveles territoriales, incluidos los entes para la gestión de la actividad económica, prevé en su artículo 17 lo siguiente: "*No podrán crearse nuevos órganos o entes en la Administración Pública que impliquen un aumento en el gasto recurrente de la República, los estados, los distritos metropolitanos o de los municipios, sin que se creen o prevean nuevas fuentes de ingresos ordinarios de igual o mayor magnitud a la necesaria para permitir su funcionamiento.*"

De manera que la empresa pública en Venezuela se analizará en las categorías antes indicadas, desde la prestación de servicios públicos de contenido económico, para evidenciar que de la liberalización de los 90 nada queda en pie, y que hoy servicios que habían sido liberalizados han pasado a la reserva estatal, hasta la gestión económica, distinguiendo la ejercida por virtud de la reserva de los recursos y ciertas áreas de la actividad comercio industrial, como la que se realiza en situación de concurrencia con los particulares, para demostrar que el Estado empresario en Venezuela se ubica en la concepción del mercado de una economía estatizada en la que no existe libre empresa, ni libre

---

ordena el traspaso por parte de La Sociedad Estatal España, Expansión Exterior, S.A., en bloque por sucesión universal, a la entidad pública empresarial ICEX España Exportación e Inversiones (ICEX) la actividad que desarrolla como medio propio relacionada con la que ésta realiza.

[378] También contenida en un decreto-ley fue publicada en Gaceta Oficial No. 6.147, extraordinario, de fecha 17 de noviembre de 2014.

competencia, ni respeto al derecho de propiedad, y el sector privado funciona de forma precaria y subsidiaria, sin derecho a decidir en libertad el uso de sus medios, ni la planificación de su empresa ni la obtención de sus objetivos económicos, pues en la medida en que no se adapten a la planificación estatal, están expuestos a la expropiación, o confiscación de sus empresas, e incluso a enfrentar responsabilidades penales.

V. FIGURAS ORGANIZATIVAS PARA LA REALIZACIÓN DE ACTIVIDADES ECONÓMICAS POR PARTE DEL ESTADO

1. La organización de la empresa pública

Siendo que la empresa pública es una actividad, una forma de actuar, la Administración requiere para su ejecución de una organización. Cuando el tema de la empresa pública estaba reducido a la actividad de servicio público es lo cierto que la propia administración central o la creación de un ente de naturaleza pública institucional (establecimiento público) fue herramienta suficiente para el adecuado cumplimiento de estos objetivos empresariales del Estado, limitados como estaban al servicio público, incluido el de carácter económico. Pronto la naturaleza económica de la actividad del servicio o de la actividad comercio industrial asumida, impuso además la necesidad del Estado de acudir a formas jurídicas del derecho privado. Como bien señala Santamaría Pastor, *"La asunción por el Estado de este tipo de actividad industrial causó una profunda convulsión en el Derecho administrativo, al tratarse de actividades en cuya realización se hallaba ausente, en principio, toda sombra de régimen jurídico-público: actividades sustancialmente privadas, prestadas por entidades constituidas en forma privada (sociedades mercantiles, aunque de propiedad pública) tenían necesariamente que gestionarse con técnicas privadas y, sobre todo, debían regirse por el Derecho privado (esto es, por el Derecho civil, el mercantil y el laboral)".*[379] Ciertamente, *"El sector de la actividad puramente industrial o económica es especialmente propicio para que se realice de acuerdo con el Derecho privado".*[380]

Ciertamente, la realización de actividad prestacional o comercio industrial por parte del Estado impuso la necesidad de acudir a entes, estructuras organizativas dotadas de personalidad jurídica propia, con capacidad para realizar los actos que exige el desarrollo de una actividad económica. Por ello para la realización de las actividades concretas de

---

[379] SANTAMARÍA PASTOR, JUAN A., ob. cit. (226), pág. 305.
[380] GONZÁLEZ-VARAS IBAÑEZ, ob. cit. (197), pág. 291.

servicio público y gestión económica, los entes territoriales crean organizaciones que por tener personalidad jurídica propia no se encuentran vinculadas por el principio de jerarquía, sino mediante relaciones de coordinación, en virtud de lo cual pueden desarrollar de forma independiente la gestión que la satisfacción de estos objetivos de índole económica requiere. Se utilizan tanto formas organizativas de derecho público como formas propias del derecho privado.

Es interesante como sobre los orígenes estatales de la descentralización funcional, Parada cita *"...las Fábricas Reales del siglo XVIII, las compañías comerciales de las colonias, como nuestra Compañía de Indias y, más modernamente, la figura del establecimiento público, de diseño y origen francés, que se recogerá aquí en el siglo pasado"*.[381] Efectivamente, el establecimiento público que se origina en Francia estuvo fundamentalmente enderezado a la prestación de servicios asistenciales, aunque luego se utilizó en el ámbito económico y en el comercio industrial. Así, señala Rivero que el establecimiento público en Francia surge para satisfacer una necesidad pública determinada, para lo cual el legislador crea estas personas ad hoc. Indica que *"Inicialmente, los establecimientos públicos aseguraban la gestión de servicios públicos de orden social (hospitales) o intelectuales (Universidades); posteriormente, el procedimiento ha sido utilizado para los servicios públicos industriales y comerciales (Electricidad de Francia). También ha sido aplicado a ciertos servicios de organización y de representación profesional (Cámara de Comercio, de Agricultura).*[382]

La descentralización institucional o por servicios públicos, también llamada técnica o especial, reposa ciertamente sobre una base técnica. La doctrina francesa entiende que esta descentralización consiste en conferir una cierta autonomía a un servicio público determinado, dotándole de personalidad jurídica. El procedimiento técnico para la realización de la descentralización por servicios es para la doctrina francesa, el establecimiento público, vale decir, la creación de un servicio público dotado de personalidad jurídica.[383]

---

[381] PARADA RAMÓN, ob. cit., (22), pág. 228.

[382] RIVERO, JEAN. *"Derecho Administrativo"* Traducción de la 9ª edición. Instituto de Derecho Público. Facultad de Ciencias Jurídicas y Políticas. Universidad Central de Venezuela, Caracas, 1984, págs. 49 y 50.

[383] DE LAUBADÈRE, ANDRÉ, ob. cit. (243), pág. 20.

Al igual que en España,[384] el reconocimiento del establecimiento público se encuentra reflejado en el Código Civil de 1942, en cuyo artículo 19 se contemplan dentro del elenco de las personas jurídicas, a la "Nación" (la República), las entidades políticas que la componen y, en general, todos los seres o cuerpos morales de carácter público. Fue con base a esta disposición que se desarrolló la administración descentralizada institucional bajo la forma de institutos autónomos hasta que la Constitución de 1961 requirió de ley para la creación de esos entes institucionales (institutos autónomos). Fue precisamente a manera de establecer un freno al crecimiento de la administración descentralizada lo que llevó a que dicho texto constitucional contemplase una norma para disponer que la creación de los institutos autónomos debía hacerse por ley.[385] Pero también es cierto que la forma jurídica de la sociedad anónima del derecho privado resultaba más propicia cuando se trataba de asumir actividades de índole económica, y ella se creaba bajo las reglas del derecho común y, por tanto, sin necesidad de un texto legal previo, sino mediante la simple inscripción del documento asociativo estatutario por ante el Registro mercantil correspondiente.

Las sociedades anónimas han sido reguladas por el legislador con el fin de establecer una forma instrumental de las actividades económicas de orden privado. Estas sociedades constituyen entonces el marco jurídico para la realización de prestaciones comerciales que persiguen un fin de lucro, es decir, actividades comerciales de carácter privado.[386]

Es evidente que la realización de actividades de índole comercio-industrial, por su naturaleza, se adecua más a la organización privada.

---

[384] Señala Parada que *"La importancia del establecimiento público en la legislación española se reflejará en la legislación civil en la que se conceptualiza y clasifican las diversas personas jurídicas. Así, en el Proyecto de Código Civil de García Goyena de 1852, y al lado de las corporaciones (término que en la época hay que referir a las territoriales, es decir a los municipios y provincias, y asociaciones reconocidas por la Ley) se citan los establecimientos públicos."* (PARADA, RAMÓN, ob. cit. (22), pág. 229.

[385] *"Artículo 230. Sólo por ley, y en conformidad con la ley orgánica respectiva, podrán crearse institutos autónomos. Los institutos autónomos, así como los intereses del Estado en corporaciones o entidades de cualquier naturaleza, estarán sujetos al control del Congreso, en la forma que la ley establezca."* En sentido similar lo contempla el artículo 142 de la Constitución de 1999: *"Los institutos autónomos sólo podrán crearse por ley. Tales instituciones, así como los intereses públicos en corporaciones o entidades de cualquier naturaleza, estarán sujetos al control del Estado, en la forma que la ley establezca."*

[386] BALBÍN, RICARDO, ob. cit. (36), pág. 949.

Los rigurosos mecanismos de creación y controles administrativos de la organización administrativa de carácter público, tanto en su constitución como en el desarrollo de las actividades, llevaron a la necesidad de acudir a las figuras del derecho privado. El ente público puede ciertamente servir como estructura organizativa para las actividades prestacionales o de utilidad pública, en las cuales no es el ánimo de lucro el objetivo primordial de la organización, la cual incluso admite un funcionamiento deficitario que justifica la satisfacción del interés general. Sin embargo en la actividad comercio industrial, la organización sí requiere de esquemas de funcionamiento que le permitan el desarrollo de la actividad en condiciones paritarias con los empresarios del sector privado con quienes el Estado compite. En todo caso, en esta materia organizativa también se ha hecho uso de la figura del derecho público para agrupar todo un sector de entes empresariales del Estado, a manera de holding que garantice una mejor coordinación y seguimiento de la actividad empresarial asumida por el Estado.

La creación de empresas del Estado, utilizando los mecanismos del derecho privado a través de la sociedad anónima, encontraba sin embargo la limitación de que para su constitución se requería más de un socio. El concepto de sociedad ciertamente implicaba la voluntad de un sujeto de asociarse con otros. En España, para evitar esta limitante y permitir el uso de esta figura organizativa del Derecho privado a los fines de la descentralización funcional, se realizó una reforma a la Ley de Sociedades Anónimas de 17 de julio de 1951 para admitir que por vía de excepción al requisito de tres socios para su constitución, pudiese serlo con uno solo cuando éstas fueren promovidas por organismos estatales.[387]

En Venezuela el requisito numérico de la Ley (Código de Comercio) era el de al menos dos socios y la única forma en que se admitían sociedades estatales de accionista único era a través de su creación por ley,[388] con lo cual no se trataba de verdaderos entes de derecho privado pues el instrumento de creación los hacía públicos, aunque la forma jurídica empresarial los sometiese en su régimen de organización y personal al mismo que regulaba el derecho privado para las sociedades

---

[387] PARADA, RAMÓN, ob. cit. (22), pág. 235.

[388] Fue el caso del Banco Industrial de Venezuela creada como compañía anónima mediante ley, el 23 de julio de 1937.

anónimas. La posibilidad de crear sociedad anónimas estatales de socio único fue contemplada en fecha bastante reciente, al preverse así en la Ley Orgánica de la Administración Pública de 2001, en cuyo artículo 104 se dispuso que las empresas del Estado nacionales, estadales, de los distritos metropolitanos o municipales podrían serlo con un único accionista, sin que ello implicase el incumplimiento de las disposiciones pertinentes del Código de Comercio.[389] La misma norma se encuentra contemplada en la vigente ley del año 2014.[390]

Lo cierto es que la utilización de estas figuras propias del derecho privado que encuentra justificación en la naturaleza privada de la actividad comercio industrial, lo cual justifica igualmente que se persiga su regulación por las más flexibles normas del régimen jurídico privado, también ha servido para obtener estos fines aun cuando no existan tales objetivos justificantes. Así organizaciones requeridas para la prestación de servicios públicos han sido creadas bajo la forma jurídica empresarial del derecho privado sólo para huir de la aplicación del régimen jurídico de derecho público, siendo que la actividad en sí misma no lo justifica. Parada menciona el caso de la Renfe[391] y en Venezuela de forma similar puede citarse el caso de la Compañía Anónima Metro de Caracas.

2. La sujeción de la Administración descentralizada a normas de derecho público

Pero por más que la Administración se sirva de entes de derecho privado, en su huida a la regulación estricta de la organización administrativa bajo el esquema del derecho público que le corresponde, el carácter público del titular de la organización y el interés público que la supedita provoca su incidencia por normas específicas dictadas al efecto. Se señala que la imposibilidad de establecer una categorización formal de la empresa pública ha significado la necesidad de determinar

---

[389] Publicada en Gaceta Oficial No. 37.305 de fecha 17 de octubre de 2001.

[390] También mediante decreto Ley se reformó la Ley Orgánica de la Administración Pública, por lo que el texto vigente está publicado en la Gaceta Oficial No 6.147, extraordinario de fecha 17 de noviembre de 2014.

[391] PARADA, RAMÓN, ob. cit. (22), pág. 215.

notas características para tal calificación. Mellado Ruíz indica en este sentido que:

> *"-Se trata de entidades que "funcionalmente" o instrumental-mente están vinculadas a las AAPP, aunque formalmente revis-tan estructura jurídico-privada. Son funcionalmente dependien-tes de las AAPP, y en el caso de las Sociedades públicas, son propiedad de las AAPP.*

> *- Las empresas públicas están sometidas al debido control pú-blico derivado de la relación de dependencia que les une a la correspondiente AAPP, lo que determina la aplicación de nor-mas de Derecho público en sus relaciones internas o ad intra, en materias como su creación, participación, control, fiscalización, responsabilidad, etc.*

> *- La Empresa pública, necesariamente, ha de tener una perso-nalidad jurídica diferenciada de la Administración de la que depende funcionalmente, AAPP y empresa pública son, de este modo, personas jurídicas independientes y diferenciadas.*

> *- Finalmente, las empresas públicas son creadas, constituidas o participadas para el desarrollo de actividades empresariales, comerciales, industriales, mercantiles o económicas en general, sin embargo, junto con esta función originaria, se identifica otra relacionada con su utilización instrumental para la prestación de auténticos servicios públicos, en lo que se ha venido a deno-minar la `huida del Derecho Administrativo`".*[392]

Así estas sociedades mercantiles de capital público, aunque so-metidas al régimen jurídico de derecho común, estarán puntualmente reguladas por normas de derecho público en lo relativo al control ad-ministrativo, fiscal y presupuestario, en la contratación, y en el caso venezolano en cuanto a su sujeción a la jurisdicción contencioso admi-nistrativa, como demandante o demandado, independientemente de la naturaleza administrativa del contrato o de la actividad.

---

[392] MELLADO RUIZ, LORENZO. "Las sociedades mercantiles públicas: marco europeo y constitucional de su actividad", en: Estudio sobre empresas públicas (García Rubio, coor-dinador), Dykinson, Madrid, 2011, págs. 29 y sigs.

En España, indica Garrido Falla que la Ley General de Presupuesto (artículo 17) *"establece que el sistema de control financiero permanente es la fórmula de control aplicable a las Sociedades Estatales y a los demás entes públicos 'cualquiera que sea su denominación y forma jurídica'. El denominado control financiero tiene por objeto comprobar el funcionamiento de estos entes y sociedades en el aspecto económico-financiero y su ajuste a las disposiciones que rigen su funcionamiento en el aspecto general y en el aspecto financiero en concreto"*.[393]

En el mismo sentido, y respecto de las sociedades mercantiles estatales, señala el citado autor, que la Ley de Organización y Funcionamiento de la Administración General del Estado (LOGAFE) dispone que éstas *"se regirán íntegramente, cualquiera que sea su forma jurídica, por el Ordenamiento jurídico privado, salvo en las materias en que le sea de aplicación la normativa presupuestaria, contable, de control financiero y contratación" (Disposición adicional 12ª)*.[394] Esta norma también establece que estas sociedades mercantiles estatales *"En ningún caso podrán disponer de facultades que impliquen el ejercicio de autoridad pública."*

En Venezuela sucede algo similar, nada se dice respecto al límite en lo relativo a la atribución de facultades que impliquen el ejercicio de autoridad pública, pero sí en cuanto a que si bien se reconoce que las sociedades mercantiles de capital público se hallan preponderantemente sometidas al régimen jurídico de derecho privado, las mismas están sometidas a regulaciones de derecho público desde el punto de vista del control administrativo, presupuestario, fiscal, de la contratación, en algunos casos hasta del régimen jurídico de personal (v.g. contratación colectiva del sector público), del procedimiento y de la jurisdicción aplicable.

Así aunque no es parte de nuestro objetivo abarcar este aspecto de la organización de la empresa pública puede observarse que por más que se acuda al instrumento de ejecución adecuado al tipo de actividad, cuando ella es la de naturaleza meramente comercio industrial, como es el de la sociedad mercantil, la misma que usa la empresa privada,

---

[393] GARRIDO FALLA, FERNANDO, *"Tratado* de Derecho Administrativo"*, Volumen I, Parte General. Décimo Tercera edición, Editorial Tecnos, Madrid, 2002, pág. 481.

[394] Ibídem, pág. 488.

siempre la condición pública de la iniciativa someterá a esta estructura a normas del derecho público que minimizan la idoneidad del esquema organizativo adoptado en atención a la índole privada de los objetivos.

Así, la coordinación que vincula a la administración central con la descentralizada también se verifica en este caso, mediante la adscripción o control accionario por un órgano ministerial que le otorgará funciones de coordinación y supervisión.[395]

Están asimismo las empresas del Estado sometidas en Venezuela al control de la Contraloría General de la República.[396] El control fiscal

---

[395] El artículo 120 de la LOAP establece que el Vicepresidente de la República, los vicepresidentes sectoriales, los ministros u otros órganos o entes de control, nacionales, estadales, de los distritos metropolitanos o municipales, respecto de los entes descentralizados funcionalmente que le estén adscritos, tienen las siguientes atribuciones:

"1. Definir la política a desarrollar por tales entes, a cuyo efecto formularán las directivas generales que sean necesarias.

2. Ejercer permanentemente funciones de coordinación, supervisión y control conforme a los lineamientos de la planificación centralizada.

3. Nombrar los presidentes de institutos públicos, institutos autónomos y demás entes descentralizados.

4. Evaluar en forma continua el desempeño y los resultados de su gestión e informar oportunamente a la Presidenta o Presidente de la República, gobernadora o gobernador, alcaldesa o alcalde, según corresponda.

5. Ser informado permanentemente acerca de la ejecución de los planes, y requerir dicha información cuando lo considere oportuno.

6. Proponer a la Presidenta o Presidente de la República, gobernadora o gobernador, alcaldesa o alcalde, según corresponda, las reformas necesarias a los fines de modificar o eliminar entes descentralizados funcionalmente que le estuvieren adscritos, de conformidad con la normativa aplicable.

7. Velar por la conformidad de las actuaciones de sus entes descentralizados funcionalmente que le estén adscritos, a los lineamientos, políticas y planes dictados conforme a la planificación centralizada.

Las demás que determinen las leyes nacionales, estadales, las ordenanzas y los reglamentos". De igual modo, el artículo 122 de la referida Ley dispone como instrumento del control de tutela sobre el desempeño institucional, la suscripción de compromisos de gestión, entre las empresas del Estado y demás entes descentralizados funcionalmente y el respectivo ministerio u órgano de adscripción. Dichos compromisos de gestión previstos en el artículo 133 y siguientes de la Ley imponen a las empresas del Estado el logro de determinados resultados en sus ámbitos de competencia, así como las condiciones para su cumplimiento, como contrapartida al monto de los recursos presupuestarios. Para Peña Solís, *"(e)stos convenios de gestión, además de las otras exorbitantes facultades de control del Ministro de adscripción, van a funcionar como un 'corset' de la sociedad anónima, del cual no se puede evadir, so pena de ser sancionada con el monto de los recursos presupuestarios asignados".* PEÑA SOLÍS, José. Ob. cit. (279) pág. 674.

[396] El artículo 9 de la Ley Orgánica de la Contraloría General de la República y del Sistema Nacional de Control Fiscal, publicada en la Gaceta Oficial No. 6.013, extraordinario del 23 de diciembre de 2010, somete al control de la Contraloría General de la República a las empresas del Estado.

que se verifica en relación a la gestión de la administración de los fondos y bienes abarca el control interno,[397] el control externo[398] y el

---

[397] El Artículo 35 de la Ley Orgánica de la Contraloría General de la República y del Sistema Nacional de Control Fiscal define al control interno como un *"sistema que comprende el plan de organización, las políticas, normas, así como los métodos y procedimientos adoptados dentro de un ente u organismo sujeto a esta Ley, para salvaguardar sus recursos, verificar la exactitud y veracidad de su información financiera y administrativa, promover la eficiencia, economía y calidad en sus operaciones, estimular la observancia de las políticas prescritas y lograr el cumplimiento de su misión, objetivos y metas"*. El artículo 40, por su parte, contempla que las unidades de auditoría interna de las entidades descentralizadas evaluarán el sistema de control interno, incluyendo el grado de operatividad y eficacia de los sistemas de administración y de información gerencial, así como el examen de los registros y estados financieros, para determinar su pertinencia y confiabilidad, y la evaluación de la eficiencia, eficacia y economía en el marco de las operaciones realizadas. En este sentido, dichas unidades quedan facultadas para realizar auditorías, inspecciones, fiscalizaciones, exámenes, estudios, análisis e investigaciones de todo tipo y de cualquier naturaleza en el ente sujeto a su control, para verificar la legalidad, exactitud, sinceridad y corrección de sus operaciones, así como para evaluar el cumplimiento y los resultados de los planes y las acciones administrativas, la eficacia, eficiencia, economía, calidad e impacto de su gestión (artículo 41).

[398] El artículo 46 de la Ley Orgánica de la Contraloría General de la República y del Sistema Nacional de Control Fiscal dispone: *"La Contraloría General de la República y los demás órganos de control fiscal externo, en el ámbito de sus competencias, podrán realizar auditorías, inspecciones, fiscalizaciones, exámenes, estudios, análisis e investigaciones de todo tipo y de cualquier naturaleza en los entes u organismos sujetos a su control, para verificar la legalidad, exactitud, sinceridad y corrección de sus operaciones, así como para evaluar el cumplimiento y los resultados de las políticas y de las acciones administrativas, la eficacia, eficiencia, economía, calidad e impacto de su gestión."* Para realizar las actividades de control se dispone que: *"Los funcionarios o funcionarias de la Contraloría General de la República y de los demás órganos de control fiscal externo, mencionados en el artículo 43 de esta Ley, acreditados o acreditadas para la realización de una actuación de control, tendrán libre ingreso a las sedes y dependencias de los entes y organismos sujetos a su actuación, acceso a cualquier fuente o sistema de información, registros, instrumentos, documentos e información, necesarias para la realización de su función, así como competencia para solicitar dichas informaciones y documentos"* (artículo 47) y *"Las recomendaciones que contengan los informes de auditoría o de cualquier actividad de control, previa autorización del Contralor o Contralora General de la República o de los demás titulares de los órganos de control fiscal externo, cada uno dentro del ámbito de sus competencias, tiene carácter vinculante y, por tanto, son de acatamiento obligatorio por parte de los entes sujetos a control. No obstante, antes de la adopción efectiva de la correspondiente recomendación, las máximas autoridades de las entidades a las que vayan dirigidas las mismas, podrán solicitar mediante escrito razonado, la reconsideración de las recomendaciones y proponer su sustitución. En este caso, los funcionarios o funcionarias de control fiscal indicados, podrán ratificar la recomendación inicial o dar su conformidad a la propuesta de sustitución."* (artículo 48).

control de gestión. También lo están respecto del control presupuestario.[399] La sujeción a normas de derecho público en materia de contrataciones y control judicial se analizarán en el capítulo correspondiente a la contratación administrativa.

En todo caso, la mención de estas regulaciones persigue destacar como a pesar de que el Estado empresario impone la necesidad de *"dotarse de formas jurídicas que permitan una gestión en el marco del derecho privado"*,[400] esta circunstancia se ve impedida o al menos afectada por otra necesidad que se impone del carácter público de la iniciativa y que se verifica en normas de derecho público que aplican con carácter excepcional a estos entes, y cuya aplicación puede enervar la utilidad misma de la figura jurídico privada escogida en atención a la naturaleza jurídico privada de la actividad, poniéndose de manifiesto que la empresa es propia del sector privado y sólo debe ser asumida excepcionalmente por el sector público, cuando el interés público lo exija y la racionalidad del gasto lo permita.

3. Los entes territoriales y los entes no territoriales

La distinción entre entes territoriales y no territoriales se analiza en la doctrina tanto española como la venezolana. En ambos sistemas la distinción se admite, aunque en la primera se haya estudiado con mucha más profundidad el dato de la territorialidad como elemento constitutivo o no de esta calificación que se da a un tipo de ente público.[401] Sin

---

[399] Ley Orgánica de la Administración Financiera del Sector Público (Gaceta Oficial No. 6.154 del 19 de noviembre de 2014).

[400] GARRIDO FALLA, FERNANDO, ob. cit. (393), pág. 469.

[401] La sentencia del Tribunal Supremo español de 8 de julio de 1983 sobre la diferenciación entre entes territoriales y no territoriales precisa que: "...*entre los criterios de distinción de las personas jurídico-públicas, el primero de ellos se formula en razón de la diversa función que el territorio puede desempeñar en la configuración misma del ente, contraponiendo el par de conceptos de entidades territoriales y entidades no territoriales; en las primeras, el territorio aparece como algo que afecta esencialmente a la naturaleza de la entidad, como un elemento constitutivo de la misma, inseparable ontológicamente de ella, con la cual está fundido de manera inseparable; en las entidades no territoriales la función del territorio se reduce a la de constituir mero ámbito para el ejercicio de las competencias y potestades que recibe del Ordenamiento jurídico. Para las primeras el territorio no es sólo el ámbito espacial en el que pueden ejercer válidamente sus competencias, sino un elemento constitutivo esencial, un presupuesto necesario, sin el cual no cabe imaginar la propia existencia de la entidad...*".

adentrarnos en esta discusión doctrinaria acerca de si es correcto o no categorizar al territorio como elemento constitutivo de la personalidad territorial,[402] existe en España y en Venezuela esta distinción que nos lleva a situar la actividad de gestión empresarial en el segundo de ellos, es decir, en aquellos entes de carácter no territorial.

Cierto es que la prestación de algunos servicios de contenido económico, aunque no rentables, pudo haber sido desarrollado por órganos desconcentrados de la Administración inserta en la persona jurídico territorial, como fue el caso de los hospitales del seguro social en Venezuela, pero la importancia de la personalidad jurídica autónoma, desde el punto de vista patrimonial, presupuestario, organizativo y de gestión, pronto dio paso a la generalizada opinión de que la gestión económica del Estado debe ser llevada a cabo por entes no territoriales.

Cuando se mencionan los entes territoriales en ambos países, aunque el criterio es el mismo, la diferente organización del Estado y las denominaciones disímiles dan lugar a que en España se consideren como tales, *"...aparte del propio Estado, los municipios, las provincias y las entidades locales menores, según se infiere de los artículos 1 y 4 de la Ley de Régimen Local y que a partir de la Constitución también lo son las Comunidades Autónomas, tal y como se deduce del artículo 137, conforme al cual, el Estado se organiza territorialmente en municipios, provincias y en las Comunidades autónomas que se constituyan"*.[403]

En Venezuela, República, los Estados, el Distrito Metropolitano de Caracas, otros distritos y los Municipios conforman el espectro de las personas jurídicas territoriales, conforme se deduce de los artículos 16, 18, 129 y 145, entre otros, de la Constitución vigente.

El Estado empresario, desde esta perspectiva territorial de la organización, puede desenvolverse en los diferentes niveles, aun cuando el más desarrollado pueda ser el del ámbito nacional, sin duda, la creciente importancia de las administraciones locales también puede dar cabida a este fenómeno del Estado empresario.

---

[402] Al respecto, NIETO GARCÍA, ANTONIO. *"Entes territoriales y no territoriales"* en: Revista de la Administración Pública No 64, Madrid, 1971, págs. 29 y sigs.

[403] Así se señala en la citada sentencia del Tribunal Supremo español de 8 de julio de 1983.

4. La Administración funcionalmente descentralizada

En la doctrina española, la administración descentralizada es definida como las *"(...) organizaciones de que se sirven los entes territoriales para cumplir concretas funciones de servicio público o intervención administrativa. Frente a la situación de autonomía y vocación de competencia general que asumen los entes territoriales (Estado, Comunidades Autónomas, Corporaciones Locales), las características básicas de los entes institucionales son la especialidad de sus fines y la dependencia de un ente territorial, lo que hace compatibles con la atribución de personalidad jurídica independiente de éste. La administración especializada comprende dos tipos de entes: los entes de base institucional y los entes de base corporativa. A su vez, en la primera hay que distinguir aquellos entes que son meros instrumentos de las Administraciones territoriales y que éstos dominan absolutamente, de aquellas otras Administraciones que están dotadas de cierta Autonomía política y que hoy se conocen con el nombre de Administraciones independientes"*.[404]

La descentralización funcional se verifica en el conjunto de personas jurídicas no territoriales creadas para cumplir fines específicos. Son diversas las formas diseñadas y desarrolladas para intervenir, cada vez más intensa y directamente en las actividades económicas. En este sentido, una figura de desviación de la competencia, como es la descentralización, hoy se plasma no como un tema estrictamente vinculado a la competencia como principio de la organización administrativa, sino como una figura organizativa que permite, mediante la creación de personas jurídicas independientes, de entes públicos o de índole privada, que se cumplan actividades sociales o empresariales en las que el Estado decide incursionar. Esta incursión del Estado en la actividad económica, propia del ámbito privado, ha llevado ciertamente a dar un nuevo sentido a la noción de descentralización. La competencia como nota característica de la descentralización ha tenido que sustituirse en estos casos por la de la personalidad jurídica. En efecto, no se trata de la creación de entes funcionales para flexibilizar la ejecución de funciones administrativa a cargo de las administraciones territoriales, sino de la

---

[404] PARADA, RAMÓN, ob. cit. (22), pág. 227.

creación de nuevos entes para asumir actividades de índole comercio-industrial en los que la competencia, como determinación de potestad pública de actuar, no encuentra cabida, como no sea en casos excepcionales de sujeción de estos entes de derecho privado a normas de derecho público, teniendo en cuenta la participación estatal. Es lo que ocurre por ejemplo con la materia licitatoria, en la cual se admite que cuando la empresa del Estado aplica los procedimientos de selección de contratistas está cumpliendo un procedimiento de naturaleza administrativa y produciendo actos administrativos que presuponen una regla de competencia expresa, y la aplicación de los principios del procedimiento y del acto administrativo y que se controlan por la jurisdicción contencioso administrativa.

La descentralización funcional constituye pues un modo de organizar la Administración para el desarrollo de ciertas actividades en las que la personalidad jurídica propia y separada del ente territorial contribuye al éxito de la gestión. Señala Parada que *"En origen se trata de un modo de organización interna del Estado centralizado consistente esencialmente en el reconocimiento de la personalidad administrativa y financiera de un servicio o actividad pública. Así mediante la creación de entes auxiliares distintos de él (que reciben muy diversas y cambiantes denominaciones, tales como Establecimientos Públicos, Organismos Autónomos, Fundaciones Públicas), y que forman una suerte de federalismo técnico, el Estado puede transformar su estructura central en controladora, liberándose de la responsabilidad de la prestación directa de los servicios"*.[405]

En España se distingue entre los entes de carácter fundacional y los de tipo corporativo. Los fundacionales, también llamados institucionales se configuran por la asignación de un conjunto de medios materiales y personales destinados al cumplimiento de un fin. García de Enterría los define como el *"...conjunto de medios materiales y personales afectados por un fundador a la gestión de una finalidad por éste propuesta, finalidad que en todo caso remite a un interés que está situado fuera del ente, y cuya organización y funcionamiento quedan determinados por la voluntad del propio fundador..."*.[406] Los de índole

---

[405] Ibídem, pág. 30.
[406] GARCÍA DE ENTERRÍA, EDUARDO y FERNÁNDEZ RODRÍGUEZ, TOMÁS RAMÓN, ob. cit. (248), pág. 369.

corporativa se caracterizan porque el elemento personal es esencial a la configuración de la persona jurídica. Se distinguen de los entes asociativos privados porque las corporaciones públicas son creadas por ley o resolución administrativa, *"...la forma pública de la personificación supone pues la exclusión de los cauces privados de formación de entes corporativos..."*.[407]

Las personas jurídicas institucionales, según Garrido Falla, se clasifican en corporaciones, fundaciones y establecimientos públicos personificados.[408] La teoría de las personas jurídicas públicas –Garrido Falla– no se reduce en el servicio público personificado, pero éste se sirve de formas jurídicas tanto de derecho público como de derecho privado. Por ello al lado del establecimiento autónomo con personalidad jurídica, se ubica la empresa pública que gestiona servicios económicos sin someterse a las formas jurídico mercantiles y la que sí, por el contrario, se verifica por la adopción de las mismas por parte de la Administración para actuar en el ámbito comercio industrial. Se diferencia así entre la empresa pública empresarial y las sociedades mercantiles de capital público.[409] El uso de estas formas jurídico empresariales en el marco de procedimientos de liberalización se observa con el caso de los servicios postales en su proceso de transformación de Dirección General a organismo autónomo adscrito al Ministerio de Transportes, Turismo y Comunicaciones; luego de organismo autónomo a entidad pública empresarial, *"organismos públicos a los que se encomienda la realización de actividades prestacionales, la gestión de servicios o la producción de bienes de interés público susceptibles de contraprestación (...) Esta transformación supuso el reconocimiento formal de la actividad comercial desarrollada por coreos y telégrafos"*; y, posteriormente su transformación a sociedad mercantil (Ley 14/2000, de 29 de diciembre) con la creación de la Sociedad Estatal Correos y Telégrafos, sociedad anónima.[410]

También en España se admite que no existe una ecuación perfecta entre la actividad pública o privada y la forma jurídica escogida para

---

[407] Ibídem, pág. 377.

[408] GARRIDO FALLA, FERNANDO, ob. cit. (393), pág. 388.

[409] Ibídem, pág. 464 y sigs.

[410] MONTERO PASCUAL, JUAN JOSÉ. *"La liberalización de los servicios postales"*, editorial Trotta, S.A., Madrid, 2005, págs. 55 y 56.

desarrollarla, ente público o privado. En este sentido, además del uso de formas societarias privadas para la realización de actividades no necesariamente empresariales, se observa la posibilidad contenida en la Ley 50/2002 de 26 de diciembre, sobre Fundaciones, que permite la constitución de fundaciones privadas por entes públicos. El artículo 8, párrafo 4, en efecto prevé que *"Las personas jurídico públicas tendrán capacidad para constituir fundaciones, salvo que sus normas reguladoras establezcan lo contrario."* Garrido Falla alerta sobre la confusión que puede producirse respecto del ente público fundacional con la utilización de la fundación, ente de derecho privado, por parte de entes públicos. Se refiere en concreto a la Ley 50/1998 de 30 de diciembre sobre Medidas Fiscales, Administrativas y del Orden Social, en la que éstas se califican como organismos públicos que por ende se sustraen *"de la regulación fundacional convencional para configurarse como organismos públicos en la terminología de la LOFAGE y cuyo régimen jurídico viene establecido de forma específica y sin remisión a la normativa de fundaciones"*.[411] Se reproduce en este sentido el mismo fenómeno de la empresa pública que aunque acuda a formas jurídicas de derecho privado, se le impone la tendencia de la regulación pública, lo cual en ese caso, también dio lugar a la distinción del ente empresarial público, creado por ley, del privado, creado por el Estado de forma similar a los particulares mediante el uso de la sociedad mercantil.

5. La Administración funcionalmente descentralizada en Venezuela

La Ley Orgánica de la Administración Pública regula en Venezuela la organización de la administración pública nacional y establece también los principios de organización aplicables a las administraciones regionales y locales, norma la descentralización administrativa y uniforma las figuras organizativas que estos entes territoriales pueden utilizar a objeto de cumplir sus cometidos. Se trata de entes creados en los que se sustituye el nexo de jerarquía por el de la coordinación entre el ente descentralizado y la administración central. En este sentido, totalmente contraria a esta característica de la descentralización resulta la práctica

---

[411] GARRIDO FALLA, FERNANDO, ob. cit. (393), pág. 485.

en Venezuela de designar como Ministros a los máximos jerarcas de un ente descentralizado o viceversa, como ha ocurrido en el caso concreto de la petrolera estatal, en la cual por años su Presidente ocupó la cartera ministerial del área de petróleos, con lo cual se confundieron las funciones de fijación de políticas públicas del área con la gestión de la actividad. El Estado que había sido consciente de la importancia de la independencia de la empresa petrolera en su gestión, con esta decisión pasó a encargarse en la práctica directamente de la gerencia de la compañía, y así se subordinó la empresa estatal al Estado y a las ejecutorias de sus políticas de fomento económico y las prácticas populistas del gobierno de turno.[412]

La descentralización funcional se distingue de la denominada descentralización territorial, entendida como el otorgamiento de competencias o funciones administrativas desde el Poder Nacional a las administraciones regionales o locales para que las ejerzan en su propio nombre y bajo su propia responsabilidad. La descentralización funcional opera por la cesión de competencias, funciones administrativas o el desarrollo de actividades prestacionales, empresariales o sociales a entidades que se crean para ejercer una actividad especializada. Esta norma acoge la modificación antes apuntada respecto de la noción de descentralización, en el sentido de que ésta abarca el desarrollo de actividades prestacionales, empresariales o sociales por entidades creadas por la persona jurídica territorial.

Para toda clase de descentralización funcional se requiere la presencia de dos sujetos de derecho: el ente transferidor, que debe ser de carácter político-territorial (la República, los Estados, los Distritos o Municipios), y el ente receptor, al cual se le van a transferir las tareas. El segundo puede existir al momento de la transferencia o bien, puede ser creado por el mismo acto que realiza o formaliza la descentralización.

Los entes descentralizados funcionalmente serán de dos clases:[413]

(1) Entes descentralizados funcionalmente con forma de derecho privado, que estarán conformados por las personas jurídicas

---

[412] MCBETH, BRIAN S. *"La política petrolera venezolana: Una perspectiva histórica 1922/2005"*, Italgráfica, S.A., Caracas, 2014, págs., 153 y 154.

[413] Es la clasificación contenida en la Ley Orgánica de la Administración Pública.

constituidas y regidas de acuerdo a las normas del derecho privado, y serán, a su vez de dos tipos:

a. Entes descentralizados funcionalmente sin fines empresariales: serán aquellos que no realicen actividades de producción de bienes o servicios destinados a la venta y cuyos ingresos o recursos provengan fundamentalmente del presupuesto de la República, los Estados, los Distritos metropolitanos, o los Municipios. Están comprendidos dentro de esta categoría las asociaciones civiles y fundaciones del Estado.

b. Entes descentralizados funcionalmente con fines empresariales: aquellos cuya actividad principal sea la producción de bienes o servicios destinados a la venta y cuyos ingresos o recursos provengan fundamentalmente de esta actividad. Son estos, las empresas del Estado.

(2) Entes descentralizados funcionalmente con forma de derecho público, que estarán conformados por aquellas personas jurídicas creadas y regidas por normas de derecho público y podrán perseguir fines empresariales o no empresariales, al igual que podrán tener atribuido el ejercicio de potestades públicas. Tal es el caso, por ejemplo, de los institutos autónomos que requieren de ley para su creación.

Las figuras organizativas que bajo esta clasificación pueden desarrollarse se concretan básicamente en cuatro diferentes posibilidades. En ese sentido, el referido instrumento legal distingue cuatro categorías subjetivas de entes descentralizados funcionalmente, a saber: (i) asociaciones civiles estadales; (ii) fundaciones estadales; (iii) empresas del Estado y (iv) los institutos autónomos. Todos, excepto los institutos autónomos, estarán regidos por el Código Civil y las demás normas aplicables a estos entes de derecho privado.

Como puede observarse en este listado al lado del establecimiento público (instituto autónomo), se prevén organizaciones propias del derecho privado, más la empresa del Estado en la cual se abarca tanto la creada por ley como la sociedad anónima constituida bajo los parámetros del ordenamiento jurídico privado y sometidas a éste.

Procederemos a realizar unas breves consideraciones sobre cada una de estas figuras:

5.1. Asociaciones civiles del Estado

La Ley Orgánica de la Administración Pública las define como *"aquellas en las que la República o su ente descentralizado funcionalmente posea el cincuenta por ciento o más de las cuotas de participación, y aquellas cuyo monto se encuentre conformado en la misma porción, por aporte de los mencionados entes, siempre que tales aportes hubiesen sido efectuados en calidad de socio o miembro"*. Cuando la Ley se refiere a sociedades "civiles" está aludiendo a los entes asociativos regidos por el Código Civil, es decir, que no poseen fines empresariales.

El ordinal 3 del artículo 19 contempla como personas jurídicas a *"las asociaciones, corporaciones y fundaciones lícitas de carácter privado"*. De manera que no queda duda de la posibilidad de crear este tipo de personas jurídicas en el ámbito del derecho privado, sin embargo, es lo cierto que en Venezuela se han creado este tipo de asociaciones, y se ha previsto legalmente la posibilidad de que este tipo de entes sean igualmente creados por el Estado. Al respecto se ha señalado que *"...en los últimos años las autoridades, con el propósito de evitar los estrictos controles administrativos del Estado, han constituido numerosas asociaciones civiles y fundaciones, a las cuales se atribuye el carácter de instituciones del Estado"*.[414] Incluso se afirma que el objetivo de muchas de estas asociaciones ha sido, precisamente, en materia de prestación de servicios públicos, en este sentido se afirma que *"También la proliferación de asociaciones y fundaciones del Estado proviene de la pesada, costosa e inoperante estructura de éste, que le ha impedido prestar con prontitud y eficacia los servicios públicos a través de sus dependencias, incluyendo dentro de estas los seres o cuerpos morales de carácter público aludidos en el ordinal 2 del artículo 19 del Código Civil"*.[415]

---

[414] ITRIAGO, MIGUEL ANGEL-ITRIAGO, ANTONIO L. *"Las Asociaciones Civiles en el Derecho Venezolano"*. Edit. Sinergia, Caracas, 1998, pág. 129.

[415] Ibídem, pág. 131.

Para la creación de estas asociaciones y sociedades del Estado deberá obtenerse autorización del Presidente de la República mediante Decreto, o a través de resolución dictada por el máximo jerarca del ente descentralizado funcionalmente que participe en su creación. Sin embargo, adquirirán personalidad jurídica con la protocolización de su Acta Constitutiva en la Oficina del Registro Subalterno correspondiente a su domicilio, donde se archivará un ejemplar auténtico de sus Estatutos y de la Gaceta Oficial donde aparezca publicado el Decreto que autorice la creación.

Además, las asociaciones y sociedades civiles del Estado, así como sus fundaciones, deberán publicar su acta constitutiva, estatutos y cualquier reforma de los mismos con indicación del valor de los bienes que integran su patrimonio.

5.2. Fundaciones del Estado

La posibilidad de que el Estado constituya entes fundacionales bajo la figura organizativa del derecho privado[416] se explica en la ampliación de los fines de la Administración Pública. Así lo expresa Garrido Rovira al señalar que *"La forma jurídico pública del instituto autónomo ha quedado reservada para aquellos servicios y actividades que el Estado, por mandato de Ley, debe asumir en régimen de derecho público y asegurar su continuidad y regularidad, mientras que la forma jurídica privada fundacional, correspondiente a la fundación civil, se ha aplicado a la prestación de servicios y a la realización de actividades de necesaria atención por parte del Estado, pero cuya naturaleza no requiere del ejercicio de la potestad pública para su organización y funcionamiento"*.[417] También sin embargo, hay que añadir que la proliferación de las fundaciones en Venezuela está asociada a los límites que se han impuesto a la posibilidad de auto organización de la Administración Pública en Venezuela, primero, al contemplarse en la Constitución de 1961 que

---

[416] Sobre el desarrollo de esta misma posibilidad que se recoge en la Ley de Fundaciones española (30/94), el trabajo de PIÑAR MAÑAS, JOSÉ LUIS. *"Fundaciones constituidas por entidades públicas. Algunas cuestiones"*, en Revista Española de Derecho Administrativo, No. 97, 1998, págs. 37 y sigs.

[417] GARRIDO ROVIRA, JUAN. "Fundaciones del Estado en Venezuela". Edit. Torino. Caracas, 1994, págs. 24 y 25.

el Instituto Autónomo sólo podría ser creado por Ley, y segundo, al interpretarse que la creación de los servicios autónomos sin personalidad jurídica,[418] mecanismo para crear patrimonios separados, también exigía el requisito de la Ley, por ser esta forma de desconcentración una excepción al principio de unidad del tesoro y la unidad presupuestaria, también regulado en la Constitución como materia de la ley.[419]

La Ley define las fundaciones del Estado como aquellos *"patrimonios afectados a un objeto de utilidad general, artístico, científico, literario, benéfico, social u otros, en cuyo acto de constitución participe la República, los estados, los distritos metropolitanos, los municipios o alguno de los entes descentralizados funcionalmente, siempre que su patrimonio inicial se realice con aportes del Estado en un porcentaje mayor al cincuenta por ciento."* La creación de las fundaciones del Estado debe ser autorizada por el Presidente de la República en Consejo de Ministros, los gobernadores o los alcaldes, según corresponda, mediante decreto o resolución, asimismo, tal y como toda persona jurídica de naturaleza privada, adquirirán la personalidad jurídica con la protocolización de su acta constitutiva en la oficina subalterna de registro correspondiente a su domicilio, donde se archivará un ejemplar auténtico de sus estatutos y de la Gaceta Oficial o del medio de publicación oficial estadal o municipal correspondiente donde aparezca publicado el decreto o resolución que autorice su creación.

El acta constitutiva, los estatutos, y cualquier reforma de tales documentos deberá ser publicado en la Gaceta Oficial o en el respectivo medio de publicación oficial, estadal o municipal, con indicación de los datos correspondientes al registro. Además, se estableció la obligatoriedad del señalamiento del valor de los bienes que integran su patrimonio y en el acta constitutiva deberá indicarse el valor de los bienes que integran su patrimonio, así como la forma en que serán dirigidas y administradas.

---

[418] Hoy los servicios autónomos sin personalidad jurídica pueden ser creados por el Presidente de la República, conforme lo permite el artículo 94 de la Ley Orgánica de la Administración Pública. Aunque son en efecto patrimonios separados, mantienen la misma personalidad pública del ente territorial y desde el punto de vista de la personificación, si se usa esta estructura para la prestación de un servicio público se trataría de una modalidad de prestación directa.

[419] Artículos 313 y 314 de la Constitución de 1999.

Finalmente, y de la misma manera que para el caso de las asociaciones del Estado, las fundaciones del Estado se regirán por las disposiciones del Código Civil y las demás normas aplicables.

5.3. Empresas del Estado

Existe una actividad pública meramente empresarial, como lo señala Ramón Parada, las actividades económicas de la Administración no son sólo las que dan contenido al servicio público, sino que ésta puede dedicarse a este tipo de actividad como si de un *"empresario privado se tratase"*, y *"con arreglo a un régimen jurídico privado"*, pues *"Hoy no puede dudarse de la capacidad de la Administración del Estado, como Corporaciones locales, para competir con la iniciativa privada en los sectores industrial, comercial y financiero"*.[420]

El Estado venezolano actual se caracteriza por un alto grado de intervención en el ámbito económico. No sólo reglamenta las actividades económicas del sector privado sino que asume directa o indirectamente la gestión de actividades económicas. Cuando estas actividades son realizadas por organismos dotados de la personalidad moral, con un patrimonio o capital sustraído en su totalidad o en su mayor parte a la apropiación privada, y sometidos a un control del Estado, nos encontramos en presencia de lo que la doctrina denomina genéricamente "empresas públicas".[421]

Las empresas del Estado son personas jurídicas públicas con un objeto económico, pudiendo tener o no el monopolio de la actividad mercantil de que se trata. Lares Martínez las ha definido como *"compañías anónimas en las cuales el Estado es el titular de la totalidad de las acciones, o de una parte considerable de ellas"*.[422]

Por lo que se refiere concretamente a las sociedades mercantiles del Estado (empresas del Estado), es importante señalar que las mismas son consecuencia de la creciente intervención del Estado en la actividad

---

[420] PARADA, RAMÓN, ob. cit. (26), págs. 302 y sigs.

[421] CABALLERO ORTÍZ, JESÚS. *"La noción de Empresa Pública del Estado en el derecho venezolano"*, publicado en Revista de Derecho Público N° 2. Editorial Jurídica Venezolana, Caracas, 1980, págs. 23 y sigs.

[422] LARES MARTINEZ, ELOY, ob. cit. (244), pág. 528.

económica e industrial, intervención que encuentra su fundamento en esa cláusula de "Estado de Bienestar" que permite esa realización directa de ciertas actividades por parte de la Administración. Cuando el Estado crea o actúa a través de una sociedad mercantil persigue dotar de personalidad jurídica a un patrimonio adscrito a un fin determinado, obteniendo, además, el beneficio de la responsabilidad limitada.

Con la creación de sociedades mercantiles, la Administración se somete, en teoría, a las leyes y prácticas comerciales ordinarias como cualquier otro particular y escapa de la rigidez que impone la sujeción a las normas de Derecho público; a la vez, fomenta su crédito frente a terceros y dota a dicho ente de una gestión ágil tanto desde el punto de vista jurídico como económico, sin embargo, se ha observado cómo, de manera cada vez más frecuente, el Estado realiza actividades de los particulares de manera directa, pero manteniendo los privilegios que le corresponden como Estado y sin someterse de manera absoluta a las disposiciones legales aplicables a los particulares que también realizan la misma actividad.

La Ley Orgánica de la Administración Pública define a las empresas del Estado como "*las sociedades mercantiles en las cuales la República, los estados, los distritos metropolitanos y los municipios, o alguno de los entes descentralizados funcionalmente, solos o conjuntamente, tengan una participación mayor al cincuenta por ciento del capital social*". Esta definición, por demás novedosa en nuestro ordenamiento jurídico, constituye la primera definición legal de lo que debe entenderse por empresa del Estado y en la cual se engloban a las empresas de capital totalmente público, así como las empresas en cuyo capital concurren capitales públicos y privados (empresas mixtas).

El régimen para la creación de empresas del Estado contempla la autorización previa del Presidente, en Consejo de Ministros, si está fuera de carácter nacional. De ser local, será la autorización del gobernador o alcalde, según corresponda, mediante decreto o resolución de conformidad con la ley. Las empresas del Estado adquirirán la personalidad jurídica con la protocolización de su acta constitutiva en el registro mercantil correspondiente a su domicilio, donde se archivará un ejemplar auténtico de sus estatutos y de la Gaceta Oficial de la República Bolivariana de Venezuela o del medio de publicación oficial correspondiente donde aparezca publicado el decreto que autorice su creación.

En este aspecto, la Ley de la Administración Pública introduce una importante modificación en el régimen de publicidad de los documentos mercantiles de las empresas del Estado, cuando dispone que *"Todos los documentos relacionados con las empresas del Estado que conforme al Código de Comercio tienen que ser objeto de publicación, se publicarán en la Gaceta Oficial de la República Bolivariana de Venezuela o en el correspondiente medio de divulgación oficial de los estados, de los distritos metropolitanos o de los municipios. Con el cumplimiento de esta obligación se considerarán satisfechas las exigencias previstas en dicho Código, sin perjuicio de que la publicación pueda hacerse también en otros medios de comunicación si así lo estima conveniente la empresa (...)"* (artículo 102). Sin embargo, en este último supuesto, deberá dejarse constancia en el expediente del Registro Mercantil del número y fecha de la Gaceta Oficial de la República Bolivariana de Venezuela o del medio de divulgación oficial, estadal, del distrito metropolitano o municipal en el cual se hizo la publicación legal.

De manera que las personas jurídicas territoriales o sus entes descentralizados podrán tener participación en todo tipo de sociedades, suscribir o vender acciones e incorporar nuevos accionistas del sector público. A los fines de la constitución de las empresas del Estado se reforma el régimen general del ordenamiento jurídico privado que las crea y rige al establecerse como excepción que la República, los estados, los distritos metropolitanos y los demás entes de la Administración Pública *"Podrán constituir sociedades anónimas y de responsabilidad limitada como accionistas únicos"*.

En tal sentido, conviene recordar lo ya señalado en el sentido de que tradicionalmente las empresas del Estado debían constituirse con la participación de dos o más entes públicos o de un ente público con participación decisiva y uno o más entes privados, en virtud de las disposiciones del Código Civil y el Código de Comercio que exigían la concurrencia de dos o más personas para la constitución de sociedades. Ahora, bajo el régimen de la Ley Orgánica de la Administración Pública no existe ninguna limitación para la creación de sociedades mercantiles unipersonales, es decir, con un solo accionista.

Respecto de la participación accionarial de las empresas del Estado, se contempla que el ministerio o el órgano estadal o municipal competente en materia presupuestaria lleve un registro de su composición accionaria, estableciendo además que el ministerio deberá remitir semestralmente copia del mismo a la comisión correspondiente de la Asamblea Nacional, consejos legislativos o municipales, y de los cabildos metropolitanos, a los fines de control del gasto público.

En cuanto al régimen jurídico de las Empresas del Estado, cabe destacar lo siguiente: (i) Tienen personalidad jurídica; en ese sentido poseen capacidad jurídica para realizar toda clase de actos, salvo en los supuestos en que se requiere una especial autorización, a consecuencia de la subordinación que tiene con respecto al Estado; (ii) como consecuencia de su actividad, la Empresa del Estado obtiene una utilidad, el ideal es establecer un equilibrio entre los ingresos y los gastos en beneficio de los usuarios o consumidores, a los cuales se les cobra lo indispensable para atender el costo de los servicios; (iii) en cuanto al derecho aplicable, las Empresas del Estado se rigen por el derecho privado y el derecho público. Habrá entonces dos clases de Empresas del Estado: las que realicen una actividad comercial e industrial y las que exploten un servicio público. Las empresas del estado quedan sometidas al derecho privado en todo lo que se refiere a su actividad específica, comercial o industrial y en cuanto a su organización, y al derecho público en todo lo que atañe a sus relaciones con la administración o al servicio público que esté a su cargo así como por otras disposiciones que le sean aplicables habida cuenta de la participación estatal; (iv) en lo que se refiere a la dirección y control de las Empresas del Estado se ha establecido que los estatutos de las mismas son las que prevén como se constituirá su Directorio, y, en todo caso, se encuentran sometidas a un control por parte del Poder Ejecutivo.

5.4. Empresas matrices o el "holding público"

La empresa "holding" se caracteriza por ser un ente cuyo objeto principal es la gestión de las participaciones accionarias que posee en otras sociedades, respecto de las cuales ejerce un control preponderante. Un *"holding adquiere carácter público cuando está constituido por el Estado, con el objeto de fundar directamente empresas públicas o agrupar las ya existentes mediante la adquisición de sus acciones. (...) un holding público se define tomando en consideración los siguientes elementos: en primer lugar, la sociedad holding debe ser constituida por el Estado. En segundo lugar, la sociedad holding debe poseer participaciones accionarias en empresas, las cuales se constituyen en filiales del holding. En tercer lugar, por efecto de esta propiedad, el holding busca ejercer una supervisión o control –amplio o limitado– sobre la actividad desarrollada por las filiales del grupo. Y, finalmente, en función de su carácter público, el holding debe ser capaz de traducir los lineamientos generales de la política en programas concretos de acción empresarial a ser desarrollados por las empresas operadoras o filiales, las cuales determinarán cuáles son los mejores medios técnicos para ejecutar dichos programas".*[423]

En España, enseña Garrido Falla, que la Ley[424] admite esta categoría de entes cuando contempla lo *"que podríamos identificar como la Entidad Pública Empresarial `holding. En concreto el inciso segundo del apartado tercero del citado artículo 43 indica que excepcionalmente, podrán existir entidades públicas empresariales cuyos estatutos les asigne la función de dirigir o coordinar a otros entes de la misma naturaleza "'.*[425]

La figura de las empresas matrices para agrupar a las sociedades mercantiles de un mismo sector económico-industrial se encuentra prevista en Venezuela en la Ley Orgánica de la Administración Pública. En tal sentido, el artículo 105 del referido instrumento legal establece que *"cuando operen varias empresas del Estado en un mismo sector, o requieran una vinculación aunque operen en diversos sectores, el Presidente de la República, el gobernador o el alcalde, según el caso, podrá crear empresas matrices, las cuales serán las tenedoras de las acciones de las empresas del Estado y de las empresas mixtas correspondientes, sin perjuicio de que los institutos autónomos puedan desempeñar igual función".*

Las actividades fundamentales de la casa matriz, en tanto accionista, se relacionan con la designación de los directivos y la aprobación de

---

[423] BREWER CARÍAS, ALLAN R. *"El holding público."* Editorial Jurídica Venezolana, Caracas, 1986, pág. 22.

[424] Se refiere al artículo 43 de la Ley de Organización y Funcionamiento de la Administración General del Estado.

[425] GARRIDO FALLA, FERNANDO, ob. cit. (393), pág. 470.

los balances y estados de ganancias y pérdidas de las empresas filiales; sin embargo, la intensidad de su intervención en las actividades de las filiales puede ser variable. En ese sentido, puede haber una mayor o menor interferencia de la casa matriz en la formulación de los planes de las filiales, los aspectos financieros de la gestión, la fijación de metas, entre otros aspectos.

5.5. Los Institutos Autónomos

Son definidos por la Ley como *"personas jurídicas de derecho público de naturaleza fundacional, creadas por ley nacional, estadal u ordenanza dotadas de patrimonio propio e independiente de la República, de los estados, de los distritos metropolitanos y de los municipios, según sea el caso, con las competencias o actividades determinadas en la ley que los cree"*. En el mismo sentido, la Constitución de Venezuela prevé en su artículo 142 que los institutos autónomos sólo podrán crearse por ley y estarán sujetos al conteo del Estado en la forma que la misma prevea.

Cuando el Estado dota de personalidad y provee de un patrimonio propio a estos entes públicos no por ello los exime del control estatal, sino que por el contrario, el Estado los crea, los suprime, los modifica y se reserva el derecho de tutelar su actividad, a través de diferentes formas de control. Estos organismos no pueden concebirse sino como formando parte del Estado para atender a una de sus funciones y, por tanto, se consideran órganos de la Administración Pública Nacional. En definitiva son personas de derecho público estatales, sujetas a control de tutela. Existen, sin embargo, Institutos Autónomos en Venezuela que realizan actividades industriales y comerciales; otros en cambio tienen asignada la prestación de servicios públicos o la realización de tareas de investigación, de ejecución de obras, de desarrollo social, de fomento a la educación y a la cultura; de desarrollo regional; de financiamiento y promoción de la actividad económica privada entre otras.

En cuanto a los requisitos para la creación de institutos autónomos, la Ley dispone en su artículo 95 que cualquier ley nacional, estadal, u ordenanza que los cree deberá cumplir los siguientes requisitos mínimos: (i) el señalamiento preciso de su finalidad, competencias y actividades a su cargo; (ii) la descripción de la integración de su patrimonio y de sus fuentes ordinarias de ingresos; (iii) su estructura organizativa interna a nivel superior, con indicación de sus unidades administrativas y señalamiento de su jerarquía y atribuciones; (iv) los mecanismos particulares de control de tutela que ejercerá el órgano de adscripción.

De manera general, la Ley (artículo 97) extiende a los institutos autónomos los privilegios y prerrogativas que la ley nacional acuerde a la República, los Estados, los Distritos Metropolitanos o los Municipios.

VI. PARTICIPACIÓN DIRECTA DEL ESTADO VENEZOLANO EN LA ACTIVIDAD ECONÓMICA

1. En la actividad económica prestacional con carácter reservado y exclusivo. El sector eléctrico

Mientras en el régimen comunitario europeo el *"Sector eléctrico se asienta ahora en el convencimiento de que garantizar el suministro eléctrico, su calidad y coste no requiere de más intervención estatal que la que la propia regulación específica supone sin reserva al Estado de ninguna de las actividades que integran el suministro eléctrico..."*,[426] en Venezuela se ha pasado al otro extremo del control total y absoluto del sector, mediante una legislación que lo declara como servicio público, que reserva al Estado todas las fases de desarrollo económico de este ámbito, impone su prestación directa y declara de utilidad pública e interés social todas las obras y bienes vinculados directamente al sistema eléctrico en el territorio nacional.

Refiriéndose al servicio público y el sector eléctrico, en el año 2002, Parejo Alfonso indicaba que la redefinición del servicio eléctrico, situado en el plano comunitario europeo, pasaba por dos precisiones indispensables: a) El hecho de que la noción de servicio público no era uniforme en los países europeos, sino *"restringida a los mediterráneos de régimen administrativo de impronta francesa"*, y b) que *"la perspectiva comunitario europea era puramente funcional, es decir, atenida al carácter económico del suministro."* Reconoce el autor como fundamental para la instauración del mercado común, el respeto a las denominadas cuatro libertades (de circulación de personas, mercancías, servicio y de establecimiento), todo ello articulado sobre el eje de la libre competencia, por lo cual se tendería al establecimiento de un mercado competitivo de la electricidad.[427] Pero además, haciendo referencia al

---

[426] PARADA, RAMÓN. *"Los Servicios Públicos. Los servicios públicos en España"*, en: *"El Derecho Público a comienzos del siglo XXI, Estudios en homenaje al profesor Allan R. Brewer Carías"*, Tomo II. Tercera parte: Derecho Administrativo, Civitas, Madrid, 2003, págs. 1860 y 1861.

[427] PAREJO ALFONSO, LUCIANO, ob. cit. (312), págs. 327 a 358.

orden constitucional español, destaca que "*Mientras su artículo 38 consagra la libertad de empresa en el marco de la economía de mercado (de donde se sigue el acceso a las actividades económicas está, como regla general, abierto a todos los sujetos), el artículo 128.2 habilita específicamente al Estado para ejercer la iniciativa económica, lo que significa que, en tal caso, las empresas en mano pública deben someterse a las reglas del mercado*".[428]

Siguiendo esta línea de razonamiento, en la Constitución venezolana se establece la economía de mercado y la iniciativa pública, por lo cual, salvo razones muy excepcionales de interés público, el mismo principio debería seguirse. Sin embargo, ha ocurrido todo lo contrario, así en efecto, en diciembre de 2010 fue dictada la Ley Orgánica del Servicio Eléctrico[429] para derogar y sustituir la dictada en 2001 en la que contrariamente a esto se abría a la libre iniciativa privada la etapa de comercialización.[430] Téngase en cuenta que la más grande compañía de comercialización de electricidad, que surtía al área metropolitana de Caracas, la Electricidad de Caracas, fue estatizada en el año 2007, al ser adquirida por el Estado la mayoría de sus acciones que para la fecha eran propiedad de AES Corporation.

El régimen jurídico de la generación, distribución y venta de la electricidad no tuvo regulación constitucional durante la vigencia del Texto Fundamental de 1961. La norma que preveía las competencias municipales, contemplaba como tales, de forma genérica, las materias peculiares de la entidad y propias de la vida local, señalando algunos ejemplos, dentro de los cuales no se mencionaba la electricidad.[431]

Sin embargo, esta atribución constitucional al Poder Municipal de las materias propias de la vida local dio lugar a que se considerase

---

[428] Ibídem, pág. 334.

[429] Publicada en la Gaceta Oficial No 39.573 de fecha 14 de diciembre de 2010.

[430] La Ley Orgánica del Servicio Eléctrico anterior fue publicada en la Gaceta Oficial No 5.568, extraordinario, de fecha 31 de diciembre de 2001.

[431] El artículo 30 disponía: "*Es de la competencia municipal el gobierno y administración de los intereses peculiares de la entidad, en particular cuanto tenga relación con sus bienes e ingresos y con las materias propias de la vida local, tales como urbanismo, abastos, circulación, cultura, salubridad, asistencia social, institutos populares de crédito, turismo y policía municipal.*
La ley podrá atribuir a los Municipios competencia exclusiva en determinadas materias, así como imponerles un mínimo obligatorio de servicios."

la electricidad como parte de las competencias municipales, al menos respecto a la distribución. Es así como la Ley Orgánica de Régimen Municipal confirió a las entidades locales competencia en cuanto a *"la venta y distribución de electricidad"*.[432] Pero esa norma atributiva de la competencia en materia eléctrica reconocía, a su vez, la del Poder Nacional en lo relativo a la regulación de tarifas de los servicios públicos, con lo cual se establecía para armonizar cualquier eventual colisión que estas competencias municipales se ejercerían *"...sin perjuicio de las atribuidas a los órganos que ejercen el Poder Nacional para el establecimiento de las tarifas de los servicios públicos, dentro del régimen de la regulación de precios que le corresponde"*.

No existía para la época ninguna disposición que calificase a la electricidad como servicio público ni tampoco como actividad reservada al Estado, por lo cual se entendía que ella podía ser desarrollada libremente por los particulares y solamente lo relativo a la actividad de distribución y venta de electricidad desde el punto de vista local sería objeto de regulación por parte de los Municipios, habida cuenta de la asignación hecha por el legislador.

El Ejecutivo Nacional tenía atribuida, por otra parte, con base a las normas que regulaban la materia de protección al consumidor, la facultad de calificar determinados bienes o servicios como de *"primera necesidad"*. Este mecanismo, que es manifestación de la actividad de policía, se traducía en la limitación a la determinación libre del precio, el cual estaría supeditado a la fijación o aprobación previa por parte de la autoridad administrativa nacional. Ello precisamente motivó que la

---

[432] El artículo 36 de la Ley Orgánica de Régimen Municipal, establecía: *"Los Municipios, para la gestión de sus intereses y en el ámbito de sus competencias, podrán promover toda clase de actividades y prestar cuantos servicios públicos contribuyan a satisfacer las necesidades y aspiraciones de la comunidad.*
Son de la competencia propia del Municipio las siguientes materias:
(...) 2° Distribución y venta de electricidad y gas en las poblaciones de su jurisdicción; (...)
Único: Cuando un servicio público municipal , tenga o requiera instalaciones, o se preste en dos o más Municipios limítrofes, por un mismo organismo o empresa pública o privada, dichos municipios deberán establecer una mancomunidad entre sí para la determinación uniforme de las regulaciones que corresponden a su competencia, sin menoscabo de las competencias nacionales referentes a la reglamentación técnica para instalaciones y modificaciones de las mismas, requisitos y condiciones de producción y suministro, facultades de inspección y potestades sancionatorias que se encuentren establecidos o se establezcan en normas nacionales."

fijación de tarifas en esta materia la determinase el Ejecutivo Nacional con base a la calificación del servicio como de primera necesidad.

De manera que la competencia otorgada a los Municipios en materia de *"distribución y venta"* de electricidad no podía ser interpretada como una reserva total al municipio, en cuanto a potestad exclusiva para establecer el régimen jurídico aplicable. En la propia Ley Orgánica de Régimen Municipal no se hizo sino habilitar a los municipios para actuar en la materia, sin que de su redacción ni de su propósito integral pudiera deducirse que se hubiera constituido una reserva exclusiva y excluyente de los municipios en este campo.

En definitiva la competencia municipal se concretó a la potestad de regular los términos y condiciones en los que la distribución y venta de electricidad se llevarían a cabo dentro del ámbito local, sin ser esto obstáculo a que tal regulación municipal se viera sujeta a las reglas, criterios y principios de la legislación nacional sobre la materia en base a las competencias nacionales. Sin embargo, este tratamiento del tema eléctrico era no sólo muy confuso, sino que además resultaba en extremo insuficiente, pues la sola distribución y venta no cubría todo el espectro de actuaciones posibles en el sector eléctrico y la materia cada vez más excedía el ámbito local, pues se planteaba la necesidad de establecer una política eléctrica nacional con sistemas de generación y distribución integrada que permitiera un suministro eficiente, regular y coordinado de la electricidad.

El desarrollo del sector y la asunción por parte de la empresa nacional de la gran generación, mediante la explotación hidroeléctrica y la construcción de una gran represa y constitución de compañías nacionales encargadas de la distribución, llevó a la necesidad de normar la prestación del servicio eléctrico de forma coherente. Sin duda que el desarrollo y evolución del sector conllevaba una trascendencia sobre la vida del colectivo que sobrepasaba el ámbito municipal.

Teniendo en cuenta que de conformidad con la Constitución venezolana (tanto la de 1961 como la de 1999) son competencias del Poder Nacional *"Toda otra materia que la presente Constitución atribuya al Poder Nacional o que le corresponde por su índole o naturaleza"*,[433]

---

[433] Artículo 136, 25. Norma idéntica contiene la Constitución de 1999 en el artículo 156,33.

se imponía la tesis de que la materia eléctrica debía considerarse como parte del ámbito de regulación del nivel nacional, y que el poder municipal tendría únicamente atribuciones de ordenación local de la prestación del servicio.

No obstante esta realidad, el legislador nacional no se preocupó por regular la materia eléctrica y esta inactividad legislativa llevó al Ejecutivo a dictar varios decretos con el fin de normar[434] el sector de la electricidad, siendo el más importante de ellos el Decreto N° 1558 del 13 de noviembre de 1996, el cual contemplaba la regulación general de la materia eléctrica, definiéndola no sólo como una actividad de servicio público, calificación contraria a la legalidad, pues sólo la ley podía calificar una actividad como servicio público,[435] sino que dispuso que el Poder Ejecutivo Nacional actuaría en la regulación y supervisión del servicio. Asimismo separó y reguló las actividades del sector eléctrico en tres áreas, a saber: generación, transmisión y distribución de electricidad.

No fue sino hasta el 21 de septiembre de 1999, cuando se dictó la Ley del Servicio Eléctrico,[436] en la cual se reguló el sector eléctrico. Este texto normativo que fue sustituido en el año 2001 por una nueva Ley Orgánica del Servicio Eléctrico[437] de similar contenido y posteriormente por la Ley de 2010 que modificó sustancialmente la regulación del sector al reservar todas las actividades vinculadas con su explotación.

El régimen derogado distinguía como actividades del sector eléctrico: la generación, transmisión, gestión del Sistema Eléctrico Nacional, distribución y comercialización de potencia y energía eléctrica. Además se refería a la autogeneración, definida como la actividad de generación eléctrica destinada al uso exclusivo de la persona natural o jurídica que la realiza.[438]

---

[434] Se trataba de verdaderos reglamentos autónomos, en el sentido de que no desarrollaban ley previa alguna, por lo cual siempre estarían limitados por la reserva legal.

[435] En el sentido propio del término, es decir, aparejando la reserva de la actividad al sector público.

[436] Esta Ley fue dictada mediante un Decreto Ley y publicada en la Gaceta Oficial N° 36.791.

[437] Gaceta Oficial N°. 5.568 Extraordinario de fecha 31 de diciembre de 2001.

[438] Artículo 24, parágrafo Único: *"La autogeneración, entendida como la actividad de generación eléctrica destinada al uso exclusivo de la persona natural o jurídica que la realiza, está exenta de esta regulación, con las excepciones establecidas en esta Ley."* Luego en el

En cuanto a la intervención del Estado en esta actividad, la derogada Ley preveía la reserva al Estado en la generación hidroeléctrica en las cuencas de los ríos Caroní, Paragua y Caura,[439] que es la que desarrollaba y estaba a cargo de una empresa estatal denominada "C.V.G. Electrificación del Caroní, C.A. "Edelca". Toda otra generación era actividad de libre iniciativa privada pero sometida a un régimen de autorización y a intensas regulaciones.[440]

En la actividad prestacional calificaba como público el servicio eléctrico[441] y en este sentido sometía a concesión las actividades de transmisión y distribución.[442] Finalmente, respecto de la actividad de comercialización disponía que debía realizarse en régimen de competencia,[443] previa autorización de la Comisión Nacional de Energía Eléctrica, o por el Ministerio del área, hasta tanto ese órgano entrase en funcionamiento. Todo este régimen de aparente libertad económica en unas áreas, y de reserva en otras, se vio incidido además por la consagración de un *"sistema de energía eléctrica"*, noción que no definía, pero que aparentemente se refería a toda actividad relacionada con el

---

artículo 43 se prevé que *"Las empresas que ejerzan la actividad de generación, incluyendo la autogeneración y la cogeneración, así como la de comercialización especializada, requerirán de autorización previa de la Comisión Nacional de Energía Eléctrica. Dicha autorización se emitirá a los fines de garantizar el cumplimiento de las normas técnicas de instalación y operación, en el caso de centrales de generación, y de las normas que regulan la actividad, en el caso de comercialización especializada."*

[439] Parágrafo Único del artículo 3: *"El Estado se reserva la actividad de generación hidroeléctrica en las cuencas de los ríos Caroní, Paragua y Caura."*

[440] El artículo 24 de la LOSE dispone: *"El ejercicio de la actividad de generación de energía eléctrica está abierto a la competencia, previa autorización de la Comisión Nacional de Energía Eléctrica y de conformidad con esta Ley y demás normas que regulen la materia."*

[441] *"Artículo 4. Se declaran como servicio público las actividades que constituyen el servicio eléctrico."*

[442] Así los prevén los artículos 27 y 35 de la OSE, los cuales establecen: Artículo 27: *"El ejercicio de la actividad de transmisión está sujeto a concesión y se debe realizar de conformidad con esta Ley y demás normas que regulen la materia."* Artículo 35: *"El ejercicio de la actividad de distribución de energía eléctrica está sujeto a concesión dentro de un área exclusiva y se debe realizar de conformidad con esta Ley y demás normas que regulen la materia."*

[443] El artículo 38 dispone: *"Las empresas especializadas en comercialización ejercen esta actividad bajo régimen de competencia, previa autorización de la Comisión Nacional de Energía Eléctrica y con las limitaciones establecidas en esta Ley. A los efectos de esta Ley, se entiende por comercialización la actividad de compra y venta de potencias y de energía eléctrica."*

sector eléctrico y la cual "*centralizaba*" en un órgano estatal de control, supervisión y coordinación.

En este sentido, aun cuando la Ley derogada proclamaba la libre competencia e iniciativa privada en la generación no reservada y en la comercialización especializada, se refería a la necesidad de una gestión del sistema eléctrico nacional de manera centralizada, "*a fin de garantizar la óptima utilización de los recursos de energías primarias, producción y transporte de la energía eléctrica y de contribuir a la obtención de un suministro de electricidad confiable, económico, seguro y de la mejor calidad, de conformidad con esta Ley y demás normas que regulen la materia*" (artículo 32).

El sistema en todo caso se vio modificado por la Ley del año 2010. Ahora sí de forma tajante el sector eléctrico quedó reservado al Estado en todas sus distintas etapas, desde la generación[444] hasta la distribución y comercialización.[445] La Ley vigente indica que es una premisa que rige en la prestación del servicio eléctrico: la reserva y dominio del Estado y el modelo de gestión socialista (artículo 4).

Se crea en esta Ley un establecimiento público como operador y prestador del servicio (Corporación Eléctrica Nacional S.A.), adscrito al Ministerio del Poder Popular con competencia en materia de energía eléctrica, quien estará encargado de la realización de las actividades de generación, transmisión, distribución y comercialización en todo el territorio nacional (artículo 28 de la Ley). El ente podrá crear empresas filiales a las cuales podría traspasar algunas de las actividades encomendadas, o sea que ni siquiera se contempla el mecanismo de la concesión y en virtud de los términos de esta Ley puede decirse que no aplican las disposiciones que con carácter general regulan la posibilidad de dar en concesión los servicios públicos, normativa que aplica sólo con carácter supletorio cuando la ley especial no prevea una regulación

---

[444] Obviamente con excepción de la autogeneración, definida en la Ley como el proceso mediante el cual un usuario genera energía eléctrica para suplir parcial o totalmente los requerimientos de sus instalaciones, caso en el cual el Ministerio con competencia en materia de energía eléctrica tendrá la facultad de otorgar la habilitación para su instalación o modificación (artículos 16.2, 27.24 y 45 al 47 de la Ley).

[445] Sólo queda a salvo la autogeneración, la cual se somete a un régimen de habilitación administrativa.

en sentido distinto.[446] Esta misma conclusión se deriva de la redacción de la reserva cuando se indica que tales actividades se realizaran a través del operador del servicio (artículo 8).

La reserva al Estado combinado con un expreso modelo de gestión socialista previsto en el artículo 9[447] y lo previsto en el Plan de la Nación que excluye todo acceso a la iniciativa empresarial privada, ponen de manifiesto que se trata no sólo de una estatización del servicio en los términos de la noción clásica del servicio en un modelo de economía de mercado, antes bien, es un reconocimiento de que el servicio público en este caso excluye la libertad de empresa incluso a nivel de gestión indirecta, por lo tanto en un sentido muy contrario a la libre competencia.

2. En la actividad económica prestacional con carácter reservado en régimen de concurrencia con los particulares (concesionarios). El sector de la televisión

De acuerdo al derecho comunitario, los servicios de telecomunicaciones se consideran servicios de interés general que se prestan en régimen de competencia.[448] Respecto del sector audiovisual se distingue

---

[446] Decreto Ley No 318 publicado en la Gaceta Oficial No 5.394, extraordinario, de fecha 25 de octubre de 1999. El artículo 4 de dicha Ley dispone que los contratos de concesión cuyo otorgamiento, administración o gestión se encuentre prevista en leyes especiales se regularan por éstas, pues dicha ley tendrá carácter supletorio. Si bien en el caso de la electricidad no se prohíbe expresamente la concesión si existe una limitación implícita pues se dispone la prestación directa y se contempla la transferencia del servicio sólo a empresas filiales propiedad del establecimiento público creado para la gestión estatal directa, por lo cual no parece dar cabida a la posibilidad de que la prestación se realizada por particular mediante concesión.

[447] *"Artículo 9. Todas las actividades del Sistema Eléctrico Nacional para la prestación del servicio, se realizarán bajo el modelo de gestión socialista que está contemplado en el Plan de Desarrollo Económico y Social de la Nación. Los recursos deberán estar orientados a la satisfacción de las necesidades de suministro eléctrico para toda la población, garantizando la participación protagónica y corresponsable de los trabajadores y trabajadoras del operador y prestador del servicio, los usuarios, así como las organizaciones del Poder Popular.*
El Estado procurará que la prestación del servicio eléctrico se realice bajo criterios de igualdad, continuidad, flexibilidad, integralidad, imparcialidad, transparencia, participación, confiabilidad, eficiencia, corresponsabilidad, solidaridad, equidad y sustentabilidad económica y financiera, contribuyendo a lograr la mayor suma de felicidad posible."

[448] Directiva 97/13/CE del Parlamento Europeo y del Consejo de fecha 10 de abril de 1997.

entre servicios lineales y no lineales, en los primeros, se incluyen televisión tradicional, internet, y telefonía móvil, que los usuarios reciben pasivamente y, los segundos, aquellos en los que éstos escogen, v.g. servicios de video a la carta.[449] Sobre este sector, el 15 de diciembre de 2003, la Comisión aprobó una Comunicación sobre el futuro de la política reguladora europea en la que se postulaba que la misma *"debe proteger, tanto ahora como en el futuro, determinados intereses públicos, como la diversidad cultural, el derecho a la información, el pluralismo de los medios de comunicación, la protección de los menores y la protección de los consumidores, así como las medidas a adoptar para aumentar el nivel de conocimiento y de formación del público en materia de medios de comunicación"*,[450] todo ello en función de garantizar la libre competencia en dicho mercado.[451] En tal sentido se indica que *"deben respetarse los principios básicos del mercado interior, tales como la libre competencia y la igualdad de trato, con objeto de garantizar la transparencia y la previsibilidad de los mercados de los servicios de comunicación audiovisual y reducir las barreras de acceso al mercado"*.[452] Asimismo, se establecen medidas para lograr el pluralismo de los medios de comunicación, a saber: (i) la obligación de cada Estado miembro de garantizar la independencia de la autoridad nacional encargada de ejecutar las disposiciones de la Directiva; (ii) el derecho de los organismos de radiodifusión televisiva a utilizar los extractos breves, de manera no discriminatoria; y (iii) la promoción de contenidos producidos por empresas de producción audiovisual independientes de Europa.[453]

La televisión pública puede ser entendida hoy como un servicio de interés general prestado en régimen de concurrencia, ese interés general viene dado por su rol de garante de una comunicación plural y por

---

[449] Directiva 2007/65/CE del Parlamento Europeo y del Consejo, de 11 de diciembre de 2007.

[450] Ibídem, punto 8.

[451] Así al tema del sector televisivo aplica la doctrina de las ayudas públicas, al respecto la sentencia del Tribunal de Primera Instancia de fecha 10 de mayo de 2000 (asunto: T-46/97) en relación a la calificación de ayudas estatales a las dotaciones abonadas por el Estado portugués a la televisora pública por calificar como una ventaja financiera respecto de sus competidora privada como operador público en el mercado de la publicidad.

[452] Ibídem, punto 6.

[453] Ibídem.

servir a la satisfacción de objetivos programáticos de interés general (cultural, informativo, deportes, parlamento, etc.).

En España, la Ley 7/2010, de 31 de marzo, General de la Comunicación Audiovisual fue dictada, entre otros objetivos, con la finalidad de "...*posibilitar la creación de grupos empresariales audiovisuales con capacidad de competir en el mercado europeo y la apertura regulada de nuevos modelos de negocio como son la TDT de pago, la Alta Definición y la TV en Movilidad; y hacerlo garantizando también, el pluralismo y la protección de los derechos ciudadanos; al mismo tiempo que se fijan unas reglas de transparencia y competencia claras en un contexto de convivencia del sector público con el privado y de liberalización de la actividad audiovisual.*"

La competencia, en este caso, garantiza otro principio fundamental de la comunicación audiovisual, el pluralismo. En este sentido, el artículo 4.1. de la Ley dispone : "*Todas las personas tienen el derecho a que la comunicación audiovisual se preste a través de una pluralidad de medios, tanto públicos, comerciales como comunitarios que reflejen el pluralismo ideológico, político y cultural de la sociedad. Además, todas las personas tienen el derecho a que la comunicación audiovisual se preste a través de una diversidad de fuentes y de contenidos y a la existencia de diferentes ámbitos de cobertura, acordes con la organización territorial del Estado. Esta prestación plural debe asegurar una comunicación audiovisual cuya programación incluya distintos géneros y atienda a los diversos intereses de la sociedad, especialmente cuando se realice a través de prestadores de titularidad pública.*"

Se contempla el concurso para el otorgamiento de las licencias de prestación de servicios audiovisuales (artículo 27), y lo que es más importante se contempla la renovación automática del término inicial de 15 años si se satisfacen las mismas condiciones exigidas que para ser titular de ella y se hayan cumplido las establecidas para la prestación del servicio, con las solas excepciones previstas en la Ley.[454]

---

[454] Se establece que la renovación no procedería si existen obstáculos técnicos sobrevenidos e insalvables en relación con el espectro de las licencias afectadas o el titular del servicio no se encuentre al corriente en el pago de las tasas por la reserva del dominio público radioeléctrico, y de las previstas en esta Ley. Asimismo, la renovación automática de la licencia no tendrá lugar y deberá procederse a su adjudicación en régimen de libre concurrencia

En Venezuela, la explotación o establecimiento de redes de tele-comunicación y la prestación de servicios de telecomunicación, tales como la radio, televisión y producción nacional audiovisual son considerados servicios **públicos, pero conforme a la Ley se les somete a concesión o** permiso. Así lo establece el artículo 5 de la Ley Orgánica de Telecomunicaciones,[455] el cual dispone lo siguiente:

> *"Se declaran como de servicio e interés público el establecimiento o explotación de redes de telecomunicaciones y la prestación de servicios de telecomunicación, entre ellos radio, televisión y producción nacional audiovisual, para cuyo ejercicio se requeriría la obtención previa de la correspondiente habilitación administrativa, concesión o permiso de ser necesario, en los casos y condiciones que establece esta Ley, sus reglamentos y las condiciones generales que al efecto establezca la Comisión Nacional de Telecomunicaciones".*

Ahora bien, teniendo en cuenta que el espectro radio eléctrico es un bien del dominio público, para su uso y explotación se necesita una concesión (artículos 7 y 16 de la Ley). En consecuencia, todo el que preste un servicio de televisión requiere de una concesión, la cual compete otorgarla a la referida Comisión de Telecomunicaciones conjuntamente con la habilitación administrativa.[456] Dicha concesión es por tiempo limitado, no podrá exceder de 15 años, y en el caso venezolano se prevé tan sólo la posibilidad de poder renovarla dentro de los noventa días continuos previos a la fecha de vencimiento. La condición de titular de una concesión no implica, para el solicitante, un derecho subjetivo o de preferencia a su renovación.[457]

De lo antes expresado se desprende que son requisitos concurrentes para establecer y prestar servicios de telecomunicaciones en radio y

---

en el caso de que se verifiquen los siguientes requisitos: a) Que el espectro radioeléctrico esté agotado, b) Que exista un tercero o terceros que pretendan la concesión de la licencia, c) Que lo hayan solicitado con un plazo de antelación de al menos 24 meses respecto de la fecha de vencimiento y d) Que el solicitante o los solicitantes cumplan los mismos requisitos que fueron tenidos en cuenta para la obtención de la licencia por parte del adjudicatario o adjudicatarios.

[455] Publicada en Gaceta Oficial No. 39.610 del 7 de febrero de 2011.
[456] Artículos 73 y 109 de la Ley Orgánica de Telecomunicaciones.
[457] Artículo 73 de la Ley Orgánica de Telecomunicaciones.

televisión, la obtención de la debida concesión por uso y explotación del espectro radioeléctrico, y la habilitación administrativa asociada, según sea el caso.

En Venezuela existen aproximadamente 100 canales de televisión a nivel regional y nacional, en el ámbito nacional 4 son privados: Venevisión, Televen Meridiano TV y Globovisión, y estos se emiten por señal abierta y por suscripción, y 8 son públicos: VTV, Vive, Telesur, ANTV, Tves, Vale TV, TV FANB y PDVSA TV. En el año 2007, a Radio Caracas Televisión (RCTV), uno de los operadores de televisión nacional privada más importantes en Venezuela, no le fue renovada la concesión por no cumplir con la normativa de Responsabilidad Social dictada por CONATEL, lo que obligó a la compañía al cierre del canal, que ahora es transmitido por señal abierta como RCTV Internacional.

A esta disparidad numérica se une la circunstancia de que el Estado venezolano ha implementado una serie de restricciones a los operadores de radio y televisión nacional o regional, extranjeros privados (caso de los operadores de señal abierta y por suscripción como DirecTV). Estas medidas se concretan principalmente a través de la Ley de Responsabilidad Social en Radio y Televisión,[458] la cual obliga a los operadores a transmitir material con contenido de interés público social, limitando la publicidad que podrán transmitir a las condiciones expresadas en la Ley y en la providencia sobre las normas técnicas y condiciones de prestación de los servicios de radio y televisión.[459]

Adicionalmente, y respecto de los contenidos, pluralidad y libre competencia debe destacarse que se imponen a la televisión privada la obligación de realizar transmisiones oficiales en cadena. La Ley Orgánica de Telecomunicaciones de 2001 previó esta obligación, la cual se contempla igualmente en el instrumento legal vigente.[460] También lo

---

[458] Ley de Responsabilidad Social en Radio y Televisión.

[459] Normas Técnicas sobre las condiciones de prestación de los servicios en Radio y Televisión.

[460] *"Artículo 192. Sin perjuicio de las disposiciones legales en materia de seguridad y defensa, el Presidente o Presidenta de la República podrá, directamente o a través de la Comisión Nacional de Telecomunicaciones, ordenar a los operadores que presten servicios de televisión por suscripción, a través del canal de información a sus clientes y a las empresas de radiodifusión sonora y televisión abierta la transmisión gratuita de mensajes o alocuciones oficiales, de la Presidencia o Vicepresidencia de la República o de los Ministros. Mediante reglamento se determinarán las modalidades, limitaciones y demás características de tales*

hace la Ley de Responsabilidad Social en Radio, Televisión y Medios Electrónicos.[461]

No existe un marco jurídico que promueva la competencia entre los participantes del mercado de la televisión y publicidad, ni normas que garanticen una competencia leal por parte de la empresa pública estatal respecto de las privadas, antes bien la tendencia es a controlar los contenidos, usar el espacio para fines públicos y políticos y la ausencia de estas reglas de competencia ha dado lugar a su vez a la ausencia del deseado pluralismo que en democracia se exige de los medios audiovisuales.

---

emisiones y transmisiones. No estará sujeta a la obligación establecida en este artículo la publicidad de los entes públicos." Esta misma redacción se mantiene en la disposición final segunda de la vigente ley del año 2010.

[461] "*Artículo 10. El Estado podrá difundir sus mensajes a través de los servicios de radio y televisión. A tales fines, podrá ordenarle a los prestadores de estos servicios la transmisión gratuita de:*

1. *Los mensajes previstos en la Ley Orgánica de Telecomunicaciones. La orden de transmisión gratuita y obligatoria de mensajes o alocuciones oficiales podrá ser notificada válidamente, entre otras formas, mediante la sola difusión del mensaje o alocución a través de los servicios de radio o televisión administrados por el Ejecutivo Nacional.*

2. *Mensajes culturales, educativos, informativos o preventivos de servicio público, los cuales no excederán, en su totalidad, de setenta minutos semanales, ni de quince minutos diarios. A los fines de garantizar el acceso a los servicios de radio y televisión, el órgano rector del Ejecutivo Nacional, con competencia en comunicación e información, cederá a los usuarios y usuarias diez minutos semanales de estos espacios, de conformidad con la ley. El órgano rector del Ejecutivo Nacional, con competencia en comunicación e información, estará a cargo de la administración de estos espacios, determinando los horarios y la temporalidad de los mismos, así como cualquier otra característica de tales emisiones o transmisiones. No está permitida la utilización de estos espacios para la difusión de publicidad o propagandas de los órganos y entes del Estado.*

   Los prestadores de servicios de radio o televisión y difusión por suscripción no podrán interferir, en forma alguna, los mensajes y alocuciones del Estado que difundan de conformidad con este artículo, y deberán conservar la misma calidad y aspecto de la imagen y sonido que posea la señal o formato original.

   Se entiende como interferencia de mensajes la utilización de técnicas, métodos o procedimientos que modifiquen, alteren, falseen, interrumpan, editen, corten u obstruyan, en forma alguna, la imagen o sonido original.

   Los prestadores de servicios de difusión por suscripción cumplirán la obligación prevista en el numeral uno, a través de un canal informativo, y la prevista en el numeral dos, la cumplirán a través de los espacios publicitarios que dispongan en cada canal que transmiten. Los setenta minutos semanales se distribuirán entre los canales cuya señal se origine fuera del territorio de la República Bolivariana de Venezuela, de conformidad con la ley."

3. En la actividad económica prestacional con carácter no reservado. La banca

La Constitución de 1999 dispone que corresponde al Poder Público Nacional legislar en materia bancaria (artículo 156, numeral 32), de manera que la actividad bancaria se encuentra regulada en la normativa nacional dictada al efecto. Conforme a la legislación existente la actividad bancaria no se encuentra entre aquellas cuyo ejercicio se reserva al Estado o es permitida a los particulares bajo un régimen concesional. Sin embargo, sí se trata de una de las actividades que dada su naturaleza prestacional, el Estado regula de forma intensa.

La titularidad de la actividad bancaria no es del Estado, sino que la misma se ha configurado como una actividad de interés general que puede ser desarrollada libremente por los particulares, bajo un régimen de estricta vigilancia por parte de los órganos especializados.[462] Así, al analizar el régimen de la intermediación financiera en Venezuela, se observa que se trata de una actividad económica llevada a cabo por particulares con el ánimo inmediato de lucrarse pero que, por ser considerada de interés general, se encuentra sujeta a estrictas regulaciones legales.

En este sentido, en sentencia de fecha 6 de mayo de 2004, emanada de la Sala Constitucional del Tribunal Supremo de Justicia, se afirmó que la actividad bancaria *"no constituye una actividad de prestación de servicio público, ya que, entre otros aspectos de derecho sustantivo, no existe en la mencionada ley o en la Constitución una reserva a favor del Estado de dicha actividad económica, es decir, no existe publicatio de la misma que excluya la libre iniciativa económica en el sector (...) dicha actividad sí está vinculada con la preservación de un interés general como es la transparencia, estabilidad, seguridad, eficiencia, solvencia y licitud de las operaciones efectuadas en el ámbito de la intermediación financiera y de la cual depende el disfrute efectivo, real, de derechos o intereses individuales y colectivos de la población, y es por tal razón que*

---

[462] En Venezuela, este órgano especializado es la Superintendencia de Bancos y Otras Instituciones Financieras (SUDEBAN), ente regido por el Decreto con Rango y Fuerza de Ley General de Bancos y Otras Instituciones Financieras publicado en Gaceta Oficial N° 5.555 del 13 de noviembre del 2001.

el Estado tiene la obligación constitucional de ejercer una serie de controles en el ámbito donde tiene lugar la mencionada actividad de intermediación, a través de la legislación y de la actividad administrativa de la autoridad competente, que permitan constatar el cumplimiento de las obligaciones que tanto la Constitución como el bloque de la legalidad imponen a los agentes del sector, así como el respeto de los derechos subjetivos de los usuarios de los servicios privados que prestan las instituciones bancarias y financieras, pero de cuya eficiente y justa prestación depende, se insiste, la satisfacción de derechos e intereses individuales y colectivos, lo cual, en definitiva, es el objetivo al que debe dirigirse la regulación y la actuación de la Administración".

Así, la actividad de intermediación financiera es una actividad fundamentalmente de carácter privado, por lo que en ella se permite la libre concurrencia de los particulares para su desarrollo, siempre en un ambiente de igualdad y en el marco de las limitaciones que la ley especializada impone. Pero también puede en este ámbito participar el Estado, la iniciativa pública se lo permite, siempre con los límites que se han expresado, así se puede dar lugar a la intervención del Estado como empresario en la actividad bancaria pero sólo dentro de ellos, el primero la determinación de un interés general que la justifique, la racionalización del gasto y con respeto a las reglas del mercado, libre competencia y respecto a la propiedad privada.

Si bien la tradición ha sido en Venezuela que el Estado participa en esta actividad con instituciones bancarias del sector público, ello se había originado en una actividad precisa de fomento para ciertos sectores. Recuérdese que la empresa pública en Venezuela –según Brewer Carías– se inicia con la creación de dos Bancos, el Banco Obrero y el Banco de Desarrollo Agrícola. En todo caso esto se había venido realizando de forma moderada y los entes financieros del Estado se habían visto sometidos a las limitaciones y regulaciones aplicables a la banca del sector privado. Sin embargo, en el actual régimen venezolano observamos que el Estado interviene no sólo para concretar una labor de fomento, so pretexto, nuevamente, del rol del Estado obligado a garantizar el bienestar de forma directa respecto de las clases sociales más desposeídas, sino que lo hace en la actividad bancaria general de forma concurrente, pero no en un régimen de competencia con los particulares en la realización directa de la actividad de intermediación financiera, sino de manera privilegiada y ampliando el espectro del poder de entes públicos en esta materia.

Es en este orden de ideas, en Venezuela se ha verificado una intensa actividad bancaria del sector público y con el objeto de realizar actividad de fomento en ciertas materias, apoyo financiero a la mujer, y desarrollo de un sistema microfinanciero, entre otros, fueron creados el Banco del Pueblo Soberano, C.A.[463] y el Banco de Desarrollo de la Mujer, C.A.[464] también ya con objetivos más generales el Estado es propietario de otras entidades bancarias, tales como, el Banco Industrial de Venezuela y otras que pertenecieron en el pasado al sector privado (Banco de Venezuela y el Banco Bicentenario).

Las dos primeras entidades mencionadas, así como todas aquellas establecidas o por establecerse por el Estado que tuvieren por objeto crear, estimular, promover y desarrollar el sistema microfinanciero del país, para atender la economía popular y alternativa, y las demás personas jurídicas de derecho público que tuvieren por objeto la actividad financiera estaban excluidas de la aplicación de la ley que regulaba el sector bancario (artículo 2).[465]

En este sentido, a pesar de tratarse de un régimen de concurrencia, al menos en apariencia, observamos que existe una desigualdad en el trato de las instituciones financieras creadas por el Estado y aquellas dirigidas por particulares, desigualdad que deriva directamente de la Ley.

---

[463] Así, en fecha 21 de octubre de 1999 fue publicada en Gaceta Oficial No 36.812 la Resolución Nº 002-1099 emanada de la Junta de Emergencia Financiera como órgano del Ministerio de Finanzas, y por la cual se autoriza el cambio de objeto social de la Arrendadora Fivca, Compañía de Arrendamiento Financiero, C.A., a Banco Comercial, cuya denominación social pasó a ser Banco del Pueblo Soberano, C.A., Banco Comercial, que tendría, para el momento del inicio de sus actividades, un capital pagado en efectivo de Un Mil Doscientos Millones de Bolívares (Bs. 1.200.000.000,00), siendo ésta la única referencia que se hace en el Decreto.

[464] En fecha 8 de marzo de 2001 fue publicado en la Gaceta Oficial Nº 37.154, el Decreto Nº 1.243, mediante el cual se ordena la creación del Banco de la Mujer, como institución financiera pública, al que se le asigna un presupuesto de gastos anual destinado a su funcionamiento (Resolución Nº 327 emanada de la Oficina Nacional de Presupuesto (Ministerio de Finanzas), publicada en Gaceta Oficial No 37.273 del 31 de agosto de 2001).

[465] Decreto con Rango, Valor y Fuerza de Ley de Reforma Parcial de la Ley de Instituciones del Sector Bancario publicado en Gaceta Oficial No. 39.627 del 02 de marzo de 2011, que a su vez reformó parcialmente la Ley de Instituciones del Sector Bancario, publicada en Gaceta Oficial No. 6.015 Extraordinario, del 28 de diciembre de 2010.

Lo anterior significaba en efecto el contemplar que las instituciones financieras *"establecidas o por establecerse por el Estado"* y *"las personas de derecho público que tengan por objeto la actividad financiera"* no se verían sometidas al estricto régimen previsto en la Ley General de Bancos para el control de ese tipo de entidades a los fines de mantener la estabilidad del sistema económico; se ubicaba a las instituciones financieras de carácter público en una situación que no es ni podía ser equiparable a la de las demás instituciones financieras, ya que no tenían un órgano de control externo para ejercer una permanente supervisión, ni los límites establecidos por la ley.

El manejo de los bancos creados por el Estado, al escapar completamente del ámbito de control de la Superintendencia de Bancos, es mucho más fluido y les permite, al tener como aporte principal cantidades de dinero otorgadas por el Estado y no el ahorro de sus clientes, desarrollar cantidad de actividades que de verse sometidas al régimen previsto en la Ley no serían viables.

La nueva Ley de Bancos[466] establece el marco legal para la constitución, funcionamiento, supervisión, inspección, control, regulación, vigilancia y sanción de las instituciones que operan en el sector bancario venezolano, sean éstas públicas, privadas o de cualquier otra forma de organización permitida por la Ley (artículo 1). En ese sentido, la Ley de Bancos se aplica al desarrollo de la actividad de intermediación financiera, definida en la ley como la captación de fondos bajo cualquier modalidad y su colocación en créditos o en inversiones en títulos valores emitidos o avalados por la Nación o empresas del Estado, mediante la realización de las operaciones permitidas por las leyes de la República (artículo 5).

Así es claro que la Ley de Bancos se aplica a las instituciones del sector bancario público y privado.[467] En la definición de Instituciones del Sector Bancario se encuentran los bancos universales, las casas de

---

[466] Decreto con Rango, Valor y Fuerza de Ley de Instituciones del Sector Bancario, publicado en Gaceta Oficial Extraordinaria Nro. 6.154 del 19 de noviembre de 2014 y posteriormente reimpreso por error material en la Gaceta Oficial No. 40.557 del 8 de diciembre de 2014.

[467] El sector bancario privado comprende el conjunto de las instituciones privadas que previa autorización del ente regulador se dedican a realizar actividades de intermediación financiera. Por su parte, el sector bancario público está constituido el conjunto de entidades bancarias, en cuyo capital social la República posee la mayoría accionaria (artículo 3).

cambio, los operadores cambiarios fronterizos, las instituciones no bancarias, y las instituciones bancarias especializadas, dentro de las cuales se incluyeron los bancos micro financieros y los bancos de desarrollo.

No obstante se hacen distinciones entre las instituciones del sector bancario públicas y privadas, pues se establecieron varias disposiciones que conforman un régimen especial para las instituciones bancarias públicas frente a las privadas, entre las que pueden conseguirse algunas que plantean una competencia en desigualdad. Así no le aplican a la banca pública:

1) En el tema de las inhabilidades para ser directores de instituciones bancarias, las referidas a los funcionarios que ejerzan cargos de dirección, administración, asesoría o auditoría de otras instituciones del sector bancario y del Sistema Financiero Nacional; así como los accionistas, directores, administradores, comisarios, o factores mercantiles de empresas de comunicación, información y telecomunicaciones (artículo 31).[468] No luce sano para el sistema bancario que esta prohibición que aplica para los bancos privados no lo sea para la banca pública, siendo que las mismas razones que la justifican para la primera deben con seguridad estar de igual o distinto modo, presentes para la segunda. La inhabilidad es por naturaleza una causal que opera en ambos sentidos, por lo cual no parece lógica esta exención, sobre todo si se considera que ha de aplicar el principio de libre competencia entre estos entes.

---

[468] ***"Artículo 31.*** *No pueden ser directores de una institución del sector bancario: (...)*

    3) Los directores o directoras, presidentas, presidentes, presidenta y presidente ejecutivo, representantes legales o quienes ocupen cargos de administración o de dirección, consejeros o consejeras, asesores o asesoras, consultores o consultoras, tesoreros o tesoreras, comisarios o comisarias, auditores internos y externos o auditoras internas o externas, gerentes de área, secretarios o secretarias de la junta directiva o cargos similares, de hecho o de derecho de otras instituciones bancarias y del resto de instituciones del Sistema Financiero Nacional. (...).

  10) Los y las accionistas, directores o directoras, administradores o administradoras, comisarios o comisarias; o factores mercantiles de empresas que desarrollen las materias de comunicación, información y telecomunicaciones, de conformidad con la Constitución de la República Bolivariana de Venezuela, las Leyes y la normativa vigente." (...)

    Las prohibiciones previstas en los numerales 3 y 10 de este artículo, no serán aplicables a las instituciones del sector bancario público".

2) Se eximen a las instituciones bancarias del sector público de someter a consideración de la Superintendencia de Bancos la designación de los cargos de mayor responsabilidad dentro de la estructura bancaria (artículo 33).[469] Se evita de este modo el control que sobre *"experiencia, honorabilidad y solvencia exigidas para la actividad bancaria"* deben acreditar quienes pretendan optar para cargos directivos. Siendo el principio de idoneidad técnica y moral, como principio de la organización que es, aplicable también en materia de organización administrativa, resulta injustificado que en el caso de la banca pública no se controle este aspecto fundamental para el éxito y transparencia de la gestión del ente.

3) Quedan excluidas de las prohibiciones establecidas en el artículo 37 de la Ley, referidas a la constitución de grupos financieros,[470] se admite una figura que procura una posición

---

[469] *"**Artículo 33.** Las instituciones del sector bancario comunicarán a la Superintendencia de las Instituciones del Sector Bancario, previamente a su designación, aquellas personas a ser postuladas para desempeñarse como directores o directoras, presidentes o presidentas, representante legal, consejeros o consejeras, tesoreros o tesoreras, o cargos similares.*
En el lapso de quince (15) días hábiles de notificada la Superintendencia de las Instituciones del Sector Bancario, analizará experiencia, honorabilidad y solvencia exigidas para la actividad bancaria, de las personas que opten a los anteriores cargos, y podrá disponer que quede sin efecto la respectiva postulación en los siguientes casos:
1) Cuando se trate de directores o directoras, presidentes o presidentas, vicepresidentes o vicepresidentas, representantes legales, asesores o asesoras, consejeros o consejeras, tesoreros o tesoreras y auditores o auditoras internas de otras instituciones bancarias o de otros sectores del Sistema Financiero Nacional. *(...)*
La inhabilitación prevista en el numeral 1 de este artículo, no serán aplicables a las instituciones del sector bancario público".

[470] *"**Artículo 37.** No puede ser accionista de una institución bancaria, aquella persona natural o jurídica que posea directa o indirectamente en otra institución del Sistema Financiero Nacional una participación accionaria igual o superior al veinte por ciento (20%) del capital social o poder de voto de la asamblea de accionistas, conforme a las normas que establezca la Superintendencia de las Instituciones del Sector Bancario con la opinión vinculante del Órgano Superior del Sistema Financiero Nacional.*
Sin menoscabo de lo previsto en el artículo anterior, queda expresamente prohibida la conformación de grupos financieros, entendiéndose como tales, el conjunto de bancos, instituciones no bancarias, instituciones financieras y demás empresas que constituyan una unidad de decisión o gestión, de acuerdo con lo establecido en los criterios de vinculación previstos en este Decreto con Rango, Valor y Fuerza de Ley. (...)
La limitación señalada en este artículo no será aplicable en el caso de los bancos universales que pretendan adquirir la totalidad del capital social de otro banco; siempre y cuando

de dominio a la banca pública y por tanto también en este punto lo cuestionable es la forma en que ella afecta la libre competencia en una actividad no reservada al Estado.

4) Se les exime del pago del cinco por ciento (5%) de sus resultados antes de impuesto sobre la renta para el financiamiento de proyectos de los Consejos Comunales dentro de la política oficial de responsabilidad social (aporte social) (artículo 46).[471] Asimismo, Podrán estar exceptuadas de la obligación de pagar el aporte a FOGADE (art. 121) y el aporte semestral a la Superintendencia (artículo 168).[472] Se utiliza el poder de regulación para favorecer la actividad económica del ente estatal, es lo que hemos analizado bajo el título de competencia desleal, como un límite a la empresa pública frente a la privada.

5) No les será aplicable la prohibición de actuar como ente fiduciario o fideicomitente con personas vinculadas (artículo 74)[473]

---

el banco universal adquirente, presente por ante la Superintendencia de las Instituciones del Sector Bancario, conjuntamente con la solicitud de autorización para la adquisición del capital social de la misma, solicitud de fusión con la institución que pretenda adquirir. No le serán aplicables las disposiciones de este artículo a las instituciones bancarias públicas".

[471] *"**Artículo 46.** Las instituciones bancarias destinarán el cinco por ciento (5%) del "Resultado Bruto Antes de Impuesto" al cumplimiento de la responsabilidad social que financiará proyectos de Consejos Comunales u otras formas de organización social de las previstas en el marco jurídico vigente. (...)*
Las instituciones bancarias del sector público no estarán obligadas al pago del aporte previsto en este artículo."

[472] *"**Artículo 121**. Las instituciones del sector bancario de naturaleza privada deberán efectuar aportes mensuales al Fondo de Protección Social de los Depósitos Bancarios. Los referidos aportes deberán hacerse efectivos dentro de los primeros cinco (5) días hábiles de cada mes. (...)" "**Artículo 168**. Las contribuciones que deben abonar las instituciones bajo la supervisión de la Superintendencia de las Instituciones del Sector Bancario serán fijadas por ésta a través de normativa prudencial, previa opinión favorable del Ministro o Ministra con competencia en materia de Finanzas, de la siguiente forma:*
1. El aporte de las instituciones bancarias estará comprendido entre un mínimo del cero coma cuatro por cada mil y un máximo de cero coma ocho por cada mil del promedio de los activos del último cierre semestral de cada institución.
En el caso de las instituciones bancarias públicas, el Ministro o Ministra con competencia en materia de Finanzas cuando lo considere necesario y en atención a las políticas públicas dictadas por el Ejecutivo Nacional, podrá exceptuar a las mismas o alguna de ellas de efectuar el aporte semestral".

[473] *"**Artículo 74.** (...) Las instituciones fiduciarias no actuarán como fiduciario o fideicomitente con personas naturales o jurídicas vinculadas a la respectiva institución bancaria,*

y además no les será aplicable la prohibición de realizar con recursos provenientes de fondos fiduciarios, operaciones de reporto, contratos de mutuos, futuros y sus derivados, sin la autorización de la Superintendencia (artículo 75). Si la razón de la incompatibilidad de estas operaciones obedece a la sanidad de la gestión del banco, y el acto de control en el segundo supuesto a ello propende, se coloca de nuevo a la banca pública en una situación injustificada de diferenciación.

7) No se les aplicará la calificación de deudores relacionados, para establecer el límite de las operaciones activas y contingentes permitidas con una persona natural o jurídica a aquellas personas jurídicas cuyo capital pertenezca en más de un cincuenta por ciento (50%) a la República (artículo 95).[474]

---

conforme a los parámetros previstos en este Decreto con Rango, Valor y Fuerza de Ley, excepto que se trate de bancos propiedad de la República Bolivariana de Venezuela a través de Organismos Públicos Nacionales y sus Entes Descentralizados. Los fideicomisos de prestación de antigüedad de sus empleados se constituirán en otras instituciones bancarias autorizadas para actuar como fiduciarios (...)". "Artículo 75. Las instituciones autorizadas para actuar como fiduciarias no podrán realizar las siguientes operaciones con los fondos recibidos en fideicomiso o mediante otros encargos de confianza: (...)

8. Realizar, con recursos provenientes de fondos fiduciarios operaciones de reporto, contratos de mutuos, futuros y derivados. (...)

La limitación prevista en el numeral 8 del presente artículo no les será aplicable a las instituciones bancarias del sector público; no obstante, previa a su realización deberá obtener la autorización de la Superintendencia de las Instituciones del Sector Bancario.

[474] El artículo 94 dispone que: *"Las instituciones bancarias realizarán las operaciones activas y contingentes permitidas (...) con una persona natural o jurídica por una suma que no exceda, en conjunto, el 10% de su patrimonio y en caso de que constituya un solo sujeto no deberá exceder del 20%.(...)"*

"Artículo 95. Para el cálculo de los límites previstos en el artículo anterior del presente Decreto con Rango, Valor y Fuerza de Ley, se presumirá que constituyen un sólo sujeto, los deudores individuales que sean personas naturales o jurídicas, cuando:

1. Sean accionistas directa o indirectamente en el veinte por ciento (20%) o más del capital social de una compañía.

2. Existan relaciones de negocios, de capitales o de administración que permitan a una o más de ellas ejercer una influencia significativa y permanente en las decisiones de las demás.

3. Existan datos o información fundada de que diversas personas mantienen relaciones de tal naturaleza que conforman de hecho una unidad de intereses económicos.

4. Se hayan concedido créditos a prestatarios o grupos prestatarios, en condiciones preferenciales o desproporcionadas respecto del patrimonio del deudor o de su capacidad de pago.

8) No tienen prohibido adquirir obligaciones emitidas por otras instituciones bancarias (artículo 97).[475]

Es absolutamente imposible que los particulares puedan, dentro de sus limitaciones provenientes de: (i) tener como fondos para el desarrollo de sus actividades aquellos otorgados por sus clientes y que deben ser cuidadosamente resguardados, y (ii) encontrarse permanentemente sometidos al control y vigilancia de la Superintendencia de Bancos y a los límites previstos en la Ley General de Bancos, desarrollar su actividad de intermediación financiera en un ambiente de sana, libre y correcta competencia con instituciones que, por el simple hecho de ser creadas por el Estado, ya gozan de privilegios otorgados por la misma Ley y que no deben cumplir con los límites legales para su correcto funcionamiento y tampoco se ven sometidas a la constante supervisión de la Superintendencia de Bancos.

Por otra parte, el sistema de regulación en la actividad bancaria del sector privado se ha visto incrementado, al punto de establecer obligaciones para financiamientos privilegiados a las asociaciones cooperativas, al mantenimiento de carteras de créditos para vivienda y financiamiento del sector agrícola, el control de las tasas de interés, impidiendo el libre juego de los factores económicos y atendiendo únicamente a criterios indeterminados que sobre la base del bienestar social, amparan esta limitación absolutamente arbitraria.

Por último, a los fines del sistema de administración de divisas preferenciales para viajeros,[476] se implementó un mecanismo que obliga

---

5. *Se hayan concedido créditos no garantizados adecuadamente a deudores o grupos prestatarios sin antecedentes financieros o domiciliados en el extranjero sin información disponible sobre ellos.*

6. *Una persona, natural o jurídica, cancele préstamos bancarios a otro deudor con crédito otorgado por la misma o por otra institución bancaria.*

7. *Cualquier otra relación que determine la Superintendencia de las Instituciones del Sector Bancario en el ejercicio de sus funciones de regulación y control.*

Dicho porcentaje no será aplicable a aquellas personas jurídicas, cuyo capital este poseído en más de un cincuenta por ciento (50%) por la República Bolivariana de Venezuela".

[475] *"**Artículo 97.** Queda prohibido a las instituciones bancarias:(...)*

11. Adquirir obligaciones emitidas por otras instituciones bancarias. (...)

El numeral 11 del presente artículo no aplicará para las instituciones bancarias del sector público".

[476] Resolución emitida por el Centro Nacional de Comercio Exterior No 011 de fecha 9 de abril de 2015, publicada en la Gaceta Oficial No 40.636.

a los usuarios a abrir cuentas en la banca pública. Este servicio venía siendo suministrado por toda la banca, sin distinción, y al reducirlo a la pública, los usuarios se ven obligados a hacerse clientes de ésta, propiciando que hagan también por su intermedio cualquier otro tipo de operaciones que hacían con sus bancos particulares, en una muy clara y flagrante ruptura del principio de competencia leal.

4. En la actividad comercio industrial con carácter reservado. Actividad minera e hidrocarburos

4.1. Actividad minera

La actividad de minería está regulada por el Decreto-Ley N° 295 con rango y fuerza de Ley de Minas, publicado en Gaceta Oficial de la República de Venezuela No. 5.382, extraordinario, del 28 de septiembre de 1999, el cual derogó el régimen minero existente hasta el momento contenido en la Ley de Minas de 1946. La nueva legislación tuvo por objeto regular lo referente a las minas y a los minerales existentes en Venezuela, tanto en su exploración y exportación, así como el beneficio, o almacenamiento, tenencia, circulación, transporte y comercialización, interna o externa, de las sustancias extraídas, salvo lo dispuesto en otras leyes. Por otra parte, en su artículo 3, y de acuerdo a la tendencia antes indicada, se establece una declaratoria de utilidad pública general respecto de la materia minera.

Este texto legal otorga la responsabilidad al Ejecutivo Nacional de formular y mantener los inventarios de los recursos mineros existentes en el territorio nacional, además de ejecutar los planes de exploración racional para el aprovechamiento de los mismos, de acuerdo con la planificación general del Estado. Específicamente, será el Ministerio de Energía y Petróleo el órgano al que corresponderá la planificación, control, fiscalización, defensa y conservación de los recursos mineros, así como el régimen de la inversión extranjera en el sector y ejecutar o hacer ejecutar las actividades mineras que le señale la Ley.

Por otro lado, el Ejecutivo Nacional podrá realizar directamente la exploración, explotación y aprovechamiento de los recursos mineros. En opinión de Amorer, la forma más simple de explotación directa consiste en la Empresa del Estado. Considera que en esta modalidad de explotación lo fundamental es: *"que la empresa, en sí misma, sea siempre del Estado, en cuyo nombre y bajo cuya responsabilidad se desarrolle la actividad minera, no teniendo el particular ningún vínculo real ni directo con el derecho de explotar, que retiene el Estado en su integridad, sino solamente un vínculo de obligación personal, con la Administración Pública la cual, simplemente paga las sumas recibidas o remunera los servicios que se le prestan. Por esta descripción vemos que, en la práctica, la mayoría de las hipótesis posibles pueden resolverse por medio de la explotación directa y empresa del Estado, pero podrían ocurrir casos en que fuera necesaria o conveniente para determinados desarrollos industriales, una vinculación más directa del particular con el derecho de explotación de que goza el Estado, un compromiso o cesión parcial de este derecho para la constitución y mejor actuación de la empresa que se forme, empresa mixta"*.[477]

En cambio, si se trata de un particular o empresa privada deberá cumplir con alguna de las siguientes modalidades: concesiones[478] de exploración y subsiguiente explotación, autorizaciones de explotación para el ejercicio de la pequeña minería,[479] mancomunidades mineras[480] o minería artesanal.[481]

---

[477] AMORER, ELSA. *"El régimen de la explotación minera en la legislación venezolana"*. Editorial Jurídica Venezolana. Caracas, 1991, pág. 122.

[478] Artículo 24 Ley de Minas: La concesión minera es el acto del Ejecutivo Nacional, mediante el cual se otorgan derechos e imponen obligaciones a los particulares para el aprovechamiento de recursos minerales existentes en el territorio nacional

[479] Artículo 64 de la Ley de Minas: *"La pequeña minería es la actividad ejercida por personas naturales o jurídicas de nacionalidad venezolana para la explotación de oro y diamante, durante un período que no excederá de diez (10) años, en áreas previamente establecidas mediante resolución, por el Ministerio de Energía y Petróleo, cuya superficie no será mayor de diez (10) hectáreas, para ser laborada por un número no mayor de treinta (30) trabajadores individualmente considerados."*

[480] Artículo 67 de la Ley de Minas: *"Agrupación de pequeños mineros en diversas zonas de un mismo yacimiento o de varios de éstos, situados de forma tal, que permita la utilización conjunta de todos o parte de los servicios necesarios para su aprovechamiento en ejercicio de la actividad minera."*

[481] Artículo 82 de la Ley de Minas: *"La minería artesanal es aquella que se caracteriza por el trabajo personal y directo en la explotación de oro y diamante de aluvión, mediante equipos manuales, simples, portátiles, con técnicas de extracción y procesamiento rudimentarios y que sólo puede ser ejercida por personas naturales de nacionalidad venezolana."*

En la aplicación de dichas modalidades, el Ejecutivo Nacional tendrá en cuenta la ubicación de los yacimientos, su importancia estratégica y económica, su incidencia ambiental y social, las inversiones requeridas, así como cualquier otro elemento relevante para el desarrollo científico y tecnológico de la actividad minera o que se considere de interés nacional o regional.

Además, el Estado cuenta con la posibilidad –según lo establecido en el artículo 23 de la Ley de Minas–[482] de reservarse determinadas sustancias minerales y áreas que las contengan, para explorarlas o explotarlas directamente por órgano del Ministerio de Energía y Petróleo, o mediante entes de la exclusiva propiedad de la República cuando así convenga al interés público nacional. Por lo tanto, el Estado cuando lo considere necesario mediante un decreto puede hacer a un lado la participación privada en un sector de la actividad minera, para hacerla exclusiva a él. También se podrá reservar actividades relativas a la tenencia, almacenamiento, beneficio, transporte, circulación y comercio de los minerales.

El Estado participa en la actividad minera en áreas como carbón (Carbonorca[483]) o la cal (Compañía Nacional de Cal, Conacal, fundada en 1976). La empresa Conacal tiene como objetivo contribuir con los programas de desarrollo agrícola nacional, mediante el suministro de cal agrícola y adicionalmente producir agregados para la construcción. En el año 1986, la empresa fue transferida a la Corporación Venezolana de Guayana, con el propósito de consolidarla como proveedor de caliza para las industrias básicas de Guayana, especialmente para la industria siderúrgica. Conacal explota, procesa y comercializa minerales no metálicos y sus derivados desde su centro de operaciones localizado en Clarines, Estado Anzoátegui, donde se ubica el yacimiento Peñas Blancas, que tiene reservas en el orden de 10.000 de toneladas de caliza de óptima calidad. Esta empresa provee a la industria siderúrgica, a la

---

[482] El artículo 23 de la Ley de Minas, establece: *"El Ejecutivo Nacional, cuando así convenga al interés público, podrá reservarse mediante Decreto, determinadas sustancias minerales y áreas que las contengan, para explorarlas o explotarlas solo directamente por órgano del Ministerio de Energía y Minas, o mediante entes de la exclusiva propiedad de la República"*

[483] Empresa que pertenece al holding de la Corporación Venezolana de Guayana en el año 1987.

industria de la construcción y al sector agrícola nacional. Conacal posee además reservas de caliza en el estado Sucre, (Cerro La Auyama-Catuaro) y la concesión del yacimiento Cerro Azul en el Estado Monagas y proyecta la creación de una planta de Cal Viva y Cal Hidratada.

Finalmente, cabe destacar el caso del oro, respecto del cual se dictó la Ley Orgánica que Reserva al Estado las Actividades de Exploración y Explotación del Oro, así como las conexas y auxiliares, en cuyo artículo 6 reserva al Estado las actividades primarias, conexas y auxiliares al aprovechamiento del oro.[484] Se invoca como fundamento de tal reserva *"revertir los graves efectos del modelo minero capitalista, caracterizado por la degradación del ambiente, el irrespeto a la ordenación territorial, el atentado a la dignidad y la salud de las mineras y mineros, pobladoras y pobladores de las comunidades aledañas a las áreas mineras, a través de la auténtica vinculación de la actividad de explotación del oro con la ejecución de políticas públicas que se traduzcan en el vivir bien (sic) del pueblo, la protección y el desarrollo nacional"*(artículo 1).

Es claro que no existe una justificación de interés público concreta y que la reserva de la actividad responde a la sustitución del sistema capitalista. También se observa que la declaratoria de la reserva va acompañada de la correspondiente declaratoria de utilidad pública e interés social de los bienes y obras vinculadas con la reserva (artículo 8).

Se prevé la creación de empresas públicas o alianzas estratégicas, en tal sentido se precisa que la explotación del recurso se hará directamente por: (i) la República o a través de sus institutos autónomos o empresas de su exclusiva propiedad, o sus filiales, (ii) empresas mixtas, creadas por las anteriores, con control de sus decisiones y participación accionaria mayor al 55% del capital social, (iii) alianzas estratégicas con otros entes para el ejercicio de minería a pequeña escala.

La actividad de explotación del oro, con anterioridad a la reserva, estaba atribuida vía concesión, entre otros, a varias empresas extranjeras, a las cuales también les habría sido revocada la concesión.[485]

---

[484] Esta Ley también fue dictada mediante Decreto Ley presidencial publicado en la Gaceta Oficial No. 6.150, extraordinario, de fecha 18 de noviembre de 2014.

[485] Las empresas "Gold Reserve Inc", "Crystallex", y "Highbury International y Rammstein Trading" las cuales demandaron a la República de Venezuela por ante el Centro Internacional

4.2. Actividad de hidrocarburos

El carácter público del recurso no supuso problema en España para la liberalización de los Hidrocarburos. Así lo destaca Parada, al indicar que la Ley de 7 de octubre de 1998 estableció "...*en principio que estas actividades 'no requieren de la presencia y responsabilidad del Estado para su desarrollo*".[486] Claro está que siendo estos bienes del dominio público, su explotación y exploración por manos particulares está sujeta a concesión.

En Venezuela con la entrada en vigencia de la Constitución de 1999, se produjo la consagración constitucional de la actividad petrolera venezolana. En la exposición de motivos se expresa que "*se le otorga rango constitucional a la nacionalización petrolera, pero al mismo tiempo se establece la posibilidad de continuar en convenios de asociación con el sector privado siempre y cuando sean de interés para el país, y no desnaturalice el espíritu, propósito y razón de la nacionalización petrolera*".

Los artículos 302 y 303[487] del texto constitucional dotan de rango constitucional a la nacionalización petrolera. Se consagró constitucionalmente la existencia de Petróleos de Venezuela (PDVSA) o un ente creado para el manejo de la industria. "*La nueva Constitución prohibió la privatización de la compañía de cartera y no de sus filiales. De esta manera 'la mayoría de los venezolanos cree que la Constitución*

---

de Arreglo de Diferencias relativas a Inversiones Banco Mundial casos: (ARB(AF)/09/1), (ARB(AF)/11/2) y (ARB/14/10 y ARB/11/1), respectivamente. En el caso Gold Reserve, la República de Venezuela resultó condenada en fecha 22 de septiembre de 2014, a pagar 740.3 millones de dólares a la demandante.

[486] PARADA RAMÓN, ob. cit. (426), pág. 1863.

[487] "*Artículo 302: El Estado se reserva, mediante la ley orgánica respectiva, y por razones de conveniencia nacional, la actividad petrolera y otras industrias, explotaciones, servicios y bienes de interés público y de carácter estratégico. El Estado promoverá la manufactura nacional de materias primas provenientes de la explotación de los recursos naturales no renovables, con el fin de asimilar, crear e innovar tecnologías, generar empleo y crecimiento económico, y crear riqueza y bienestar para el pueblo.*
Artículo 303. Por razones de soberanía económica, política y de estrategia nacional, el Estado conservará la totalidad de las acciones de Petróleos de Venezuela, S.A., o del ente creado para el manejo de la industria petrolera, exceptuando la de las filiales, asociaciones estratégicas, empresas y cualquier otra que se haya constituido o se constituya como consecuencia del desarrollo de negocios de Petróleos de Venezuela."

Bolivariana ha fortalecido la nacionalización, pero irónicamente lo que ha hecho es abonar el terreno para la transformación de PDVSA, la sociedad de cartera, en una agencia liberal de licitación al servicio de la industria privatizada'".[488]

Concretamente, todo lo relativo a la exploración, explotación, refinación, industrialización, transporte, almacenamiento, comercialización, conservación de los hidrocarburos, así como lo referente a los productos refinados y a las obras que la realización de estas actividades requiera, se rige por el Decreto con Fuerza de Ley Orgánica de Hidrocarburos dictado por el Presidente de la República, el cual entró en vigencia el 1° de enero de 2002.

En el artículo 3 se reafirma lo establecido en la Constitución en lo que respecta a la propiedad de la República sobre los yacimientos de hidrocarburos, considerados bienes del dominio público, y por lo tanto inalienables e imprescriptibles, y a su vez declara de utilidad pública y de interés nacional las actividades que regula dicha ley.

Sin embargo, contrariamente a la posición señalada por Parada respecto de la situación española, las actividades primarias –según lo establecido en los artículos 9 y 22 de la ley– están expresamente reservadas al Estado y sólo pueden ser ejercidas por el propio Ejecutivo Nacional, o por empresas estatales de la exclusiva propiedad del Estado o por empresas mixtas en las cuales el Estado tenga participación mayor del cincuenta por ciento (50%) del capital social. Las actividades primarias comprenden la exploración en busca de yacimientos de hidrocarburos, la extracción, recolección, transporte y almacenamiento iniciales de los hidrocarburos en su estado natural.

La empresa petrolera estatal, ahora de rango constitucional, fue creada mediante decreto presidencial número 1.123 del 30 de agosto de 1975, y empezó ejercer funciones el 1° de enero de 1976 como sociedad anónima propiedad de la República, encargada de ejecutar la política que en materia de hidrocarburos dicte el Ejecutivo Nacional.

Durante el primer año de operación, PDVSA inició sus acciones con 14 filiales, de las cuales finalmente quedarían tres –Lagoven,

---

[488] MCBETH, BRIAN S, ob. cit. (412), pág. 114. El autor atribuye estas declaraciones al Ministro de Petróleo y Presidente de PDVSA Alí Rodríguez Araque, recogidas en el diario Granma de fecha 25 de abril de 2004 (Díaz Nidia y Balán, Juvenal).

Maraven y Corcoven– que absorbieron las actividades de las concesionarias que estaban en Venezuela. Lagoven se encargaba de las operaciones en el occidente y el sur del país; Corpoven desplegaba su área de influencia en el centro del país, mientras que Maraven lo haría en la región oriental.

A mediados de los años 80, la principal empresa del país inició una expansión tanto a nivel nacional como internacional, con la compra y participación en diversas refinerías ubicadas en Europa, Estados Unidos y el Caribe. En ese sentido, estableció operaciones en las refinerías de la Ruhr Oel, en Alemania; Nynas, en Suecia y Bélgica; y en la Isla en Curazao. El 15 de septiembre de 1986, adquirió la empresa Citgo, en Tulsa, Estados Unidos, con más de mil estaciones de servicio y casi el 20% de las ventas de gasolina en suelo estadounidense.[489]

En 1976 se creó el Instituto Tecnológico Venezolano del Petróleo (Intevep), con el objetivo de realizar los estudios e investigaciones necesarias para garantizar el alto nivel de los productos y procesos dentro de la industria petrolera. Igualmente, dos años después se creó la Petroquímica de Venezuela S.A. (Pequiven), dirigida a organizar el negocio de la producción petroquímica.

Para la década de los noventa, PDVSA inicia un proceso de asociaciones estratégicas destinado a garantizar el inicio y la continuidad en importantes proyectos. En aquel momento se dio origen a un programa de convenios operativos de viejos campos petroleros entre las tres filiales de PDVSA para la época y por lo menos veinte compañías extranjeras. Igualmente, se diseñó un programa de ganancias compartidas en diez áreas exploratorias: La Ceiba (Trujillo, Mérida, Zulia), Golfo de Paria Este, Golfo de Paria Oeste (Sucre), Guarapiche (Monagas), Guanare (Portuguesa), San Carlos (Cojedes), El Sombrero (Guárico), Catatumbo (Zulia), Punta Pescador y Delta Centro (Delta Amacuro). Intervienen Mobil, Enron, Amoco, Elf y Conoco, entre otras.

La faja del Orinoco también formó parte de una estrategia de asociaciones estratégicas para producir crudos y se crearon empresas mixtas en el área de la Orimulsión. Al inicio se pactaron condiciones económicas atractivas para las empresas asociadas, a fin de captar su interés en

---

[489] Página web oficial de Petróleos de Venezuela, S.A.

los proyectos, previéndose el pago mínimo del porcentaje previsto en la Ley, esta situación se prolongó en el tiempo hasta que en el año 2004, cuando se modificó tal pago llevándolo al máximo permitido.

El 1 de enero de 1998, PDVSA eliminó las tres filiales (Corpoven, Maraven y Lagoven) y creó en su lugar tres estructuras internas con un criterio más que territorial de carácter orgánico. Así se crearon, PDVSA Exploración y Producción; PDVSA Manufactura y Mercadeo, y PDVSA Servicios.

La norma constitucional ciertamente prevé que el Estado debe conservar la totalidad de las acciones de PDVSA o el ente que tale efectos se cree, pero sí permite que ésta a su vez cree no sólo filiales, sino también asociaciones estratégicas, empresas y cualquier otro ente para el desarrollo del negocio petrolero.

La Ley también contempla que el Estado está obligado a conservar la totalidad de las acciones de la empresa petrolera, pero la venta de acciones de empresas propiedad de PDVSA no está limitada y de la ley (art. 28) se deriva que todo lo relacionado con la administración y disposición de las empresas propiedad de PDVSA, se corresponde con su gestión diaria y normal. De allí que sea posible la venta de las acciones de PDVSA en empresas filiales, incluso las constituidas en el extranjero. La posibilidad de enajenar las filiales específica y expresamente referida a empresas en el extranjero se deriva de la intervención del Constituyente Gastón Parra, quien al pronunciarse en torno a la propuesta en los términos en que quedó redactada la norma dijo: *"...esta propuesta es lo que se llama "plenitud jurídica". Es decir, que esto no impide que Petróleos de Venezuela pueda vender a Citgo, pueda vender a Veba Oel pueda vender a cualquier otra empresa en el exterior".[490]*

En cuanto al régimen aplicable a las empresas petroleras estatales, éstas quedan sujetas al Decreto Ley y su Reglamento, a sus estatutos, a las disposiciones que dicte el Ejecutivo Nacional por órgano del Ministerio de Energía y Petróleo, y a las disposiciones de derecho común que les sean aplicables. Además, quedan sujetas a la inspección y fiscalización tanto en el ámbito nacional como internacional, y al cumplimiento

---

[490] Diario de debates de la Constituyente, consultado en original en la sede de la Asamblea Nacional.

de los lineamientos y las políticas que establezca el Ejecutivo Nacional por el antes mencionado Ministerio.

De conformidad con lo dispuesto en el artículo 57 de la Ley Orgánica de Hidrocarburos, otra actividad reservada al Estado es la comercialización externa e interna de hidrocarburos naturales y los derivados que expresamente señale el Ejecutivo Nacional, ya que esta sólo puede ser realizada por empresas estatales de exclusiva propiedad del Estado.

Ahora bien, hay una serie de actividades en el régimen de hidrocarburos en las que existe una gestión concurrente entre el Estado y el sector privado. Según lo dispuesto en el artículo 10 de la Ley Orgánica de Hidrocarburos, las actividades de refinación pueden ser ejercidas por el Estado y los particulares conjunta o separadamente.

Además, las actividades de comercialización externa e interna de los hidrocarburos derivados y la industrialización de hidrocarburos pueden ser realizadas por el Estado directamente a través de empresas de su exclusiva propiedad, o por empresas mixtas con participación del capital estatal y privado en cualquier proporción, o por empresas privadas.

La empresa mixta es la figura prevista en la ley para que el sector privado participe en la realización de las actividades primarias, bajo la condición de que el Estado concurra en la integración del capital social en una proporción mayor del cincuenta por ciento (50%). Su constitución y las condiciones en las que éstas llevarán a cabo las actividades primarias, deben ser aprobadas previamente, por la Asamblea Nacional, la cual podrá modificar las condiciones propuestas o establecer lo que considere conveniente.

Por otro lado, según lo establecido en el artículo 6 de la Ley Orgánica de Hidrocarburos el comercio interno de hidrocarburos derivados, destinados al consumo colectivo interno es servicio público y puede ser realizado por el sector privado de la economía nacional previa autorización del Estado.

En resumen, esta ley restituye el monopolio estatal cerrado respecto de las llamadas actividades primarias (exploración, extracción, recolección, transporte y almacenamiento inicial de los hidrocarburos naturales), así como respecto del comercio de estos productos, y abre a la participación privada el ejercicio de las demás actividades del negocio petrolero. Todas estas empresas califican como empresas estatales a tenor de lo previsto en la Ley Orgánica de la Administración Pública (artículo 100), lo que significa la "publicatio" del capital privado que participe en su constitución.[491]

Al estar sometida a las disposiciones que dicte el Ejecutivo Nacional abre un amplio margen a la aplicación de normas de derecho público a la empresa, por vía de actos administrativos unilaterales, sin necesidad de acudir a las fórmulas societarias, como por ejemplo la Asamblea. Sobre este punto de la Asamblea de accionistas, es preciso indicar que la misma no existe como tal, ya que siendo la República la única accionista de PDVSA, la Asamblea puede ser una sola persona –por ejemplo el Ministro de Energía y Petróleo– quien en realidad cuando ejerce los derechos accionarios de la República manifiesta su voluntad unilateral a ésta, generalmente, a través de un acto administrativo.

En cuanto a la gestión financiera y patrimonial, la empresa tiene expresamente atribuidas facultades para *"planificar, coordinar y supervisar la acción de las sociedades de su propiedad así como controlar que estas últimas en sus actividades de exploración, explotación, transporte, manufactura, refinación, almacenamiento, comercialización o cualquiera otra de su competencia en materia de petróleo y demás hidrocarburos, ejecuten sus operaciones de manera regular y eficiente; adquirir, vender, enajenar y traspasar por cuenta propia o de terceros, bienes muebles e inmuebles; emitir obligaciones; promover como accionistas o no, otras sociedades que tengan por objeto realizar actividades en materia de recursos energéticos fósiles, de petroquímica, carboquímica y similares, y asociarse con personas naturales o jurídicas, todo conforme a la Ley; fusionar, reestructurar o liquidar empresas de su propiedad; otorgar créditos, financiamientos, fianzas, avales o garantías de cualquier tipo y, en general, realizar todas aquellas operaciones, contratos y actos comerciales que sean necesarios o convenientes para el cumplimiento del mencionado objeto"*.[492] Sin embargo, para realizar esa gestión patrimonial, la empresa está sometida a las disposiciones que dicte el Ejecutivo Nacional.

---

[491] Al respecto, BOSCÁN DE RUESTA, ISABEL. *"La actividad petrolera y la nueva Ley Orgánica de Hidrocarburos"*. Ediciones Funeda. Caracas, 2002.

[492] Cláusula Segunda del Estatuto de Petróleos de Venezuela, S.A.

4.3. Actividad de gas

El 26 de agosto de 1971 fue publicada la Ley que Reserva al Estado la Industria del Gas Natural. El 22 de junio de 1973 lo fue la ley que Reserva al Estado la Explotación del Mercado Interno de los Productos Derivados de los Hidrocarburos y el 29 de agosto de 1975 la que reserva al Estado la Industria y el Comercio de los Hidrocarburos, y dentro de tal reserva, esta última incluía también todo lo relativo a la producción y comercio del gas.[493]

Actualmente, la actividad de gas está regulada por la Ley Orgánica de Hidrocarburos Gaseosos[494] de fecha 23 de septiembre de 1999. Este texto normativo establece el régimen jurídico de las actividades de exploración y explotación de yacimientos de hidrocarburos gaseosos no asociados, así como la recolección, almacenamiento, y utilización tanto del gas natural no asociado proveniente de dicha explotación, como del gas que se produce vinculado con el petróleo u otros fósiles; el procesamiento, industrialización, transporte, distribución y comercio exterior de dichos gases, y las actividades que se ejecuten en tal sector. Igualmente, la referida ley regula lo atinente a los hidrocarburos líquidos y a los componentes no hidrocarburados contenidos en los hidrocarburos gaseosos, así como el gas proveniente del proceso de refinación del petróleo.

El régimen jurídico del sector se basa sobre dos principios, a saber: la declaración de los yacimientos de hidrocarburos gaseosos como bienes del dominio público; y la participación en la industria gasífera del Estado, a través de entes de su propiedad, o de personas privadas nacionales o extranjeras con o sin participación del Estado. En ese sentido, se establece que los yacimientos de hidrocarburos gaseosos existentes en el territorio nacional, bajo el lecho del mar territorial, de la zona marítima contigua y en la plataforma continental, pertenecen a la República, son bienes del dominio público y, por tanto, inalienables y prescriptibles.

---

[493] BOSCÁN DE RUESTA, Isabel. "*Régimen Legal del Gas*", publicado en Revista de Derecho Público N°48. Editorial Jurídica Venezolana. Caracas, 1991.

[494] Gaceta Oficial de la República de Venezuela No. 36.793 del 23 de septiembre de 1999.

Ahora bien, las actividades en el sector gasífero podrán ser ejercidas por el Estado, a través de entes de su propiedad –empresas del Estado– o por el sector privado nacional o extranjero, con o sin participación del Estado venezolano. Dichas actividades deberán estar dirigidas primordialmente al desarrollo de la industria del gas, mediante el aprovechamiento intensivo y eficiente de tales sustancias, como combustibles para uso doméstico o industrial, como materia prima a los fines de su industrialización y para su eventual exportación en cualquiera de sus fases; y se realizarán atendiendo a la defensa y uso racional del recurso y a la conservación, protección y preservación del ambiente.

Con respecto a la participación del sector privado en esta actividad, requerirán –según lo dispuesto en la ley– de licencia o permiso, según el caso, y deberán estar vinculadas con proyectos o destinos determinados, dirigidos al desarrollo nacional en los términos establecidos en la Ley. Además, la ley abre la posibilidad de que el Estado cree entes con la forma jurídica que considere conveniente, incluida la de sociedad anónima con un solo accionista para realizar las actividades establecidas en la Ley de Hidrocarburos Gaseosos. Por lo tanto, podrá el Estado transferir a las empresas de su exclusiva propiedad los derechos que éstas requieran para el cabal ejercicio de las actividades reguladas en la precitada Ley, incluidos los derecho de propiedad sobre bienes muebles o inmuebles del dominio privado de la República, previo el cumplimiento de las disposiciones legales pertinentes.

La Ley crea un ente regulador denominado "Ente Nacional de Gas", el cual debe además promover el desarrollo del sector y la competencia relacionada en todas las fases de hidrocarburos gaseosos.

5. En la actividad económica comercio industrial no reservada

5.1. Mercados populares

Mediante Decreto N° 2.359 (GO N° 37.672 de 15 de abril de 2003), el Presidente de la República autorizó a la Corporación Venezolana Agraria (instituto autónomo nacional) para que proceda a la creación de una empresa con la forma de sociedad mercantil, bajo su control accionario, denominada "Mercados de Alimentos, C.A." (Mercal), cuyo objeto es la "...*comercialización y mercadeo de productos alimenticios y de otros productos de primera necesidad, para ser distribuidos y/o vendidos al mayor y al detal, colocándolos en centros de venta, previa captación de unidades de comercio individuales, colectivas o familiares...*" (artículo 1).

Además, se señala que en ejercicio de su objeto, la empresa estará facultada para comprar, vender y permutar dichos productos, instalar mercados permanentes, puntos de venta fijos, módulos de mercados ambulantes, así como desarrollar megamercados o mercados populares en cualquier parte del territorio nacional. **En este sentido,** Mercal tiene como misión efectuar el mercadeo y comercialización, permanente, al mayor y detal de productos alimenticios y otros productos de primera necesidad, manteniendo la calidad, bajos precios y fácil acceso, para mantener abastecida a la población venezolana y muy especialmente la de escasos recursos económicos, incorporando al grupo familiar, a las pequeñas empresas y a las cooperativas organizadas, mediante puntos de comercio fijos y móviles; desarrollando una imagen corporativa en todos sus procesos y con apego a las normas que rigen la materia; para garantizar la seguridad alimentaria.

Las llamadas líneas estratégicas o políticas y planes principales de Mercal son los siguientes:

1. Cada uno de los participantes de la misión Mercal se integra como socio igualitario y forma parte de una cadena que busca el beneficio de toda la población venezolana.

2. Contribuir con el abastecimiento de la población venezolana, urbana, rural y a los pueblos indígenas.

3. Satisfacer las necesidades alimenticias de por lo menos el 30% de la población venezolana.

4. Definir políticas en materia de comercio interno y planificar el abastecimiento.

5. Adquirir productos alimenticios y otros de primera necesidad de origen nacional e internacional.

6. Incorporar el grupo familiar, las pequeñas empresas y a las cooperativas organizadas a los programas de Mercal.

7. Reabastecer oportunamente los inventarios de las unidades de mercado asociadas.

8. Propiciar el intercambio comercial intermunicipal e interestatal.

9. Instalar puntos de mercados fijos o móviles a nivel nacional.

10. Mantener permanentemente stock de productos.

11. Competir con el mercado minorista colocando los productos a precios accesibles.

12. Incentivar la producción nacional.

13. Incrementar los niveles de empleos directos e indirectos.

La red Mercal, funciona[495] a través de módulos que se engranan en un tejido productivo que tiene por objeto garantizar la seguridad alimentaria a dos millones (2.000.000) de personas, consideradas grupos o segmentos de la población venezolana más vulnerable en el orden social, contando con la protección mediante del 50% el precio de siete rubros de la canasta Mercal. Mercal tiene diversas formas organizativas para el cumplimiento de sus fines: (i) módulos Mercal Tipo I, que son puntos de venta al detal de acuerdo a lo establecido por Mercal y supervisados directamente por el Estado; (ii) superpercal, que son establecimientos de venta al detal en los que se ofrece mayor diversidad de productos; (iii) bodegas mercal, creadas a través de la Red de "Bodegas Asociadas", y que buscan incorporar al grupo familiar en los programas, generando de esta manera nuevos empleos e ingresos a familias de bajos recursos económicos; (iv) bodegas móviles, que son unidades de vehículos que cubren determinadas rutas y puntos de venta para el suministro de alimentos al detal; (v) megamercados a *"cielo abierto"* en los cuales se tiene acceso a los más diversos productos de primera necesidad; y (vi) programas especiales en áreas rurales y comunidades indígenas en los que se busca beneficiar a la mayor cantidad de pequeños productores y a comunidades con altas cargas familiares.

Como observamos, Mercal ofrece productos que compra directamente al productor independiente o a las cooperativas. Esto significa

---

[495] Según información publicada en la página web oficial del Ministerio de Comunicación e Información.

que la cadena de venta se simplifica, es decir, se elimina la figura del intermediario y, por lo tanto, se considera que ello incide en el abaratamiento de los costos finales. De esta manera, Mercal cuenta con una especial estructura financiera que refuerza su poder de mercado en claro detrimento de los demás participantes del mercado.

Además, Mercal ostenta una especial capacidad financiera, dado que el Poder Ejecutivo ha destinado cuantiosos recursos públicos a fin de financiar la actividad de esa empresa (ochocientos treinta y seis millones de dólares). Lo anterior queda evidenciado por la Providencia N° 201 de la Oficina Nacional de Presupuesto, que aprobó el presupuesto de la Corporación Venezolana Agraria por mil doscientos sesenta y nueve millones de bolívares (GO N°. 37.685 de 8 de mayo de 2003). Así, al destinar el Estado, directamente, recursos públicos de tal cuantía a financiar la actividad de Mercal se dota a esta empresa de una posición ventajosa a fin de adquirir los productos alimenticios que luego comercializará, especialmente si se considera los volúmenes que maneja dicha sociedad (ciento doce mil toneladas mensuales de productos alimenticios). En adición a lo anterior, y en cuanto a la importación de productos, Mercal parece no verse sometido al régimen de control de cambio que rige a quienes explotan actividades económicas, cuestión que se constituye en un ilegítimo ejercicio de la iniciativa pública económica.

Sobre el sometimiento de Mercal a los costes ordinarios para la adquisición de productos, debe tenerse en cuenta que para la importación de algunos de los productos que comercializa, Mercal cuenta con un régimen especial, notablemente favorable, y que deriva de la Resolución Conjunta del Ministerio de Finanzas y del Ministerio de Producción y Comercio N° 1261 y 004 (Gaceta Oficial No. 37.619 de 28 de enero de 2003), la cual concedió exoneración total de los impuestos a la importación de los productos considerados de primera necesidad o de consumo masivo. Sin embargo, para la aplicación de tal exoneración, el artículo 3 de la Resolución Conjunta, requiere la previa solicitud del Certificado de producción insuficiente por parte de las empresas interesadas.

Lo anterior, tiene como consecuencia la ruptura del principio de igualdad sobre la empresa pública y privada, dado que los operadores económicos privados, al carecer de esa fuente de financiación, no tienen la misma capacidad de adquirir tales productos en las cantidades antes mencionadas, ni pueden colocarlos en el mercado a un precio inferior al ordinario. La actuación de Mercal genera un trato discriminatorio respecto de la empresa privada, a la que se cercena su capacidad de competir en el mercado, así como de diseñar su propia estrategia comercial.

El estudio de la actuación de Mercal desde su creación, permite aseverar que esa empresa interviene sobre el mercado, compitiendo con las empresas privadas, con beneficios y prerrogativas de toda clase, no de carácter temporal o con el ánimo de realizar actividad de fomento sino con el propósito de sacar del mercado a los privados al negarle de forma definitiva y general el acceso a divisas para poderse hacer de bienes y productos que no se producen en el país. El gobierno se ha convertido en el proveedor de los bienes de consumo, al establecer estas políticas económicas que impiden a los particulares el ejercicio natural de su actividad comercial.

5.2. La industria del papel

La intervención del Estado en la economía en Venezuela, caracterizada por el objetivo de sustituir el modelo constitucional existente, mediante una política gubernamental de disminuir, debilitar y atenuar a la empresa privada, se constata en los casos de asunción de áreas específicas de la actividad económica, o de su atribución a los sectores laborales como implementación de un sistema de producción de corte marxista.

En este sentido, el caso de la empresa privada Venezolana de Papel (Venepal C.A) constituida en el año 1954, cuya fábrica contaba con 5 líneas de producción de papel, y una planta de fabricación de cuadernos a bajos precios, papel recubierto, papel marrón, de dibujo y bond. Las dificultades económicas de esta empresa la llevaron a plantear un estado de atraso ante los órganos jurisdiccionales en el año 2001. En 2003 se produjo la toma de la empresa por los trabajadores, hasta que el 2 de diciembre del año 2004, el Juzgado Noveno de Primera Instancia en lo Civil y Mercantil Bancario, con competencia nacional y sede en la ciudad de Caracas, declaró su quiebra, trayendo como consecuencia el cese de las operaciones y el inicio de la fase de liquidación.

Sin embargo, mediante acuerdo de la Asamblea Nacional –publicado en Gaceta Oficial número 38.106 de fecha 13 de enero de 2005– se declaró de utilidad pública e interés social la puesta en operatividad, uso y aprovechamiento de los bienes muebles e inmuebles pertenecientes a la empresa Venepal. Luego, mediante decreto N° 3.438 de fecha 19 de enero de 2005, el presidente de la República declaró la expropiación de los bienes de la empresa Venepal C.A., forma mediante la cual los bienes expropiados pasaron a formar parte del patrimonio del Estado.

En el decreto de afectación se calificó de *"urgente realización"* la ejecución de la obra *"Reactivación Industrial y Explotación Productiva para el Desarrollo Endógeno"*, que consiste en la puesta en funcionamiento, uso y aprovechamiento de los bienes expropiados. Esta declaratoria permitió, de acuerdo con las disposiciones de la Ley de Expropiación, la ocupación previa, y toma de posesión de la empresa de manera inmediata, mientras se tramitaba el juicio expropiatorio.

Para la reactivación de esta empresa, se dispuso que los órganos encargados de la ejecución del decreto presidencial de afectación, promovieran el desarrollo de asociaciones cooperativas y cualquier forma de asociación comunitaria para el trabajo bajo el régimen de propiedad colectiva, teniendo como sustento la iniciativa popular, y asegurando la articulación de los procesos de capacitación y asistencia técnica que fueren necesarios.

Se indicaba que de esta forma se estaría formalizando la primera experiencia de cogestión (Estado-Trabajadores) en una empresa tomada por la clase obrera, bajo el nombre de Industria Venezolana Endógena del Papel (Invepal), la cual contaría con un plan de financiamiento de 13 mil millones de bolívares, que serían administrados por los propios trabajadores, mediante una Asamblea de Trabajadores, que se convertiría en el órgano de dirección máxima de la empresa y decidiría por encima de cualquier instancia.

La actividad antes indicada no implicó la reserva de la actividad, de manera que la actuación del Estado mediante la expropiación de la empresa, y su gestión mediante este sistema de participación de los trabajadores, la pondría a competir con la empresa privada en la industria del papel.

El anuncio de esta actividad del Estado como una forma de rescatar la empresa privada fracasada mediante la expropiación de los activos y calificarla como una histórica victoria de la clase obrera en Venezuela, sosteniéndose que esta nacionalización y su administración bajo cogestión obrera reivindica la capacidad de la clase obrera para asumir colectivamente el manejo de la industria privada, apuntando, esta iniciativa, no sólo al caso de empresas declaradas en quiebra sino a cualquiera en la que se plantee el cese de la actividad, demuestra una política gubernamental ajena al modelo constitucional de mercado.

La declaratoria de expropiación concretada mediante el decreto de 2005, oficializó la afectación legal de una empresa tomada por la vía de los hechos por el sector laboral. Esta experiencia se repetiría en otras fábricas también tomadas por los obreros (así pueden citarse los casos de la empresa Constructora Nacional de Válvulas, Industrial de Perfumes – Cristin Carol; Textiles Fénix, Codima y Parmalat), todo lo cual se inscribió dentro del plan de desarrollo endógeno territorial que lleva a cabo el Gobierno nacional, para beneficio económico y social del pueblo, destacando que la recuperación de empresas por parte del Estado está encaminada principalmente a cambiar las condición de explotación a que han sido sometidos los trabajadores por parte del modelo capitalista y la recuperación del tejido industrial nacional.

5.3. El caso de la compañía fabricante de válvulas para el sector petrolero

El mismo proceso a que se ha hecho referencia en el caso de una industria del papel, se verificó posteriormente con una empresa privada denominada Constructora Nacional de Válvulas, respecto de la cual se procedió a iniciar un proceso expropiatorio.

Es interesante destacar que la situación de esta empresa se generó como consecuencia de haber cerrado luego del paro general petrolero ocurrido en el año 2002, lo cual condujo a su proceso de nacionalización. En este sentido la declaratoria de utilidad pública[496] fue realizada por la Asamblea Nacional, en base a las siguientes consideraciones: Se señaló, en primer lugar, que el cierre de la empresa, sin que mediaran

---

[496] El Acuerdo fue publicado en la Gaceta Oficial No. 38.173 de fecha 26 de abril de 2005.

razones económicas de mercadeo, labores legales ni de otra naturaleza, actuaba *"en claro detrimento de la producción y ventas de válvulas industriales y bridas de todo tipo, así como el mecanizado de todo tipo de piezas que constituye su objetivo social"*; además, el cierre injustificado motiva la afectación realizada por el órgano parlamentario, con lo cual se reconoce que la libre iniciativa privada no es tal, pues en estos casos podrá intervenir el Estado para despojar al particular de su empresa, previo el pago de la indemnización, con el objeto de producir una nacionalización y la intervención en la gestión económica directa.

Manifestó además la Asamblea Nacional, que el cierre injustificado de Constructora Nacional de Válvulas C.A. (CNV) significó que sus trabajadores y trabajadoras, cuya manutención personal y la de sus respectivos hogares, dependían directamente del salario obtenido por la prestación de sus servicios a la indicada empresa, perdieran sus puestos de trabajo y los ingresos que éstos generaban y que desde entonces muchos de ellos se han mantenido firmes en su voluntad de continuar trabajando en las labores que desempeñaban.

Al igual que en el caso de la industria de papel, se hizo referencia a que la intervención también persigue la promoción de la cogestión laboral, que garantiza el llamado desarrollo endógeno, mediante la protección de las fuentes de ocupación productivas, como se indica en el considerando que se transcribe a continuación: *"Es deber del Estado promover el fortalecimiento de la industria nacional, (...) la transformación del país y su soberanía económica, así como la diversidad de actividades que permitan el desarrollo endógeno con el fin de proteger y generar fuentes de ocupación productivas y alto valor agregado nacional que brinde a toda la población una existencia digna, decorosa y una mejor calidad de vida"*.

Luego, se vincula esta intervención a la necesidad de producción de bienes en orden al mantenimiento de la principal industria nacional, la producción de hidrocarburos. Así se indica que *"las válvulas industriales y bridas de todo tipo, así como el mecanizado de todo tipo de piezas, son técnicamente esenciales para la operatividad de la industria pesada y energética nacional y de uso obligatorio por parte de la principal empresa nacional de petróleo, gas y derivados, por lo cual son de evidente utilidad nacional para proteger los intereses del*

Estado al igual que la seguridad e independencia técnica y tecnológica del país en el sector energético;" y que *"la ausencia de la Constructora Nacional de Válvulas en el mercado, puede conllevar a la acumulación de poder comercial por parte de otra empresa del mismo ramo nacional e internacional, generando o favoreciendo monopolios o una exagerada posición de dominio capaz de afectar la economía y la producción petrolera nacional"*.

Con fundamento en esas consideraciones, se declaró como de utilidad pública *"la puesta en operatividad, uso y aprovechamiento de los bienes, muebles e inmuebles, instalaciones, maquinarias y materias pertenecientes a la Empresa Constructora Nacional de Válvulas C.A. que se requiere para producir válvulas industriales y bridas de todo tipo y el mecanizado de todo tipo de piezas, así como la puesta en operatividad, uso y aprovechamiento de todos los bienes, instalaciones, maquinarias y materias que formen parte o se hallen dentro de los bienes de la Constructora Nacional de Válvulas y fueran necesarios para reiniciar las actividades que constituyen su objetivo social"* (artículo 1).

La adquisición forzosa de esta empresa finalmente se decretó, mediante acto del Presidente de la República[497] en el cual se afecta la empresa *"Para la ejecución de la obra "Soberanía Independencia Técnica para el Desarrollo Endógeno del Sector Energético", que llevará a cabo la producción de válvulas industriales, bridas de todo tipo y el mecanizado de todo tipo de piezas, que son esenciales para la industria pesada y energética nacional y son estratégicas para la independencia, seguridad y soberanía del sector energético del país; así como para la promoción del desarrollo endógeno, la protección y generación de fuentes de ocupación productiva y para el bien común"*. (artículo 1).

Los ejemplos señalados plantean por ende una iniciativa pública de sustitución en la empresa privada, con la justificación de la protección de las fuentes de generación productiva, pero al mismo tiempo con el claro objetivo de sustituirse en áreas de la economía en las que el sector privado debe tener el rol protagónico en un régimen de mercado.

---

[497] Decreto Nº 3.627 de fecha 27 de abril de 2005 publicado en la Gaceta Oficial Nº 38.174, de la misma fecha.

6. Posibilidad de constitución de un holding que agrupe a las distintas actividades de gestión económica. El caso de la Corporación Venezolana de Guayana

Con la estrategia de crear un polo de crecimiento económico, utilizando los recursos de la Región de Guayana para la estructuración de un vasto complejo de industrias pesadas y para el desarrollo de un programa de aprovechamiento hidroeléctrico, así como la construcción de un centro de desarrollo constituido por una nueva ciudad como núcleo urbano complementario, mediante Decreto-Ley N° 430 de 29 de diciembre de 1960 el Presidente de la República dictó el primer Estatuto Orgánico del Desarrollo de Guayana, en el cual se creó la Corporación Venezolana de Guayana (CVG), como un instituto autónomo con personalidad jurídica propia y con patrimonio distinto e independiente del Fisco Nacional, adscrito a la Presidencia de la República. Con la creación de la CVG se inició el proceso de establecimiento de corporaciones regionales de desarrollo, como instrumentos para el desarrollo planificado y armónico del país.

Así, la CVG fue creada inicialmente con el objeto de: "*1) Estudiar los recursos de Guayana, tanto dentro de la zona de desarrollo como fuera de ella, cuando por la naturaleza de los mismos fuere necesario; 2) Estudiar, desarrollar y organizar el aprovechamiento del potencial hidroeléctrico del río Caroní; 3) Programar el desarrollo integral de la región conforme a las normas dentro del ámbito del Plan de la nación; 4) Promover el desarrollo industrial de la región tanto dentro del sector público como del sector privado; 5) Coordinar las actividades que en el campo económico y social ejerzan en la región los distintos organismos oficiales; 6) Contribuir a la organización, programación, desarrollo y funcionamiento de los servicios públicos necesarios a los fines del desarrollo de la zona; 7) Realizar por decisión del Ejecutivo nacional cualquier otro cometido, el cual podrá referirse a operaciones fuera de la zona cuando exista una estrecha relación con las que realiza dentro de la misma*" (artículo 7 del Estatuto de creación).

A tales efectos, el Decreto de creación de la CVG le asignó a dicho ente una zona de intervención exclusiva delimitada con precisión (Zona del Desarrollo de Guayana), sin perjuicio de que el Ejecutivo Nacional pudiera ampliar la Zona (artículo 2). Fue así que se decretaron sucesivas ampliaciones en 1963 y en 1973, extendiendo la Zona a toda la región de Guayana, integrada ésta por el Estado Bolívar (excepto el Distrito Cedeño) y por el anteriormente denominado Territorio Federal Delta Amacuro. El referido Distrito Cedeño y el Territorio Federal Amazonas fueron confiados para entonces a la Comisión para el Desarrollo del Sur (CODESUR), la cual desapareció posteriormente, asumiendo la CVG la totalidad del Estado Bolívar y los dos territorios federales.

En 1985 el Presidente de la República, en uso de las facultades conferidas por una ley habilitante (la Ley Orgánica que Autoriza al Presidente de la República para Adoptar Medidas Económicas o Financieras Requeridas por el Interés Público), dictó el Decreto No. 676 de 21 de junio de 1985 mediante el cual se reformó el Estatuto Orgánico del Desarrollo de Guayana.

A través de dicha reforma se hicieron algunas modificaciones de importancia en el régimen jurídico de la CVG; en ese sentido, se redefinieron los límites de la Zona de Desarrollo de Guayana (artículo 1), los cuales no han sido modificados desde entonces; fue redimensionado y ampliado su objeto (artículo 4) y se incorporaron normas para regular la promoción, control y funcionamiento de empresas del Estado dentro de la Zona de Desarrollo de Guayana (artículos 6, 7 y 8), entre otras modificaciones importantes.

Otra vez, con base a una ley habilitante otorgada por la Asamblea Nacional al Presidente de la República en el año 2000, se dictó el Decreto N° 1.531 con Fuerza de Ley de Reforma del Estatuto Orgánico del Desarrollo de Guayana.[498] En cuanto a la justificación de dicha reforma, se señaló que era necesario *"ofrecer a la Corporación Venezolana de Guayana la fortaleza y la mayor posibilidad de autonomía que le permitan proyectar eficientemente las bondades de la Región Guayana en el ámbito nacional e internacional"*. En ese sentido, entre las novedades más importantes destaca la elevación a rango legal de las disposiciones reglamentarias así como la previsión del principio de inmunidad tributaria de la CVG y las empresas tuteladas frente a las entidades municipales; las normas especiales para comprometer en árbitros

---

[498] Gaceta Oficial. No 5.553 extraordinario, de fecha 12 de noviembre de 2001.

controversias en que sean parte la CVG o las empresas tuteladas; la declaración de inalienabilidad e imprescriptibilidad de las tierras de su propiedad o de la propiedad de sus empresas tuteladas; la incorporación al patrimonio de la CVG de las tierras baldías, los fundos rústicos del dominio privado de la Nación, los fundos rústicos pertenecientes a institutos autónomos nacionales y los inmuebles rurales que pasen al patrimonio nacional en razón y como consecuencia de enriquecimientos ilícitos contra la cosa pública, que se encuentren dentro de la Zona del Desarrollo de Guayana; y la definición y delimitación de las competencias del Directorio y del Presidente de la Corporación.

La naturaleza jurídica de la CVG es la de un instituto autónomo con personalidad jurídica propia y con patrimonio distinto e independiente del de la República, adscrito a un Ministerio de la Administración Central, por lo tanto, sujeto a regulaciones de control y coordinación con ésta.

En cuanto a su régimen jurídico la CVG, como todo instituto autónomo, se encuentra sometida a un régimen de derecho público. Este régimen determina tanto el ámbito de sus actividades, así como el de su personal y su objeto, atribuciones y competencias para la ejecución de aquellas.

Las reglas que gobiernan la organización y el funcionamiento de la Corporación Venezolana de Guayana están contenidas, principalmente, en el Estatuto Orgánico del Desarrollo de Guayana. Sin embargo, existe un conjunto de normativas legales y administrativas que también le son aplicables y que deben ser observadas en las materias que ellas regulan. Destacan la Ley Orgánica de la Administración Pública, la Ley Orgánica de Administración Financiera del Sector Público, la Ley Orgánica de la Contraloría General de la República y del Sistema Nacional de Control Fiscal, la Ley Contra la Corrupción, la Ley sobre Adscripción de Institutos Autónomos, Empresas del Estado, Fundaciones, Asociaciones y Sociedades Civiles del Estado a los Órganos de la Administración Pública y Ley de Contrataciones Públicas, así como los reglamentos y resoluciones que las ejecuten y sean aplicables.

El objeto de la CVG, que se ejecuta a través de las empresas de la cuales éste es el holding, son los siguientes (artículo 4 de su Estatuto):

1. Estudiar e inventariar los recursos de la Zona de Desarrollo de Guayana y de aquellos situados fuera de ella, cuando las características de los programas de desarrollo lo requieran.

2. Planificar, desarrollar, organizar, coordinar, controlar y evaluar el aprovechamiento racional de los recursos de la Zona de Desarrollo de Guayana, con miras a su desarrollo integral, conforme a las directrices del Plan de Desarrollo Económico y Social de la Nación y de los planes de ordenación del territorio.

3. Programar, coordinar y ejecutar el desarrollo industrial de la Zona a cargo del sector público.

4. Promover el desarrollo industrial del sector privado, conforme a la programación que se siga para el sector público.

5. Promover en la Zona el desarrollo equilibrado, en lo territorial, ambiental, económico, social, cultural, deportivo, turístico, recreacional y en los demás ámbitos que le encomiende el Ejecutivo Nacional, conforme a los lineamientos del Plan de Desarrollo Económico y Social de la Nación, con base en los principios constitucionales de integridad territorial, cooperación, solidaridad, concurrencia, corresponsabilidad y participación.

6. Promover, fortalecer y coordinar la organización, programación, desarrollo y funcionamiento de los servicios públicos requeridos para el desarrollo integral de la Zona, así como cooperar con los gobiernos de los estados comprendidos en la Zona y con las distintas Municipalidades existentes en la misma, a fin de lograr una mejor integración de los servicios que prestan.

7. Estudiar, desarrollar, organizar, ejecutar y administrar los programas y proyectos destinados al aprovechamiento integral y equilibrado de las aguas que se encuentran en la Zona y en especial, los programas y proyectos referidos al Río Caroní y su Cuenca y al Río Orinoco, así como sus afluentes de la margen derecha, respetando las fases del ciclo hidrológico, los criterios de ordenación del territorio y velando por su recuperación.

8. También se le asignan competencias en materia de minería, en cuanto a realizar los trabajos de exploración, prospección y explotación de las minas o yacimientos, conforme a las concesiones que a tales efectos le otorgue el Ministerio de Energía y Minas. La Corporación Venezolana de Guayana tendrá derecho preferente en el otorgamiento de dichas concesiones en la Zona, así como para mantener las que le hayan sido otorgadas.

9. Cooperar, por instrucciones del Ejecutivo Nacional, en aquellos cometidos públicos relacionados con su objetivo principal, que podrán tener por objeto la ejecución de actividades fuera de la jurisdicción territorial de la Corporación.

10. Promover el desarrollo y ejecución de programas dirigidos a la protección y conservación de los recursos naturales presentes en la Zona.

La CVG constituye, después de las empresas petroleras, el segundo grupo empresarial estatal económicamente más importante de Venezuela. Forman parte del conglomerado industrial de la CVG un conjunto de empresas que explotan y desarrollan lo que se ha denominado la industria básica, conformado por materias como, aluminio, acero, carbón, cal, bauxita y actividades afines.

En este sentido el Estatuto de la Corporación (artículo 11) dispone que a ella corresponderá la tutela de las siguientes empresas: "1. *Aquellas empresas del Estado en las cuales la Corporación Venezolana de Guayana tenga participación accionaria directa mayoritaria, independientemente de su ubicación dentro o fuera de la Zona del Desarrollo de Guayana y de la actividad económica a la cual se dedique, vinculada con dicha Zona. 2. Aquellas empresas del Estado en las cuales la participación accionaria de personas jurídico-públicas descentralizadas funcionalmente sea mayor del cincuenta por ciento (50%) del capital social, siempre que estén ubicadas en la Zona de Desarrollo de Guayana y se dediquen a la explotación de la minería, a la transformación de sustancias minerales, a la fabricación de productos elaborados o semielaborados derivados de dichas sustancias minerales, a la generación, transmisión y distribución de energía eléctrica, así como las dedicadas a la metalúrgica, a la fabricación de productos en el área química o quimiotermomecánica, a la explotación y aprovechamiento de los recursos naturales localizados en la Zona del Desarrollo de Guayana y a la prestación de servicios necesarios para la realización de las actividades antes indicadas. 3. Aquellas en las cuales las empresas definidas en los numerales 1 y 2 precedentes sean accionistas mayoritarias, estén o no ubicadas en la Zona del Desarrollo de Guayana, cualquiera que sea su actividad económica."*

Como consecuencia del control de tutela, la CVG tendrá las siguientes atribuciones especiales (artículo 12 del Estatuto):*"1. Aprobación de los planes, programas y presupuestos anuales, de las empresas; 2. Evaluar el desarrollo y los resultados del proceso productivo de las empresas; 3. Orientar e impulsar las acciones del sector en asuntos de interés de la Zona, así como las relativas a la coordinación de la gestión de las empresas; 4. Formulación de las políticas y lineamientos generales para la comercialización y para la fijación de los precios y tarifas de los productos y servicios; 5. Intermediación en las relaciones de las empresas con las instituciones y organismos públicos y privados, salvo aquellas actuaciones que por su naturaleza y otras consideraciones procedentes deban realizar ordinariamente las empresas; 6. Determinación de las políticas y directrices para el logro de los objetivos de las empresas en los ámbitos sectorial y funcional; 7. Establecimiento y fijación del pago anual que las empresas deban hacer a la Corporación Venezolana de Guayana, por concepto de la gestión corporativa; (...) 11. Autorizar el aumento o disminución del capital social. 12. Autorizar los decretos de dividendos. 13. Autorización de la fusión o liquidación de las empresas, la modificación de sus estatutos, la constitución de otras sociedades mercantiles, fundaciones y otras asociaciones con participación del sector privado o sin ella, la suscripción de acciones en otras empresas o la enajenación de las propias...".*

Asimismo, y de acuerdo a la Ley Orgánica de la Administración Pública, la Corporación, como órgano de control nacional que es respecto de sus empresas filiales, debe determinar *"los indicadores de gestión aplicables para la evaluación del desempeño institucional"* y *"como instrumento del control de tutela sobre el desempeño institucio-nal, se suscribirán compromisos de gestión"* entre estas empresas y la CVG (artículo 119).

De manera que lo relativo a la fijación de las políticas comerciales de estas empresas compete a la CVG y la consideración de los diferentes Ministerios como órganos rectores de las políticas de las distintas área (energética, de minería, etc.) no modifica el régimen de control tutelar previsto en la ley, y, por ende, no puede ser utilizado para sustituirse en el rol que legalmente corresponde a la Corporación, creando una cierta distorsión en el principio de coordinación que a través del control tutelar debe lograrse.

VII. CONTRATACIÓN ADMINISTRATIVA

El tema de la contratación administrativa en relación con la empresa pública puede analizarse desde dos vertientes: (i) La contratación administrativa para la escogencia del concesionario del servicio público o la explotación de actividades económicas de carácter reservado, y (ii) La contratación administrativa de la empresa pública para la adquisición de bienes y servicios necesarios para la realización de su actividad.

En ambos casos se impone la necesidad de establecer un régimen jurídico que garantice la transparencia y eficacia de la contratación. Adicionalmente, al incidir la empresa pública en el tema de la libre competencia, el control de la contratación es necesario para evitar que el Estado falsee o de alguna manera manipule este principio y afecte el mercado. En el caso de la selección de los concesionarios, la importancia de la contratación pública se evidencia en la decisión del Tribunal de Justicia de la Unión Europea en el asunto Altmark,[499] en la cual se establecieron cuatro principios que determinan el control comunitario sobre las ayudas estatales, y se contempló como uno de ellos el que cuando la elección de la empresa encargada de ejecutar las obligaciones del servicio no se hubiere realizado en el marco de un procedimiento de contratación pública que hubiere permitido seleccionar al candidato capaz de prestarlos, originando el menor coste para la colectividad, *"el nivel de la compensación necesaria debería calcularse sobre la base de un análisis de los costes que una empresa media, bien gestionada y adecuadamente equipada en medios de transporte para poder satisfacer las exigencias de servicio público requeridas, habría soportado para ejecutar estas obligaciones, teniendo en cuenta los ingresos correspondientes y un beneficio razonable por la ejecución de estas obligaciones"*.

Sin duda, el procedimiento de selección de los concesionarios se regula para evitar que la escogencia del beneficiario se desvíe de aquella

---

[499] Sentencia del Tribunal de Justicia de la Comunidad Europea de fecha 24 de julio de 2003, Altmark Trans GmbH y Regierungsprasidium Magdeburg c. Nahverkehrsgesellschaft Altmark GmbH, asunto C-280/00.

que resulte más conveniente a los intereses generales a los que sirve la Administración, y aun cuando ciertamente no siempre el menor precio es la mejor oferta,[500] la necesidad de motivar la decisión por parte de la Administración, tomada en el marco de un procedimiento administrativo que garantiza la igualdad y concurrencia de los participantes, así como la valoración no sólo económica, sino técnica y jurídica de las ofertas, conlleva a un eficaz control de la legalidad y conveniencia de la adjudicación.

Por otra parte, la actividad empresarial de la Administración Pública implica la necesidad de realizar contratos, bien regidos por el derecho común, que serían los contratos de derecho privado de la Administración; o mediante acuerdos de voluntad en los que la satisfacción del interés público impone colocar a las partes en una situación desigual –de preponderancia y sujeción– que excede las regulaciones del derecho privado y se halla, por ende, sujeto a normas de derecho público: a esta última categoría contractual es la que se denomina contratos administrativos.[501] Ciertamente son dos las tesis sobre la naturaleza jurídica de la contratación administrativa, la que los considera todos de índole civil y aquella que distingue entre dos categorías, los civiles y los administrativos.[502] Esta distinción que se acoge en casi todos los países inspirados en el derecho administrativo francés (España y Venezuela), ha sido de importancia a los fines de determinar el orden de tribunales que ha de conocer de las acciones que se intenten en relación con ambos tipos contractuales, quedando la de los administrativos atribuida a la

---

[500] En el sentido indicado se pronunció la sentencia del Tribunal de Justicia de la Comunidad Europea de fecha 20 de septiembre de 1988, (caso Beentjes), asunto 31/87, en la cual expresó *"...en los criterios de adjudicación se tendrá en cuenta únicamente, bien sólo el precio más bajo, bien el precio, el plazo de ejecución, el costo de utilización, la rentabilidad, el valor técnico, todo ello con la finalidad de identificar la oferta no más barata, sino la más ventajosa económicamente."*

[501] El régimen jurídico propio a los contratos administrativos y los orígenes jurisprudenciales de esta noción en el derecho público venezolano es analizado por IRIBARREN MONTEVERDE, HENRIQUE, *"El equilibrio económico en los contratos administrativos y la teoría de la imprevisión"*, en Congreso Internacional de Derecho Administrativo, en homenaje al profesor Luis H. Farías Mata, primera edición, editorial Texto, Caracas, 2013, págs. 141-173.

[502] BOQUERA OLIVIER, JOSÉ MARÍA. *"Los contratos de la Administración desde 1950 a hoy"*, en: Revista de Administración Pública No 150 (septiembre-diciembre 1999), Madrid, 1999, pág. 13.

jurisdicción contencioso administrativa. Sin embargo, tal distinción ha perdido importancia bien sea por la tesis de los actos separables que impone que aún en los contratos no administrativos, es de la competencia de la jurisdicción contencioso administrativa lo relativo a los actos de preparación y adjudicación de los contratos, o bien sea por virtud de la unidad de jurisdicción que ha impuesto en Venezuela que toda la contratación administrativa, independientemente de la naturaleza administrativa o no del contrato es competencia de la jurisdicción contencioso administrativa.[503]

En ambos casos la contratación administrativa está, por regla general, sometida a procedimientos de selección de contratistas, a través de las modalidades de concurso abierto (licitación abierta), concurso cerrado (licitación selectiva), consulta de precios y contratación directa.[504]

---

[503] ALONSO TIMÓN, ANTONIO J. *"El derecho de la contratación pública. Especial referencia a los órganos competentes en materia de contratación en la Administración Local"*, en: Anuario Jurídico y Económico Escurialense, XXXVII, Real Centro Universitario Escorial-María Cristina, Madrid,2004, 193-213, pág. 202. En Venezuela así lo contempla la nueva Ley Orgánica de la Jurisdicción Contencioso Administrativa publicada en la Gaceta Oficial No. 39.447 de fecha 16 de junio de 2010, que recogió la jurisprudencia establecida en esta materia por la Sala Político Administrativa del Tribunal Supremo de Justicia, la cual invocando la unidad de jurisdicción decidió que todas las demandas contractuales en la que una de las partes sea un ente público, territorial o instrumental, la competencia corresponderá a los órganos de la jurisdicción contencioso administrativa (Sentencia N° 1315 de la Sala Político Administrativa del Tribunal Supremo de Justicia de fecha 7 de septiembre de 2004, caso: Alejandro Ortega Ortega vs. Banco Industrial de Venezuela, C.A. (BIV).

[504] En efecto, *"a diferencia de lo que ocurre en el ámbito de las relaciones entre los particulares, cuando la Administración Pública ejerce la potestad administrativa contractual, ésta es sólo el producto de un procedimiento administrativo que condiciona y da vida a las relaciones jurídicas, produciéndose los efectos previstos por la ley.*
En conclusión, el tema del procedimiento administrativo contractual reviste así una excepcional importancia en el marco de la potestad administrativa contractual, pues la Administración Pública no puede contratar, como lo ha sentado la jurisprudencia (Véase Sent. de la CSJ/SPA, de fechas 14 de diciembre de 1961, G.F. N° 34, 1961, p. 188; 30 de junio de 1971. G. O. N° 1481 Extr., de fecha 25 de agosto de 1971, p. 13), sino de acuerdo con la ley y con fundamento en la observancia de ciertas formalidades previstas por el Ordenamiento jurídico, lo que supone el seguimiento del cauce procedimental correspondiente regulado por el Derecho administrativo." ARAUJO JUÁREZ, JOSÉ, *"El Contencioso de los Contratos Administrativos"*, en XXXVIII Jornadas J.M. Domínguez Escovar, Avances Jurisprudenciales del Contencioso Administrativo", primera edición, editorial Horizonte, Barquisimeto, 2013, págs. 240 y 241.

1. La contratación pública en el régimen comunitario europeo

De acuerdo con Berasategi, el origen de la regulación de la contratación pública en el plano internacional europeo se debe a la pertenencia de la Unión y sus Estados miembros al Acuerdo sobre Contratación Pública, auspiciado por la Organización Mundial de Comercio y a los acuerdos bilaterales suscritos por la Unión Europea con otros países. Indica el citado autor que la regulación comunitaria de la contratación pública encuentra fundamento en el Tratado, pues *"La adjudicación de contratos celebrados en los Estados miembros por cuenta de autoridades estatales, regionales o locales y otros organismos de derecho público está supeditada al acatamiento de los principios del Tratado y, en particular, los principios de la libre circulación de mercancías (artículo 28 del Tratado UE), la libertad de establecimiento (artículo 43) y la libre prestación de servicios (artículo 49), así como de los principios que de estas libertades se derivan, el principio de reconocimiento mutuo, el principio de proporcionalidad y el principio de transparencia. Estas libertades y principios 'constitucionales' guían la interpretación de las directivas de coordinación adoptadas en relación a los contratos públicos que superan un determinado umbral"*.[505]

Estos principios y la libre competencia justificaron la necesidad de regular los mercados de contratación pública para dar uniformidad en materias como la publicidad de las ofertas, el procedimiento de selección de contratistas y la garantía de la revisión respecto de la posible discriminación de los oferentes o de las condiciones de la contratación.[506]

Frente a la coexistencia de sistemas de contratación pública disímiles, el derecho comunitario optó por un régimen que presenta dos características: (i) la renuncia a establecer un modelo de contrato comunitario, y (ii) la fijación de un umbral objetivo.[507]

---

[505] BERASATEGI TORICES, JAVIER. *"El sistema de control y revisión de la contratación pública"* en: Revista Cuadernos Europeos, No. 38, Bilbao, 2008, págs. 25 y 26.

[506] Un análisis detallado de la jurisprudencia comunitaria, y del derecho comunitario de la contratación pública en el ordenamiento jurídico español puede encontrase en: MORENO MOLINA, JOSÉ ANTONIO. *"Contratos públicos: derecho comunitario y derecho español."* Mc-Graw Hill, Madrid, 1996.

[507] BAÑO LEÓN, JOSÉ MARÍA. *"La influencia del Derecho comunitario en la interpretación*

Lo cierto es que en el derecho comunitario también se regulan ambas vertientes de la contratación pública. La relativa a la adjudicación de contratos de concesión[508] (Directiva 2014/23/UE de fecha 26 de febrero de 2014); la contratación pública en general (Directiva 2014/24/UE de 26 de febrero de 2014 y Directiva 2004/18/CE del Parlamento Europeo y del Consejo de 31 de marzo de 2004 sobre coordinación de los procedimientos de adjudicación de contratos públicos de obras, suministro y servicios); y la contratación pública en particular atinente a determinados sectores (Directiva 2014/25/UE de 26 de febrero de 2014 sobre entidades que operan en los sectores del agua, energía, transporte y servicios postales, y la Directiva 2004/17/CE del Parlamento Europeo y del Consejo de 31 de marzo de 2004 sobre la coordinación de los procedimientos de adjudicación de contratos en tales sectores).

Por lo que se refiere a la selección de los concesionarios la regulación comunitaria expresa los objetivos antes mencionados de lograr la libre prestación de servicios y evitar el falseamiento de la competencia, así como el uso óptimo de los fondo públicos y el disfrute de los ciudadanos de servicios de calidad al menor precio. Se ocupa esta regulación de aquellos casos en los que existe "riesgo operacional", concepto al cual vincula la noción misma de la concesión. En este sentido, sólo si este riesgo queda eliminado por completo desde el inicio no habrá, a los fines de la Directiva, concesión.

La Directiva relativa a la contratación pública en general, por su parte, regula la adjudicación de contratos públicos por las autoridades de los Estados miembros, e igualmente persigue hacer valer los principios del Tratado de Funcionamiento de la Unión Europea y, *"...en particular, la libre circulación de mercancías, la libertad de establecimiento, y la libre prestación de servicios, así como los principios que*

---

de la Ley de Contratos de las Administraciones Públicas", en: Revista de Administración Pública, No 151 (enero-abril 2000), Madrid, 2000, pág. 12.

[508] A los fines del trabajo, interesa la concesión como mecanismo de selección del prestador de un servicio o la explotación de una actividad económica reservada al Estado, en cuanto ello suponga la intervención concurrente de la empresa pública en la actividad. No nos referimos concretamente a la concesión de obra pública que también se regula generalmente en el mismo texto normativo, y que bien podría conllevar una actividad económica sujeta a los mismos principios que impone el sistema económico de mercado, no tanto desde el punto de vista del concedente sino del operador económico seleccionado en cuanto a la competencia con otros participantes en el procedimiento de selección.

se derivan de estos, tales como, los de igualdad de trato, no discriminación, reconocimiento mutuo, proporcionalidad y transparencia".[509]

Para el derecho comunitario es irrelevante la forma jurídica adoptada por el ente instrumental, lo importante es la función que éste cumpla[510] para establecer su sujeción o no al derecho comunitario de la contratación pública. En este sentido destaca el concepto del "poder adjudicador", conforme al cual se entiende que son organismos de derecho público, aquellos que reúnan dos condiciones: (i) Que haya sido creado para satisfacer específicamente necesidades de interés general que no tengan carácter mercantil o industrial; y (ii) Que la actividad esté mayoritariamente financiada por el Estado, los entes territoriales u otros organismos de derecho público, o que su gestión haya sido sometida a un control de los entes mencionados.

El considerando 10 de la Directiva 2014/24/UE del Parlamento Europeo y del Consejo señala que "*El concepto de «poderes adjudicadores», y en particular el de «organismos de Derecho público», han sido examinados de forma reiterada en la jurisprudencia del Tribunal de Justicia de la Unión Europea. Para dejar claro que el ámbito de aplicación ratione personae de la presente Directiva no debe sufrir modificaciones, procede mantener la definición en la que se basaba el Tribunal e incorporar determinadas aclaraciones que se encuentran en dicha jurisprudencia como clave para comprender la propia definición sin intención de alterar la interpretación del concepto tal como ha sido elaborada por la jurisprudencia. A tal efecto, ha de precisarse que un organismo que opera en condiciones normales de mercado, tiene ánimo de lucro y soporta las pérdidas derivadas del ejercicio de su actividad no debe ser considerado un «organismo de Derecho público», ya que puede considerarse que las necesidades de interés general para satisfacer las cuales ha sido creado, o que se le ha encargado satisfacer, tienen carácter industrial o mercantil.*

---

[509] Considerando (1) de la Directiva 2014/24 /UE.

[510] Sobre la relevancia del concepto funcional, la sentencia del Tribunal de Justicia de la Comunidad Europea de fecha 17 de diciembre de 1998, caso Comisión contra Irlanda, asunto C-356/96), en la cual se estableció la aplicabilidad de las normas sobre contratación pública a un contrato de suministro de fertilizantes celebrado por una empresa pública, con independencia de su forma jurídica, por el hecho de estar ésta dedicada a una actividad de interés general, el servicio de bosques.

De modo similar, la condición relativa al origen de la financiación del organismo considerado también ha sido examinada en la jurisprudencia, que ha precisado, entre otros aspectos, que la financiación «en su mayor parte» significa «en más de la mitad» y que dicha financiación puede incluir pagos procedentes de usuarios que son impuestos, calculados y recaudados conforme a las normas de Derecho público."

Este concepto del poder adjudicador es entonces el que determina la sujeción del ente al derecho comunitario de la contratación pública, pues lo que interesa a este derecho es *"si la actividad es o no empresarial (los poderes adjudicadores se reducen a los que realizan actividades de regulación), y si sobre ellos tiene una influencia determinante el Estado u otro poder adjudicador"*.[511]

La noción decisiva[512] es entonces la del "poder adjudicador", conforme a la cual se incluyen no sólo las Administraciones públicas propiamente dichas sino también otros entes del sector público no estatal y los de naturaleza privada que hayan sido creados para la satisfacción de necesidades de interés general.[513]

Las condiciones que definen el carácter público de un organismo son entonces, una de carácter necesario y tres alternativas, la suma de la primera con cualquiera de las tres alternativas dará lugar a la configuración de la noción de "organismo público". Estas condiciones son: la necesaria: Que su objetivo sea la satisfacción de una necesidad de interés general, es decir, que no tenga carácter mercantil; y las alternativas: (i) que su actividad esté mayoritariamente financiada por el Estado u otro ente público, o (ii) que su gestión esté controlada por el Estado u otro ente público, o (iii) que su órgano de administración, dirección o vigilancia esté, en más de la mitad, conformado por miembros designados por el Estado u otro ente público. Es por ende la aplicación del criterio del "poder adjudicador" antes indicado lo que determina la aplicabilidad de las normas sobre la contratación administrativa, y el estatuto de derecho privado de un ente no constituirá un criterio que

---

[511] BAÑO LEÓN, JOSÉ MARÍA, ob. cit. (507), pág. 15.

[512] MARTÍNEZ LÓPEZ-MUÑIZ, JOSÉ LUIS. "Naturaleza jurídica del contrato público" en: "La contratación administrativa en España e Iberoamérica. Cameron May, Londres, 2008, pág. 486.

[513] MEILAN GIL, JOSÉ LUIS. *La estructura de los contratos públicos.* Iustel, Madrid, 2008, págs. 157 y sigs.

pueda excluir su calificación como entidad adjudicadora siempre y cuando satisfaga una necesidad de interés general, su actividad dependa estrechamente de una entidad estatal, su financiamientos sea mayoritariamente estatal y su gestión esté sujeta a la supervisión de organismos estatales o sea ejercida por quienes hayan sido nombrados por dichos organismos estatales.[514]

2. El régimen jurídico de las contrataciones públicas en España

La legislación española también contempla las dos vertientes de la contratación administrativa, la relativa a la concesión de servicio y obra pública y la contratación administrativa de adquisición de obras, suministros y servicios, en general, y en particular para los sectores antes indicados.

La contratación pública en España se regula principalmente por la Ley 9/2017 del 8 de noviembre de 2017 en vigor desde el 9 de marzo de 2018, la cual sustituye el régimen anterior (Real Decreto Legislativo 3/2011 de 14 de noviembre por el cual se aprobó el texto refundido de la Ley de Contratos del Sector Público, el Código de Contratos del Sector Público, el Reglamento general de la Ley de Contratos de las Administraciones Públicas (Real Decreto 1098/2001, de 12 de octubre) y el Real Decreto 817/2009 de 8 de mayo, por el cual se desarrolla parcialmente la Ley 30/2007 de 30 de octubre de Contratos del Sector Público). Esta Ley de 2007 ya reconocía como fundamento de toda normativa en la materia, según destaca Moreno Molina, el respeto a los principios generales de la contratación pública.[515]

La incorporación de las directivas comunitarias sobre contratación administrativa se hizo mediante la Ley 13/1995 de 18 de mayo, la de los sectores excluidos mediante la Ley 48/1998 de 30 de diciembre, siendo la nota más destacada *"...por una parte, la ampliación del ámbito*

---

[514] PIÑAR MAÑAS, JOSÉ LUIS. "Origen y fundamentos del Derecho europeo de los contratos públicos", en: CASSAGNE JUAN CARLOS y RIVERO YSERN, ENRIQUE, ob. cit. (70), págs. 309 y sigs.

[515] MORENO MOLINA, JOSÉ ANTONIO. *"Principios generales de la contratación y recurso especial en la nueva Ley estatal de Contratos del Sector Público"*, en: Revista Jurídica de Navarra, No 45, enero-junio, Navarra, 2008, , pág. 46.

subjetivo de aplicación de la normativa de contratación pública a suje-
tos que con anterioridad a la aplicación del concepto funcional de ente
público que como consecuencia de la aplicación del derecho comunita-
rio se adopta se escapaban hacia el derecho privado, mucho más flexi-
ble, y, por otra parte, la reducción del ámbito objetivo de aplicación
de la contratación pública al quedar fuera de la misma sectores estra-
tégicos tan importantes como el agua, la energía, el transporte o las
telecomunicaciones, a los que se les aplica su normativa específica".[516]

Se destaca por tanto que la incorporación al derecho español de la noción funcional del ente público, con lo cual *"se cubre una amplia panoplia de entidades públicas que, bajo la veste de formas jurídicas públicas o privadas, realizan actividades no propiamente industriales o mercantiles en régimen de libre competencia".*[517]

La Ley 9 de 2017 también responde a esa adaptación a normativa internacional (OCDE y Unitral, en el ámbito de las Naciones Unidas) y derecho comunitario (en el ámbito de la Unión Europea). La Ley de contrataciones sigue el esquema de la normativa comunitaria ya acogido en la Ley de 2007 sobre el concepto del poder adjudicador, que se amplía al incluirse a los partidos políticos, organizaciones sindicales, empresariales, asociaciones de profesionales y las fundaciones o asociaciones vinculadas cualquiera de ellos siempre que su función sea mayoritariamente de carácter público. La ampliación del ámbito subjetivo también se realiza al desaparecer las instrucciones internas de la contratación (poderes adjudicadores) *"que permitía distinguir los regímenes jurídicos de los contratos públicos según la entidad contratante fuera o no un poder adjudicador."* (Preámbulo de la Ley).

La protección de la competencia es sin duda un aspecto fundamental para la determinación del criterio del poder adjudicador en sustitución del criterio del contrato de la administración pública. Pero también esta normativa se debe a la protección del interés público en cuanto que la contratación del Estado es parte de la actividad administrativa, y de allí que la Ley propenda a nuevos criterios para prevenir la corrupción y proteger el erario público, como por ejemplo, la moderación del

---

[516] ALONSO TIMÓN, ANTONIO J., ob. cit. (503), págs. 207 y 210.
[517] BAÑO LEÓN, JOSÉ MARÍA, ob. cit. (507), pág. 18.

concepto de "*oferta más ventajosa*" por el de "*con mejor calidad-precio*" y la ampliación del concepto de conflicto de intereses.

En todo caso, cabe destacar que al igual que en el caso venezolano, la Ley española regula la contratación del sector público en cuanto al procedimiento como el régimen jurídico de los contratos administrativos con el objetivo de: (i) garantizar no sólo los principios de la contratación en cuanto al procedimiento de selección de los contratistas (concurrencia o libre acceso de los candidatos, publicidad y transparencia, no discriminación e igualdad de trato), sino también los relativos a la buena administración de los recursos públicos (estabilidad presupuestaria, control del gasto, eficiente utilización de los fondos públicos, integridad, eficiente utilización de los fondos mediante la exigencia de la definición previa de las necesidades a satisfacer, y selección de la oferta económicamente más ventajosa); (ii) con la incorporación de criterios sociales y medioambientales y facilitando el acceso de las pequeñas y medianas empresas, así como de las empresas de economía social; y, finalmente, (iii) estableciendo un régimen jurídico que regule los efectos, cumplimiento y extinción de los contratos administrativos (artículo 1 de la Ley).

3. El régimen jurídico de las contrataciones públicas en Venezuela

En Venezuela, el régimen jurídico de las contrataciones también distingue, la concesión de obra pública, servicios o explotación de bienes del dominio público, regulados en el Decreto Ley de sobre promoción de la inversión privada bajo el régimen de fecha 25 de octubre de 1999,[518] y la contratación administrativa de obras, bienes y servicios para el desarrollo de la actividad del ente, que se regula en la Ley de Contrataciones Públicas[519] de 2014, y un Reglamento,[520] anterior,

---

[518] El Decreto Ley No 318 fue publicado en la Gaceta Oficial No. 5.394, extraordinario y mediante éste fue reformada la Ley anterior que se denominaba Ley sobre concesiones de obras públicas y servicios públicos nacionales de fecha 20 de abril de 1994.

[519] Esta Ley fue también dictada mediante Decreto-Ley presidencial N° 1.399 publicado en la Gaceta Oficial No. 6.154, extraordinario, de fecha 19 de noviembre de 2014.

[520] Reglamento de la Ley de Contrataciones Públicas, publicado en la Gaceta Oficial No 39.181 del 19 de mayo de 2009.

de la ley de 2009, pero aplicable en lo que resulte compatible con el nuevo texto legal. Estos instrumentos contienen normas que aplican tanto al procedimiento de selección del contratista de particulares categorías contractuales, como a la formación, ejecución y terminación del contrato.

Desde el punto de vista del ámbito de aplicación se contempla el plano subjetivo (los entes públicos o de propiedad estatal) y los contratos de obras y suministro de bienes y servicios, ámbitos muy limitados en comparación con el desarrollo comunitario y del derecho español. Al mismo tiempo, el ente público o la sociedad mercantil de propiedad estatal que se dedique a actividad comercio industrial, con independencia de que exista una función específica de satisfacción del interés general, están sometidas al ámbito de aplicación de la Ley.

De manera que aun en función netamente comercio industrial, y con independencia de naturaleza pública o privada de la actividad por acudir el Estado 'a formas de derecho privado y huir hacía un régimen jurídico de derecho común, la empresa se va a ver incidida por estas normas de derecho público que regulan la contratación. Es evidente que en estos casos en que el Estado procede como un verdadero empresario en rol similar al del sector privado y en competencia con éste se produce una tensión entre la agilidad de gestión requerida para el exitoso desempeño de la actividad comercio industrial con la traba o lentitud que le imprime la sujeción de la contratación a procedimientos reglados de selección de los contratistas y la aplicación de las formalidades de la actividad administrativa en su formación y control, todo lo cual sin embargo prevalece en la legislación venezolana dada la necesidad de garantizar la transparencia y conveniencia e idoneidad del gasto público.

En efecto, por más que la Administración se sirva de entes privados para la prestación de servicios públicos de contenido económico, o para desarrollar actividades de naturaleza comercio industrial, en lo que algunos autores califican como la huida del derecho administrativo, éste vuelve a imponerse sino de manera general, en aspectos en los que el interés general, como el control de la transparencia de la gestión, el combate a la corrupción y en todo caso el control del gasto público, llevan a someterlas a normas de derecho público, como son las de carácter presupuestario, de contraloría, e igualmente la de sujetar la formación de voluntad de la administración a procedimientos administrativos y regular aspectos formales y sustantivos de la contratación administrativa.

En este sentido, el análisis de las normas sobre contrataciones públicas en Venezuela enseña que aún en el ejercicio de actividad comercio industrial, cuando sean o no éstas *"meras variantes mercantiles o industriales"* de una función interés general, el ente estatal estará sometido a las reglas de la contratación pública.[521]

Interesa por tanto exponer cuales son *grosso modo* estas reglas de la contratación pública que sin duda evidencian que el Estado Empresario en teoría no está en igualdad de condiciones para competir con el sector privado,[522] y que su actividad comercio industrial debe, en principio, estar supeditada siempre a una función de interés general, por lo cual esta tendencia que se ha desarrollado en Venezuela implica la ejecución de un modelo económico contrario al ordenamiento jurídico vigente.

Así, por lo que se refiere a los procedimientos de selección, dicho ordenamiento jurídico de la contratación pública contiene normas que regulan el procedimiento de selección del contratista de contratos de: i) Ejecución de obras, ii) Adquisición de bienes muebles, y, iii) Prestación de servicios comerciales, vinculando este ámbito objetivo con el de carácter subjetivo que incluye a todos los entes de la administración pública, independientemente de su forma jurídica y de la naturaleza de la actividad a desarrollar.

Las modalidades de la selección del contratante se regulan en Venezuela mediante la determinación de diferentes umbrales según el tipo de contrato y las siguientes modalidades:[523] i) Concurso Abierto, ii) Concurso Cerrado, iii) Consulta de Precios, y iv) Contratación Directa.

---

[521] El caso Mannesmann del Tribunal de Justicia de la Unión Europea establece a diferencia que *"Si hay una función de interés general –indudable obligación de servicio público– al margen de que la actividad tenga variantes mercantiles o industriales se produce una vis atractiva del primer elemento, debiendo entenderse a ese ente sometido a la regla de la contratación pública."* (15 de enero de 1998).

[522] Téngase en cuenta que habiendo un "poder adjudicador" cuando la función es de interés general, aun cuando la actividad se desarrolle en competencia, las reglas de la contratación pública serán aplicables (sentencia del Tribunal de Justicia de la Unión Europea, caso BFI Holding, 10 de noviembre de 1998).

[523] Las modalidades de selección se definen como *"las categorías que disponen los sujetos del presente Decreto con Rango, Valor y Fuerza de Ley, establecidas para efectuar la selección de contratistas para la adquisición de bienes, prestación de servicios y ejecución de obras"* (artículo 6, numeral 25).

3.1. Principios de la contratación

3.1.1. La libre elección del contratista

El principio rector en materia de contratación administrativa es el de libre contratación, conforme al cual la Administración Pública puede: A) Elegir libre y directamente a sus contratistas (principio de libre selección) y, B) Pactar libremente las condiciones contractuales (principio de libertad contractual).

A) Principio de libre selección

Conforme a este principio, la Administración puede elegir libremente a su contratista sin que para ello tenga que someterse al cumplimiento de procedimientos y requisitos predeterminados por el ordenamiento positivo.[524] Ese ha sido el criterio reiterado en la jurisprudencia venezolana, la cual ha establecido que *"(...) en materia de contratación administrativa se afirma que ante la inexistencia de disposiciones que obliguen a acudir a la licitación, debe reconocerse al Estado la facultad para celebrar el contrato por cualquier otro sistema de contratación, inclusive por tratativas directas".*[525]

El principio de libre selección, como bien lo señala Marienhoff, rige por sí solo, por su propio imperio, es decir, tiene operatividad propia, derivada, precisamente, de su carácter de principio, por lo que no requiere de una norma legal expresa que lo ponga en vigor.[526] De allí que en la licitación pública, tal y como lo señala Jéze *"(...) siendo el principio general el poder discrecional de la Administración para la elección del contratante, no cabe interpretar los textos que derogan el principio en forma general".*[527] En igual sentido se pronuncia Sayagués Laso, para quien *"(...) los textos legales prescribiendo el*

---

[524] ESCOLA, HÉCTOR JORGE. *"Compendio de Derecho Administrativo"*, Vol. II, Editorial Depalma, Buenos Aires, 1984, pág. 653.

[525] Sentencia de la Corte Primera de lo Contencioso Administrativo del 09-04-97, caso: Arnaldo González Sosa contra CONATEL.

[526] MARIENHOFF, MIGUEL. *"Tratado de Derecho Administrativo"*, Tomo III-A, Editorial Abeledo – Perrot, Buenos Aires, 1983, págs. 174 y sigs.

[527] JÉZE, GASTÓN. *"Principios Generales de Derecho Administrativo*, Tomo 4, Buenos Aires, 1950, págs. 77 y sigs.

llamado a licitación en tales o cuales casos, se interpretarán en forma estricta, es decir, que no podrá limitarse la facultad de libre contratación de la Administración por simples analogías".[528]

En materia de contratación administrativa rige, como principio general, la libre selección de contratistas por la Administración[529] y, como excepción, la sujeción a procedimientos selectivos; de ahí que sea necesaria una disposición legal expresa para que dicho principio ceda en favor de un procedimiento selectivo y que, en ausencia de una norma que prescriba el procedimiento de selección, se mantenga el principio de libertad de selección.

Precisamente, la existencia de una Ley de Contrataciones Públicas, que obliga a la Administración a tramitar un procedimiento selectivo en determinadas contrataciones, corrobora la afirmación de que en esta materia el principio es el de la libre elección de contratistas. Esta Ley de Contrataciones Públicas rompe con el principio general y, para ciertos casos, exige el desarrollo de una especial modalidad de selección.

B) Principio de libertad contractual

Conforme a este principio, las partes pueden pactar libremente las condiciones a negociar, salvo que una ley imponga limitaciones, como ocurre precisamente con las disposiciones que contempla la Ley de Contrataciones Públicas y el Reglamento.

3.1.2. La interpretación restrictiva de la aplicabilidad de la Ley de Contrataciones

La vigencia del principio general de libertad de contratación, que abarca a su vez los principios de libre selección y de libertad contractual impone que la interpretación de las disposiciones de la Ley de Contrataciones Públicas y el Reglamento se haga de manera restrictiva. En

---

[528] SAYAGUÉS LASO, ENRIQUE, *"La Licitación Pública"*, Alcalí, Montevideo, 1940, págs. 57 y sigs.

[529] Libre elección que, como afirma Marienhoff, " *(...) no se traduce en posibilidad arbitraria de elección, pues la Administración deberá respetar los principios fundamentales que rigen su actuación, conducirse con arreglo a los principios de economía, eficacia, celeridad e imparcialidad que informan la actividad administrativa y mantener la debida proporcionalidad y adecuación en sus actuaciones".* (MARIENHOFF, MIGUEL, ob. cit. (526), págs. 327 y sigs.).

efecto, siendo la libertad de contratación el principio general rector, la sujeción a procedimientos selectivos y la imposición de limitaciones contractuales, será la excepción. De allí que, dado su carácter excepcional, las disposiciones de la Ley de Contrataciones Públicas y del Reglamento deben interpretarse restrictivamente, sin que puedan extenderse sus previsiones a otros supuestos que ha querido el legislador excluir del ámbito de aplicación de dicha Ley.

3.2. Principios del procedimiento de selección del contratista

En materia licitatoria, así como en el procedimiento de formación del acto administrativo, pueden distinguirse principios sustanciales y principios formales. La licitación o el procedimiento de selección del contratista de la Administración es un procedimiento administrativo, al cual aplican por tanto, los principios generales de éste y algunos específicos de la naturaleza propia de la licitación.

3.2.1. Principios sustanciales

Los principios sustanciales son aquellos que tienen por finalidad garantizar la participación de los administrados en el *iter* procesal que se lleva a cabo para la formación de la voluntad pública. Entre ellos destacan los siguientes:

A) Legalidad

Como principio angular en el desarrollo de todo procedimiento administrativo se encuentra el principio de legalidad. *A*firma la doctrina que *"... el principio de la legalidad es la columna vertebral de la actuación administrativa y por ello puede concebirse como externo al procedimiento, constituyendo simultáneamente la condición esencial para su existencia..."*.[530]

El principio de legalidad así concebido, supone por lo tanto, cuatro implicaciones fundamentales:

---

[530] DROMI, JOSÉ ROBERTO. *"Licitaciones Públicas"*, Ediciones Ciudad Argentina, segunda edición, Buenos Aires, 1995, pág. 98.

- **La reserva legal en la formulación de modalidades o procedimientos de selección de contratistas.** Siendo los procedimientos licitatorios excepciones al principio general de libre selección, su regulación sólo puede efectuarse mediante ley.

- **La ordenación jerárquica de las normas que le son aplicables.** La interpretación de las normas que regulan las modalidades de selección debe respetar la debida jerarquía normativa que regula la materia (Ley, Reglamento, pliego de condiciones).

- **La precisión legal de las competencias que se confieren a las autoridades administrativas que intervienen en el procedimiento.** Para que los actos producidos a lo largo del procedimiento de la modalidad de selección sean válidos, la autoridad administrativa que los dicte debe tener competencia para ello y esa competencia administrativa debe estar predeterminada en la Ley.

- **Control judicial de los actos del procedimiento**. La prelación que impone el orden jerárquico de las normas, supone a su vez la preservación de la legalidad de los actos que se dictan en el procedimiento de selección, mediante el control judicial constitucionalmente atribuido a la jurisdicción contencioso-administrativa.

El Pliego de condiciones[531] constituye un requisito indispensable para iniciar el procedimiento de selección en el caso de la licitación o concurso y es parte del ordenamiento que rige el procedimiento de selección, por ello puede afirmarse que integra el bloque de legalidad del procedimiento licitatorio.

El pliego de condiciones puede componerse de varios documentos o partes: en primer lugar, consagra disposiciones generales que regulan el procedimiento de selección del contratista; y en segundo término, establece disposiciones especiales destinadas a regir el contrato en su ejecución. De ahí que suela diferenciarse entre el pliego base del

---

[531] El pliego de condiciones *"Es el documento donde se establecen las reglas básicas, requisitos o especificaciones que rigen para las modalidades de selección de contratistas establecidas en el presente Decreto con Rango, Valor y Fuerza de Ley"* (artículo 6 numeral 17).

procedimiento de selección y el pliego de condiciones generales de la contratación. El primero de ellos, está destinado a regular el proceso de selección hasta que se produzca la adjudicación y, el segundo, regirá los términos en que se desarrollará el contrato. La diferenciación de disposiciones no alude –necesariamente– a la creación de distintos instrumentos jurídicos, pues en uno solo pueden establecerse ambos aspectos de distinta naturaleza.

El pliego base del procedimiento de selección contiene normas formuladas unilateralmente por la Administración, de aplicación general, abstracta y obligatoria a todos los interesados que se adhieren libremente a ellas, a objeto de regir todo el proceso de selección del contratista. El carácter imperativo de este pliego se pone de manifiesto con la imposibilidad que tienen los particulares de introducir modificaciones en su contenido, siendo ésta una potestad exclusiva del ente contratante.

Por el contrario, respecto del pliego que establece sólo las condiciones de la contratación, la doctrina se inclina a favor de la naturaleza no normativa. Así, García de Enterría afirma que la posibilidad de modificar el pliego de cláusulas generales por cláusulas particulares posteriores, es un elemento ilustrativo que niega el valor normativo del pliego de condiciones generales.[532] Dicho pliego constituye un elemento que extrae su fuerza de su incorporación en el contrato, una vez que éste sea celebrado; de modo que, mientras no se haya suscrito el contrato, no obliga a ningún sujeto en concreto.

Las reglas, condiciones y criterios, contenidos en el pliego de condiciones deben ser objetivos, de posible verificación y revisión.[533] El contenido mínimo de los pliegos –se use uno o varios pliegos– debe establecer las reglas que rigen aspectos formales del procedimiento –idioma, moneda, corrección de errores, requisitos de ofertas, compromiso de responsabilidad social-, los aspectos adjetivos –lapsos, actos, forma de entrega, notificaciones– y los aspectos sustanciales del

---

[532] GARCÍA DE ENTERRÍA, EDUARDO y FERNÁNDEZ, TOMÁS RAMÓN. *"Curso de Derecho Administrativo."* Tomo I, Civitas, Madrid, 1996, pág. 679.

[533] El Reglamento exige que *"el pliego de condiciones debe elaborarse de forma precisa y resumida, de tal manera que su manejo y comprensión por parte de los participantes permitan su revisión en el menor tiempo posible y generen la menor cantidad de aclaratorias"* (artículo 95).

procedimiento, como la calificación y los criterios de evaluación, entre otros aspectos (artículo 66).

El pliego también regula aspectos contractuales propiamente dichos, pues tales documentos deben contener por mandato de la Ley, el *"proyecto de contrato que se suscribirá con el beneficiario de la adjudicación"* (artículo 44 numeral 16).[534]

De allí que los pliegos no pueden ser considerados únicamente como documentos que contienen las condiciones generales para los procedimientos de selección, pues éstos también regulan aspectos concretos relativos a la contratación que se desea realizar, lo que requiere su adaptación a cada contrato específico. Asimismo, las respuestas a las aclaratorias formuladas por los participantes, pasarán a formar parte integrante del pliego de condiciones y tendrán su mismo valor (artículo 69).

El pliego de condiciones, se caracteriza por ser un documento que goza de: **i) Generalidad, ii) Obligatoriedad, iii) Publicidad, y, iv)** Estabilidad.

i) **Generalidad,** porque coloca a todos los interesados en condiciones de igualdad, al establecer en forma abstracta e impersonal las reglas del procedimiento de selección y las condiciones de la contratación.

ii) **Obligatoriedad,** desde que vincula tanto el ente contratante como a los interesados. Para el primero, el pliego de condiciones será siempre vinculante y de aplicación preferente en los aspectos que regula. Desde la perspectiva del interesado o participante, la obligatoriedad del pliego atañe a la sujeción de éste a las disposiciones generales y particulares allí previstas.

iii) **Publicidad,** pues a los fines de su conocimiento por los interesados, el pliego de condiciones debe ser entregado a los participantes.

---

[534] Además, la Ley de Contrataciones Públicas prevé que en los contratos adjudicados, el ente contratante debe mantener lo contemplado en el pliego y en la oferta beneficiaria, como parte de las condiciones contractuales (Artículo 119) –so pena de nulidad de la adjudicación– lo que implica que el contenido del pliego tiene efectos jurídicos una vez se adjudique el contrato sustanciado conforme a esas reglas.

iv) Estabilidad, ya que en principio, las disposiciones contenidas en el pliego de condiciones no son susceptibles de ser modificadas, relajadas o eludidas ni por la Administración ni por los interesados. No obstante, en situaciones excepcionales, la Ley de Contrataciones Públicas[535] permite la modificación de algunas disposiciones del pliego, pero ello sólo podrá realizarse dentro del plazo establecido en la Ley, y con la notificación correspondiente a todos los participantes en el procedimiento de selección.[536]

Existen distintas clases de pliegos que regulan la selección del contratista de la Administración, estos son: **i) Pliego de disposiciones generales, ii) Pliego de disposiciones particulares,** y **iii) Pliego de especificaciones técnicas.**

i)   Pliego de disposiciones generales
Es el formado por reglas jurídicas, económicas y técnicas que constituyen la aplicación inmediata de las leyes y reglamentos sobre contrataciones administrativas que apliquen al caso concreto. Contiene normas generales o impersonales que en su mayor parte reiteran en forma más concreta y pormenorizada los preceptos de esas leyes y reglamentos,[537] pudiendo contener, además, preceptos referidos tanto a las bases como a las condiciones generales de contratación.
Comúnmente esta categoría de pliegos regula de forma general todos los elementos atinentes a la ejecución de un mismo tipo

---

[535] Artículo 68: *"El contratante sólo puede introducir modificaciones en las condiciones de contratación hasta dos (2) d*ías hábiles antes de la fecha l*ímite para la presentación de las manifestaciones de voluntad u ofertas, según el caso, notificando las modificaciones a todos los participantes que hayan adquirido el pliego de condiciones o recibido las condiciones de contratación. El contratante puede prorrogar el término originalmente establecido para la preparación de manifestaciones de voluntad u ofertas a partir de la última notificación."*

[536] La estabilidad del pliego de condiciones se evidencia asimismo de manera clara, del contenido del artículo 119 de la Ley de Contrataciones Públicas que establece que *"En los contratos adjudicados por la aplicación de las modalidades previstas en el presente Decreto con Rango, Valor y Fuerza de Ley, debe mantenerse lo contemplado en el pliego de condiciones o condiciones de la contratación y en la oferta beneficiaria de la adjudicación."*

[537] SAYAGUÉS LASO, ENRIQUE, ob. cit. (528), pág. 73.

de contrato, para luego complementarse con los pliegos particulares que se refieren a características concretas del procedimiento de selección o del contrato a celebrarse.

ii) **Pliego de disposiciones particulares**
Contiene reglas complementarias del pliego general, exigidas, bien por peculiaridades y características concretas de la prestación que se demanda, o bien, para regular una fase específica del procedimiento. El primer supuesto se refiere a una reglamentación circunstanciada en función del objeto cuya contratación se requiere y, en ese sentido, lo integran, entre otras, normas sobre plazo, formas de pago y financiamiento, garantías, ejecución y cumplimiento de obligaciones asumidas. En el segundo supuesto, se trata de reglas y requisitos específicos, a objeto de regular por separado las distintas fases del procedimiento de selección.

iii) **Pliego de especificaciones** *técnicas*
Las especificaciones detallan las exigencias de carácter técnico del objeto de la contratación. En ese sentido, la Ley de Contrataciones Públicas, en el artículo 66 numeral 4, dispone que el pliego de condiciones debe contener las *"Especificaciones técnicas detalladas de los bienes a adquirir o a incorporar en la obra, los servicios a prestar, según sea el caso y sin hacer referencia a determinada marca o nombre comercial. Si se trata de adquisición de repuestos o servicios a ser aplicados a activos del contratante, podrá hacerse mención de ésta, siempre señalando que pueden cotizarse otras con características similares certificadas por el fabricante. Cuando existan reglamentaciones técnicas obligatorias, éstas serán exigidas como parte de las especificaciones técnicas"*.
La razón de esta prohibición respecto de la mención o exigencia de marcas o nombres comerciales es que ella impide la libre competencia entre oferentes con productos compatibles y de igual calidad. De manera que sólo excepcionalmente podrá mencionarse y exigirse un nombre o marca comercial.

B) Concurrencia o competencia

La razón ético-jurídica de los procedimientos de selección radica en que la oferta pueda ser presentada por todo aquel que cumpliendo con los requisitos exigidos desee presentar su proposición. Es este el fundamento básico del principio de concurrencia, el cual supone una prohibición para la Administración de imponer restricciones u obstáculos que impidan el libre acceso al procedimiento de licitación o concurso abierto. La concurrencia, como señala Monedero Gil, *"posibilita la defensa del interés económico del Estado en la preparación del contrato, pues sólo operando dentro de un mercado de competencia perfecta cabe obtener la mejor oferta"*.[538]

En ese sentido, el Tribunal Supremo de Justicia, en Sala Político Administrativa, estableció que: *"... todo procedimiento licitatorio tiene como fin primordial, el de garantizar que la contratación pública sea orientada hacia la selección de los oferentes que ofrezcan mejores condiciones para la satisfacción del fin público perseguido (ejecución de obras, la adquisición de bienes muebles y la prestación de servicios distintos a los profesionales y laborales), mediante la menor cantidad posible de erogaciones"*.[539]

La aplicación del principio de concurrencia o competencia no impide que la Administración solicite el cumplimiento de ciertos requisitos que permitan controlar la capacidad de los concurrentes, con la finalidad de lograr una sana y efectiva contratación.[540]

C) Igualdad

Otro de los principios que comporta la legalidad de la actuación administrativa en el procedimiento de selección es el de la igualdad jurídica. El principio de igualdad se traduce en que la Administración no puede conceder prerrogativas y privilegios o negar derechos, de manera distinta y sin razonable justificación a sujetos que se encuentren

---

[538] MONEDERO GIL, JOSÉ IGNACIO, *"Doctrina del contrato del Estado"*, citado por DROMI, JOSÉ ROBERTO, ob. cit. (530), pág. 99.

[539] Sentencia del 27 de junio de 2000 (Caso: Andrés Velázquez y Eliezer Calzadilla Exp. Nº: 14.931).

[540] DIEZ, MANUEL MARÍA, ob. cit., (240) pág. 87.

en iguales circunstancias. En el ámbito de la licitación este principio se contrae a asegurar que desde el inicio del procedimiento todos los participantes se encuentren en similares condiciones y con idénticas posibilidades.

De allí que, la igualdad está dirigida únicamente a los participantes del procedimiento de selección. En ese sentido, Marienhoff afirma que *"...para lograr su finalidad, la licitación debe reunir ese carácter de igualdad, pues esta excluye o dificulta la posibilidad de una colusión o connivencia entre algún licitador u oferente y la Administración Pública, que desvirtúen el fundamento ético sobre el cual descansa la licitación y que, junto con los requisitos de concurrencia y publicidad, permite lograr que el contrato se realice con quien ofrezca mejores perspectivas para el interés público... ".[541]*

El principio de igualdad se refiere al trato idéntico de todos los participantes en el procedimiento selectivo, tal y como lo señaló la Corte Primera de lo Contencioso Administrativo *"el derecho a la igualdad –como ha sido sostenido en reiteradas oportunidades por la jurisprudencia patria– resulta violado cuando frente a decisiones iguales el órgano del cual emana el acto pretendidamente lesivo, dicta decisiones diferentes, lo que se resume en la frase utilizada en reiteradas oportunidades por la jurisprudencia patria como el trato desigual a los iguales, cuestión que por demás corresponde probar a quien alegue la violación".[542]*

Ahora bien, entendiendo que el principio de igualdad se refiere al trato idéntico de todos los participantes en el procedimiento selectivo y no a la igualdad de derechos de todos los particulares de contratar con la Administración, debe dejarse claro que la Administración es libre de establecer condiciones especiales que determinen las condiciones que deben reunir los participantes, restringiendo, por ende, al ámbito de participación. La exclusión de un participante por no cumplir los requisitos previamente establecidos no constituye violación al derecho de igualdad.

---

[541] MARIENHOFF, MIGUEL, ob. cit. (526), pág. 202.

[542] Sentencia de fecha 22 de febrero de 2001 (Caso: Construcciones y Auxiliar de Ferrocarriles, S.A., Expediente 2001).

D) Posibilidad de recurrir los actos de la autoridad en materia de contratación

La importancia de un sistema de impugnación eficaz en materia de contratación pública, especialmente, en relación con los procedimientos de selección, que siendo procedimientos administrativos dan lugar a verdaderos actos administrativos, y como tales no deben escapar al control de su legalidad así como a la posibilidad real de hacer efectiva la responsabilidad del Estado por los daños que cause.[543]

En este sentido, la Ley de Contrataciones Públicas regula el ejercicio de recursos administrativos (artículos 32 al 34), distinguiendo entre los recursos administrativos relativos a los actos del Registro Nacional de Contratistas y los correspondientes a los actos dictados por los órganos y entes contratantes.

Por lo que se refiere, a los actos dictados por el Registro Nacional de Contratistas, el artículo 32 dispone que cuando la inscripción fuere negada[544] o cuando el solicitante esté inconforme con la clasificación[545] que se le haya asignado, puede recurrir el acto de conformidad con la ley que regule la materia de procedimientos administrativos, es decir, con la Ley Orgánica de Procedimientos Administrativos.

Respecto de los actos dictados en el desarrollo de una de las modalidades de selección reguladas en la Ley de Contrataciones Públicas, se observa que la selección de contratistas constituye un procedimiento administrativo de carácter reglado, ordenado por una normativa de derecho público, como lo es la Ley de Contrataciones Públicas. Por tanto, las decisiones que se adopten en el marco de la normativa contenida en

---

[543] Al respecto, BERASATEGI TORICES, JAVIER. *"El control administrativo independiente de la contratación pública"*, Diario La Ley, 6650, Madrid, 2007, pág. 4.

[544] En el ejercicio de la competencia asignada en el artículo 27 numeral 1 de la Ley de Contrataciones Públicas que establece que " Aprobar o negar la inscripción y otorgar el certificado de inscripción o actualización, una vez verificado el cumplimiento de los requisitos establecidos conforme a la presente Ley y su Reglamento.

[545] En ejercicio de la competencia prevista en el artículo 27 numeral 4 de la Ley de Contrataciones Públicas, corresponde al Registro Nacional de Contratistas elaborar y publicar un directorio contentivo de la calificación y clasificación por especialidad de los contratistas. La calificación, la define la Ley de Contrataciones Públicas, en el artículo 6 numeral 8, como *"Es la ubicación del interesado en las categorías de especialidades del Registro Nacional de Contratistas, definidas por el Servicio Nacional de Contrataciones, con base a su capacidad técnica general"*.

dicha Ley, constituirán actos administrativos, conforme a lo establecido en la Ley Orgánica de Procedimientos Administrativos. Por tanto, resulta aplicable para esos procedimientos y esos actos, de manera supletoria a la legislación especial de contrataciones, las disposiciones contenidas en la Ley Orgánica de Procedimientos Administrativos.

El artículo 34 de la Ley de Contrataciones Públicas, prevé que las decisiones dictadas por la máxima autoridad del ente contratante "*agotan la vía administrativa y contra ellas sólo podrá acudirse a la vía jurisdiccional*". Conforme a ello, procederá la interposición del recurso contencioso administrativo de nulidad, que tiene por objeto el control de los actos administrativos dictados en ejecución de las normas que regulan las contrataciones públicas.

3.2.2. Principios formales

Son directrices procesales que contribuyen a la preservación de los principios sustanciales. La aplicación de los principios sustanciales antes mencionados requiere de una instrumentación práctica de recursos formales o procesales que permitan su vigencia y eficacia durante la tramitación del procedimiento o modalidad de selección.

A) Informalismo o formalismo moderado

El principio del formalismo moderado se aplica en el sentido de que no debe penalizarse el incumplimiento de las exigencias formales que no resulten esenciales a los efectos de la oferta o contrato, bien porque pueden ser cumplidas posteriormente o bien porque pueden ser subsanadas en el desarrollo del procedimiento.

Mientras menos estricta sea la exigencia de las condiciones y formalidades legales intrascendentes, por parte del órgano u ente contratante, se favorecerá el principio de concurrencia que contribuye a que se obtenga en definitiva una oferta económica más favorable. El principio de formalismo moderado obliga a la autoridad administrativa a dar una interpretación benigna de las formalidades exigidas en el procedimiento, de manera que los oferentes pueden invocar la elasticidad de las normas, en tanto y en cuanto lo beneficien y no se cree por tal circunstancia una desigualdad sustancial respecto de los demás participantes.

B) Publicidad

La publicidad en el procedimiento contribuye a preservar la moralidad y pulcritud de la selección y, asegura además, el cumplimiento de otros principios inherentes al procedimiento de selección, como son: el de igualdad y concurrencia. La publicidad abona al respeto del principio de igualdad y concurrencia. El principio de publicidad garantiza en efecto la posibilidad de que el mayor número de interesados tenga conocimiento de la solicitud de ofertas de la Administración, lo que no es más que la preservación del principio de concurrencia y competencia. Este principio, constituye un postulado fundamental que debe regir desde el inicio hasta la culminación de todo procedimiento de selección con las particularidades que a cada modalidad apliquen. En el llamado a la licitación, permite a todos quienes tengan interés la posibilidad de intervenir, luego, en el procedimiento (pliego de condiciones, apertura de sobres contentivos de la manifestación de voluntad de participar y de las ofertas, en su caso, registro de contratistas, acceso al expediente, etc.) garantiza la igualdad en el trato de los participantes.

C) Información

El principio de información se concreta en la notificación efectiva del particular sobre los actos dictados dentro del procedimiento de selección que afecten sus derechos e intereses. Se considera una garantía efectiva del derecho a la defensa que todos los oferentes deban ser notificados del acto que ponga fin al procedimiento. De igual forma lo deben ser aquellos que resulten descalificados y que por tal razón no hayan presentado oferta.

El principio de información supone también el derecho de los participantes a examinar el expediente, leer y copiar cualquier documento que en él se contengan, así como obtener copias certificadas del mismo, una vez concluido el procedimiento cualquiera que haya sido su resultado.

D) Principio de eficiencia

Vinculado directamente con el de eficacia, el principio de eficiencia impone a la Administración aplicar mecanismos expeditos, de rápida, sencilla y fácil ejecución, que se ajusten a las necesidades imperantes en un momento determinado y logren, de forma más inmediata, la consecución de los resultados requeridos.[546]

E) Uniformidad

Conforme a este principio, los documentos y expedientes administrativos deben ser agrupados de manera que cada serie o tipo de ellos obedezca a iguales características. La uniformidad contribuye a la eficacia. De esta misma forma la eficacia va ligada a la racionalidad que exige que la Administración en su acción diaria opte por procedimientos y medidas idóneas, racionalizando sus métodos, sistemas de trabajo y vigilando el cumplimiento de los mismos.

F) Celeridad

La celeridad se manifiesta en diversos derechos de los administrados, como son: el derecho al cumplimiento de los plazos, el derecho a la no suspensión del procedimiento por razones injustificadas, y el derecho a que la respuesta a las cuestiones sometidas a la Administración se produzca en el orden que fueron presentadas.

G) Principio de buena fe

Ha tenido la ley que consagrar este principio general del derecho[547] en materia de procedimientos administrativos,[548] y por ende aplicable también al caso de los procedimientos de selección de contratistas en sus relaciones con los participantes, de manera que la Administración tiene la obligación de presumir su buena fe.

---

[546] El artículo 9 de la Ley de Simplificación de Trámites Administrativos dispone que *"el diseño de los trámites administrativos debe realizarse de manera que los mismos sean claros, sencillos, ágiles, racionales, pertinentes, útiles y de fácil entendimiento para las personas, a fin de mejorar las relaciones de éstos con la Administración Pública, haciendo eficiente y eficaz su actividad"*

[547] La buena fe (*bona fides*) es un principio general del derecho conforme al cual debe presumirse la honradez y la verdad o exactitud de un asunto, hecho u opinión, o la rectitud de una conducta.

[548] El principio de buena fe se encuentra expresamente consagrado en los artículos 5, 24, 26 y 31 de la Ley de Simplificación de Trámites Administrativos contenida en el Decreto N° 1.423 del 17de noviembre de 2014, publicado en la Gaceta Oficial No. 6.149, extraordinario del 18 de noviembre de 2014.

3.3. Sujetos sometidos a la Ley de Contrataciones

A diferencia del régimen comunitario europeo y el sistema español que lo acoge, en Venezuela el criterio para determinar la sujeción a los procedimientos de selección no tiene carácter funcional sino subjetivo, con lo cual ésta aplica prácticamente a todo tipo de ente público, con independencia de la forma jurídica escogida y con independencia de la naturaleza de la actividad desarrollada, incluida la de tipo comercio mercantil. Tal circunstancia es sin duda contraria a la índole y características que la actividad mercantil supone e incide de forma negativa en la libre competencia respecto del ente público en su condición de empresario, desde que se le limita su libertad de contratar. Es claro que la libre competencia no es un asunto que haya logrado imponerse como elemento fundamental del modelo económico de mercado en Venezuela, cuestión que ha proyectado su máxima aplicación en los países de la unión europea y en el mercado común, no así en Venezuela donde la tendencia actual es la de aplicar un modelo de economía controlada al punto de eliminar la noción de libre competencia, como ha ocurrido con la derogación de la ley que la promovía y protegía mediante la antes referida Ley antimonopolio dictada mediante el decreto ley presidencial No 1.415 de fecha 26 de noviembre de 2014, dentro de un paquete de medidas legislativas destinadas a imponer el plan de la patria y el modelo de economía socialista.

La Ley de Contrataciones Públicas, en el artículo 3, indica expresamente los sujetos sometidos a su aplicación. Ello impone para estos órganos y entes públicos la obligación de observar la normativa contenida en la Ley de Contrataciones Públicas y en el Reglamento que abarca tanto regulaciones relativas al procedimiento de selección del contratista como a los aspectos de la contratación.

Los sujetos de la Ley son:

1. Los órganos y entes del Poder Público Nacional, Estadal, Municipal, Central y Descentralizado.

2. Las Universidades Públicas.

3. El Banco Central de Venezuela.

4. Las asociaciones civiles y sociedades mercantiles en las cuales la República y las personas jurídicas a que se contraen los numerales anteriores tengan participación, igual o mayor al cincuenta por ciento (50%) del patrimonio o capital social respectivo.

5. Las asociaciones civiles y sociedades mercantiles en cuyo patrimonio o capital social, tengan participación igual o mayor al cincuenta por ciento (50%), las asociaciones civiles y sociedades a que se refiere el numeral anterior.

6. Las fundaciones constituidas por cualquiera de las personas a que se refieren los numerales anteriores o aquellas en cuya administración éstas tengan participación mayoritaria.

7. Las Comunas, los Consejos Comunales y las organizaciones de base del Poder Popular cuando manejen fondos públicos.

8. Las asociaciones socio productivas y cualquier otra forma de organización popular cuando manejen fondos públicos.

La generalidad de la expresión *"órganos y entes del poder público nacional, estadal, municipal, central y descentralizado"* utilizada por el legislador (numeral 1°) permite encuadrar dentro del ámbito de aplicación subjetivo de la Ley de Contrataciones Públicas a una amplia clasificación de órganos públicos. En efecto, de acuerdo al sistema constitucional de distribución del Poder Público se incluye a todos aquellos órganos y entes que conforman la República, los Estados y los Municipios, así como los creados por éstos en sus respectivos niveles político-territoriales. Sin embargo, la inclusión de los Estados y Municipios en el ámbito de aplicación de la Ley de Contrataciones Públicas configura, en nuestro criterio, un exceso por cuanto se está legislando en una materia que es competencia exclusiva de esas entidades político-territoriales.

La regulación específica del Banco Central de Venezuela se explica en el hecho de que a partir de la Constitución de 1999 éste constituye un ente constitucional autónomo, *"una persona jurídica de derecho público con autonomía para la formulación y el ejercicio de las políticas de su competencia"* (artículo 318 de la Constitución). Esta definición a su vez, es completada con lo establecido en el artículo 1 de la Ley del Banco Central[549] que de manera expresa resalta que se trata de *"una persona jurídica (...) integrante del Poder Público Nacional"*.

Por lo que se refiere a las sociedades mercantiles o empresas del Estado debe observarse que la propia Ley Orgánica de la Administración Pública[550] prevé en el artículo 107 que si bien éstas se rigen por la legislación ordinaria, a ellas resultarán aplicables las normas de Derecho Público que las regulen en atención a su particular condición y la naturaleza de los recursos que utilizan. Tal es el caso, precisamente, de la normativa contenida en la Ley de Contrataciones Públicas.

Se incluyen en este sentido no sólo las empresas en las que los entes territoriales tengan una participación superior al 50% de su capital (empresas de primer grado) sino también las denominadas empresas de segundo grado, que son aquellas en cuyo capital social o patrimonio tienen participación igual o mayor al cincuenta por ciento (50%), las asociaciones civiles y sociedades de primer grado. Esta misma regulación se desprende del artículo 3 d) de la Ley de Contrataciones española en el sentido de que se incluye dentro de su ámbito subjetivo a las sociedades mercantiles en cuyo capital social participen de forma no sólo directa, sino también indirectamente, en un porcentaje superior al 50% por parte de las mencionadas en las letras a) a f) del apartado 1 del artículo 3.

En el caso de la ley venezolana se limita al aspecto de mayoría accionaria la inclusión del ente como sujeto regulado, no se acogió a estos efectos el criterio doctrinal y jurisprudencial de hacerlo para el caso de que el control estatal no se refleje en la participación patrimonial sino en el control de gestión, lo cual hace la ley española, excluyendo a las empresas de carácter industrial o mercantil pero incluyendo a *"cualesquiera entes, organismos o entidades con personalidad jurídica propia, que hayan sido creados específicamente para satisfacer necesidades de interés general"* siempre que *"uno o varios sujetos pertenecientes al sector público financien mayoritariamente su actividad, controlen su gestión,*

---

[549] Ley del Banco Central. Gaceta Oficial No 38.232 del 20 de julio de 2005.
[550] Gaceta Oficial No 5.890 extraordinario de fecha 31 de julio de 2008.

o nombren a más de la mitad de los miembros de su órgano de administración, dirección o vigilancia" literal h, apartado 1 del artículo 3.

Finalmente, por lo que se refiere a la inclusión de los Consejos Comunales, las Comunas y las demás organizaciones base del Poder Popular cuando manejen fondos públicos, la Ley de Contrataciones Públicas dispone que *"Las Comunas, los Consejos Comunales y cualquier otra organización base del Poder Popular, cuando manejen recursos asignados por los órganos y entes de la Administración Pública, aplicarán los procedimientos de contratación para promover preferentemente la participación de las personas y de organizaciones comunitarias de su entorno o localidad"* (artículo 22).

Los Consejos Comunales se definen como *"instancias de participación, articulación e integración entre las diversas organizaciones comunitarias, grupos sociales y los ciudadanos y ciudadanas, que permiten al pueblo organizado ejercer directamente la gestión de las políticas públicas y proyectos orientados a responder a las necesidades y aspiraciones de las comunidades en la construcción de una sociedad de equidad y justicia social".*[551] Para la consecución de los objetivos planteados en el seno de estas organizaciones, la Ley de Consejos Comunales dispone que los recursos a utilizar serán aquellos transferidos por la República, los Estados y los Municipios (artículo 25, numeral 1).

Las Comunas están definidas en el artículo 1 de la Ley Orgánica de las Comunas[552] como *"entidad local donde los ciudadanos y ciudadanas en el ejercicio del Poder Popular, ejercen el pleno derecho de la soberanía y desarrollan la participación protagónica mediante formas de autogobierno para la edificación del estado comunal, en el marco del Estado democrático y social de derecho y de justicia".*

Las asociaciones productivas, también incluidas en el caso de que manejen fondos públicos son definidas en la Ley Orgánica del Sistema Económico Comunal[553] como *"unidades de producción constituidas por las instancias del Poder Popular, el Poder Público o por acuerdo entre ambos, con objetivos e intereses comunes, orientadas a la*

---

[551] Artículo 2 de la Ley de los Consejos Comunales. Gaceta Oficial No. 37.305 de fecha 17 de octubre de 2001.

[552] Gaceta Oficial No. 6.011 extraordinario del 21 de diciembre de 2010.

[553] Gaceta Oficial N° 6.011 extraordinario del 21 de diciembre de 2010.

satisfacción de necesidades colectivas, mediante una economía basada en la producción, transformación, distribución, intercambio y consumo de bienes y servicios, así como de saberes y conocimientos, en las cuales el trabajo tiene significado propio, auténtico; sin ningún tipo de discriminación" (artículo 9).

3.4. Ámbito objetivo: contratos regulados en la Ley de Contrataciones

La Ley de Contrataciones Públicas precisa el alcance de las contrataciones sometidas a su aplicación, a través de los artículos 4 y 5, cuya interpretación concordada con el artículo 1, permite distinguir: A) Contratos sometidos a la totalidad de las regulaciones de la Ley; B) Contratos excluidos de la totalidad de las regulaciones de la Ley; C) Contratos excluidos de la aplicación de las regulaciones relativas a las modalidades de selección del contratista previstas en la Ley, a los que sólo aplican las regulaciones sobre la contratación contenidas en la Ley.

3.4.1. Contratos sometidos a la totalidad de las regulaciones de la Ley

Se agrupan en esta categoría las contrataciones que tengan por objeto: a) la ejecución de obras; b) la adquisición de bienes muebles; y c) la prestación de servicios comerciales. A ellos aplica la totalidad de la normativa contenida en la Ley de Contrataciones Públicas y el Reglamento, tanto por lo que atañe a la modalidad de selección del contratista como a la contratación.

A) El contrato de obra

El contrato de obra está definido en el artículo 1.630 del Código Civil como *"aquel mediante el cual una parte se compromete a ejecutar determinado trabajo por sí o bajo su dirección, mediante un precio que la otra se obliga a satisfacerle"*. El contrato de ejecución de obras o contrato de obras, parcialmente regulado en el Código Civil en los artículos 1.630 al 1.648, es un contrato nominado, es decir previsto expresamente en la ley. Aun cuando el contrato de obras tiene características propias que delimitan su concepto respecto de los demás contratos nominados, es lo cierto que en el derecho común no se establece, como sí lo hace la Ley de Contrataciones Públicas, una distinción expresa entre este contrato y el contrato de prestación de servicios.

En el ámbito público, el contrato de obras se ha convertido en una institución propia del derecho administrativo que con la denominación "contrato de obra pública" se ha desarrollado con el fin de satisfacer el interés general que preside la actividad contractual de la Administración. Es así como el contrato de obra pública constituye en derecho público una categoría de los contratos administrativos, caracterizados, entre otras y de manera esencial, por la presencia de cláusulas exorbitantes del derecho común.

La distinción entre el contrato de obras y el de prestación de servicios, radica en que el contrato de obras se concibe para aquellos casos en que el Estado requiere la ejecución de trabajos necesarios para la producción o elaboración de un bien mueble o inmueble, destinado a la satisfacción directa o indirecta de un interés colectivo, mientras que en el contrato de prestación de servicios la contratación atiende no a la creación de un bien, sino a la realización de una actividad de provecho del ente público. Así, el contenido de la prestación que debe efectuar el contratista es distinta en ambos casos, pues en el primero –contrato de obra pública– ésta se materializa de manera fundamental en un objeto, en tanto que el segundo –contrato de prestación de servicios- la obligación se traduce, esencialmente, en una actividad.

B) El contrato de adquisición de bienes muebles

El contrato de adquisición de bienes muebles. La determinación de la categoría de bienes que puede abarcar el contrato de adquisición de bienes al que se refiere la Ley de Contrataciones Públicas, constituye un aspecto cuya precisión aclara el legislador en el artículo 5 numeral 3, al excluir de manera expresa y sólo por lo que se refiere a las modalidades de selección, a los contratos que tengan por objeto *la adquisición y arrendamiento de bienes inmuebles, inclusive el financiero*".

Por lo que se refiere a los contratos que tengan por objeto la adquisición de bienes, se acoge como criterio de distinción, a los efectos de la aplicación de las regulaciones relativas a las modalidades de selección, el de la susceptibilidad de traslado de los bienes, que origina la *summa divisio* de las cosas, en razón de su naturaleza física de acuerdo a su movilidad. Así, las cosas serán consideradas *bienes muebles*, cuando sean trasladables, y *bienes inmuebles*, cuando sean fijas, es decir, no movibles.

La adquisición de bienes muebles constituye una modalidad del contrato de compraventa previsto en el artículo 1.474 del Código Civil. Este tipo convencional supone la *"obligación de un sujeto llamado vendedor a transferir y garantizar la propiedad de una cosa mueble a otro, llamado comprador, el cual se obliga a pagar el precio convenido"*.

El contrato de adquisición de bienes muebles también es un contrato nominado, ya que presenta características y elementos propios que están expresamente regulados en la ley. De allí que la Ley de Contrataciones Públicas sólo aplicará a los contratos de adquisición de bienes muebles que presenten –estrictamente– los elementos de esta figura contractual, es decir: (i) la obligación del vendedor de transferir y garantizar la propiedad de una cosa y (ii) la obligación del comprador en recibir la cosa y pagar el precio convenido. De manera que no pueden considerarse semejantes y, por consiguiente, sometidos al ámbito de aplicación de la Ley de Contrataciones Públicas, aquellas figuras contractuales que impliquen la transferencia de propiedad de bienes muebles realizadas a título oneroso que presenten elementos distintos al contrato de adquisición de bienes muebles, tales como: permutas, arrendamientos financieros, ventas con reserva de dominio, mutuo o préstamos de consumos, dación en pago, entre otras.

Dentro de la categoría contractual de adquisición de bienes muebles debe hacerse especial referencia al contrato de suministros, ya que éste se ha clasificado como un contrato administrativo típico. Si bien el contrato de suministros constituye una modalidad del contrato de compraventa de bienes muebles, es lo cierto que presenta características propias que permiten analizarlo de manera autónoma dentro del régimen de contratación de la Administración Pública.

El contrato de suministros se diferencia del tipo ordinario de compraventa de bienes muebles porque, comúnmente, en él los bienes no se entregan de una sola vez, sino en fases sucesivas e, incluso, en tiempos indeterminados, dependiendo de las necesidades y requerimientos de la Administración.[554] Por otra parte, el contrato de suministro, en su versión más típica, se encuentra relacionado con la prestación de un servicio público; mientras que la típica adquisición de bienes muebles constituye un instrumento contractual al cual acude la administración para la satisfacción de necesidades propias.

De manera que la compra de bienes muebles por parte de la Administración Pública tiene dos modalidades que determinarán la naturaleza de las normas que habrán de regir el contrato. Ciertamente, en el caso del contrato de suministros se justifica la presencia de cláusulas exorbitantes a favor de la Administración, que permiten asegurar la vigencia y eficacia del servicio público al cual está destinado, en tanto que, la segunda categoría se rige por reglas del derecho común.

Así entonces, si bien la regla general es que cuando la Administración adquiere un bien mueble lo hace como cualquier particular, es decir, a través de un contrato de compra-venta de derecho privado y sin prerrogativas o privilegios especiales, también es cierto que para la adquisición de bienes necesarios para los servicios públicos directamente prestados por ella, se sirve de una modalidad contractual (i.e. contrato de suministro) que presenta elementos típicos dentro del derecho administrativo y que además encuadra en el ámbito de aplicación de la Ley de Contrataciones Públicas.

C) El contrato de prestación de servicios comerciales

El tipo de servicio al que se contrae el contrato de prestación sujeto a la Ley, constituye un aspecto cuya precisión aclara el legislador al excluir de manera expresa y sólo por lo que se refiere a las modalidades de selección, a los contratos que tengan por objeto *"la prestación de servicios profesionales"* (artículo 5 numeral 1), así como, a la prestación de servicios laborales los cuales excluye de la aplicación de toda la Ley (artículo 4 numeral 3).

Así, el legislador utilizando un criterio de exclusión, delimitó que sólo al contrato de prestación de servicios que no configure la contratación de una actividad profesional o el nacimiento de una relación laboral entre el ente contratante y el contratista aplicarán las normas

---

[554] PARADA, RAMÓN, ob. cit. (26), págs. 395 y 396.

contenidas en la Ley de Contrataciones Públicas relativas tanto a la modalidad de selección del contratista como a la contratación. Es al contrato de prestación de servicios de carácter comercial al cual aplican las normas contenidas en la Ley de Contrataciones Públicas relativas tanto a la modalidad de selección del contratista como a la contratación.

En ese sentido el Reglamento de la Ley de Contrataciones Públicas aporta una definición de servicios comerciales en los términos siguientes: *"Cualquier actividad en la que sean principales las obligaciones de hacer, excepto el contrato de obra, los servicios profesionales y laborales"* (artículo 2).

Los servicios comerciales suponen la realización de una actividad o una prestación de hacer con una eminente naturaleza comercial,[555] sin que sean determinantes las características particulares del contratante, ni que el contrato se vincule con actividades de naturaleza científica, profesional, técnica, artística, intelectual, creativa o docente. Ciertamente, la prestación de servicios de carácter comercial no depende esencialmente de consideraciones de carácter subjetivo de la persona que realiza la actividad en provecho del ente contratante. No se trata de contrataciones personales en las cuales la elección del contratista requiere de la valoración de un elemento personal que puede tener su origen en la confianza o en las especiales circunstancias o condiciones profesionales o técnicas que se necesitan para el trabajo. Por el contrario, las contrataciones comerciales requieren de la verificación de condiciones objetivas que permiten una comparación de distintas ofertas, razón por la cual son esos servicios lo que se incluyen dentro del ámbito de aplicación de los procedimientos de selección de la Ley de Contrataciones Públicas.

La exclusión de los contratos de prestación de servicios profesionales y laborales de la aplicación de los procedimientos o modalidades de selección obedece a que no se concibe una licitación para contratar los servicios de técnicos, abogados, médicos, ingenieros, es decir, de los contratos *intuito personae*, en los que la decisión de contratar y la ejecución del contrato dependen esencialmente de consideraciones

---

[555] MESSINEO, FRANCESCO. *"Manual de Derecho Civil y Comercial"*, Edit. Jurídica Europa-América, Buenos Aires, 1979, pág. 196 y sigs.

de carácter subjetivo. En este tipo de contratos la elección consiste en la constatación del elemento personal que puede tener su origen en la confianza o en las especiales circunstancias o condiciones profesionales o técnicas que concurren en uno de los contratantes.

No es aplicable el procedimiento de licitación cuando no hay posibilidad de hacer comparación objetiva de ofertas, como ocurre precisamente en supuestos tales como las obras científicas, técnicas o artísticas cuya ejecución debe conferirse a empresas, personas o artistas especializados. Por otra parte, debe señalarse que en este tipo de situaciones especiales no son ostensibles los elementos objetivos de comparación de las ofertas, lo cual hace imposible la aplicación del régimen jurídico de licitaciones.

El contrato de prestación de servicios comerciales no atiende de manera esencial a la obtención de un bien –como ocurre con el de adquisición de bienes muebles-, por el contrario, se contrae a la realización de una actividad en provecho del ente contratante. Lo esencial en la contratación de la prestación de servicios es la realización de una actividad en provecho del ente contratante y, precisamente, constituye el elemento diferenciador de este tipo contractual respecto del de adquisición de bienes.

Cuando la intelectualidad o virtuosismo convierte a la creatividad en el elemento esencial de la actividad que se contrata, aunque ella pueda finalmente concretarse en un objeto, estaremos en presencia de un contrato de prestación de servicios y no de adquisición de bienes.

3.4.2. Contratos excluidos de la totalidad de las regulaciones de la Ley de Contrataciones

Quedan excluidos de la Ley de Contrataciones Públicas los siguientes contratos, conforme lo dispone el artículo 4:

1) Los contratos a los que resulta aplicable la ley (obras, adquisición de bienes y prestación de servicios comerciales), pero que se excluyen por celebrarse en el marco del cumplimiento de obligaciones asumidas en acuerdos internacionales entre la República Bolivariana de Venezuela y otros Estados, o en el marco de contratos o convenios suscritos con organismos internacionales.

2) Los contratos a los que resulta aplicable la ley (obras, adquisición de bienes y prestación de servicios comerciales) pero que se excluyen por celebrarse con empresas constituidas en el marco de acuerdos internacionales.

3) Los servicios laborales.

4) El arrendamiento de bienes inmuebles, inclusive el financiero,

5) Los patrocinios en materia deportiva, artística, literaria, científica o académica.

3.4.3. Contratos excluidos de la aplicación de las regulaciones relativas a las modalidades de selección del contratista previstas en la Ley de Contrataciones, pero sometidos a las normas de contratación

Como consecuencia de su exclusión expresa de la aplicación de las modalidades de selección, no se someten a los procedimientos de escogencia del contratista, por tanto, para ellos aplica el principio de libre elección. Sin embargo, dado que sólo se previó la exclusión de los procedimientos de selección y no de toda la Ley, deberán aplicarse, siempre que sea procedente, las normas contractuales contenidas en el Título V de la Ley de Contrataciones Públicas y las Reglamentarias que las desarrollen.

También aplica a estos contratos excluidos de los procedimientos de selección, la obligación de realizar una serie de actividades previas (artículo 7 del Reglamento) a fin de garantizar una adecuada selección, a saber: i) preparación del presupuesto base; ii) verificación de que se cuenta con la programación presupuestaria; iii) elaboración de las especificaciones técnicas; iv) determinación de las ventajas económicas y técnicas de la contratación; v) previsión en la programación anual de compras; vi) preparación del modelo del contrato; vii) si el procedimiento tiene carácter plurianual, efectuar la notificación al órgano competente en la planificación central; viii) evaluar la recurrencia de la contratación; y ix) determinar si es viable agrupar la contratación en un solo procedimiento o bajo la modalidad de contrato marco, estimando las cantidades de bienes servicios u obras a contratar.

Adicionalmente a los requisitos antes indicados, el Reglamento establece la verificación de: i) la correcta imputación del gasto a la partida del presupuesto o, en su caso, a créditos adicionales; ii) existencia de disponibilidad presupuestaria; iii) precios justos y razonables; iv) establecimiento de los controles y mecanismos para responder por las obligaciones que ha de asumir el órgano o ente contratista (artículo 3).

Las contrataciones excluidas de las modalidades de selección, son las siguientes (artículo 5 de la Ley de Contrataciones Públicas):

A) La prestación de servicios profesionales

Como antes se indicó, la Ley de Contrataciones Públicas aplica en materia de servicios sólo a los de carácter comercial, de allí que no se aplique a los contratos que tengan por objeto la prestación de servicios profesionales, exclusión que se hace de forma expresa en el artículo 5 de la Ley.

Los servicios profesionales se encuentran definidos en el artículo 6 numeral 4 de la Ley de Contrataciones Públicas como *"servicios prestados por personas naturales o jurídicas, en virtud de actividades de carácter científico, técnico, artístico, intelectual, creativo, docente, o en el ejercicio de su profesión realizados en nombre propio o por personal bajo su dependencia"*.

Con base a la definición transcrita, los procedimientos de selección aplican para la contratación de servicios que: i) No supongan la realización de actividades directamente relacionadas con las condiciones profesionales, técnicas o artísticas del contratista, es decir, en los cuales la contratación dependa de elementos meramente subjetivos vinculados con la persona que va a prestar el servicio; y ii) Que no impliquen el nacimiento de una relación laboral entre el ente contratante y el contratista.

B) La prestación de servicios financieros por entidades regidas por la ley sobre la materia

Se trata de los servicios financieros prestados por los bancos, entidades de ahorro y préstamo y demás instituciones financieras.

C) La adquisición de bienes inmuebles y semovientes

La Ley se refiere a la adquisición de bienes muebles, por ende queda excluido todo otro tipo de bienes. No se hace referencia al arrendamiento inmobiliario que antes se encontraba expresamente excluido y que debe seguir siendo entendido como no incluido debido a que el arrendamiento no es un contrato de adquisición sino *"un contrato por el cual una de las partes se obliga a hacer que la otra goce de una cosa durante cierto tiempo y mediante un cierto precio que esta se obliga a pagarle"*.[556] Así, el arrendamiento es un contrato consensual y oneroso –pues supone el pago de un precio– y de tracto sucesivo pues las obligaciones subsisten durante el período que dure el arrendamiento. Además, en nuestro derecho, el contrato de arrendamiento es un contrato nominado, ya que está previsto de manera expresa en el Código Civil en su Título VIII, y regulado de manera concreta en el artículo 1.579, el cual establece que *"El arrendamiento es un contrato por el cual una de las partes contratantes se obliga a hacer gozar a la otra de una cosa mueble o inmueble, por cierto tiempo y mediante un precio determinado que ésta se obliga a pagar a aquélla"*.

Como se puede evidenciar de la definición contenida en el artículo 1.579 del Código Civil, el contrato de arrendamiento procede sobre bienes muebles e inmuebles, de modo que podrá incluir, por ejemplo, como objeto, los vehículos, los cuales son bienes muebles. Así pues, dado que los contratos nominados, dentro de los cuales se ubica el arrendamiento, están fuera del ámbito de aplicación de la normativa de licitaciones, puede concluirse que en el caso de contratos de arrendamiento de bienes inmuebles y muebles, procederá la libre contratación y no serán aplicables las modalidades de selección de contratistas reguladas en la Ley de Contrataciones Públicas.

Tampoco debe incluirse el contrato de arrendamiento financiero –también denominado *"leasing"*–, pues es éste también un contrato nominado regulado por la Ley General de Bancos y Otras Instituciones Financieras, conforme al cual se adquiere un bien para su uso (sin que

---

[556] MAZEAUD, HÈNRY, MAZEAUD LEON y MAZEAUD JEAN, *"Lecciones de Derecho Civil"*, Parte III, Ediciones jurídicas Europa-América, (trad. Luis Alcalá-Zamora y Castillo), Buenos Aires, 1959, pág. 4.

se transfiera la propiedad) por un tiempo específico, contra el pago de una especie de canon, que incluye la amortización de su precio y los intereses.

El contrato de arrendamiento financiero *(leasing)* no es un contrato de compraventa, pues: i) su objeto no es la adquisición del bien, sino su uso por un período determinado, teniendo la opción –entre otras– el arrendatario, de adquirir el bien; ii) se trata de un contrato nominado distinto del de compraventa, que de acuerdo a la Ley General de Bancos no califica como "venta a plazo"; y iii) el contrato de compraventa también es un contrato nominado –aunque más general– regulado por el artículo 1.474 del Código Civil, lo que evidencia la distinción entre esos contratos.

D) La adquisición de obras artísticas, literarias o científicas

En estas contrataciones resulta improcedente la aplicación de las modalidades de selección, pues el elemento subjetivo lo impide, en efecto, el órgano o ente contratante estará interesado en contratar sólo determinada obra de un específico autor o creador, lo cual excluye toda posibilidad de competitividad y generalidades que son principios inmanentes de los procedimientos de selección.

E) Las alianzas comerciales y estratégicas para la adquisición de bienes, prestación de servicios y ejecución de obras

E.1) Las alianzas comerciales

Las alianzas comerciales se definen en la Ley de Contrataciones en los siguientes términos: *"Son acuerdos o vínculos que establece el órgano o ente contratante con personas naturales o jurídicas, que tienen un objetivo común específico para el beneficio mutuo"* (artículo 6, numeral 25).

Es una definición amplia que permite incluir todos aquellos acuerdos que desde el punto de vista comercial permitan la unión, mediante distintas modalidades, del accionar de dos organizaciones para un logro más eficiente de sus cometidos.

La alianza implica un mecanismo de unión entre el órgano contratante y una persona para la obtención de un fin o beneficio común y cuando en virtud de la alianza deban realizarse adquisiciones de bienes o servicios, estas contrataciones no estará sometidas a las modalidades previstas en la Ley de Contrataciones Públicas.

La alianza comercial requiere de dos elementos: objetivo común y beneficio mutuo. En la alianza comercial, el objetivo común son los intereses comerciales de ambas partes, que es en definitiva lo que determina la utilización de este mecanismo de integración de actividades. Por ello, es más adecuado calificar como comercial aquella alianza en la que se obtiene una colaboración que incide directamente en el objetivo comercial de las empresas aliadas. Aun cuando estos objetivos comerciales pueden ser no coincidentes, la actividad aliada permitirá reportar beneficio a ambas, precisamente por el carácter común específico para el caso concreto. Por ejemplo, es alianza comercial la que realiza un productor con un distribuidor, o un productor de un bien con determinados fabricantes de partes del producto. Aun cuando no hay coincidencia en el objetivo comercial de las empresas, la alianza para el objetivo común en torno a la producción o comercialización del producto representa a su vez un beneficio común para las empresas involucradas.

El Reglamento de la Ley de Contrataciones Públicas en el artículo 4, exige respecto de las alianzas comerciales el cumplimiento de los siguientes requisitos: i) Aprobación de la alianza por parte de la máxima autoridad del ente contratante; ii) Las características del suministro de bienes, prestación de servicio o ejecución de obras, no hacen posible la competencia; iii) El órgano o ente contratante debe definir las actividades que desarrollará conjuntamente con el tercero, utilizando las potencialidades de ambos para la obtención de un beneficio mutuo; y iv) En el documento donde se formalice la alianza deben establecerse las ventajas y obligaciones de ambas partes y la duración de la misma.

E.2) Las alianzas estratégicas

La alianza estratégica consiste según lo define la Ley de Contrataciones: *"…en el establecimiento de mecanismos de cooperación entre el órgano o   ente contratante y las personas naturales o jurídicas, en la combinación de esfuerzos, fortalezas y habilidades, con el objeto de abordar los problemas complejos del proceso productivo en beneficio de ambas partes"* (artículo 6, numeral 24).

También se contempla una definición amplia que permite incluir todos aquellos acuerdos que desde el punto de vista estratégico permitan la unión, mediante distintas modalidades, del accionar de dos organizaciones para un logro más eficiente de sus cometidos.

Lo que distingue a la alianza estratégica de la comercial es que esta última requiere de dos elementos: objetivo común y beneficio mutuo, en tanto que la alianza estratégica puede sólo involucrar al segundo de ellos, esto es, el beneficio mutuo. La alianza estratégica no requiere del objetivo común pero sí que represente un beneficio mutuo y el objetivo perseguido con la alianza no tiene por qué tener un interés relacionado directamente con el aspecto comercial de la organización, sino que puede tenerlo con otro tipo de intereses que igualmente influyen en el éxito de la misma.

Respecto de esta categoría de alianzas el Reglamento de la Ley de Contrataciones Públicas exige el cumplimiento de los siguientes requisitos: i) Aprobación de la alianza por parte de la máxima autoridad del ente contratante; ii) Las características del suministro de bienes, prestación de servicio o ejecución de obras, no hacen posible la competencia; iii) Los bienes o servicios que se incluirán deben estar asociados al proceso productivo del órgano o ente contratante, resultando de la aplicación de estas alianzas beneficios para el cumplimiento de las actividades sustanciales de estos órganos o entes; y iv) Deben establecerse en el documento donde se formalice, las ventajas y obligaciones de ambas partes y la duración de la misma (artículo 4).

F) Los servicios básicos indispensables para el funcionamiento del contratante

En relación a lo que debe entenderse por *"servicios básicos indispensables"*, el Tribunal Supremo de Justicia, en Sala Político Administrativa determinó que esta expresión alude *"...al conjunto de elementos personales y materiales dirigidos al mantenimiento y optimización de bienes ya existentes, que resultan esenciales para satisfacer las necesidades de operatividad interna de la institución"*.[557]

---

[557] Sentencia de fecha 20 de diciembre de 2006 (Expediente No. 2003-1345).

Bajo esa consideración, precisó la Sala, que esos servicios son, por ejemplo, *"…los denominados servicios públicos domiciliarios, pues se trata de servicios que pretenden satisfacer las necesidades más básicas de las personas"*, ya que esos *"servicios resultan indispensables para que la institución opere en óptimas condiciones; por tanto, estima la Sala que la norma restringe la facultad de la Administración a proceder a la selección directa cuando se trate de servicios básicos indispensables, tales como agua, electricidad, aseo, gas y telecomunicaciones"*.

G) Los contratos interadministrativos

La finalidad de esta exclusión es permitir que los entes regulados en la Ley puedan celebrar libremente aquellos contratos en los que estos se vinculen entre sí y siempre y cuando la ejecución de la contratación que por su naturaleza estaría sometida a la modalidad de selección sea realizada directamente por uno de ellos (adquisición de bienes, la prestación de servicios y la ejecución de obras). Se incluyen en esta categoría los denominados *contratos interadministrativos,*[558] en los cuales ambas partes son entes del sector público y no se requiere por tanto que se sustancie un procedimiento administrativo de selección de contratistas, pues en tales contratos se pueden atenuar los requisitos que rigen las contrataciones realizadas por la Administración.

Marienhoff ha señalado que la finalidad de la licitación es determinar la idoneidad técnica, financiera y moral de los entes licitantes, así como proteger el patrimonio público a través de un mecanismo de selección de particulares basado en criterios objetivos.[559] Tales condiciones no resultan aplicables a las contrataciones a ser realizadas con entes del sector público, por medio de los referidos *contratos interadministrativos*, ya que el ente público contratante no se ve en la necesidad de verificar dicha idoneidad cuando el ente seleccionado para la contratación pertenezca igualmente a la Administración Pública.

---

[558] Los llamados contratos interadministrativos se caracterizan por la presencia de dos o más personas de Derecho Público territoriales o no territoriales, así como personas jurídicas estatales con forma de Derecho Privado, tales como, las empresas del Estado. Al respecto, BREWER-CARÍAS, ALLAN R. *"Contratos Administrativos,"* Editorial Jurídica Venezolana, Caracas, 1992, pág. 22.

[559] MARIENHOFF, MIGUEL, ob. cit. (526), págs. 160 y sigs.

H) La adquisición de bienes y prestación de servicio con recursos provenientes de caja chica

Es una manera de determinar un umbral para la aplicación de la modalidad de selección, no ya en atención al monto de la contratación sino al monto disponible para la denominada "caja chica", concepto contable que aplica a los gastos menores vinculados al funcionamiento de la empresa.

I) Las contrataciones realizadas durante los estados de excepción previstos en la Constitución

Obviamente que en estados de anomalía institucional, económica, política o social que amerite la declaratoria del estado de excepción se justifica la inaplicación de las modalidades de selección pero en referencia a aquellas contrataciones vinculadas con la atención de la emergencia que ha dado lugar a la declaratoria del estado de excepción. Sin embargo, más adecuada resultaría la inaplicación de todo el texto, pues el cumplimiento de los requisitos y formalidades de la contratación también resultan contrarios a la situación de emergencia que justifica esta excepción. La temporalidad del estado de excepción determina igualmente la temporalidad de la inaplicación de los procedimientos de selección.

J) Los contratos destinados a la seguridad y defensa del Estado

Se excluyen de la aplicación de las modalidades de selección los contratos relacionados con las operaciones de inteligencia y contrainteligencia, dentro y fuera del territorio nacional, actividades de protección fronteriza y para movimientos militares en caso de conflicto interno o externo. De nuevo razones atinentes a la seguridad y defensa del Estado y situaciones de excepcionalidad, como es el caso de conflicto interno o externo justifican la inaplicación de las modalidades de selección para las contrataciones que deban realizarse en relación con esta materia.

K) La adquisición de bienes, servicios, productos alimenticios y medicamentos, declarados como de primera necesidad

Se exceptúan estos contratos *"siempre que existan en el país condiciones de desabastecimiento por no producción o producción insuficiente previamente certificadas."* Este presupuesto responde al reconocimiento de una situación de crisis económica del país, en la cual el Estado empresario pretende con su acción directa llenar los vacíos del suministro adecuado de bienes y servicios de primera necesidad.

Las categorías antes expuestas denotan nuevamente la tensión que se plantea entre la necesidad de regular a la Administración contratante y la necesidad de flexibilizar los límites que se le imponen en gran cantidad de situaciones concretas, cuestión que se potencia en el caso de la Administración pública empresaria, pues la naturaleza de la actividad comercio industrial sin duda exige la capacidad y libertad contractual como regla para el éxito económico de la empresa.

La exhaustiva regulación de la contratación administrativa pone de manifiesto que la titularidad pública del Estado empresario lo lleva a someterse a procedimientos de elección de contratistas y cumplimiento de requisitos y formalidades en la contratación, lo cual lógicamente entraba la necesaria agilidad de las relaciones comercio industriales. Esto es producto del conflicto que resulta de la contraposición del elemento público de la organización y la naturaleza privada de la actividad, lo cual abona a la tesis de la excepcionalidad del Estado empresario.

VIII. BIBLIOGRAFÍA

ALESSI, RENATO. *"Diritto Amministrativo"*, Giuffrè Edit., Milán, 1949.

ALONSO, ANTONIO J. *"El derecho de la contratación pública. Especial referencia a los órganos competentes en materia de contratación en la Administración Local"*, en: Anuario Jurídico y Económico Escurialense, XXXVII, Real Centro Universitario Escorial-María Cristina, Madrid, 2004.

AMORER, ELSA. *"El régimen de la explotación minera en la legislación venezolana"*. Editorial Jurídica Venezolana. Caracas, 1991.

ARAUJO GARCÍA ANA ELVIRA y SALOMÓN DE PADRÓN, MAGDALENA. *"Estudio comparativo entre la nacionalización y la reserva, la expropiación, la confiscación, la requisición y el comiso"* en: Archivo de Derecho Público y Ciencias de la Administración, Tomo I, Vol. III. Universidad Central de Venezuela, Caracas, 1981.

ARAUJO JUÁREZ, JOSÉ. *"Derecho Administrativo General. Servicio Público"*, primera edición, Ediciones Paredes, Caracas, 2010.

ARAUJO JUÁREZ, JOSÉ. *"El Contencioso de los Contratos Administrativos"*, en XXXVIII Jornadas J.M. Domínguez Escovar, Avances Jurisprudenciales del Contencioso Administrativo"*, primera edición, editorial Horizonte, Barquisimeto, 2013.

ARAUJO JUÁREZ, JOSÉ. *"Los derechos fundamentales económicos y el derecho de los servicios públicos"*. Trabajo publicado en "Servicios Públicos: Balance y Perspectiva". Editorial Hermanos Vadell. Caracas, 1999.

ARIÑO ORTÍZ, GASPAR. *"La iniciativa pública en la Constitución. Delimitación del sector público y control de su expansión"*, en: Revista de la Administración Pública No 88, Madrid, 1979.

ARIÑO ORTÍZ GASPAR, *"Principios constitucionales de la libertad de empresa. Libertad de comercio e intervencionismo económico"*. Edit. Marcial Pons, Madrid, 1995.

ARIÑO ORTÍZ, GASPAR. *"Principios de Derecho Público Económico. Modelo de Estado, Gestión Pública, Regulación Económica."*, Editorial Comares, Granada, 1999.

ARPIO SANTACRUZ, JUAN. *"Ayudas Públicas de Estado y defensa de la competencia en la Comunidad Europea"*, Editorial Aranzadi, Madrid, 2000.

AUBY, J-DRAGO, R. *"Traité de Contentieux Administratif"*, Edit Civitas, Madrid, 1988.

BADELL MADRID, RAFAEL. *"Consideraciones acerca de las normas constitucionales en materia económica"*, en: *"El Nuevo Derecho Constitucional Venezolano Ponencias IV Congreso de Derecho Constitucional en Homenaje al Dr. Humberto J. La Roche"*. Universidad Católica Andrés Bello. Caracas, 2000.

BADELL MADRID, RAFAEL. *"La Constitución Económica"* en: Revista del Banco Central de Venezuela, Vol. XIV, N° 1. Banco Central de Venezuela. Caracas, 2000.

BALBÍN, CARLOS F. *"Curso de Derecho Administrativo"*. La Ley, Buenos Aires, 2008.

BAÑO LEÓN, JOSÉ MARÍA. *"La influencia del Derecho comunitario en la interpretación de la Ley de Contratos de las Administraciones Públicas"*, en: Revista de Administración Pública, No 151 (enero-abril 2000), Madrid, 2000.

BASSI, F. *"Lezioni di dirittto amministrativo,"* Giuffrè Edit., Milano, 1991.

BELLAMY/CHILD. *"Common Market Law of competition"*, tercera edición, Sweet & Maxwel, Londres, 1987.

BERASATEGI TORICES, JAVIER. *"El control administrativo independiente de la contratación pública"*, Diario La Ley, 6650, Madrid, 2007.

BERASATEGI TORICES, JAVIER. *"El sistema de control y revisión de la contratación pública"* en: Revista Cuadernos Europeos, No. 38, Bilbao, 2008.

BERMEJO VERA, JOSÉ. *"Aspectos jurídicos de la protección al consumidor"*. Revista Administración Pública, No 87, Madrid, 1978.

BERMEJO VERA, JOSÉ. *"Derecho Administrativo, Parte Especial."* Editorial Civitas, Madrid, 1994.

BOQUERA OLIVIER, JOSÉ MARÍA. *"Los contratos de la Administración desde 1950 a hoy"*, en: Revista de Administración Pública No 150 (septiembre-diciembre 1999), Madrid, 1999.

BOSCÁN DE RUESTA, ISABEL. *"La actividad petrolera y la nueva Ley Orgánica de Hidrocarburos"*. Ediciones Funeda. Caracas, 2002.

BOSCÁN DE RUESTA, Isabel. *"Régimen Legal del Gas"*, en Revista de Derecho Público N°48. Editorial Jurídica Venezolana. Caracas, 1991.

BREWER-CARÍAS, ALLAN R. *"Contratos Administrativos"*. Editorial Jurídica Venezolana, Caracas, 1992.

BREWER CARÍAS, ALLAN R. *"El holding público."* Editorial Jurídica Venezolana, Caracas, 1986.

BREWER-CARÍAS, Allan. *"El Régimen Constitucional de los Decretos Leyes y los Actos de Gobierno"*. Ponencia para el VII Congreso Venezolano de Derecho Constitucional, Asociación Venezolana de Derecho Constitucional, San Cristóbal, noviembre 2001.

BREWER CARÍAS, ALLAN R. *"El régimen constitucional de los servicios públicos"*, publicado en *"VI Jornadas Internacionales de Derecho Administrativo Allan Randolph Brewer-Carías. El Nuevo Servicio Público. Actividades reservadas y regulación de actividades de interés general (electricidad, gas, telecomunicaciones y radiodifusión)"*. Fundación de Estudios de Derecho Administrativo, Caracas, 2002.

BREWER CARÍAS, ALLAN R. *"La Constitución de 1999. Derecho Constitucional Venezolano"*. Tomo II. Cuarta Edición. Editorial Jurídica Venezolana. Caracas, 2004.

BREWER CARÍAS, ALLAN R. *"Tratado de Derecho Administrativo. Derecho Público en Iberoamérica"*, Volumen V, Civitas, Thomson Reuters, Fundación de Derecho Público Editorial Jurídica Venezolana, Madrid, 2013.

BREWER CARÍAS, ALLAN. *"Reflexiones sobre la Constitución Económica"*, en: Revista de Derecho Público N° 43, Editorial Jurídica Venezolana, Caracas, 1990.

BREWER CARÍAS, ALLAN. *"Reflexiones sobre la Constitución Económica"*. *Estudios sobre la Constitución Española. Libro Homenaje al Profesor Eduardo García de Enterría"*, Tomo V. Civitas. Madrid, 2001.

BUXTON, JULIA. *"The Failure of political reform in Venezuela"*. The political Economy of Latin America Series. Ashgate, UK, 2001.

CABALLERO ORTÍZ, JESÚS. *"La noción de Empresa Pública del Estado en el derecho venezolano"*, publicado en Revista de Derecho Público N° 2. Editorial Jurídica Venezolana, Caracas, 1980.

CALVO CARAVACA, ALFONSO y CARRASCOSA GONZÁLEZ, JAVIER. *"Mercado Único y Libre Competencia en la Unión Europea"*, Edit. Colex, Madrid, 2003.

CANASI, JOSÉ. *"Derecho Administrativo"*. Volumen II. Ediciones Depalma. Buenos Aires, 1984.

CASES PALLARES, LLUIS. *"Derecho Administrativo de la Defensa de la Competencia"*. Marcial Pons, Madrid, 1995.

CASSAGNE, JUAN CARLOS. *"El Contrato Administrativo."* Abeledo-Perrot, Buenos Aires, 1999.

CASSAGNE, JUAN CARLOS Y ARIÑO ORTÍZ, GASPAR. *"Servicios Públicos, Regulación y Renegociación."* Abeledo-Perrot. Buenos Aires, 2005.

CASSAGNE, JUAN CARLOS. *"Tratado de Derecho Administrativo"*. Tomo II. Abeledo-Perrot. Sexta edición, Buenos Aires, 1998.

CAZORLA GONZÁLEZ-SERRANO, LUIS. *"Una aproximación al régimen jurídico de la empresa pública"*, en: La intervención administrativa y económica en la actividad empresarial. El Derecho público y la empresa. (Antonio Serrano Acitores, Director), Editorial Bosh, Barcelona, 2015.

CIRIANO VELA, CÉSAR D. *"Principios de Legalidad e intervención económica"*. Atelier Administrativo. Barcelona, 2000.

COELLO DE PORTUGAL, JOSÉ MARÍA. *"El Derecho de la Unión Europea como marco jurídico para el desarrollo de la actividad de empresa"*, en: La intervención administrativa y económica en la actividad empresarial. El Derecho público y la empresa (Antonio Serrano Acitores, Director), Editorial Bosh, Barcelona, 2015.

COMÍN, FRANCISCO. *"La Empresa en la historia de España"* en *"La Historia de la Empresa Pública en España"* (Comín, Francisco y Martín Aceña, Pablo, directores), Biblioteca de Economía, serie de estudios. Editorial Espasa-Calpe, S.A., Madrid, 1991.

CONSALVI, SIMÓN ALBERTO. *"Juan Vicente Gómez"*. Biblioteca Bibliográfica Venezolana. Volumen 59, El Nacional, Caracas, 2007.

DE LA RIVA, IGNACIO. *"Ayudas Públicas. Incidencia de la intervención estatal en el funcionamiento del mercado"*, Derecho Administrativo/1 (Juan Carlos Cassagne, dirección/Pablo Esteban Perrino, coordinación), 1ª edición, Editorial Hammurabi, Buenos Aires, 2004.

DE LAUBADÈRE, ANDRÉ. *"Manual de Derecho Administrativo"*. Editorial Temis, Bogotá, 1984.

DE STEFANO PÉREZ, ALFREDO. *"La Constitución Económica y la Intervención del Estado en la Economía"*, en: "El Estado Constitucional y El Derecho Administrativo en Venezuela Libro Homenaje a Tomás Polanco Alcántara." Estudios del Instituto de Derecho Público de la Universidad Central de Venezuela. Caracas, 2005.

DICCIONARIO DE LA REAL ACADEMIA DE LA LENGUA ESPAÑOLA. Vigésima Segunda Edición, 2001.**DIEZ, MANUEL MARÍA**. *"Derecho Administrativo"*. Tomo II, Editorial Plus Ultra, Buenos Aires, 1979.

DROMI, JOSÉ ROBERTO. *"Licitaciones Públicas"*. Ediciones Ciudad Argentina, segunda edición, Buenos Aires, 1995.

DUGUIT, LEÓN. *"Traité de droit contitutionnel"*. Tomo 2. Editorial Boccard, París, 1923.

ENTRENA CUESTA, RAFAEL. *"Apuntes de Derecho Administrativo"*. Editorial Tecnos, Madrid, 1958-1959.

ESCOLA HÉCTOR JORGE. *"Compendio de Derecho Administrativo"*. Volumen II, Ediciones Depalma, Buenos Aires, 1984.

ESCOLA, HÉCTOR JORGE. *"El Interés Público como Fundamento del Derecho Administrativo"*. Ediciones Depalma, Buenos Aires, 1989.

EUCKEN, W. *"Cuestiones fundamentales de la Economía política"*, Revista de Occidente, Madrid, 1947.

FRANCES, ANTONIO, artículo de opinión publicado en el diario El Universal de fecha 29 de enero de 2008, adaptación de original publicado en Debates, Instituto de Estudios Superiores de Administración (IESA).

GARCÍA DE ENTERRÍA, EDUARDO y **FERNÁNDEZ, TOMÁS RAMÓN**. *"Curso de Derecho Administrativo."* Tomo I. Editorial Civitas. Madrid, 1996.

GARCÍA DE ENTERRÍA, EDUARDO y **FERNÁNDEZ, TOMÁS RAMÓN**. *"Curso de Derecho Administrativo."* Tomo II. Editorial Civitas. Madrid, 1996.

GARCÍA PELAYO, MANUEL. *"Consideraciones sobre las cláusulas económicas de la Constitución"*, en Obras Completas, Volumen III. Centro de Estudios Constitucionales, Madrid, 1991.

GARCÍA PELAYO, MANUEL. *"Las transformaciones del Estado contemporáneo"*. Editorial Ex Libris, Caracas, 2009.

GARRIDO FALLA, FERNANDO. *"Ámbito de la Jurisdicción Contencioso-Administrativa en España"*, en: I Jornadas Internacionales de Derecho Administrativo Allan Randolph Brewer-Carías"*. Fundación de Estudios de Derecho Administrativo, Caracas, 1995.

GARRIDO FALLA, FERNANDO, *"El Modelo Económico en la Constitución española"*, Instituto de Estudios Económicos, Madrid, 1981.

GARRIDO FALLA, FERNANDO. *"La empresa pública en el derecho español. La empresa pública."* Tomo I, , Bolonia, 1970.

GARRIDO FALLA, FERNANDO. *"Tratado de Derecho Administrativo"*. Volumen I. Parte General. Décimo Tercer Edición, Editorial Tecnos, Madrid, 2002.

GARRIDO FALLA, FERNANDO. *"Tratado de Derecho Administrativo"*, Volumen II. Parte General: Conclusión. Undécima Edición, Editorial Tecnos, Madrid, 2002.

GARRIDO ROVIRA, JUAN. *"Fundaciones del Estado en Venezuela"*. Editorial Torino. Caracas, 1994.

GINANNINI, MASSIMO SEVERO. *"Derecho Administrativo"*, Ministerio para las Administraciones Públicas, Madrid, 1991.

GIMENU FELIU, JOSÉ MARÍA. *"Legalidad, Transparencia Control y Discrecionalidad en las Medidas de Fomento del Desarrollo Económico (Ayudas y Subvenciones)"* en: Revista de Administración Pública, No. 137. Madrid, 1995.

GÓMEZ BARAHONA, ALBERTO. *"Modelo económico y Tribunal Constitucional"*, en: Anales de Estudios Económicos y Empresariales, Universidad de Valladolid, Facultad Ciencias Económicas y Empresariales, Valladolid, 1987.

GONZÁLEZ-VARAS IBÁÑEZ, SANTIAGO. *"El derecho administrativo privado."* Editorial Montecorvo, S.A., Madrid, 1996.

GONZÁLEZ-VARAS IBÁÑEZ, SANTIAGO. *"Los mercados de interés general: telecomunicaciones y postales, energéticos y de transportes".* Comares. Granada, 2001.

GORDILLO, AGUSTÍN. *"Tratado de Derecho Administrativo. La Defensa del Usuario y del Administrado".* Tomo II, Editorial Funeda, primera edición, Caracas, 2001.

HELGUERA QUIJADA, JUAN. *"Las Reales Fábricas"*, en *"La Historia de la Empresa Pública en España"* (COMÍN, FRANCISCO y MARTÍN ACEÑA, PABLO, directores). Biblioteca de Economía, serie de estudios. Editorial Espasa-Calpe, S.A., Madrid, 1991.

HERNÁNDEZ GONZÁLEZ, JOSÉ IGNACIO. *"La Libertad de empresas y sus garantías jurídicas. Estudio comparado del Derecho español y venezolano".* Ediciones IESA, Caracas, 2004.

HERNÁNDEZ MARTÍN, VALERIANO y VILLAVILLA MUÑOZ, JOSÉ MARÍA. "El Control de las Ayudas de Estado en el Derecho Europeo", No. 40, Biblioteca Jurídica de Bolsillo, Editorial Colex, Madrid, 1999.

IRIBARREN MONTEVERDE, HENRIQUE. *"El equilibrio económico en los contratos administrativos y la teoría de la imprevisión"*, en Congreso Internacional de Derecho Administrativo, en homenaje al profesor Luis H. Farías Mata, primera edición, editorial Texto, Caracas, 2013.

ITRIAGO, MIGUEL ANGEL-ITRIAGO, ANTONIO L. *"Las Asociaciones Civiles en el Derecho Venezolano".* Editorial Sinergia, Caracas, 1998.

JÈZE, GASTÓN. *"Principios Generales del Derecho Administrativo"*, Tomo 1, Ediciones Depalma, Buenos Aires, 1950.

JÈZE, GASTÓN. *"Principios Generales de Derecho Administrativo"*, Tomo 4, Ediciones Depalma, Buenos Aires, 1950.

JORDANA DE POZAS, LUIS. *"Ensayo de una teoría del fomento en el Derecho Administrativo"*. *Estudios de Administración Local y General*. Instituto de Estudios de Administración Local. Madrid, 1961.

KELLY, JANET. *"Viejos principio y nuevos enfoques para la Quinta República"*. *La Constitución Económica Janet Nelly Compiladora*. Ediciones IESA. Caracas, Venezuela, 1999.

LARES MARTÍNEZ, ELOY. *"Manual de Derecho Administrativo"*. Décima edición. Universidad Central de Venezuela, Caracas, 1996.

LUCAS VERDÚ, PABLO. *"Garantías constitucionales en Nueva Enciclopedia Jurídica"*, Tomo X. Editorial F. Seix. Barcelona, 1985.

MARIENHOFF, MIGUEL. *"Tratado de Derecho Administrativo"*, Tomo II, Editorial Abeledo – Perrot, Buenos Aires, 1983.

MARIENHOFF, MIGUEL. *"Tratado de Derecho Administrativo"*, Tomo III-A, Editorial Abeledo – Perrot, Buenos Aires, 1983.

MARIENHOFF, MIGUEL. *"Tratado de Derecho Administrativo"*, Tomo IV Abeledo-Perrot, Buenos Aires, 1983.

MARTÍN ACEÑA, PABLO. *"Los Orígenes de la Banca Pública"* en: La Historia de la Empresa Pública en España (COMÍN, FRANCISCO Y MARTÍN ACEÑA, PABLO, directores), Biblioteca de Economía, serie de estudios. Editorial Espasa-Calpe, S.A., Madrid, 1991.

MARTÍN RETORTILLO-BAQUER, LORENZO. *"Crisis económica y transformaciones administrativas"*, en Revista de Estudios de la Administración Local, No 153, enero-marzo 2012.

MARTÍN-RETORTILLO BAQUER, SEBASTIÁN. *"Derecho Administrativo Económico"*, La Ley, Madrid, 1988.

MARTÍN-RETORTILLO BAQUER, SEBASTIÁN. *"La ordenación jurídico-administrativa del sistema económico en los últimos cincuenta años"*, en Revista de Administración Pública, No. 150, Madrid, 1999.

MARTÍNEZ LÓPEZ-MUÑIZ, JOSÉ LUIS. *"Naturaleza jurídica del contrato público"* en: "La contratación administrativa en España e Iberoamérica. Cameron May, Londres, 2008.

MAZEAUD, HÈNRY y LEON y MAZEAUD JEAN. *"Lecciones de Derecho Civil"*, Parte III, Ediciones jurídicas Europa-América, (trad. Luis Alcalá-Zamora y Castillo), Buenos Aires, 1959.

MCBETH, BRIAN S. *"La política petrolera venezolana: Una perspectiva histórica 1922/2005"*, Italgráfica, S.A., Caracas, 2014.

MEILAN GIL, JOSÉ LUIS. *"La estructura de los contratos públicos."*, Iustel, Madrid, 2008.

MELLADO RUIZ, LORENZO. *"Las sociedades mercantiles públicas: marco europeo y constitucional de su actividad"*, en: Estudio sobre empresas públicas (García Rubio, coordinador), Dykinson, Madrid, 2011.

MESSINEO, FRANCESCO. *"Manual de Derecho Civil y Comercial"*, Editorial Jurídica Europa-América, Buenos Aires, 1979.

MOLES CAUBET, ANTONIO. *"El sistema contencioso-administrativo venezolano en el Derecho Comparado"*, en Contencioso Administrativo en Venezuela, Editorial Jurídica Venezolana, tercera edición, Caracas, 1993.

MONEDERO GIL, JOSÉ IGNACIO, *"Doctrina del contrato del Estado"*. Estudios de Hacienda Pública. Instituto de Estudios Fiscales. Ministerio de Hacienda, Madrid,1977.

MONTERO PASCUAL, JUAN JOSÉ. *"La liberalización de los servicios postales"*, editorial Trotta, S.A., Madrid, 2005.

MORENO MOLINA, JOSÉ ANTONIO. *"Contratos públicos: derecho comunitario y derecho español."* Mc-Graw Hill, Madrid, 1996.

MORENO MOLINA, JOSÉ ANTONIO. *"Principios generales de la contratación y recurso especial en la nueva Ley estatal de Contratos del Sector Público"*, en: Revista Jurídica de Navarra, No 45, enero-junio, Navarra 2008.

MORENO MOLINA, JOSÉ ANTONIO y PLEITE GUADAMILLAS, FRANCISCO. *"Texto Refundido de la Ley de Contratos del Sector Público, Estudio Sistemático."* Primera Edición, editorial La Ley, Grupo Wolters Kluwer, Madrid, 2012.

MOUREAU, J. en su obra *"Droit Administratif"*, citado por JEAN MARIE PONTIER, *"Les Services Publics"*. Editorial Hachette, Les Fondamentaux, Paris, 1996.

MUÑOZ MACHADO, SANTIAGO. *"La noción de empresa pública, la libre competencia y los límites del principio de neutralidad"*, en: "Administración Instrumental. Libro Homenaje a Manuel Francisco Clavero Arévalo" (PÉREZ MORENO, ALFONSO, coordinador), Tomo II, Editorial Civitas, Madrid, 1994.

MUÑOZ MACHADO, SANTIAGO. *"Tratado de Derecho Administrativo y Derecho Público General"*. Tomo I. Editorial IUSTEL. Madrid, 2006.

NAHARRO, JOSÉ MARÍA. *"Consideraciones en torno a la planificación económica y la empresa pública."* La Empresa Pública. Publicaciones del Real Colegio de España en Bolonia, Bolonia,1970.

NAVARRO, EDURNE y RAMBAL, MARCOS. *"La aplicación de las normas de defensa de la competencia a las Administraciones públicas que no actúan como operadores económicos en el mercado"*, en: Gaceta Jurídica de la Unión Europea y de la Competencia, No 31, 2013.

NIETO GARCÍA, ANTONIO. *"Entes territoriales y no territoriales"* en: Revista de la Administración Pública No 64, Madrid, 1971.

ORTÍZ BLANCO, LUIS y VERASOPENA, BLANCO. *"Derecho de la Competencia Europeo y Español"*, Curso de Iniciación Volumen II, Universidad Rey Juan Carlos, Servicio de Publicaciones, Madrid, 2000.

PAPIER, JUAN JORGE. *"Ley Fundamental y orden económico. Manual de Derecho Constitucional"*, 2º Ed. Marcial Pons, Ediciones Jurídicas y Sociales, S.A. Madrid, 2001.

PARADA, RAMÓN. *"Derecho Administrativo I. Parte General"*. Decimoséptima edición, Marcial Pons, Madrid, 2008.

PARADA, RAMÓN. *"Derecho Administrativo. II. Organización y empleo público."* Vigésima edición, Marcial Pons, Madrid, 2008.

PARADA, RAMÓN. *"Los Servicios Públicos. Los servicios públicos en España"*, en: *"El Derecho Público a comienzos del siglo XXI, Estudios en homenaje al profesor Allan R. Brewer Carías"*, Tomo II. Tercera parte: Derecho Administrativo, Civitas, Madrid, 2003.

PAREJO ALFONSO, LUCIANO. *"Servicio público y sector eléctrico"*, en: "VI Jornadas Internacionales de Derecho Administrativo "Allan Randolph Brewer Carías. El Nuevo Servicio Público. Actividades reservadas y regulación de actividades de interés general (electricidad, gas, telecomunicaciones y radiodifusión). Ediciones Funeda, Caracas, 2002.

PAREJO ALFONSO, LUCIANO. *"Servicios Públicos y servicios de interés general: La renovada actualidad de los primeros"*, en: Revista de Derecho de la Unión Europea, No. 7, segundo semestre, 2004.

PAZ-ARES RODRÍGUEZ, CÁNDIDO y **ALFARO ÁGUILA-REAL, JESÚS**. *"Comentarios a la Constitución española."* (MARÍA EMILIA CASAS BAHAMONDE (Director), MIGUEL RODRÍGUEZ-PIÑERO y BRAVO-FERRER (Director), Fundación Wolters Kluwer, Madrid, 2008.

PEÑA SOLIS, JOSÉ. *"Manual de Derecho Administrativo."* Volumen III. Colección de Estudios Jurídicos del Tribunal Supremo de Justicia, Caracas, 2003.

PIÑAR MAÑAS, JOSÉ LUIS. *"Fundaciones constituidas por entidades públicas. Algunas cuestiones"*, en Revista Española de Derecho Administrativo, No. 97, 1998.

PIÑAR MAÑAS, JOSÉ LUIS. "Origen y fundamentos del Derecho europeo de los contratos públicos", en: *"La Contratación pública"*. CASSAGNE, JUAN CARLOS y RIVERO YSERN, ENRIQUE (Dirección), Tomo 2. Primera edición. Editorial Hammurabi, Buenos Aires, 2006.

PIÑAR MAÑAS, JOSÉ LUIS. *"Privatización de Empresas Públicas y Derecho Comunitario"* en: Revista de Administración Pública, número 133. Enero-abril, Madrid, 1994.

PONTIER JEAN MARIE. *"Les Services Publics"*. Hachette, Hachette, coll. Les Fondamentaux, París, 1996.

RIEBER DE BENTATA, JUDITH. *"La libertad económica y el régimen de la protección de la competencia"*, publicado en: Revista de Derecho Público N° 35, Editorial Jurídica Venezolana, Caracas, 1988.

RITTER, GERHARD A. *"El Estado Social, su origen y desarrollo en una comparación internacional. Ministerio del Trabajo y Seguridad Social"*, Ministerio del Trabajo y Seguridad Social, Madrid, 1991.

RIVERO, JEAN. *"Derecho Administrativo"* Traducción de la novena edición. Instituto de Derecho Público. Facultad de Ciencias Jurídicas y Políticas. Universidad Central de Venezuela, Caracas, 1984.

RIVERO YSERN, ENRIQUE. *"El proceso de formación de la voluntad de la Administración en los contratos de las administraciones públicas"* en "La Contratación pública". CASSAGNE, JUAN CARLOS y RIVERO YSERN, ENRIQUE (Dirección), Tomo 2. Primera edición. Editorial Hammurabi, Buenos Aires, 2006.

RODRÍGUEZ MIGUEZ, JOSÉ ANTONIO. *"El paquete modernizador del artículo 86 CE y las compensaciones por servicios de interés económico general"*, en: Cuadernos Europeos de Deusto, No. 38/2008, Bilbao, 2008.

RODRÍGUEZ MIGUEZ, JOSÉ ANTONIO. *"La participación en el capital social como modalidad de ayuda pública a las empresas"*. Escola Galega de Administración Pública. Santiago de Compostela, 2002.

ROJAS, RICARDO M. *"Realidad,, Razón y Egoísmo.* El pensamiento de Ayn Rand." Unión Editorial, Madrid, 2012.

RONDÓN DE SANSÓ, HILDEGARD. *"La acción de amparo contra los poderes públicos"*, editorial Arte, Caracas, 1994.

RONDÓN DE SANSÓ, HILDEGARD. *"Teoría General de la actividad administrativa: organización, actos internos…"*, segunda Edición, Editorial Jurídica Venezolana, Caracas, 1986.

SANTAELLA QUINTERO, HÉCTOR. *"El Modelo Económico en la Constitución de 1991"*. Revista de Jurisprudencia Administrativa. Número 2. Mayo, 2002. Departamento de Derecho Administrativo, Universidad Externado de Colombia, Bogotá, 2002.

SANTAMARÍA PASTOR, JUAN A. *"Principios de Derecho Administrativo General"*, Volumen I, segunda edición, Editorial Centro de Estudios Ramón Areces, S.A., Madrid, 2000.

SANTAMARÍA PASTOR, JUAN A. *"Principios de Derecho Administrativo General"*, Volumen II, segunda edición, Editorial Centro de Estudios Ramón Areces, S.A., Madrid, 2000.

SAYAGUÉS LASO, ENRIQUE. *"La Licitación Pública"*, Alcalí, Montevideo, 1940.

SAYAGUÉS LASO, ENRIQUE. *"Tratado de Derecho Administrativo"*. Alcalí, Montevideo, 1953.

STOBER, ROLF. *"Derecho Administrativo Económico"*. Ministerio para las Administraciones Públicas. Colección-Estudio Serie Administración General. Madrid, 1991.

VAQUER CABALLERÍA, MARCOS. *"El Servicio Público y las Actividades de Interés General"* en: *"VI Jornadas Internacional de Derecho Administrativo Allan Randolph Brewer Carías´. El Nuevo servicio público, actividades reservadas y regulación de actividades de interés general (electricidad, gas., telecomunicaciones y radiodifusión"*. Fundación de Estudios de Derecho Administrativo, Caracas 2002.

VÉLEZ GARCÍA, JORGE. *"La Constitución: una Norma Abierta. El Derecho Público a comienzos del siglo XXI. Estudios en homenaje al Profesor Allan R. Brewer Carías*. Tomo I. Prime Parte: Teoría General del Derecho. Segunda Parte: Derecho Constitucional. Civitas Ediciones, S.L., Madrid, 2003.

VICIANO PASTOR, JAVIER. *"Intervención pública en la economía y libre competencia"*, en: Tratado de Derecho a la competencia y la publicidad. Editorial Tirant lo Blanch, Valencia, 2014.

VILLAR E., JOSÉ LUIS. *"La intervención administrativa en la industria"*. Instituto de Estudios Políticos, Madrid, 1964.

WALLINE, MARCEL. *"Traité Elementaire"*, quinta Edición, Editorial LGDJ, París, 1967.

ZANOBINI, GUIDO. *"Corso di Diritto Amministrativo"*, tomo IV, Giuffrè Edit., Milán, 1945.

PÁGINAS WEB:

Academia de Ciencias Políticas y Sociales

Petróleos de Venezuela (PDVSA)

Ministerio de Comunicación e Información

Este libro se terminó de imprimir en el mes de mayo de 2019, en los talleres gráficos de Editorial Torino. RIF.: J-30143170-7, Teléfonos: (212) 239.7654, 235.2431. En su composición se emplearon tipos de la familia Times New Roman y Frutiger. Para la tripa se usó papel Bond 20 grs.